マンガ

恋する株式相場！

ホイチョイ・プロダクションズ

Story by Yasuo Baba
Cartoon by Mayumi Takada

ダイヤモンド社

CONTENTS

株を借りるって、誰から？

ボクホントはハンサムなんです
え〜っ

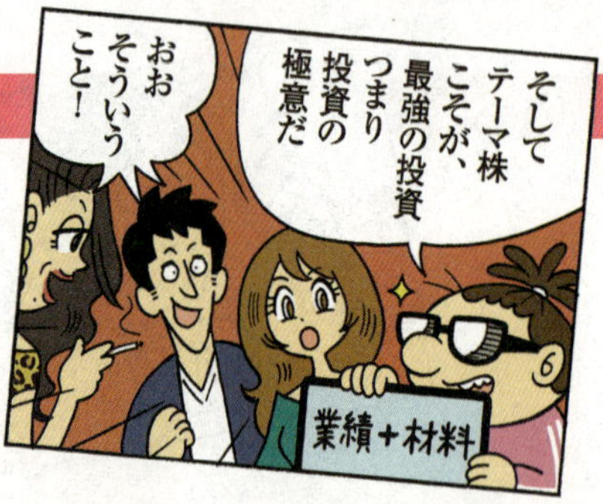
そして
テーマ株
こそが、
最強の投資
つまり
投資の
極意だ
おお
そういう
こと！
業績＋材料

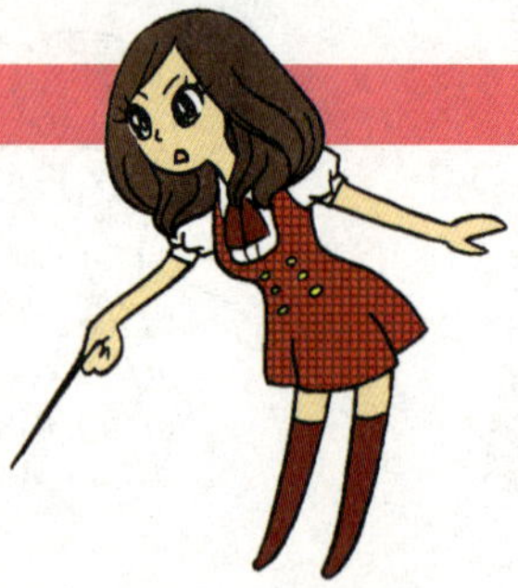

CONTENTS

ああ
華衣ちゃん
久しぶり

え〜っ

マンガ 恋する株式相場!の人物相関図

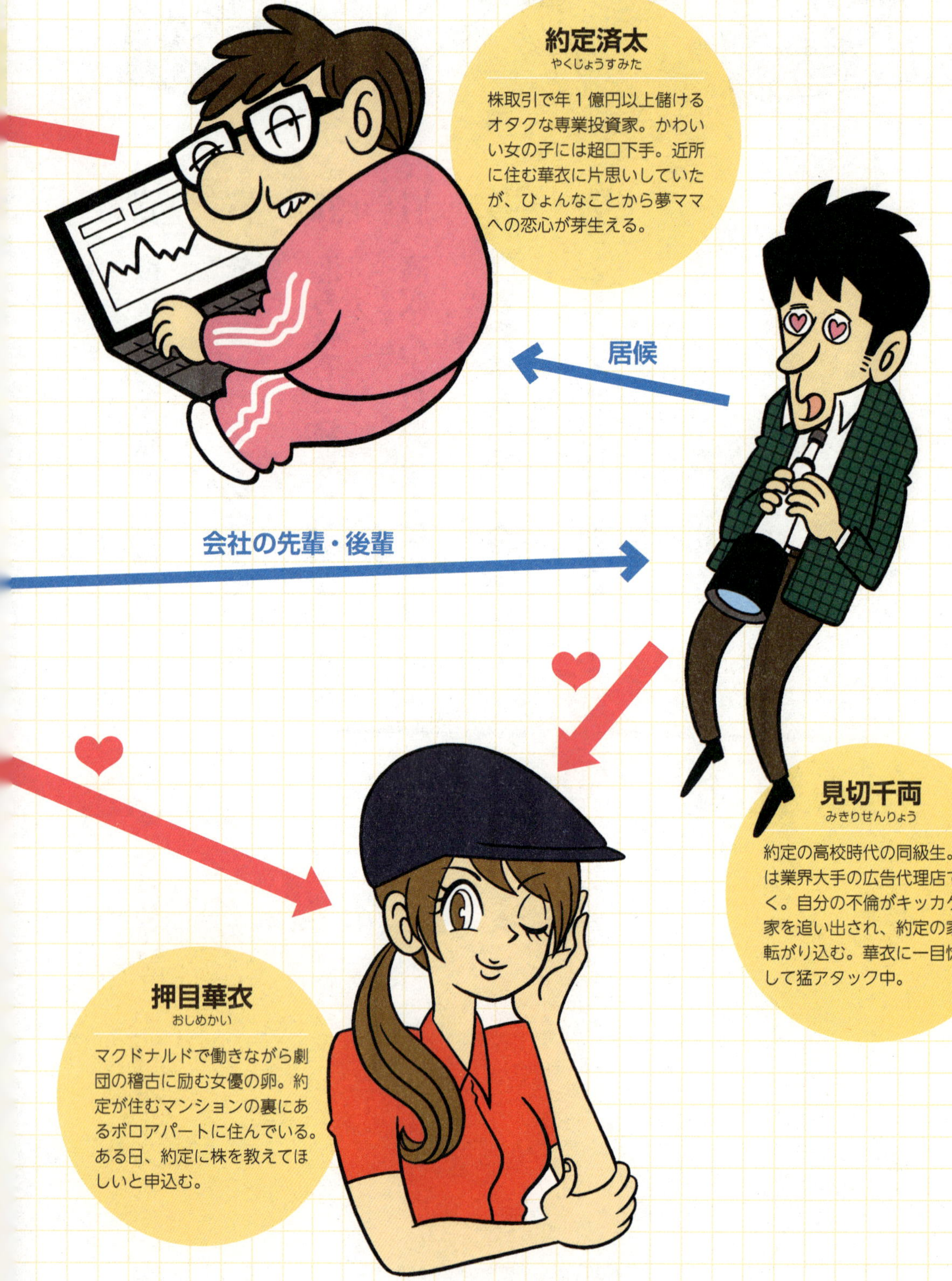

約定済太《やくじょうすみた》

株取引で年１億円以上儲けるオタクな専業投資家。かわいい女の子には超口下手。近所に住む華衣に片思いしていたが、ひょんなことから夢ママへの恋心が芽生える。

見切千両《みきりせんりょう》

約定の高校時代の同級生。今は業界大手の広告代理店で働く。自分の不倫がキッカケで家を追い出され、約定の家に転がり込む。華衣に一目惚れして猛アタック中。

押目華衣《おしめかい》

マクドナルドで働きながら劇団の稽古に励む女優の卵。約定が住むマンションの裏にあるボロアパートに住んでいる。ある日、約定に株を教えてほしいと申込む。

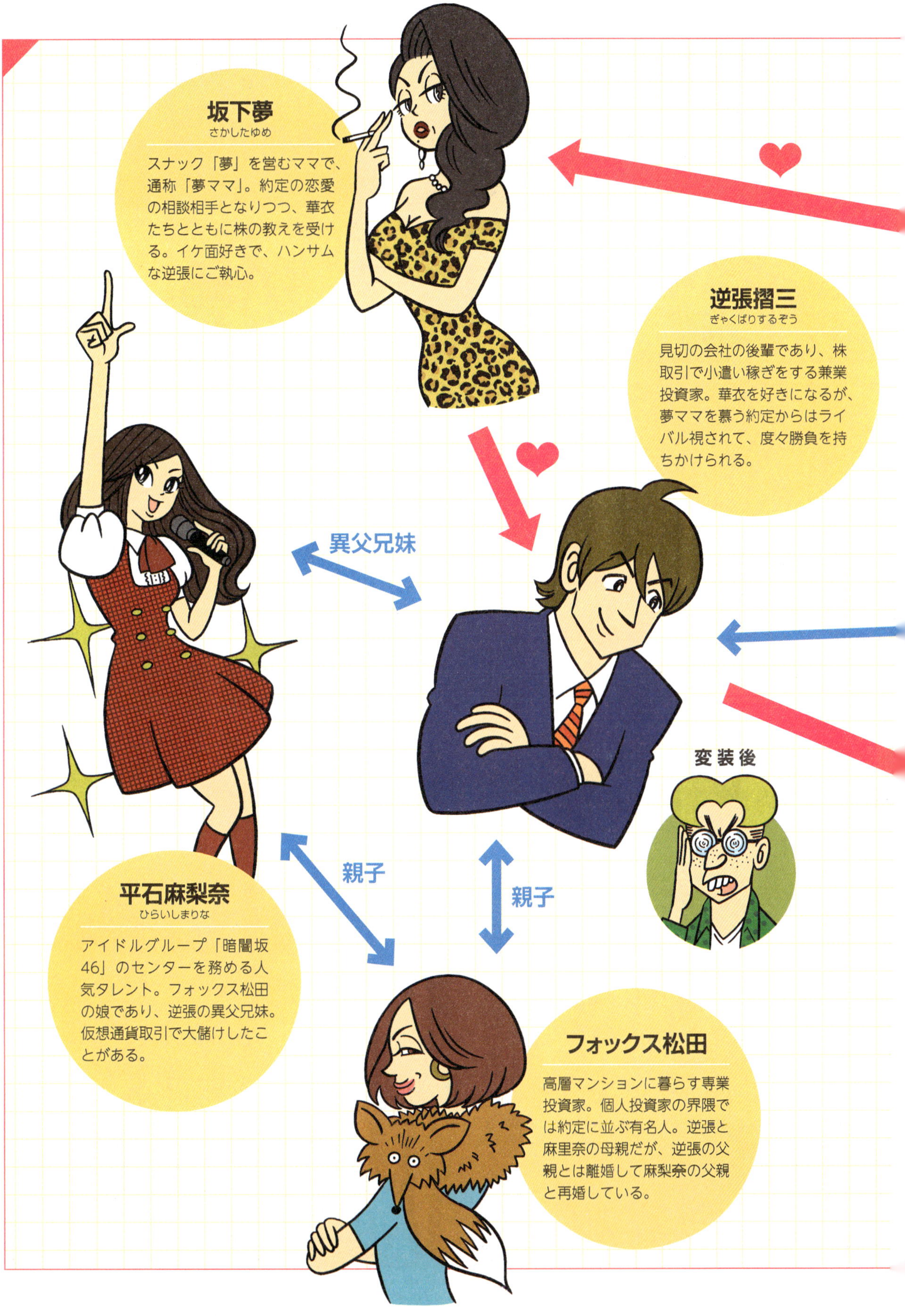

坂下夢《さかしたゆめ》
スナック「夢」を営むママで、通称「夢ママ」。約定の恋愛の相談相手となりつつ、華衣たちとともに株の教えを受ける。イケ面好きで、ハンサムな逆張にご執心。
逆張摺三《ぎゃくばりするぞう》
見切の会社の後輩であり、株取引で小遣い稼ぎをする兼業投資家。華衣を好きになるが、夢ママを慕う約定からはライバル視されて、度々勝負を持ちかけられる。
異父兄妹
変装後
親子
親子
平石麻梨奈《ひらいしまりな》
アイドルグループ「暗闇坂46」のセンターを務める人気タレント。フォックス松田の娘であり、逆張の異父兄妹。仮想通貨取引で大儲けしたことがある。
フォックス松田
高層マンションに暮らす専業投資家。個人投資家の界隈では約定に並ぶ有名人。逆張と麻里奈の母親だが、逆張の父親とは離婚して麻梨奈の父親と再婚している。

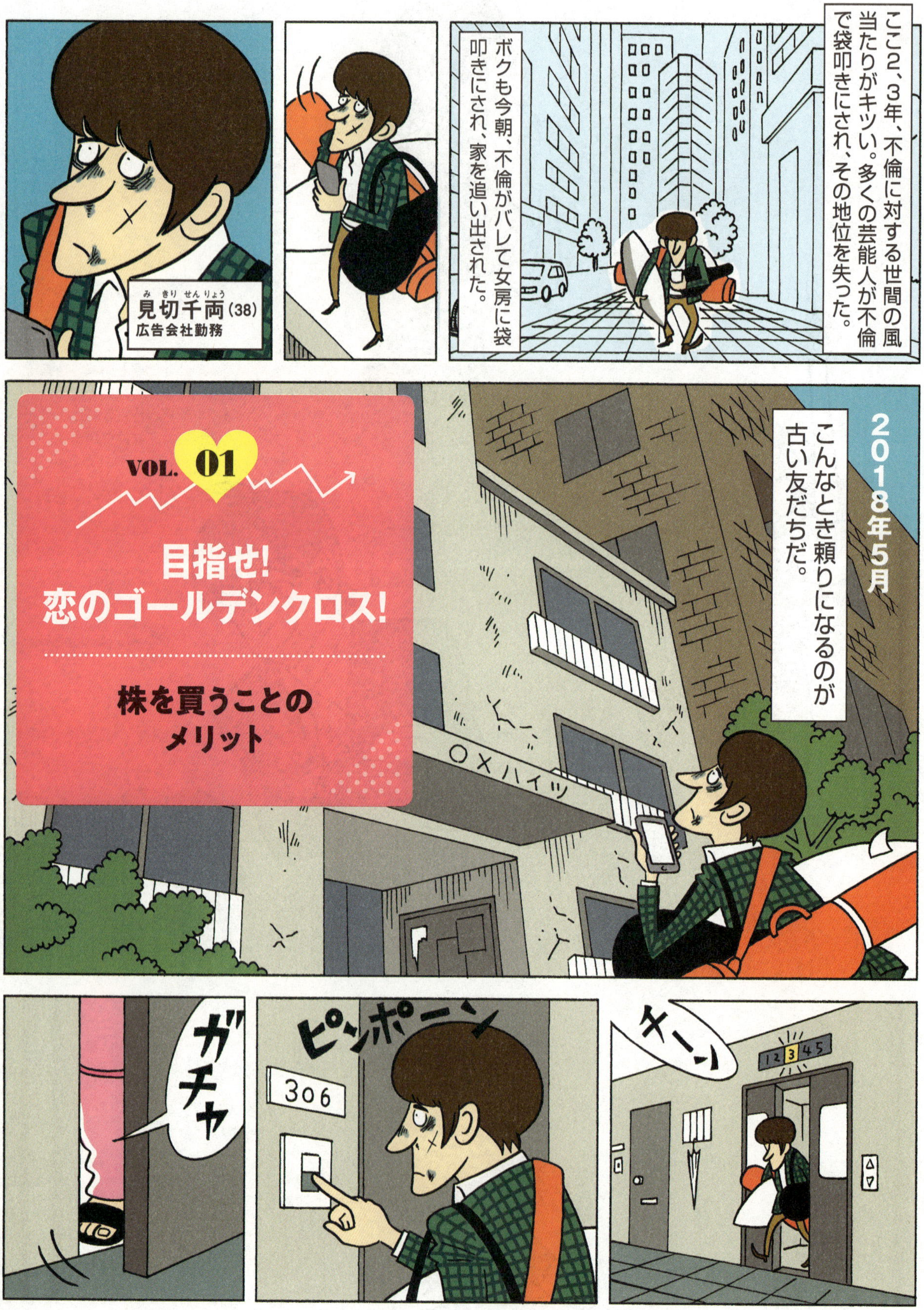
ここ2、3年、不倫に対する世間の風当たりがキツい。多くの芸能人が不倫で袋叩きにされ、その地位を失った。
ボクも今朝、不倫がバレて女房に袋叩きにされ、家を追い出された。
見切千両《みきりせんりょう》(38)
広告会社勤務
2018年5月
こんなとき頼りになるのが古い友だちだ。
VOL. 01
目指せ! 恋のゴールデンクロス!
株を買うことのメリット
○×ハイツ
チーン
12345
ピンポーン
306
ガチャ

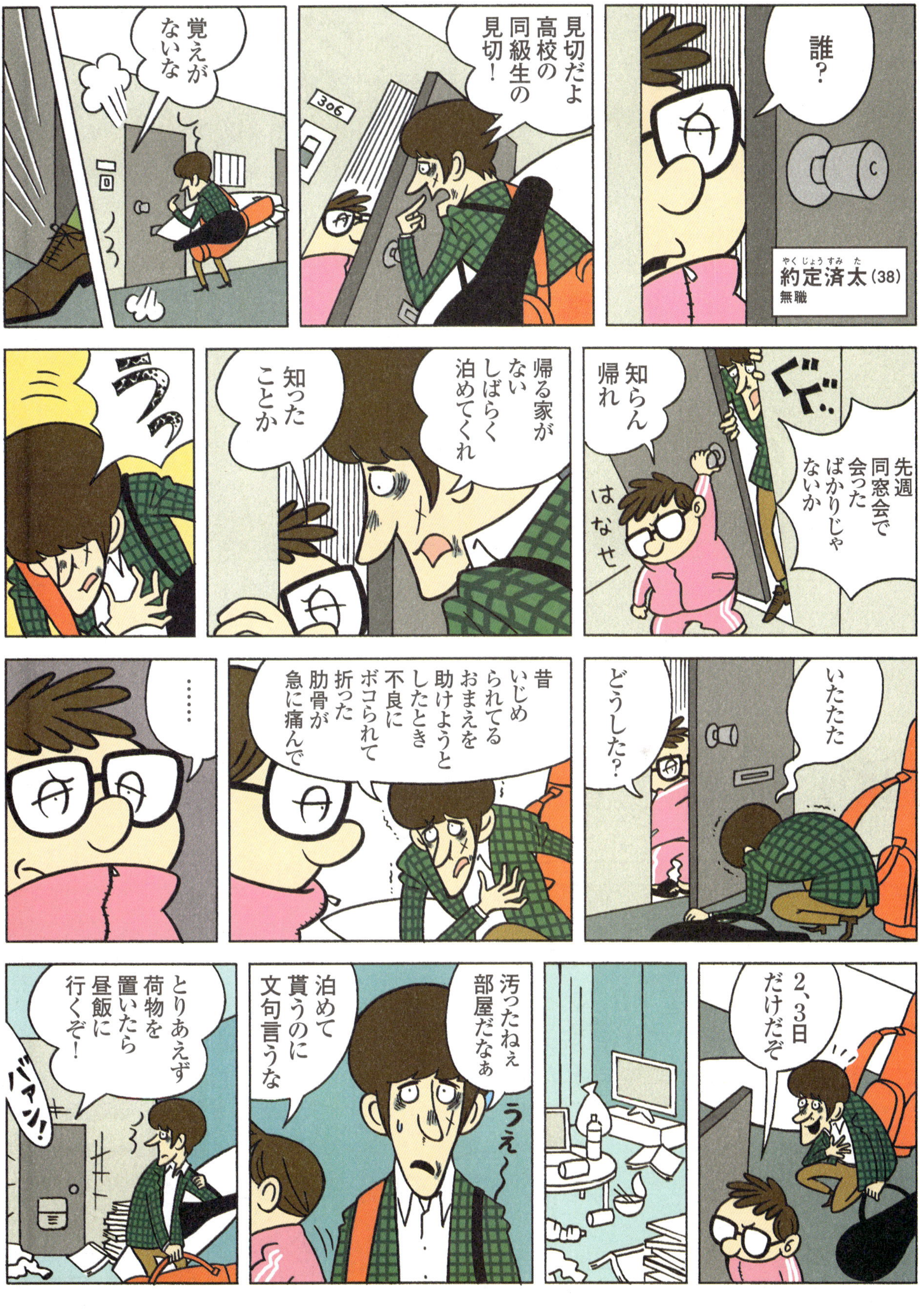
誰？
約定済《やくじょうすみ》太《た》(38)
無職
306
見切だよ 高校の 同級生の 見切！
覚えが ないな
先週 同窓会で 会った ばかりじゃ ないか
ぐぐ…
知らん 帰れ
はなせ
帰る家が ない しばらく 泊めてくれ
知った ことか
うう
いたたた
どうした？
昔 いじめ られてる おまえを 助けようと したとき 不良に ボコられて 折った 肋骨が 急に痛んで
……
2、3日 だけだぞ
汚ったねぇ 部屋だなぁ
うぇ～
泊めて 貰うのに 文句言うな
とりあえず 荷物を 置いたら 昼飯に 行くぞ！
バァン！

McDon
ザー
いらっしゃいませー
CHEES BURGER
毎日こんな時間から昼飯?
3時まではモニターの前を離れられないからね
おまえ仕事何だっけ?
株だよ
株?証券会社か何か?
個人
それで食えんの?
まあな
おまえ、ブランジスタって会社知ってるか?
さあ聞いたことも…
Brangista
一般人は知らないだろうな。15年9月に東証マザーズに上場した電子雑誌出版の会社だよ
この会社の取締役が幻冬舎社長の見城徹だと聞いて、ボクはピンと来た。いい意味でも悪い意味でも色々やってくれる人だからね。
見城徹
16年3月
4月
5月
6月
15000円
12000円
ブランジスタ
1 上場時の初値は647円だが秋元康プロデュースでスマホゲーム参入をぶちあげ2000円に
2 さらに4月下旬に新ゲームの情報を5月下旬に公開すると発表したとたん株価が急騰
24倍
3 5月16日にはストップ高の1万5850円に。上場時の24倍だ
16年6月には高値から急落しているけど

ボクは1000株を647円で買って1万2000円で売り抜けたので1135万円儲けた
1万2000円 ×1000株 =1200万円
647円×1000株 =64万7000円
1200万円 −64万7000円
=1135万3000円
すごいな
ブランジスタは別段特別な商品を作ったわけじゃない。ただ、「秋元康と組んだゲームの内容を近々発表します」と言っただけで株価が急上昇したんだ。
X!ニュース
ブランジスタ 秋元康と組んだ ゲームを発表!
それだけ?
そう それだけで値がこんなに跳ね上がる。そこが、株の面白いところさ
やってくれるよ見城徹
ジュ!
でも、そんなに儲かる株は滅多にないだろ 普通は損するんじゃないのか
特別な銘柄じゃなくたって、株は儲かるんだ
ここにロナルド・リードというアメリカ人がいる。14年、92歳で亡くなったバーモント州のガソリンスタンドの元店員だ。
ロナルド・リード
その爺さんがどうした?
死んだロナルド爺さんの資産を調べたら、時価800万ドル(8億円)の株を持っていたそうだ。
ズゲッ
え ガソリンスタンドの元店員が資産8億円!?
何か特別な投資法を身につけてたんだろ
……

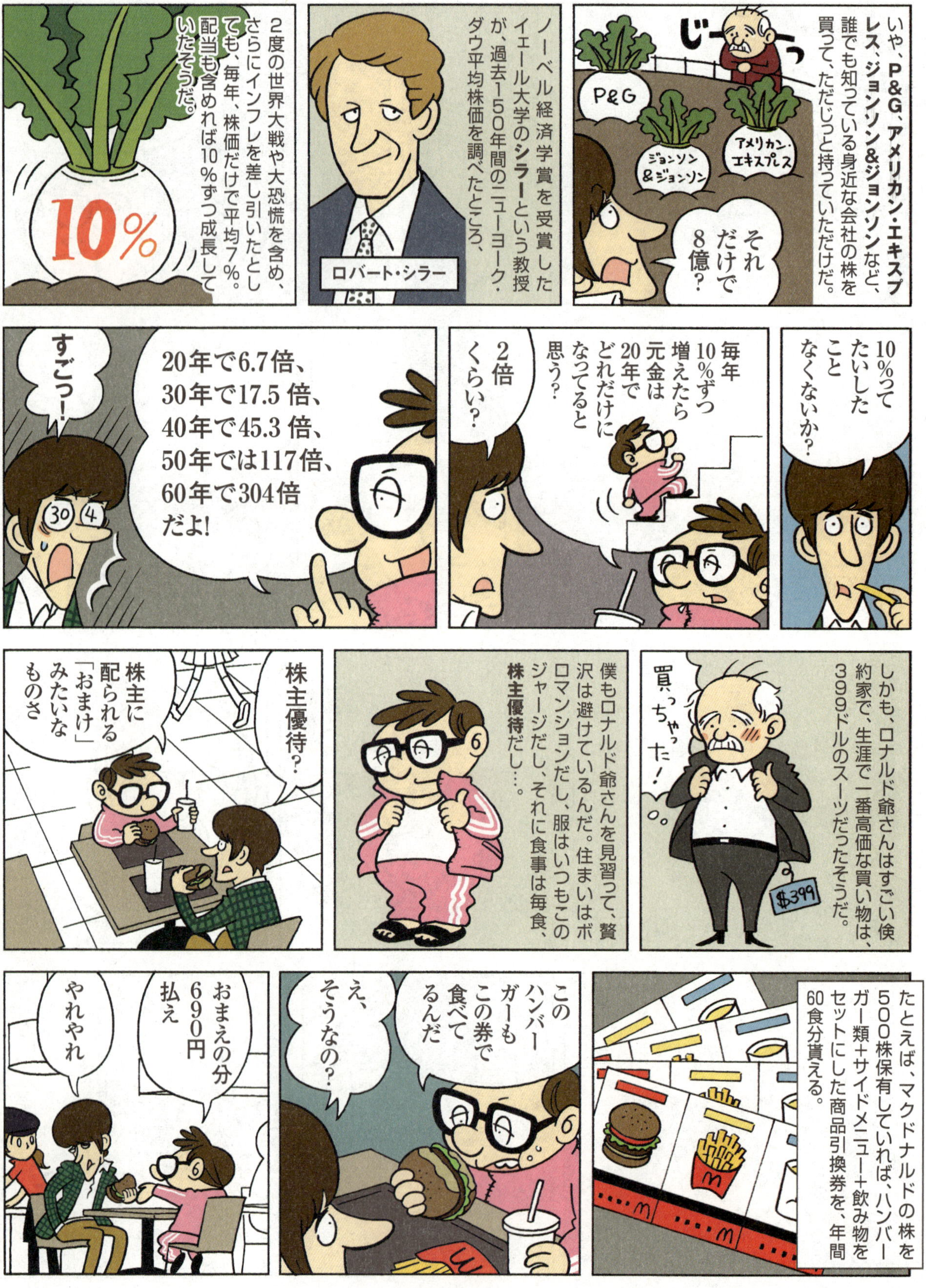
いや、P&G、アメリカン・エキスプレス、ジョンソン&ジョンソンなど、誰でも知っている身近な会社の株を買って、ただじっと持っていただけだ。
じーっ
P&G
ジョンソン&ジョンソン
アメリカン・エキスプレス
それだけで8億?
ノーベル経済学賞を受賞したイェール大学のシラーという教授が、過去150年間のニューヨーク・ダウ平均株価を調べたところ、
ロバート・シラー
2度の世界大戦や大恐慌を含め、さらにインフレを差し引いたとしても、毎年、株価だけで平均7%。配当も含めれば10%ずつ成長していたそうだ。
10%
10%ってたいしたことなくないか?
毎年10%ずつ増えたら元金は20年でどれだけになってると思う?
2倍くらい?
20年で6.7倍、30年で17.5倍、40年で45.3倍、50年では117倍、60年で304倍だよ!
すごっ!
しかも、ロナルド爺さんはすごい倹約家で、生涯で一番高価な買い物は、399ドルのスーツだったそうだ。
買っちゃった!
$399
僕もロナルド爺さんを見習って、贅沢は避けているんだ。住まいはボロマンションだし、服はいつもこのジャージだし、それに食事は毎食、株主優待だし…。
株主優待?
株主に配られる「おまけ」みたいなものさ
たとえば、マクドナルドの株を500株保有していれば、ハンバーガー類+サイドメニュー+飲み物をセットにした商品引換券を、年間60食分貰える。
このハンバーガーもこの券で食べてるんだ
え、そうなの?
おまえの分690円払え
やれやれ

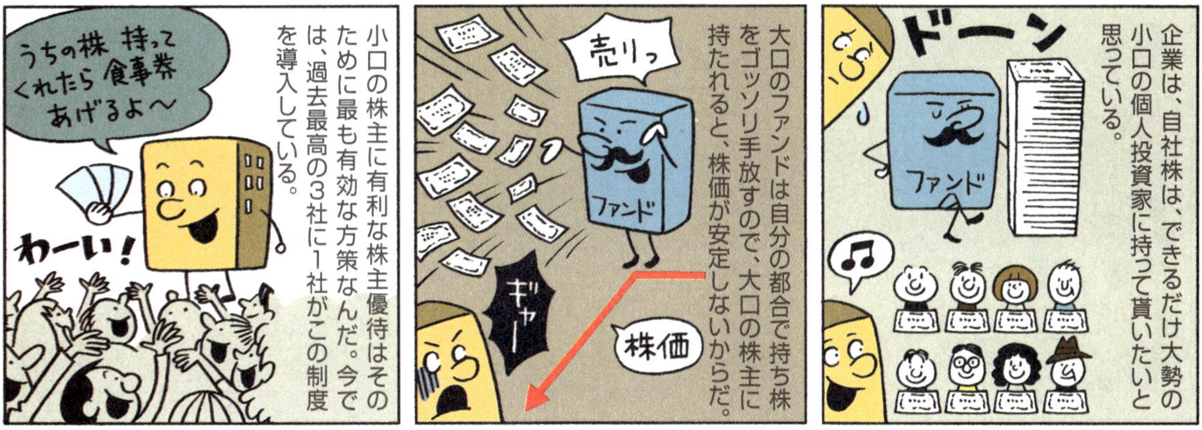
企業は、自社株は、できるだけ大勢の小口の個人投資家に持って貰いたいと思っている。
ドーン
ファンド
大口のファンドは自分の都合で持ち株をゴッソリ手放すので、大口の株主に持たれると、株価が安定しないからだ。
売りっ
ファンド
ギャー
株価
小口の株主に有利な株主優待はそのために最も有効な方策なんだ。今では、過去最高の3社に1社がこの制度を導入している。
うちの株 持ってくれたら食事券あげるよ〜
わーい!

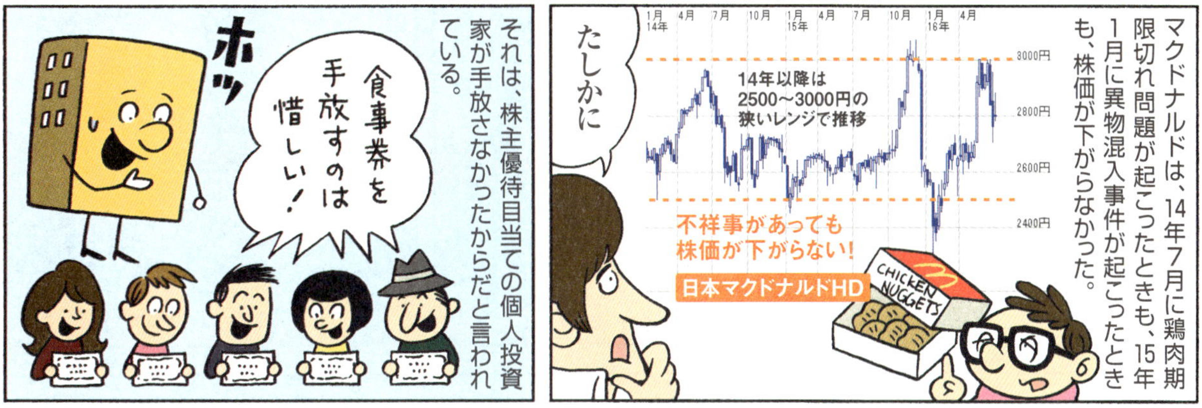
マクドナルドは、14年7月に鶏肉期限切れ問題が起こったときも、15年1月に異物混入事件が起こったときも、株価が下がらなかった。
1月 14年
4月
7月
10月
1月 15年
4月
7月
10月
1月 16年
4月
3000円
2800円
2600円
2400円
14年以降は2500〜3000円の狭いレンジで推移
不祥事があっても株価が下がらない!
日本マクドナルドHD
CHICKEN NUGGETS
たしかに
それは、株主優待目当ての個人投資家が手放さなかったからだと言われている。
ホッ
食事券を手放すのは惜しい!

牛丼から寿司、ピッツァまで優待で食べられる!（2019年8月30日時点）

銘柄	権利確定日*	約定の保有株	株価	必要な金額	これだけ食べられる!
吉野家HD	2·8月	100株	2249円	22万4900円	牛丼約15杯
リンガーハット	2·8月	1000株	2521円	252万1000円	ちゃんぽん約42杯
ワイズテーブル コーポレーション	2·8月	100株	2425円	24万2500円	ピッツァ約5枚
ゼンショーHD	3·9月	500株	2408円	120万4000円	牛丼約34杯
グルメ杵屋	3·9月	1000株	1164円	116万4000円	讃岐うどん約31杯
幸楽苑HD	3月	1000株	2637円	263万7000円	ラーメン約45杯
東和フードサービス	4·10月	400株	1638円	65万5200円	マルゲリータ・ピッツァ約11枚（ドナ）
くら寿司	4月	200株	4230円	84万6000円	寿司食事券5000円分
銚子丸	5月15日 11月15日	100株	1227円	12万2700円	寿司食事券1000円分
日本マクドナルドHD	6·12月	500株	4985円	249万2500円	ハンバーガー+ポテト+ドリンクが60回分
アークランドサービスHD	6·12月	100株	1905円	19万500円	カツ丼約4杯

*権利確定日は銚子丸以外は月末。

僕は株主優待で1年間にざっとこれだけ食事してる

優待を貰うには、その会社の株を1年間持ってる必要はない。会社毎に決められた「権利確定日」の2*営業日前の1日だけ持っていればいいんだ。
えっ 1日だけ?
月 火 水 木 金 土
1 2 3 4 5
7 8 9 10 11 12
13 14 15 16 17 18 19
20 21 22 23 24 25 26
28 29 30 31
権利確定日
だから今の表で言えば、権利確定日が最も集中する3月末に必要な500万円があれば、その金で売買を繰り返すことで、1年分の昼飯代がすべて優待で賄えるってわけさ。
3/29
買い
3/30
売り
食事券
なるほど
見切、おまえ貯金はどれくらいある?
100万ちょっとかな
少ねぇな
まあいい
100万円を銀行に1年間預けても、貰える利息は100円だ。*セブン銀行で他行の預金をおろす手数料より安い。
ATM
1000000
1000100
利息 100
手数料 216 999884
でもその100万円で株を買っていれば、配当はつくし、株価が上がればその分儲かるし、しかも株主優待で食事代が浮くんだ。
100万
わーい
120万
食事券
配当
俺にも株を一から教えてくれ
ガッ
私にも教えてください!
キミ誰?
このヒトのマンションの向かいのアパートに住んでいる押目華衣です
押目華衣《おしめかい》(22)
マクドナルド店員
かわいい!
?

*2営業日前に持っていると、権利確定日に持っていたことになる。

*メガバンクの1年定期など(利率0.01%)。

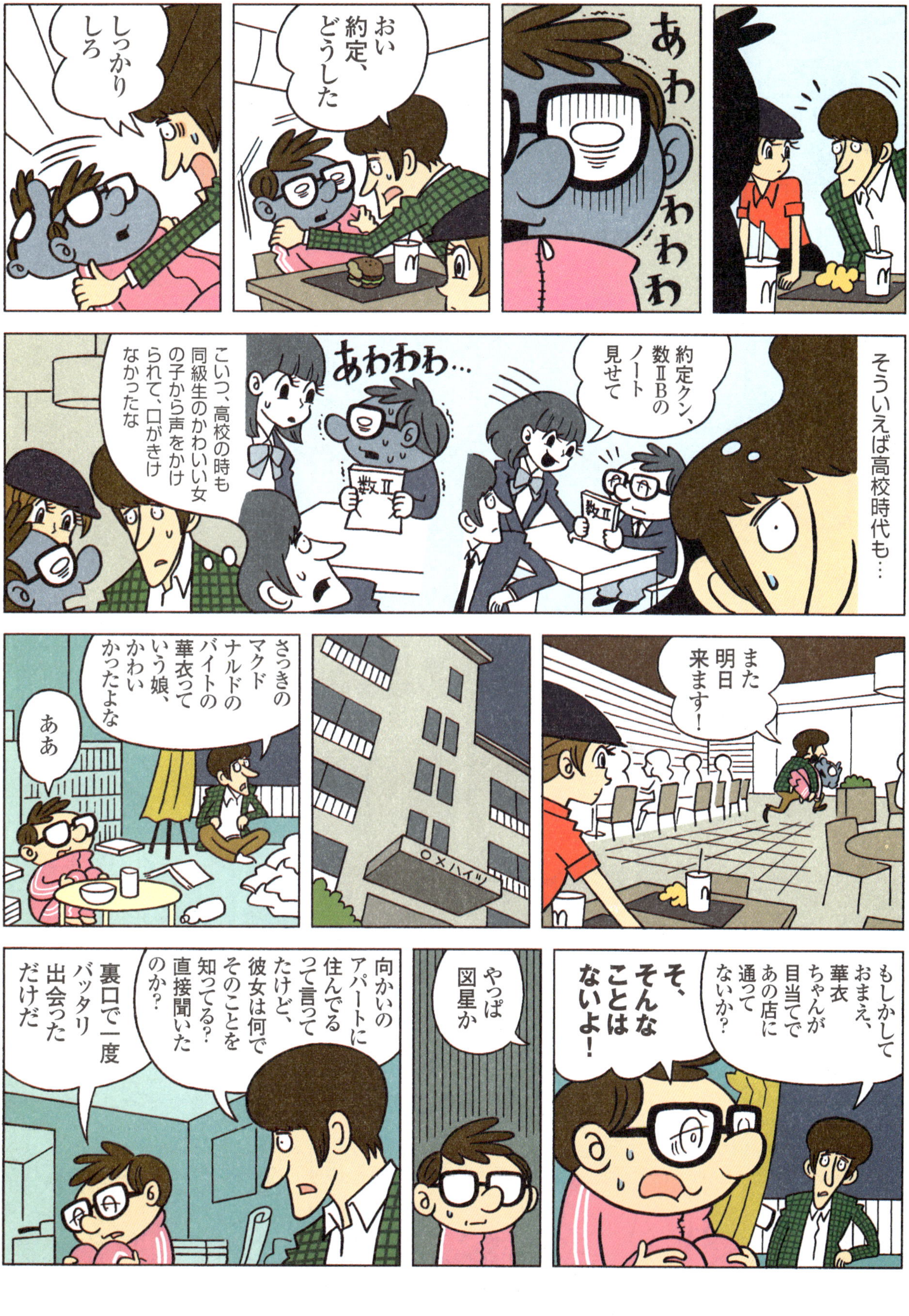
あわわわ
おい約定、どうした
しっかりしろ
そういえば高校時代も…
約定クン、数ⅡBのノート見せて
数Ⅱ
あわわわ…
こいつ、高校の時も同級生のかわいい女の子から声をかけられて、口がきけなかったな
また明日来ます!
○×ハイツ
さっきのマクドナルドのバイトの華衣っていう娘、かわいかったよな
ああ
もしかしておまえ、華衣ちゃんが目当てであの店に通ってないか?
そ、そんなことはないよ!
やっぱ図星か
向かいのアパートに住んでるって言ってたけど、彼女は何でそのことを知ってる? 直接聞いたのか?
裏口で一度バッタリ出会っただけだ

あの…いつもお店で株主優待券で食事されている方ですよね
あわわわ…
そういうことか
このマンションもボロいけど裏にもっとボロいアパートが建ってたんだな…
華衣ちゃんの部屋、どこかわかるか？
いや
もしや、あの天体望遠鏡…
おい、これ立派な覗きだぞ
お願いだ彼女には言わないでくれ！
遠くから眺めてないでちゃんと彼女とつき合えよ
彼女はおまえから株を教わりたがっているんだ
絶好のチャンスじゃないか
♪

だけどボク、女の子を前にすると口がきけなくなっちゃうから
俺が彼女と口がきけるようにしてやる
おまえの恋の株式相場での株価を一気に上げてやるよ
その代わり俺をここにしばらくタダで置いてくれ
これまで低迷していた華衣ちゃんの頭の中のボクの長期の移動*平均線を、
*移動平均線とは、ある銘柄の一定期間の株価の平均値を結んだ線。毎日の株価の小刻みな上下動をならして滑らかにした線ともいえる。
短期の移動平均線が下から突き抜けるわけだな。
約定サン素敵！
これぞ、恋の*ゴールデンクロス！
ドカーン
*チャートで、長期移動平均線を短期線が下から突き抜けること。こういう銘柄は「買い」のチャンスだといわれている（詳しくは次回以降で！）。
よし乗った！
そうと決まったら早速、来週彼女を誘って株教室を開こう
面白いことになってきたぞ
♪
さあ、これから、この3人の恋の三角関係に乗って、株取引を一から学んで参りましょう。乞うご期待！

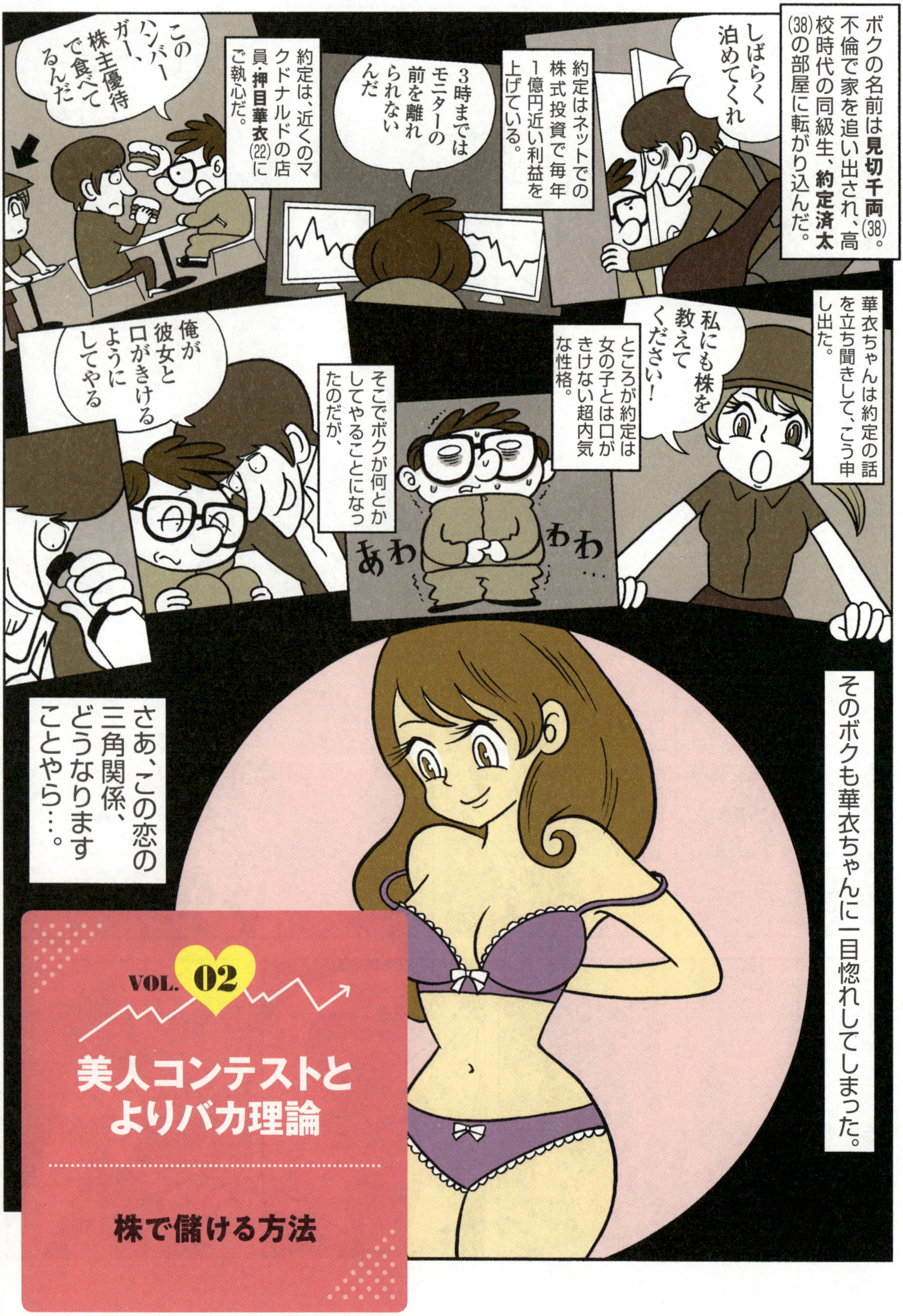

ボクの名前は見切千両(38)。不倫で家を追い出され、高校時代の同級生、約定済太(38)の部屋に転がり込んだ。
しばらく泊めてくれ
約定はネットでの株式投資で毎年1億円近い利益を上げている。
3時まではモニターの前を離れられないんだ
約定は、近くのマクドナルドの店員・押目華衣(22)にご執心だ。
このハンバーガー、株主優待で食べてるんだ
華衣ちゃんは約定の話を立ち聞きして、こう申し出た。
私にも株を教えてください!
ところが約定は女の子とは口がきけない超内気な性格。
あわわわ…
そこでボクが何とかしてやることになったのだが、
俺が彼女と口がきけるようにしてやる
そのボクも華衣ちゃんに一目惚れしてしまった。
さあ、この恋の三角関係、どうなりますことやら…。

VOL. 02

美人コンテストとよりバカ理論

株で儲ける方法

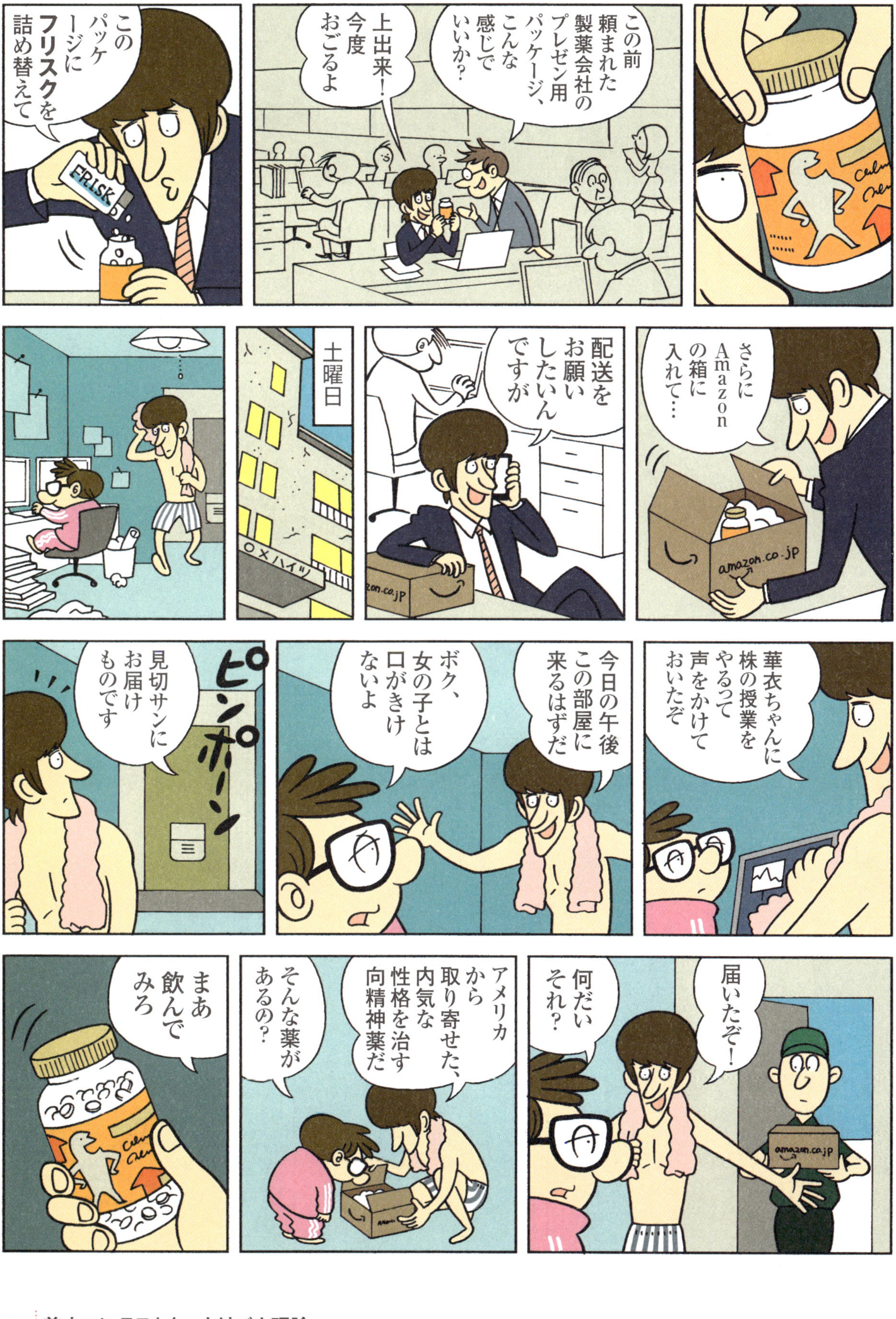
この前頼まれた製薬会社のプレゼン用パッケージ、こんな感じでいいか?
上出来! 今度おごるよ
このパッケージにフリスクを詰め替えて
FRISK
さらにAmazonの箱に入れて…
amazon.co.jp
配送をお願いしたいんですが
土曜日
○×ハイツ
華衣ちゃんに株の授業をやるって声をかけておいたぞ
今日の午後この部屋に来るはずだ
ボク、女の子とは口がきけないよ
ピンポーン
見切サンにお届けものです
届いたぞ!
何だいそれ?
amazon.co.jp
アメリカから取り寄せた、内気な性格を治す向精神薬だ
そんな薬があるの?
まあ飲んでみろ

ボリ ボリ
フリスクの味がするな
効き目はすぐに出て6時間は続くはずだ
ボリ ボリ
おお、やる気がわいてきた
うおーっ
こいつ、高校時代から暗示にかかりやすいタイプだったからな。
おお動く動く
そして2時間後
お邪魔しま～す
やあいらっしゃい
パキ
約定サン別人みたいに堂々としてる
効いてる効いてる
早速、株の授業を始めよう
華衣ちゃんはもしも商売をするとしたら何屋サンをやりたい?
花が好きだから花屋サンかな
では仮に華衣ちゃんが華衣フラワーを始めたとしよう
KAI FLOWER

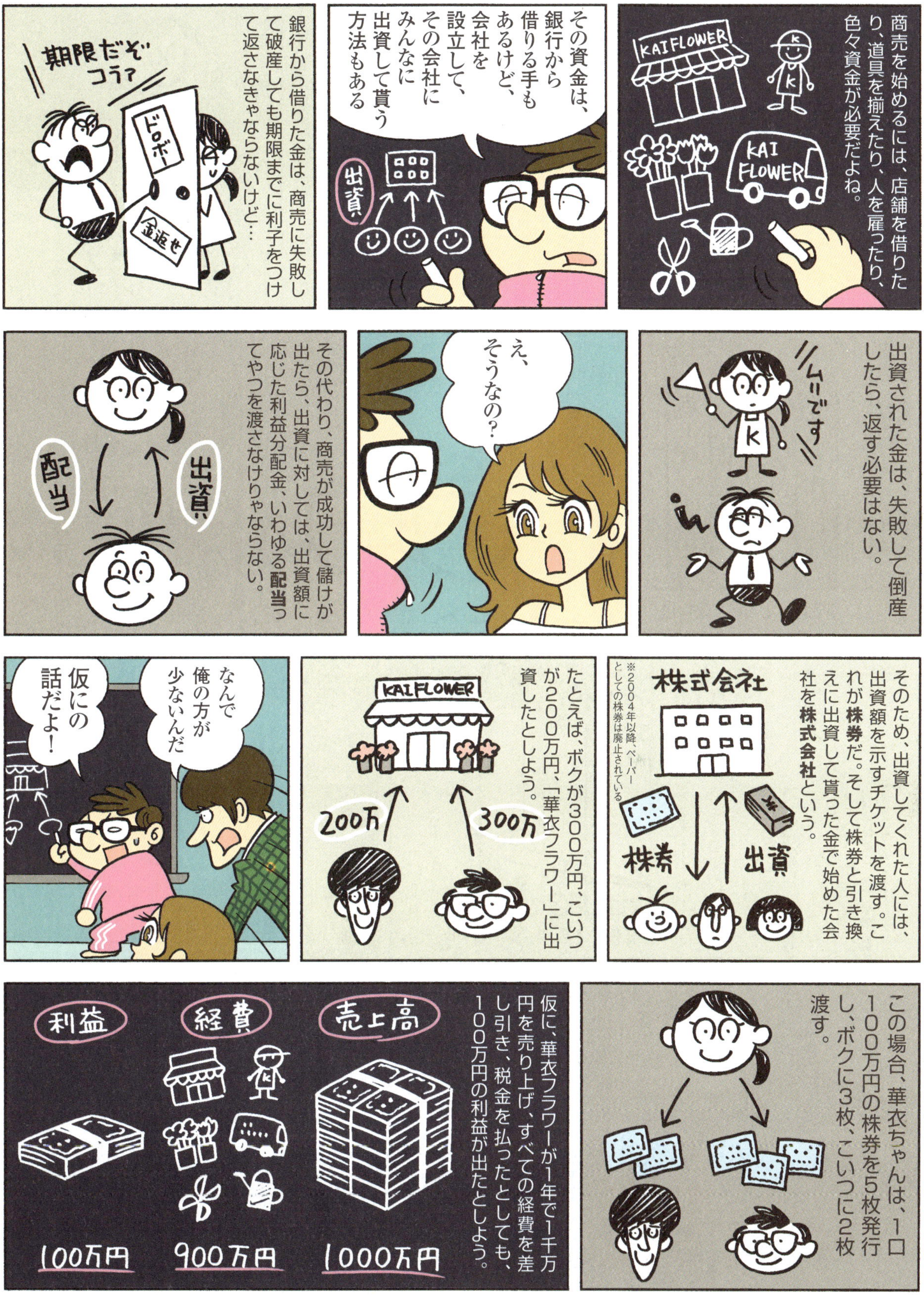
商売を始めるには、店舗を借りたり、道具を揃えたり、人を雇ったり、色々資金が必要だよね。
KAIFLOWER
KAI FLOWER
その資金は、銀行から借りる手もあるけど、会社を設立して、その会社にみんなに出資して貰う方法もある
出資
銀行から借りた金は、商売に失敗して破産しても期限までに利子をつけて返さなきゃならないけど…
期限だぞ コラァ
ドロボー
金返せ
出資された金は、失敗して倒産したら、返す必要はない。
ムリです
え、そうなの？
その代わり、商売が成功して儲けが出たら、出資に対しては、出資額に応じた利益分配金、いわゆる**配当**ってやつを渡さなけりゃならない。
出資
配当
そのため、出資してくれた人には、出資額を示すチケットを渡す。これが**株券**だ。そして株券と引き換えに出資して貰った金で始めた会社を**株式会社**という。
※2004年以降、ペーパーとしての株券は廃止されている
株式会社
出資
株券
たとえば、ボクが300万円、こいつが200万円、「華衣フラワー」に出資したとしよう。
KAIFLOWER
300万
200万
なんで俺の方が少ないんだ
仮にの話だよ！
この場合、華衣ちゃんは、1口100万円の株券を5枚発行し、ボクに3枚、こいつに2枚渡す。
仮に、華衣フラワーが1年で1千万円を売り上げ、すべての経費を差し引き、税金を払ったとしても、100万円の利益が出たとしよう。
売上高
経費
利益
1000万円
900万円
100万円

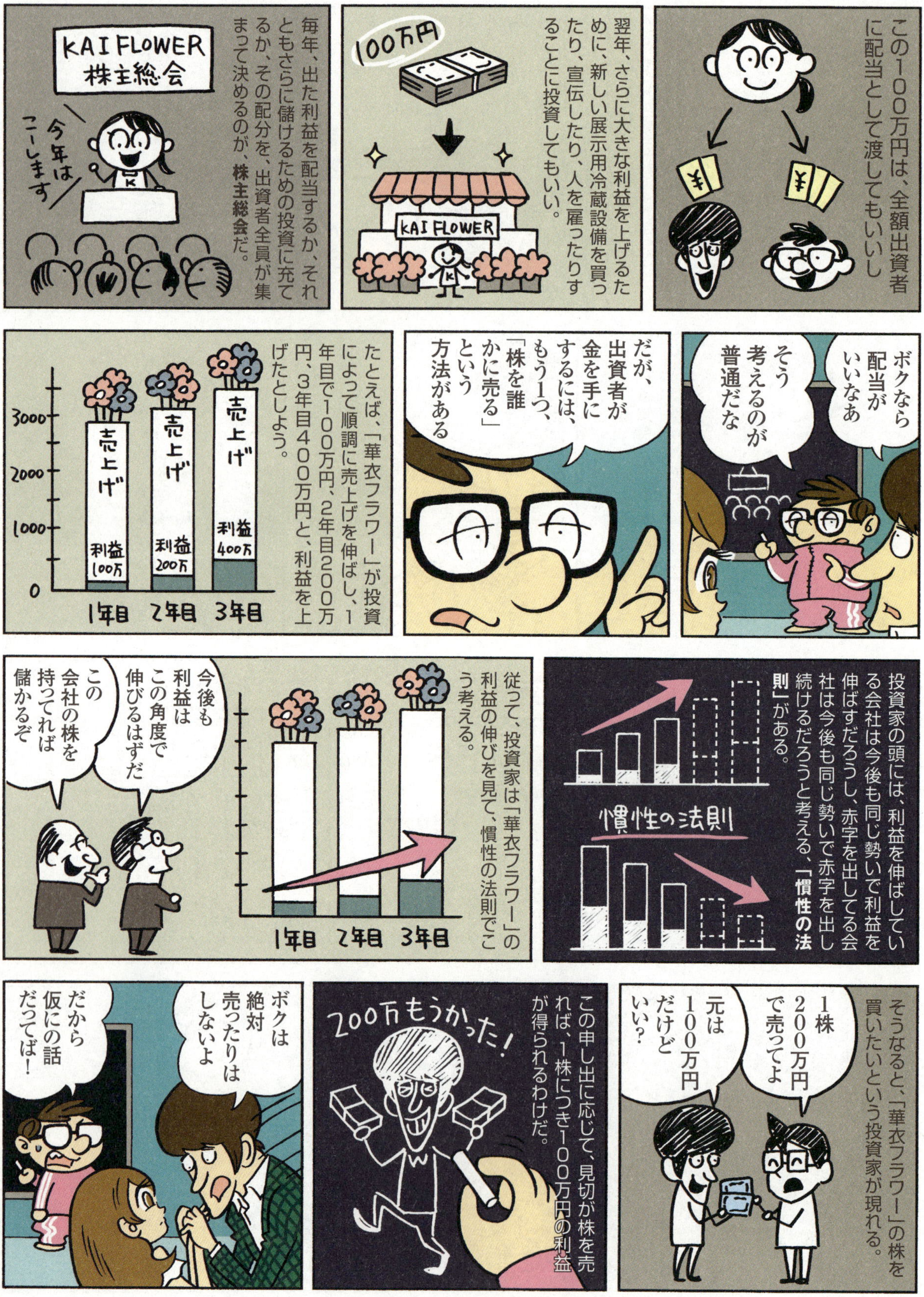
この100万円は、全額出資者に配当として渡してもいいし
¥
¥
100万円
翌年、さらに大きな利益を上げるために、新しい展示用冷蔵設備を買ったり、宣伝したり、人を雇ったりすることに投資してもいい。
KAI FLOWER
KAI FLOWER 株主総会
今年はこーします
毎年、出た利益を配当するか、それともさらに儲けるための投資に充てるか、その配分を、出資者全員が集まって決めるのが、**株主総会**だ。
ボクなら配当がいいなあ
そう考えるのが普通だな
だが、出資者が金を手にするには、もう1つ、「株を誰かに売る」という方法がある
たとえば、「華衣フラワー」が投資によって順調に売上げを伸ばし、1年目で100万円、2年目200万円、3年目400万円と、利益を上げたとしよう。
3000
2000
1000
0
売上げ
売上げ
売上げ
利益100万
利益200万
利益400万
1年目 2年目 3年目
投資家の頭には、利益を伸ばしている会社は今後も同じ勢いで利益を伸ばすだろうし、赤字を出してる会社は今後も同じ勢いで赤字を出し続けるだろうと考える、**「慣性の法則」**がある。
慣性の法則
従って、投資家は「華衣フラワー」の利益の伸びを見て、慣性の法則でこう考える。
今後も利益はこの角度で伸びるはずだ
この会社の株を持ってれば儲かるぞ
1年目 2年目 3年目
そうなると、「華衣フラワー」の株を買いたいという投資家が現れる。
1株200万円で売ってよ
元は100万円だけどいい?
この申し出に応じて、見切が株を売れば、1株につき100万円の利益が得られるわけだ。
200万もうかった!
ボクは絶対売ったりはしないよ
だから仮にの話だってば!

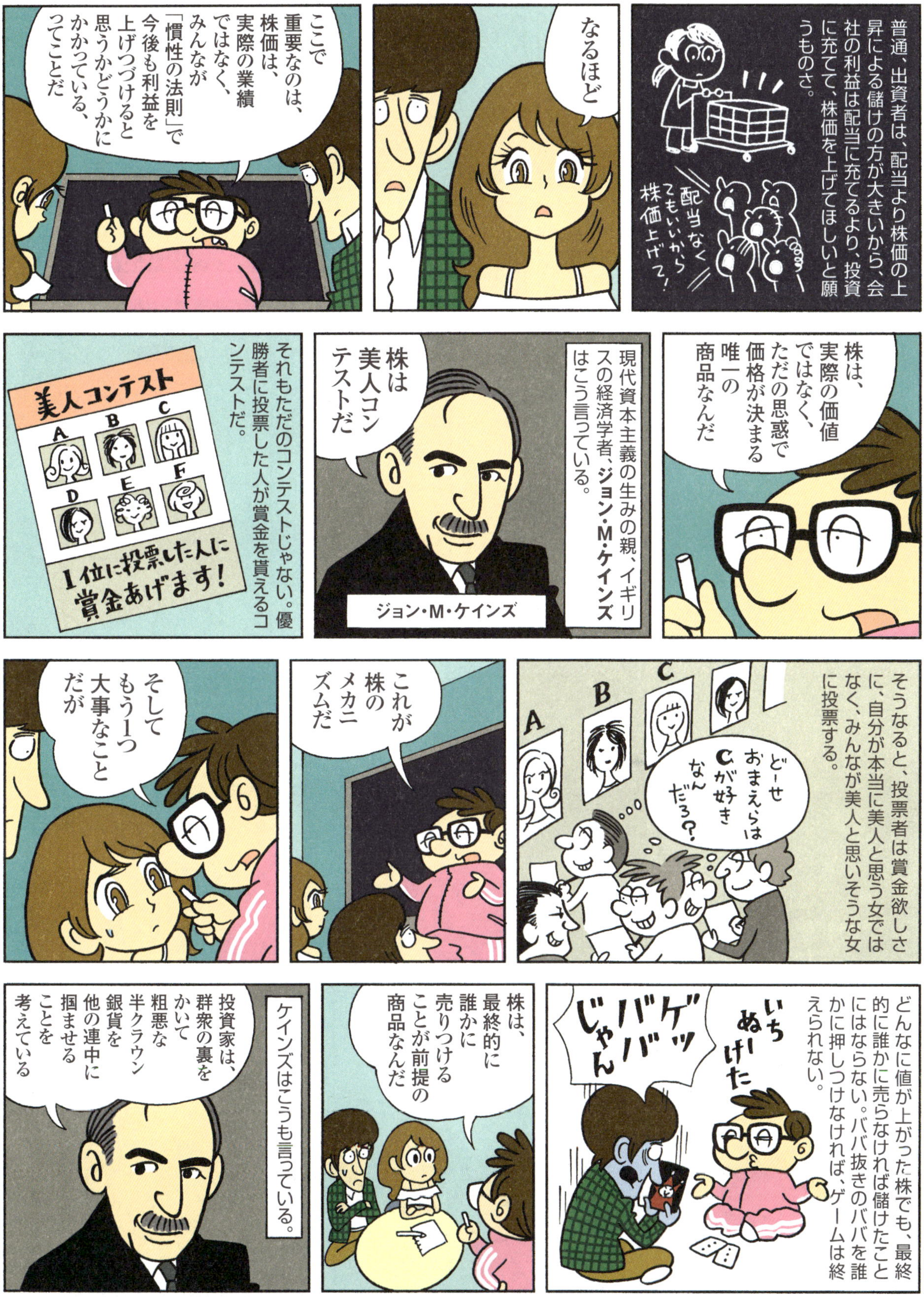
普通、出資者は、配当より株価の上昇による儲けの方が大きいから、会社の利益は配当に充てるより、株価を上げてほしいと願うものさ。
配当なくてもいいから株価上げて!
なるほど
ここで重要なのは、株価は、実際の業績ではなく、みんなが「慣性の法則」で今後も利益を上げつづけると思うかどうかにかかっている、ってことだ
株は、実際の価値ではなく、ただの思惑で価格が決まる唯一の商品なんだ
現代資本主義の生みの親、イギリスの経済学者、ジョン・M・ケインズはこう言っている。
株は美人コンテストだ
ジョン・M・ケインズ
それもただのコンテストじゃない。優勝者に投票した人が賞金を貰えるコンテストだ。
美人コンテスト
A B C D E F
1位に投票した人に賞金あげます!
そうなると、投票者は賞金欲しさに、自分が本当に美人と思う女ではなく、みんなが美人と思いそうな女に投票する。
A B C
どーせおまえらはCが好きなんだろ?
これが株のメカニズムだ
そしてもう1つ大事なことだが
どんなに値が上がった株でも、最終的に誰かに売らなければ儲けたことにはならない。ババ抜きのババを誰かに押しつけなければ、ゲームは終えられない。
ゲッババじゃん
いちぬけた
株は、最終的に誰かに売りつけることが前提の商品なんだ
ケインズはこうも言っている。
投資家は、群衆の裏をかいて粗悪な半クラウン銀貨を他の連中に掴ませることを考えている

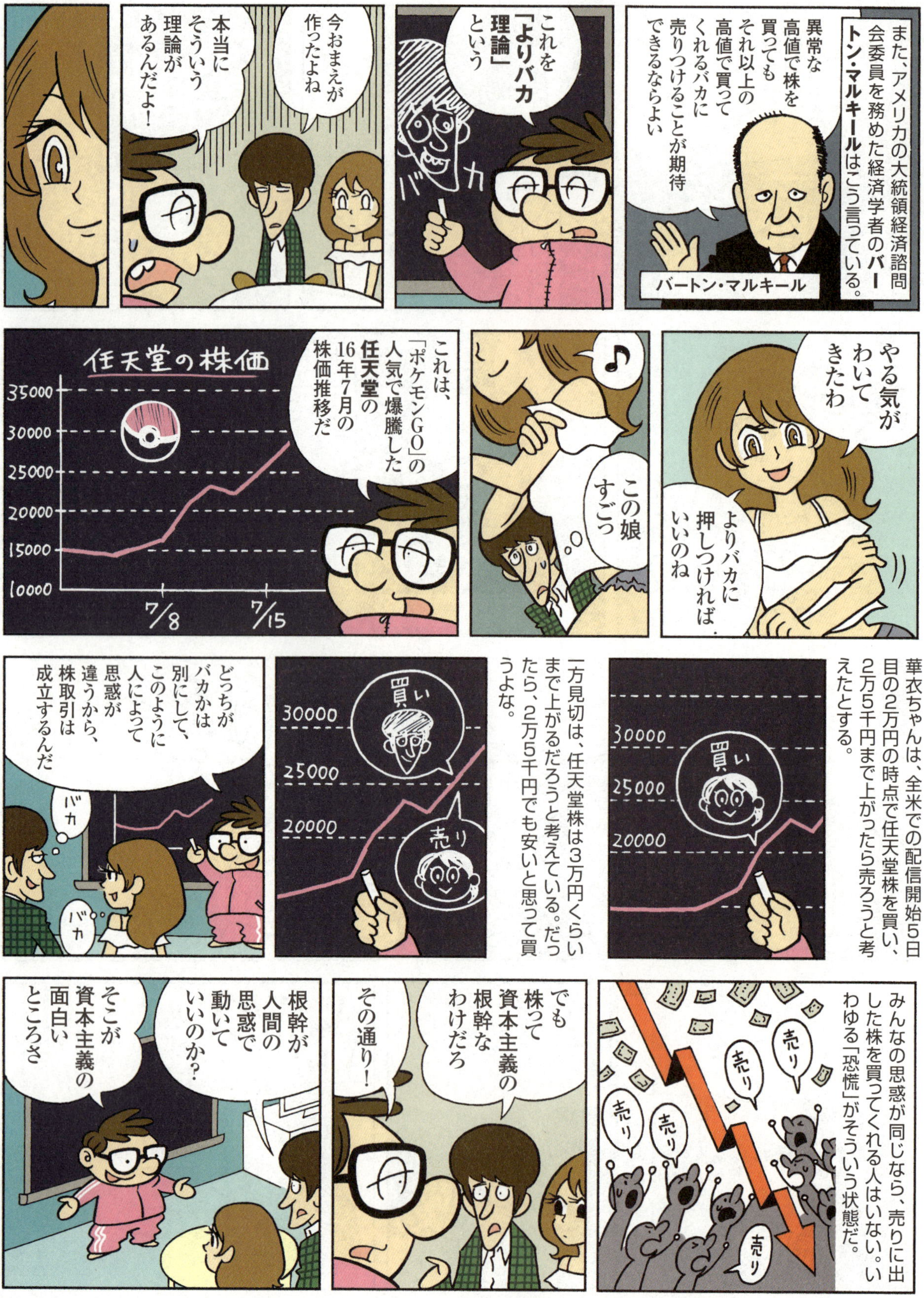
また、アメリカの大統領経済諮問会委員を務めた経済学者のバートン・マルキールはこう言っている。
異常な高値で株を買ってもそれ以上の高値で買ってくれるバカに売りつけることが期待できるならよい
バートン・マルキール
これを「よりバカ理論」という
バカ
今おまえが作ったよね
本当にそういう理論があるんだよ!
やる気がわいてきたわ
よりバカに押しつければいいのね
♪
この娘すごっ
これは、「ポケモンGO」の人気で爆騰した任天堂の16年7月の株価推移だ
任天堂の株価
35000
30000
25000
20000
15000
10000
7/8
7/15
華衣ちゃんは、全米での配信開始5日目の2万円の時点で任天堂株を買い、2万5千円まで上がったら売ろうと考えたとする。
30000
25000
20000
買い
一方見切は、任天堂株は3万円くらいまで上がるだろうと考えている。だったら、2万5千円でも安いと思って買うよな。
30000
25000
20000
買い
売り
どっちがバカかは別にして、このように人によって思惑が違うから、株取引は成立するんだ
バカ
バカ
みんなの思惑が同じなら、売りに出した株を買ってくれる人はいない。いわゆる「恐慌」がそういう状態だ。
売り
売り
売り
売り
売り
でも株って資本主義の根幹なわけだろ
その通り!
根幹が人間の思惑で動いていいのか?
そこが資本主義の面白いところさ

株を別な角度から説明しよう
これまで日本企業は、社員を重視し、株主を軽んじる傾向にあった。だが、今は違う。過去10年以上、日本企業の従業員の給料はほとんど増えていないが、株主への配当はこんなに増えた。
日本企業の1社あたりの配当総額平均の推移
(億円)
80
60
40
20
'02 '03 '04 '05 '06 '07 '08 '09 '10 '11 '12 '13 '14 '15 '16 '17 '18
ニコニコ
プイ
経営者
株主
社員
賃金を2割アップする企業はないが、1株当たり50円の配当を60円に増やす会社はザラだ。
※東証1部上場かつ3月期決算の企業を対象にザイ編集部が作成。
昔の日本企業は、労働組合が強かったが、今は組合の力がなくなり、経営者も、株主と戦うより、組合と戦った方が楽になっている。
団結
団結
団結
ペコ
ペコ
それに、今の経営者は、給料の代わりにストックオプションで自社株を与えられているので、給料を上げるより、配当を上げた方が収入が上がったりする。
配当を2割上げましょう
パチ
パチ
今の経営者は、社員とではなく、株主と利害が一致しているんだ
株主
経営者
だからこそ言いたい。今、株をやらないのはバカだ!とね
株主になるってことは、経営者側に立つってことだ
フランスの経済学者、**トマ・ピケティ**は、ベストセラー『**21世紀の資本**』の中でこう言っている。
トマ・ピケティ
21世紀の資本
LE CAPITAL
どんな時代でもR>Gが成り立つ
Rとは投資のリターン。Gは経済成長率。つまり、どんな時代でも、労働者がコツコツ働いて得る利益より、株主が株で得る利益の方が大きい、ってことだ。
投資のリターン
R>G
経済成長率
君たちもコツコツ働いたってダメだ株を始めるべきなんだ
この人ステキ!
恋は完全に裏目だ~

私の名前は押目華衣(22)。芸能界を夢見て東京に出てきたものの、なかなか夢が叶わず、今はマクドナルドで働いている。
いらっしゃいませ
私の店には、ネット上の株取引で一財産を築いた約定済太(38)というオタクがよく食事に来る。
この優待券使えるよね
彼の家に、ある日、広告代理店に勤める見切千両(38)というチャラい男が転がり込んだ。
不倫で家を追い出された
店でこの2人が株の話をしているのを立ち聞きし、私は思わずこう叫んでしまった。
私にも株を教えて！
みんなには初めて打ち明けるけど、実は私は演出家とつき合っている。
今度、ボクの演出する芝居に出ない？
ホント？嬉しい
でも、このことは2人には秘密だ。なぜって、
2人とも私に気があるので、彼氏がいないふりをしていれば、タダでお金儲けの極意を教えて貰えるんだもん。

VOL. 03

初心者は「遠いものは避けよ」

株の選び方と税金

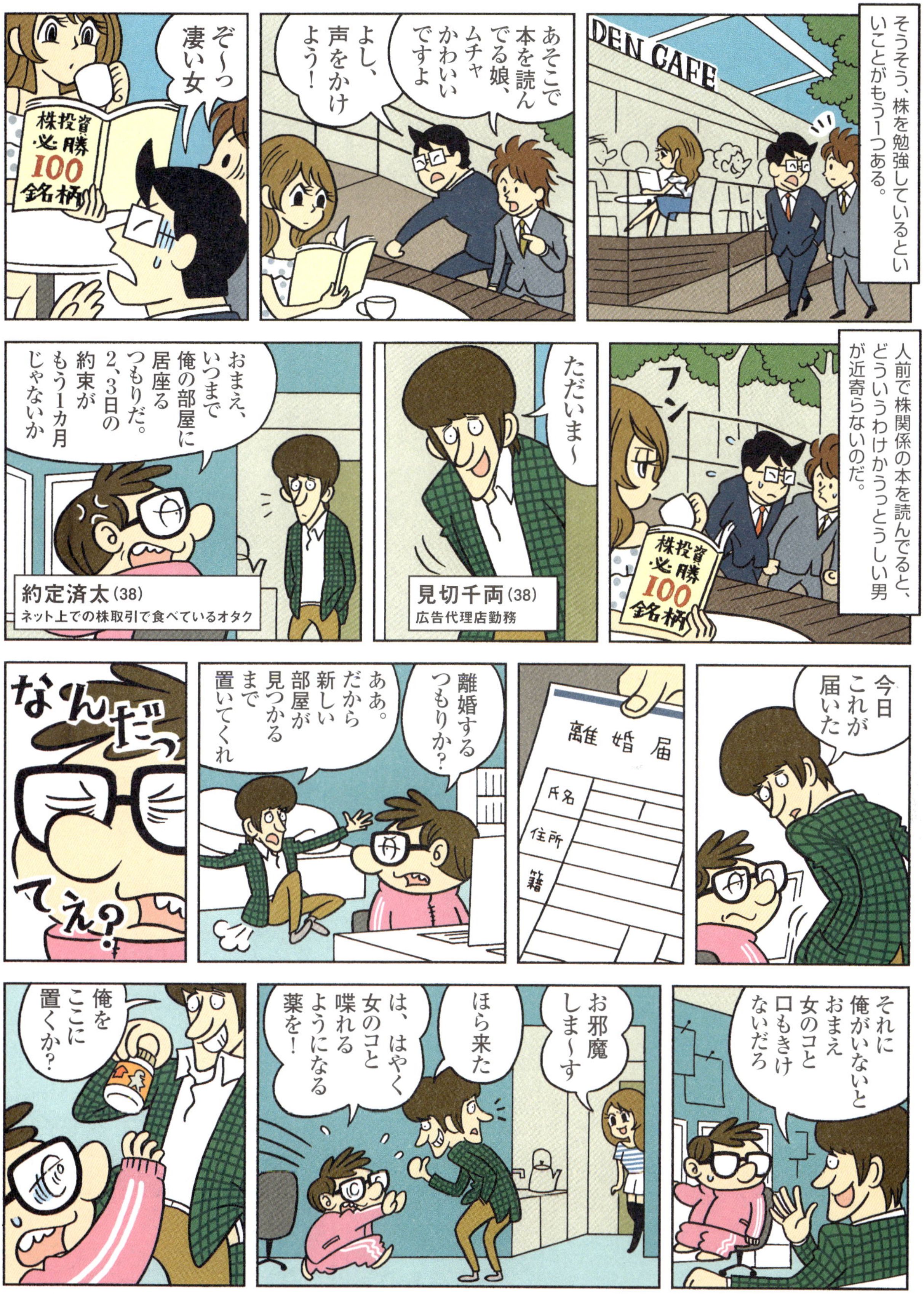
そうそう、株を勉強しているといいことがもう1つある。
DEN CAFE
あそこで本を読んでる娘、ムチャかわいいですよ
よし、声をかけよう！
ぞ〜っ凄い女
株投資必勝100銘柄
人前で株関係の本を読んでると、どういうわけかうっとうしい男が近寄らないのだ。
フン
株投資必勝100銘柄
ただいま〜
見切千両（38）
広告代理店勤務
おまえ、いつまで俺の部屋に居座るつもりだ。2、3日の約束がもう1カ月じゃないか
約定済太（38）
ネット上での株取引で食べているオタク
今日これが届いた
離婚届
氏名
住所
籍
離婚するつもりか？
ああ。だから新しい部屋が見つかるまで置いてくれ
なんだってえ？
それに俺がいないとおまえ女のコと口もきけないだろ
お邪魔しま〜す
ほら来た
は、はやく女のコと喋れるようになる薬を！
俺をここに置くか？

置く置く!
ほらよ
ガー
本当はフリスク
これ、差し入れです
ありがたい夕飯まだだったんだ
離婚するとなると、華衣ちゃんがますますかわいく見えてきた
ボリ ボリ
約定には渡せないぞ
よ~し薬が効いてきた!
第2回
株講
では株の授業の2時間目だ
きょうは株の買い方を教えよう
株の世界にはこんな格言がある
遠いものは避けよ
たとえば華衣ちゃん、この服はどこで買った?
たしか、ZOZOTOWNで

ZOZOTOWNの運営元はZOZOだよね。たしか3092番だったな
何だその番号?
証券コード
3092

主な業種の証券コード割り振り

建設	1700～1999	機械	6000～6499
食品	2000～2999	電気機器	6500～6999
繊維	3000～3599	銀行・その他金融	8300～8599
化学・医薬品	4000～4999	情報通信	9400～9499
ゴム	5100～5199	サービス	9600～9999
鉄鋼	5400～5699		

上場している企業には、必ず「**証券コード**」と呼ばれる4桁の番号がつけられていて、その番号は業種別におおよそ固まっている。

※近年は業種によっては銘柄数の増加で銘柄数の少ない業種の番号が割り振られるケースも。

株価を検索するとき、社名より番号を打ち込んだ方が早いので、株のプロは主要企業の証券コードを全部記憶しているんだ。
証券コード
3092
株価検索
これは、ZOZOTOWNの運営元の㈱ZOZOの上場後11年間の株価推移グラフだ。
ZOZOの月足チャート
08 09 10 11 12 13 14 15 16 17 18
18年7月
4875円
5000
4000
3000
2000
10年半で株価は最大65.9倍に!
新規上場
07年12月
74円
売上
営業利益
08年3月期 86億円 18億円
18年3月期 984億円 327億円
業績も急拡大!
ZOZOは18年まで増収増益を続け、上場時に74円だった株価は18年7月には約66倍の4875円まで上昇した。
凄っ!
見切 おまえがいつも持ち歩いているコンドーム、これオカモトの製品だよな
0.01
あっよせ!
見切サン結婚してるのにコンドーム持ち歩いてるんだ
もうすぐ離婚するんだよ!
オカモトは確か5122番だったたな
証券コード
5122
検索
これは、コンドームの国内トップ・シェアのオカモトの株価推移グラフだ。
オカモトの週足チャート
7月14年 10月 1月15年 4月 7月 10月 1月16年 4月 7月
1200円
1000円
800円
3カ月で2.4倍に!
買い!
オカモトは、2015年4月に、史上最薄の0・01ミリ台の「オカモトゼロワン」を発売し、これが大ヒットして中国人の爆買いの対象にもなったおかげで、
0.01
15年6月30日から8月31日にかけて、わずか2カ月で、株価が458円から1091円まで上がった。
ギューーン
1500円
1000円
500円
6/30
8/31
ボクは5月の時点で買ったので、大儲けさせて貰ったよ。
やったぜ!

見切、おまえ住友ベークライトや日本カーバイドが何を売ってる会社かわかるか
見当もつかない
ベークライトは、フェノールとホルムアルデヒドを原料とした熱硬化性樹脂で、カーバイドは炭化物の総称だ。
ベークライト
Ca2+
カーバイド
でも、そんなことは誰も知らない。それに比べたら、オカモトやZOZOTOWNが何を売ってるかは、みんな知ってるだろ。
つけてないみたい!
オカモト
スマホで買える!
ZOZOTOWN
たしかに
初心者は、まず自分が株主であるような、よく知っている身近な会社の株を買うべきなんだ。
オカモトと相模ゴムと不二ラテックスと…
全部コンドームの会社
この言葉はそういう意味さ
遠いものは避けよ
まずは身近な商品の会社の株か
株っていくらから買えるんだ?
ある会社の株を売買できる最小単位を「単元株」と言う。昔は、多くの会社で単元株が1000株で、株価が1000円の会社の株を買おうと思ったら、100万円が必要だったが…
1000円(株価)
×
1000株(単元株)
=
100万円
たかっ
16年12月、証券取引所が個人投資家にもバンバン株を買ってもらう目的で、18年10月までに、すべての企業の単元株を100株に変えさせると発表した。
単元株は100にするように
100
おかげで、たとえばそれまで手が出なかった株も、10分の1の値段で買えるようになった。
100株から買えるヨ〜
住友不動産
購入に必要な最低額
390万円 → 39万円
大和証券G
購入に必要な最低額
46万円 → 4万6420円
今や全銘柄の約70%が、20万円以下で買えるんだ
70%
意外と安い買い物だな

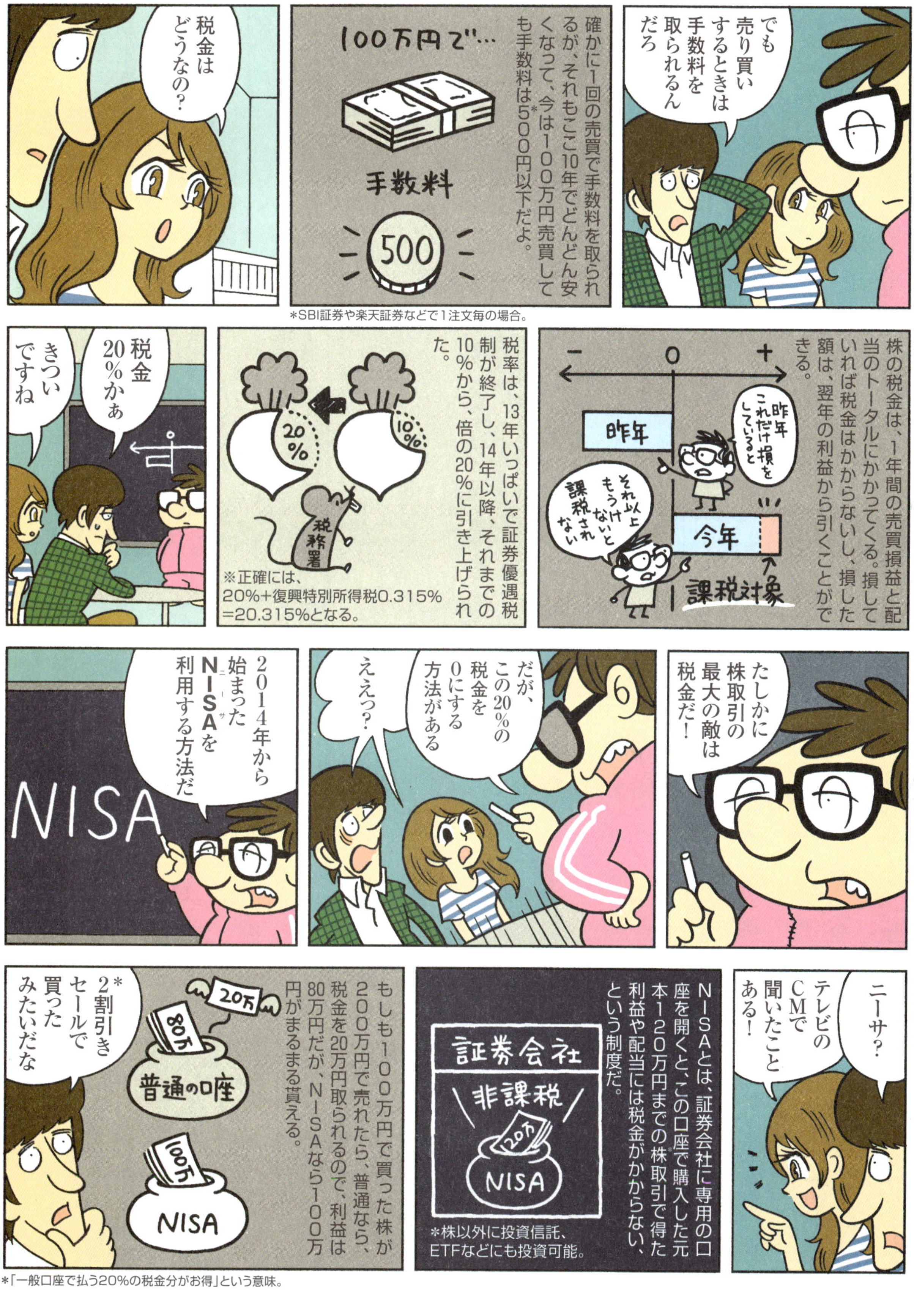
でも売り買いするときは手数料を取られるんだろ
確かに1回の売買で手数料を取られるが、それもここ10年でどんどん安くなって、今は100万円売買*しても手数料は500円以下だよ。
100万円で…
手数料
500
*SBI証券や楽天証券などで1注文毎の場合。
税金はどうなの？
株の税金は、1年間の売買損益と配当のトータルにかかってくる。損していれば税金はかからないし、損した額は、翌年の利益から引くことができる。
−
0
+
昨年
昨年これだけ損をしていると
それ以上もうけないと課税されない
今年
課税対象
税率は、13年いっぱいで証券優遇税制が終了し、14年以降、それまでの10％から、倍の20％に引き上げられた。
10%
20%
税務署
※正確には、20%+復興特別所得税0.315%=20.315%となる。
税金20％かぁ
きついですね
たしかに株取引の最大の敵は税金だ！
だが、この20％の税金を0にする方法がある
ええっ？
2014年から始まったNISA《ニーサ》を利用する方法だ
NISA
ニーサ？
テレビのCMで聞いたことある！
NISAとは、証券会社に専用の口座を開くと、この口座で購入した元本120万円までの株取引で得た利益や配当には税金がかからない、という制度だ。
証券会社
非課税
20万
NISA
*株以外に投資信託、ETFなどにも投資可能。
もしも100万円で買った株が200万円で売れたら、普通なら、税金を20万円取られるので、利益は80万円だが、NISAなら100万円がまるまる貰える。
20万
80万
普通の口座
100万
NISA
2*割引きセールで買ったみたいだな

*「一般口座で払う20％の税金分がお得」という意味。

利益が出たらの話だけどね
私、セール大好き!
NISA枠は、1人に毎年120万円ずつ与えられるものだ。この枠は翌年に繰り越せないので使わないと1年で消えてしまう。
使わないと…
2017
2016
使えば5年間持てる!
2020
2016
使わなきゃ損、ってことか
NISAの非課税期間は最長5年間。5年経つと、NISAの口座は、自動的に同じ証券会社の普通の口座に移される。
5年後
NISA
普通の口座
1年に120万円ずつ5年間、最大600万円まで、非課税枠で株が買えるわけだ。
2016 '16
2017 '16 '17
2018 '16 '17 '18
2019 '16 '17 '18 '19
2020 '16 '17 '18 '19 '20
2021 '16 '17 '18 '19 '20 '21
120万円×5年=600万円
但し、この120万円の枠は、たとえばその年のうちにNISA枠で10万円で12回売買して枠を使い切ることもできる。
ピーッ 終了〜!
NISA
10万円でも枠を使い切れるのね
NISAの使い方には考え方が2つある
1つは、高配当の銘柄に充てる方法。NISAは配当も無税だからね。
ポロン
ポロン
NISA
もう1つは、ハイリスク・ハイリターンの銘柄に充てる方法。NISAなら、120万円で買った株が爆騰して1200万円で売れたとしても、税金はゼロだからね。
ドォーン
NISA
私なら後者だな
但し、NISAは、1人1口座なので複数の証券会社にNISA口座を作れないようにするため、口座を開く手続きが結構面倒臭い。
ヒヒヒ あっちにもこっちにも
口座をつくっちゃえ
証券会社A NISA
証券会社B NISA
証券会社C
証券会社D NISA
詳しいことは証券会社のホームページを見てくれ
○×証券 NISA

株って、24時間いつでも買えるの?
株の取引は朝9時から11時半まで(=前場)と、午後12時半から15時まで(=後場)の計5時間だけ。これでも2011年に30分延びたんだけどね。
12
前場
後場
3
9
6
ZZZ
5*時間の勝負か
とにかく株は買って、そして売ることだ
買って売って、儲けたり損したりして初めて、成功か失敗かがわかるからね。
買っちゃった!! 上がるかなァ
ドキドキ
そして、買ったときには買った理由を必ずメモしておくことだ。
ポケモンGOが流行ってるから買ってみよう
任天堂
メモ ポケモンGO 流行
買った理由がなくなったときが、その株の売りどきだ。素人は、途中で自分の都合のいいように頭の中で理由を書き換えちゃうから、書き留めておくことが重要なんだ。
ポケモンGOすたれてきたから売ろう
任天堂
メモ ポケモンGO 流行
レコーディングダイエットみたいで面白い!
よーし明日にでもネット証券にNISAの口座を開いて株を買うわ!
数日後
RDEN CAFE
華衣ちゃん、あんなところで株の本なんか読んでたら男はダダ引きだよな
あれじゃあ誰も近寄れないな
株入門
あれ?男が近寄って行くぞ
CAF
おいおい男がいたのかよ!

*取引時間外でも売買注文を入れておくことは可能。

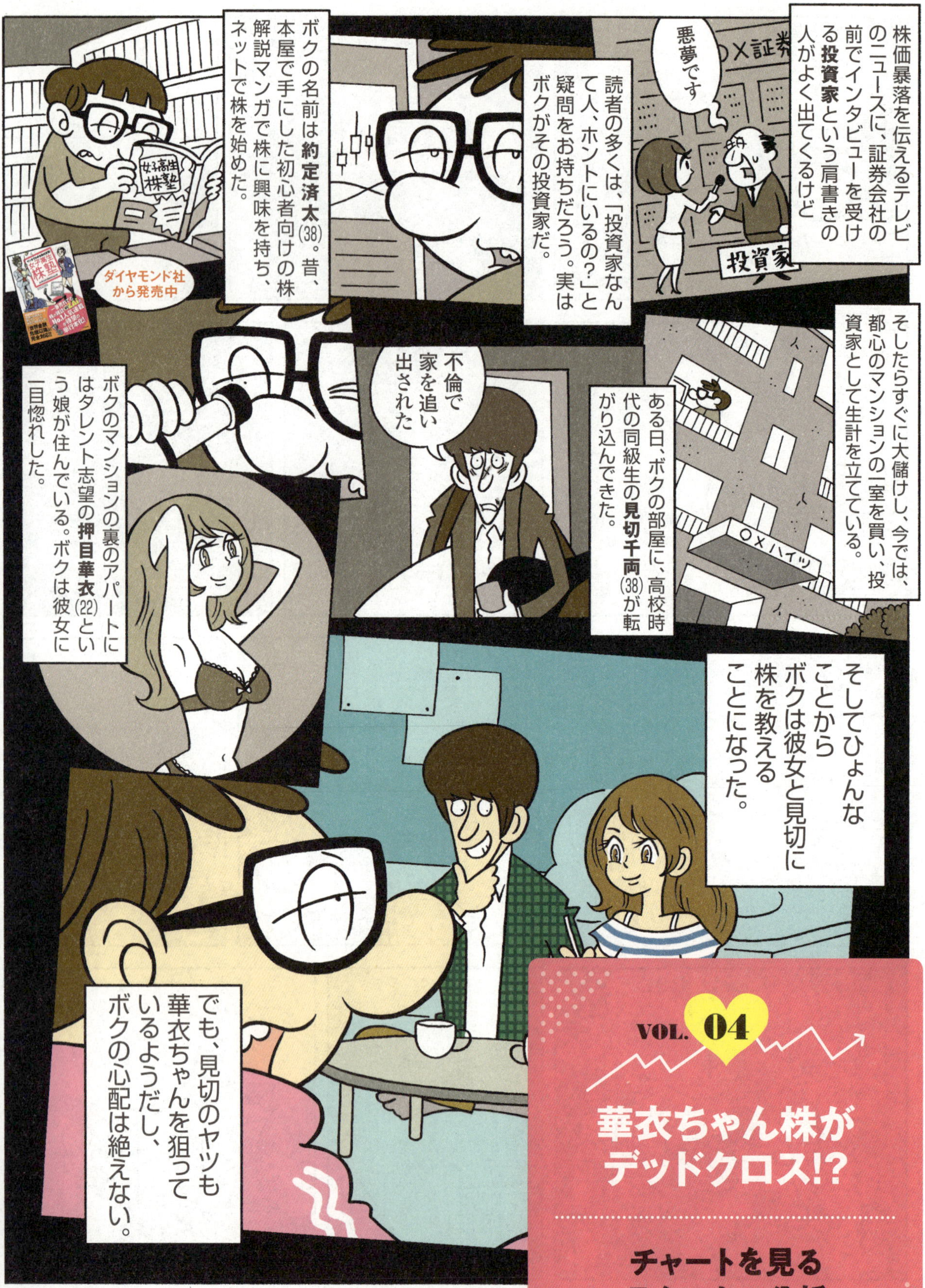
株価暴落を伝えるテレビのニュースに、証券会社の前でインタビューを受ける投資家という肩書きの人がよく出てくるけど
○×証券
悪夢です
投資家
読者の多くは、「投資家なんて人、ホントにいるの?」と疑問をお持ちだろう。実はボクがその投資家だ。
ボクの名前は約定済太(38)。昔、本屋で手にした初心者向けの株解説マンガで株に興味を持ち、ネットで株を始めた。
ダイヤモンド社から発売中
そしたらすぐに大儲けし、今では、都心のマンションの一室を買い、投資家として生計を立てている。
○×ハイツ
ある日、ボクの部屋に、高校時代の同級生の見切千両(38)が転がり込んできた。
不倫で家を追い出された
ボクのマンションの裏のアパートにはタレント志望の押目華衣(22)という娘が住んでいる。ボクは彼女に一目惚れした。
そしてひょんなことからボクは彼女と見切に株を教えることになった。
でも、見切のヤツも華衣ちゃんを狙っているようだし、ボクの心配は絶えない。

VOL. 04

華衣ちゃん株がデッドクロス!?

チャートを見るテクニカル分析

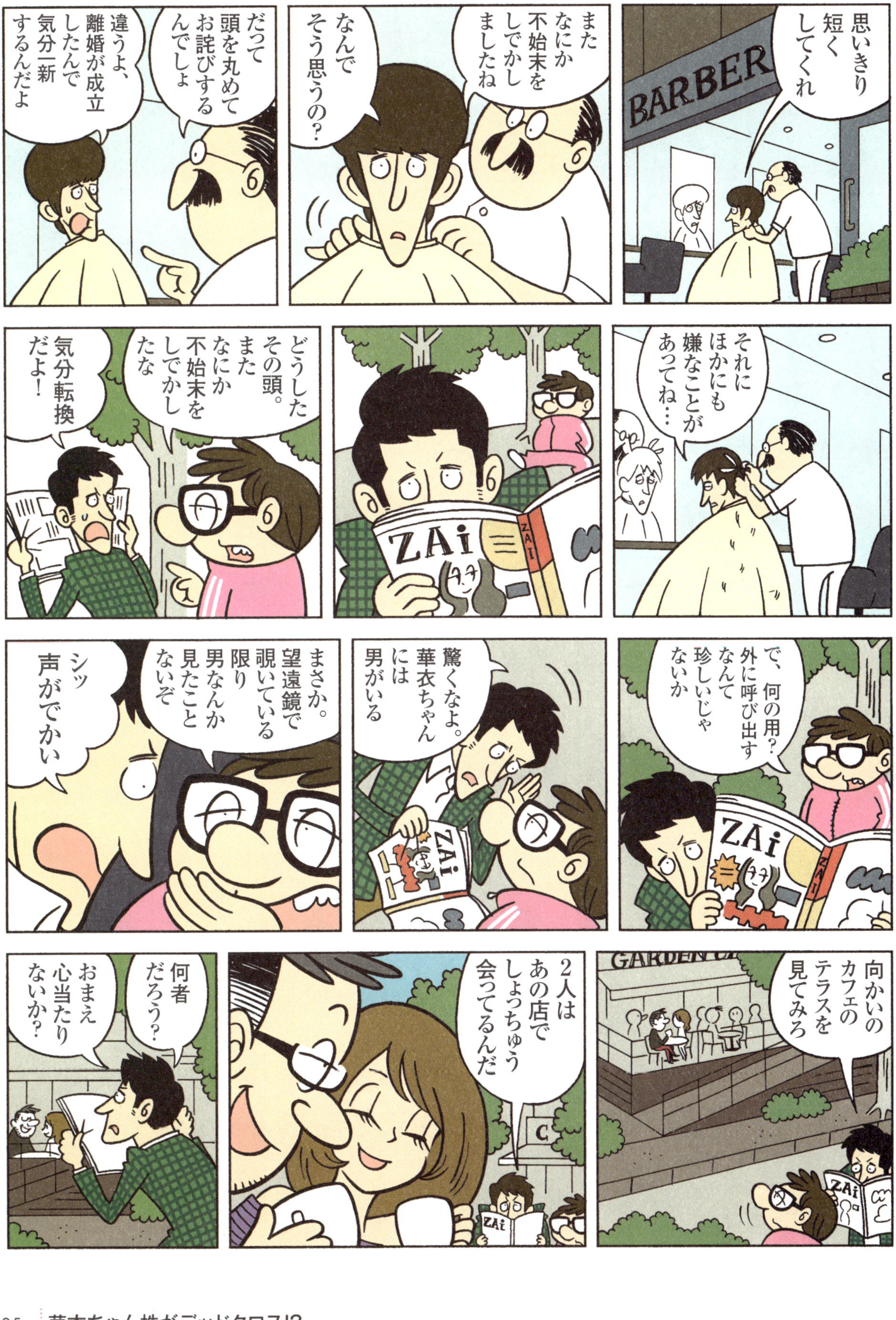
BARBER
思いきり短くしてくれ
またなにか不始末をしでかしましたね
なんでそう思うの？
だって頭を丸めてお詫びするんでしょ
違うよ、離婚が成立したんで気分一新するんだよ
それにほかにも嫌なことがあってね…
ZAi
どうしたその頭。またなにか不始末をしでかしたな
気分転換だよ！
で、何の用？外に呼び出すなんて珍しいじゃないか
驚くなよ。華衣ちゃんには男がいる
まさか。望遠鏡で覗いている限り男なんか見たことないぞ
シッ声がでかい
向かいのカフェのテラスを見てみろ
2人はあの店でしょっちゅう会ってるんだ
何者だろう？
おまえ心当たりないか？

おい
約定
あわわわ
いきなり現場ってのは刺激が強すぎたか
数日後
〇×ハイツ
もうすぐ華衣ちゃんが来ちゃうよ
女が信じられない
ボリボリ
本人は女と話せるようになる向精神薬と思いこんでいるただのフリスク
あれだけかわいい娘だぞ彼氏がいない方が不思議だろ
先のことは俺が考えるからおまえは愛想よくしていろ
こんちは〜
あ〜見切サン、なにか不始末をしでかしましたね
だから気分転換だってば！
いけしゃあしゃあといつもの顔で
は？
早速株の授業を始めるよ！
今日は見切サンも約定サンもなんだか怖い
今日は、テクニカルの話だ
テクニカル？

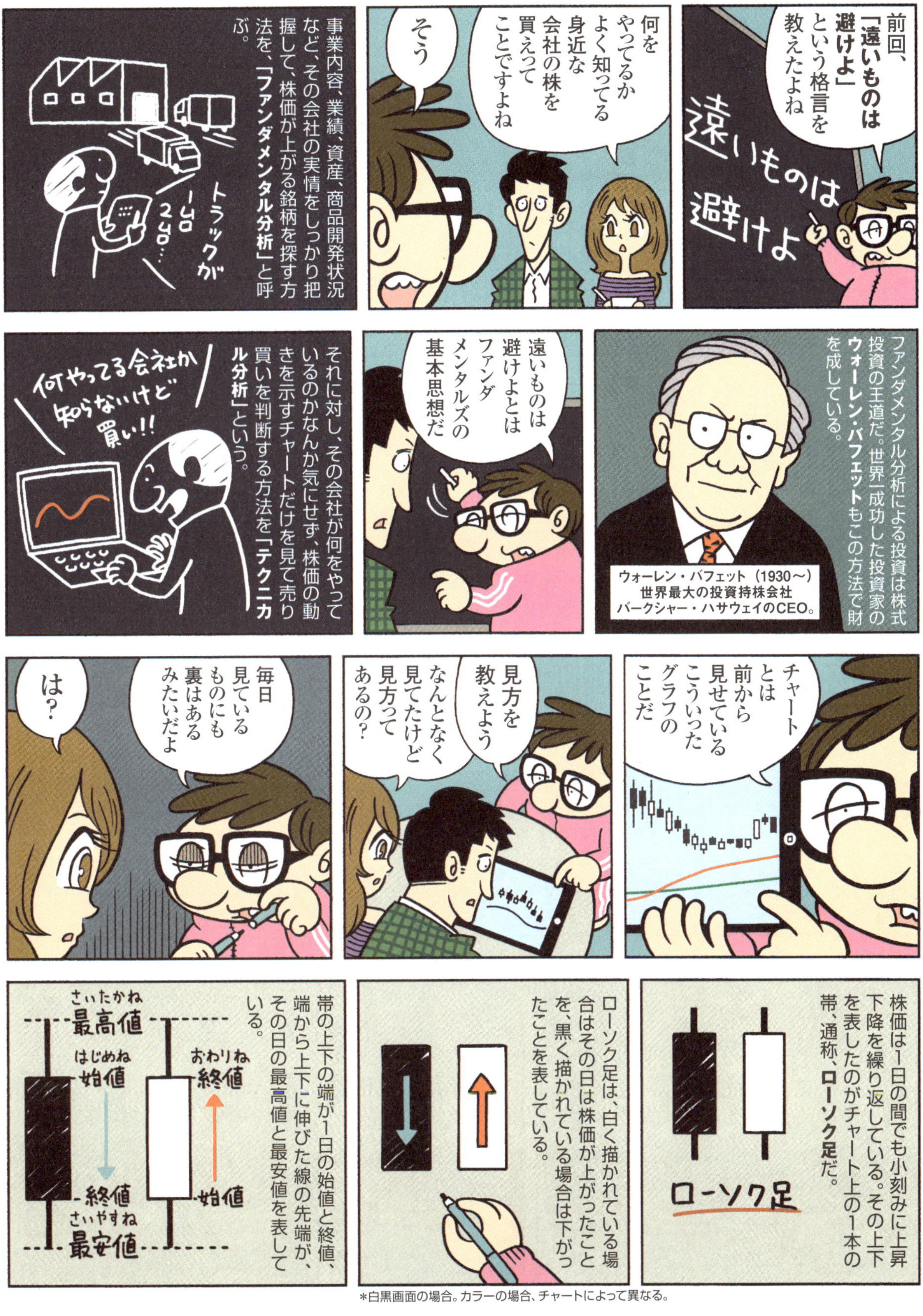
前回、「遠いものは避けよ」という格言を教えたよね
遠いものは避けよ
何をやってるかよく知ってる身近な会社の株を買えってことですよね
そう
事業内容、業績、資産、商品開発状況など、その会社の実情をしっかり把握して、株価が上がる銘柄を探す方法を、「ファンダメンタル分析」と呼ぶ。
トラックが1台2台…
ファンダメンタル分析による投資は株式投資の王道だ。世界一成功した投資家のウォーレン・バフェットもこの方法で財を成している。
ウォーレン・バフェット（1930〜）
世界最大の投資持株会社
バークシャー・ハサウェイのCEO。
遠いものは避けよとはファンダメンタルズの基本思想だ
それに対し、その会社が何をやっているのかなんか気にせず、株価の動きを示すチャートだけを見て売り買いを判断する方法を「テクニカル分析」という。
何やってる会社か知らないけど買い!!
チャートとは前から見せているこういったグラフのことだ
見方を教えよう
なんとなく見てたけど見方ってあるの？
毎日見ているものにも裏はあるみたいだよ
は？
株価は1日の間でも小刻みに上昇下降を繰り返している。その上下を表したのがチャート上の1本の帯、通称、ローソク足だ。
ローソク足
ローソク足は、白く描かれている場合はその日は株価が上がったことを、黒く描かれている場合は下がったことを表している。
帯の上下の端が1日の始値と終値、端から上下に伸びた線の先端が、その日の最高値と最安値を表している。
最高値《さいたかね》
始値《はじめね》
終値
最安値《さいやすね》
終値《おわりね》
始値

＊白黒画面の場合。カラーの場合、チャートによって異なる。

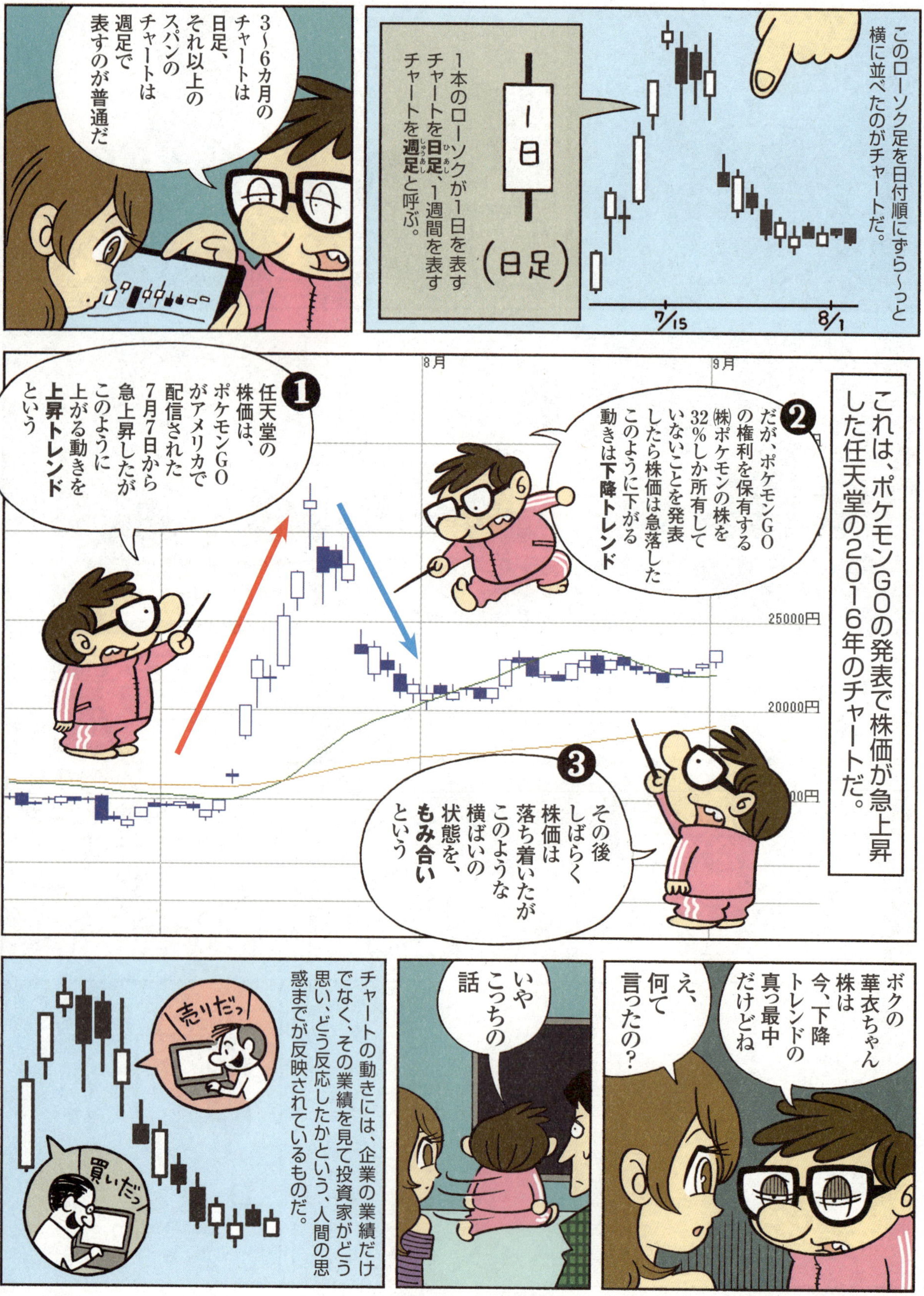

このローソク足を日付順にずら〜っと横に並べたのがチャートだ。
1本のローソクが1日を表すチャートを日足《ひあし》、1週間を表すチャートを週足《しゅうあし》と呼ぶ。
1日
(日足)
7/15
8/1
3〜6カ月のチャートは日足、それ以上のスパンのチャートは週足で表すのが普通だ
これは、ポケモンGOの発表で株価が急上昇した任天堂の2016年のチャートだ。
8月
9月
25000円
20000円
❷ だが、ポケモンGOの権利を保有する㈱ポケモンの株を32％しか所有していないことを発表したら株価は急落したこのように下がる動きは下降トレンド
❶ 任天堂の株価は、ポケモンGOがアメリカで配信された7月7日から急上昇したがこのように上がる動きを上昇トレンドという
❸ その後しばらく株価は落ち着いたがこのような横ばいの状態を、もみ合いという
ボクの華衣ちゃん株は今、下降トレンドの真っ最中だけどね
え、何て言ったの?
いやこっちの話
チャートの動きには、企業の業績だけでなく、その業績を見て投資家がどう思い、どう反応したかという、人間の思惑までが反映されているものだ。
売りだっ
買いだっ

「チャート上にはすべての株の真実が表れている」という考え方のもと、チャートの動きだけを見て売り買いを判断するのが、テクニカルだ。
おお見える…
昔、篠崎屋という豆腐店が東証マザーズに上場したとき、日本人投資家は「豆腐に未来はない」と思って、手を出さずにいたが
篠崎屋
トーフに未来はない
ネットでチャートだけを見ていたイギリスのテクニカルの投資家たちが、この銘柄は上がると見てガンガン買い、大儲けしたことがあった。
何だかわからないけど買い
投資家はしばしば、感情的に商品や経営者に惚れたり嫌ったりして、かえって買いどき売りどきを見落としてしまいがちだ。
ココの商品が好きだから買おう
失敗したー
感情的に惚れ込むと裏切られたりするのはよくあることだ
こういう格言がある
相場のことは相場に聞け
「株に関するすべての答えは相場の中にある」ということだ
相場のことは相場に聞け
これがテクニカルの基本理念だ
さっき、「ファンダメンタル分析は企業の業績をしっかり把握して、上がる株を見つける方法」と言ったが、素人には企業が発表する財務諸表の見方なんか、わからないよな。
財務諸表
テクニカルなら、企業の財務諸表なんかに目をくれる必要はない。経営者の夢や理念も関係はない。中長期計画も株主総会もどうでもいい。
財務諸表
夢
理念
株主総会
中長期計画
こんなのどーでもいいからグラフだグラフ!!

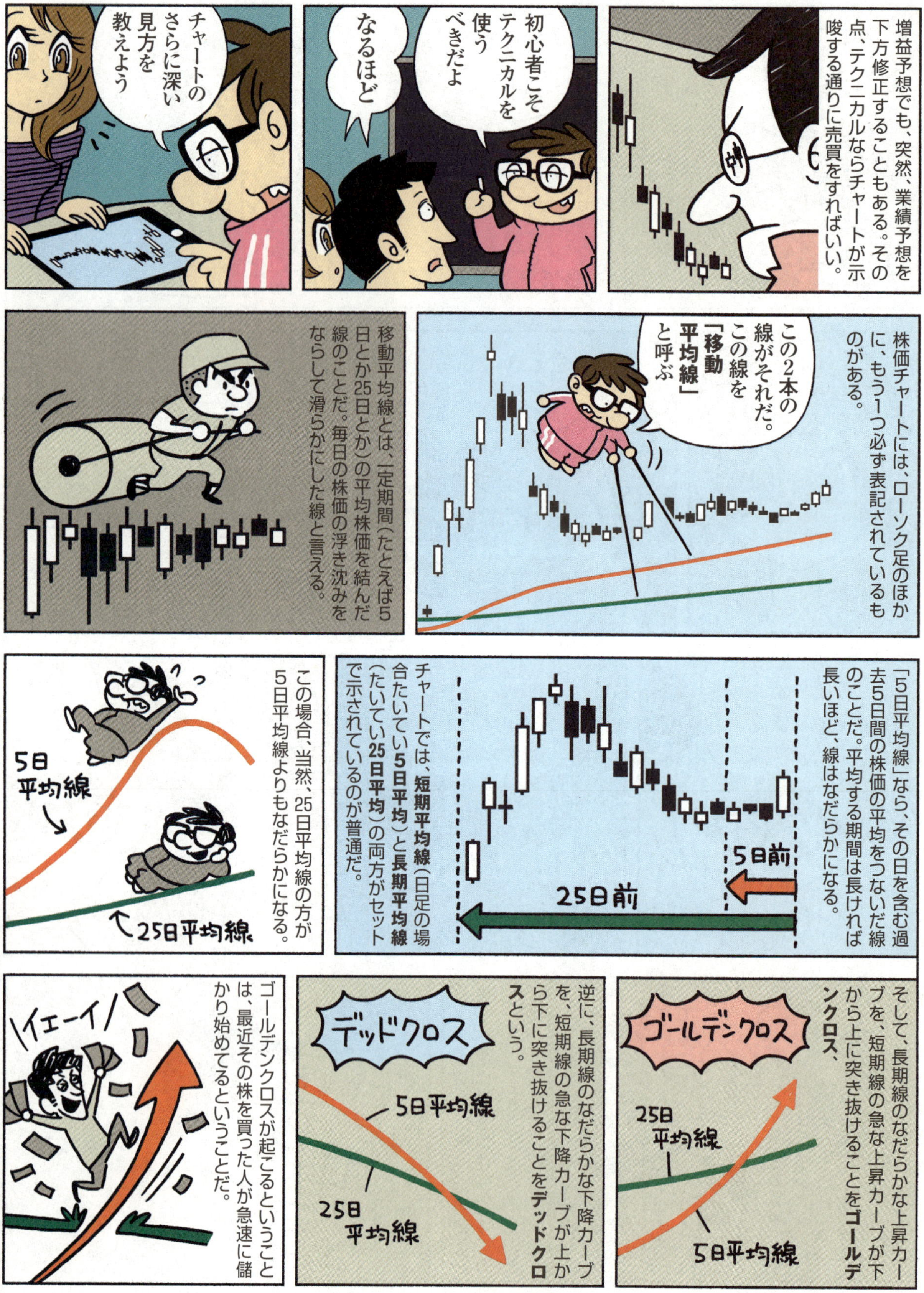
増益予想でも、突然、業績予想を下方修正することもある。その点、テクニカルならチャートが示唆する通りに売買をすればいい。
初心者こそテクニカルを使うべきだよ
なるほど
チャートのさらに深い見方を教えよう
株価チャートには、ローソク足のほかに、もう1つ必ず表記されているものがある。
この2本の線がそれだ。この線を「移動平均線」と呼ぶ
移動平均線とは、一定期間（たとえば5日とか25日とか）の平均株価を結んだ線のことだ。毎日の株価の浮き沈みをならして滑らかにした線と言える。
「5日平均線」なら、その日を含む過去5日間の株価の平均をつないだ線のことだ。平均する期間は長ければ長いほど、線はなだらかになる。
5日前
25日前
チャートでは、**短期平均線**（日足の場合たいてい**5日平均**）と**長期平均線**（たいてい**25日平均**）の両方がセットで示されているのが普通だ。
この場合、当然、25日平均線の方が5日平均線よりもなだらかになる。
5日平均線
25日平均線
そして、長期線のなだらかな上昇カーブを、短期線の急な上昇カーブが下から上に突き抜けることを**ゴールデンクロス**、
ゴールデンクロス
25日平均線
5日平均線
逆に、長期線のなだらかな下降カーブを、短期線の急な下降カーブが上から下に突き抜けることを**デッドクロス**という。
デッドクロス
5日平均線
25日平均線
ゴールデンクロスが起こるということは、最近その株を買った人が急速に儲かり始めてるということだ。
\イエーイ/

投資家には、チャートを見てこう考える慎重な人もいる。
この株はもっと上がりそうだけど今は高過ぎる。下がるまで待とう
だが、そんな彼らも、その株の上昇が一旦止まって移動平均線のところまで値を下げたらこう考える。
もうこれ以下には下がらないだろう今が買いだな
ぐーん
すると、買いが増え、株価は再び上がり、上昇トレンドを続ける。
こういうふうに、移動平均線が株価の下支えになっている状態を「**移動平均線が支持線になっている**」という。
ぐいぐい
逆に移動平均線を割れた株は、たとえ下落中の株価が一時的に移動平均線のところまで持ち直したとしても、多くの人がこう考えるので
もうこれ以上は上がらないだろう今が売りだっ!
ぐいぐい
株価は移動平均線をなかなか上回れず、下降トレンドを続けてゆく。この場合は、「**移動平均線が上値の抵抗線になっている**」という。
いずれにせよ、移動平均線は、株を買う上での重要な目安だ
なるほど
そして、さっき言った、上昇トレンドにある株が一時的に移動平均線のところまで下げた状態を「押し目」。そこで買うことを「**押し目買い**」という。
押し目
よしっ買いだっ
押し目買い
私の名前みたい
押し目買い
押し目買いはなかなか計算高いんだよ
私が計算高い?
?
いやいや株の話!
まずい!この人たち、私の彼氏の存在に絶対気づいてる…

VOL. 05

恋も分散投資が正解!?

堅実なパッシブ運用

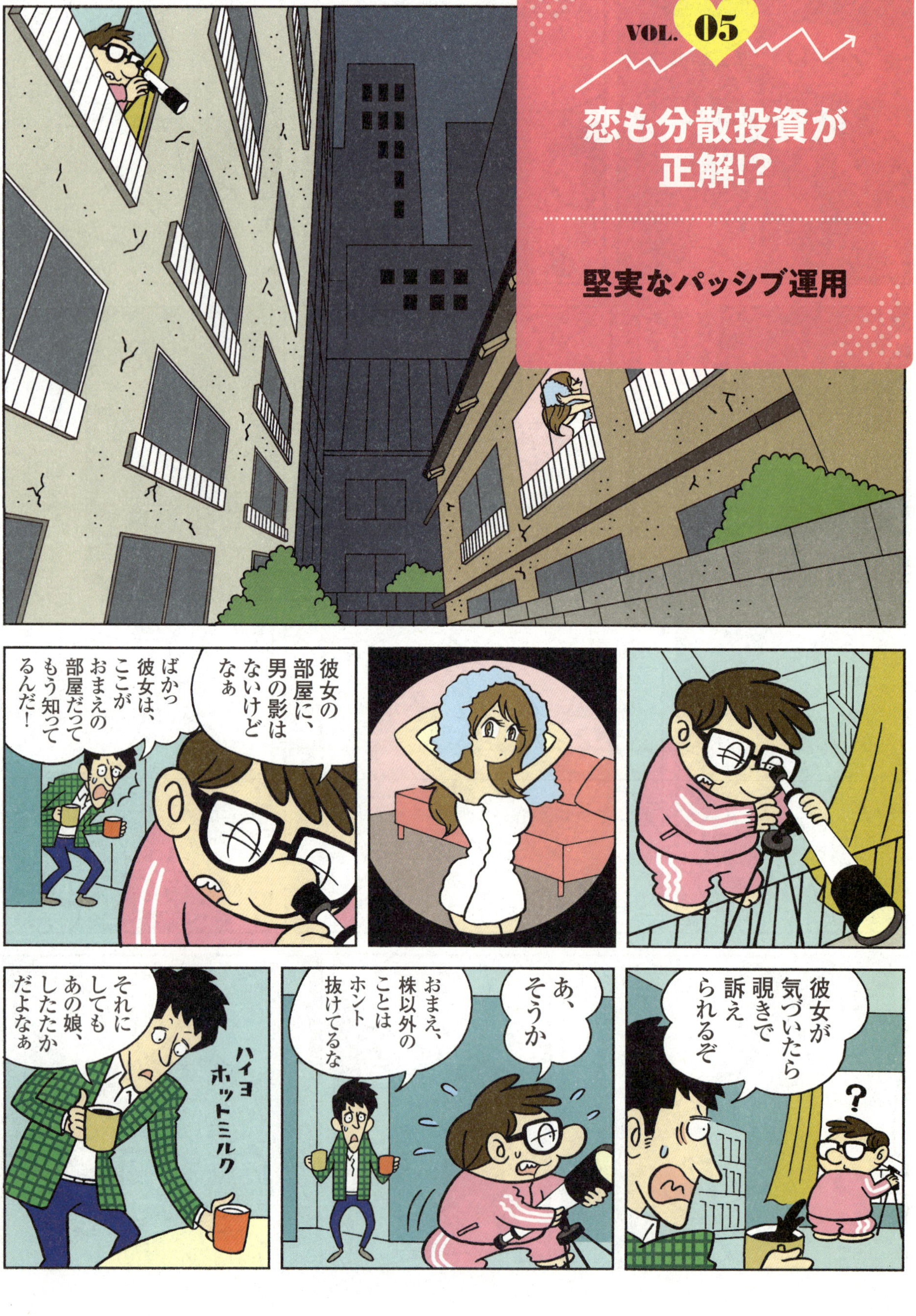

彼女の部屋に、男の影はないけどなぁ
ばかっ 彼女は、ここがおまえの部屋だってもう知ってるんだ!
彼女が気づいたら覗きで訴えられるぞ
あ、そうか
おまえ、株以外のことはホント抜けてるな
それにしてもあの娘、したたかだよなぁ
ハイヨ ホットミルク

彼氏がいるくせに、俺たちに気がある雰囲気を漂わせて
約定サンって株のこと、何でも知ってるンですねステキ!
見切サン広告会社に勤めてるんですかぁカッコいい
それでタダで株の授業を受けてたんだもんな
でもそれって株の世界では合理的な戦略だよ
株にはこんな格言がある
卵は1つの籠に盛るな
どういう意味だ?
株式投資で、もしも1つの会社の株しか持ってなかったら、その会社の株価が思わぬトラブルで暴落した時、大損を被るだろう。
でも、複数の会社に分散して持っていれば、1社が暴落しても、致命的な打撃にはならないよな。
1コで助かった!
A社 B社 C社 D社
分散投資
A社 B社 C社 D社
ポートフォリオ
このように、リスク軽減のために複数の会社の株を持つことを**分散投資**、そのときの銘柄の組み合わせを**ポートフォリオ**っていうんだ。
彼女は恋の分散投資をしてたってわけか?
分散投資
分散投資で重要なのは、業種をバラけさせることだ
どんなに車が好きでも、自動車会社の株ばかり持ってたら、急激な円高になって自動車会社の収益が悪くなったとき、大損してしまう。

だからたとえば、円高なら儲かる輸入系と、円安なら儲かる輸出系の会社とか、
円高の時儲かる
円安の時儲かる
不況だと儲かる安売り系と、好景気だと儲かる高級消費財の会社、といったふうに、真逆の業種の会社を持っていると、リスクを回避できるわけだ。
不況だから安いものを買おう
ファストフード
景気いいから買っちゃった
そうか…たしかに引き籠もりのおまえと広告マンのオレとじゃ業種は真逆だな
それに彼氏はあの様子だと作家か演出家か……
見事な分散投資だな
感心してる場合かよ
ボクも柄にもなく、華衣ちゃんという1銘柄に入れ込んだからダメージを受けちゃったんだ
今後は恋もパッシブ運用にしよう
なんだいパッシブ運用って?
投資には、**アクティブ運用**と**パッシブ運用**という2つの方法があるんだ。
投資
パッシブ運用
アクティブ運用
上がりそうな銘柄を選んで買って、平均以上の投資成績を上げようとする強気の運用がアクティブ運用。
サイバーエージェントとSUBARUで勝負!!
それに対し、ポートフォリオが、**日経平均**とか**TOPIX**とかいった株価指数と同じ動きをするようにコンピュータで計算して、幅広く銘柄を買うのがパッシブ運用だ。
平均とれれば十分!
パッシブ運用は市場平均を狙うんだよ

世の中には、一般投資家も1万円から買える、株価指数と連動した**インデックスファンド**と呼ばれる**投資信託**がたくさんあるし、
平均に近いものを作りました！
インデックスファンド
それ以外に、株価指数そのものを上場し、株と同じように誰でも買えるようにした**ETF**（上場投資信託）という商品もある。
平均ください
ハイ平均
ETF
税金は株と同じ。構成する会社が出す配当も、比率に応じて受け取れるものもある。
配当もつくのか！
だけど、インデックスファンドにしてもETFにしても、日経平均と同じ動きをするんじゃ、たいして儲からないだろ
ふふん
1976年にバンガード社の創設者**ジョン・ボーグル**が、世界初の一般投資家向けインデックスファンドを発売したときも、みんなそう言ったものだよ。
アイツ平均を売り出しちゃったよ
ジョン・ボーグル
投資家ってやつは誰もが自信過剰で、自分は平均よりは儲けられると思い込んでいる。
俺は絶対儲けてやるぜ！
だが、過去の統計では、株価平均指数を上回る成績を残したアクティブファンドは全体の3割もない。
WIN
LOSE
そんなものか
そもそも日経平均とかTOPIXってどういう指数なんだ？
それは最も重要な基本だよ
日経平均とは、東証1部に上場している約2150銘柄の中から、日本経済新聞社が取引が活発な225銘柄を選び、その株価を*、単純平均した数字だ。
日経平均
=
A + B + C
+ D + E …
÷225
225社

＊厳密にはみなし額面による調整と除数の修正を加えて算出。

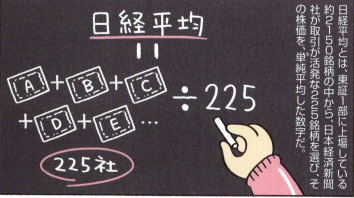

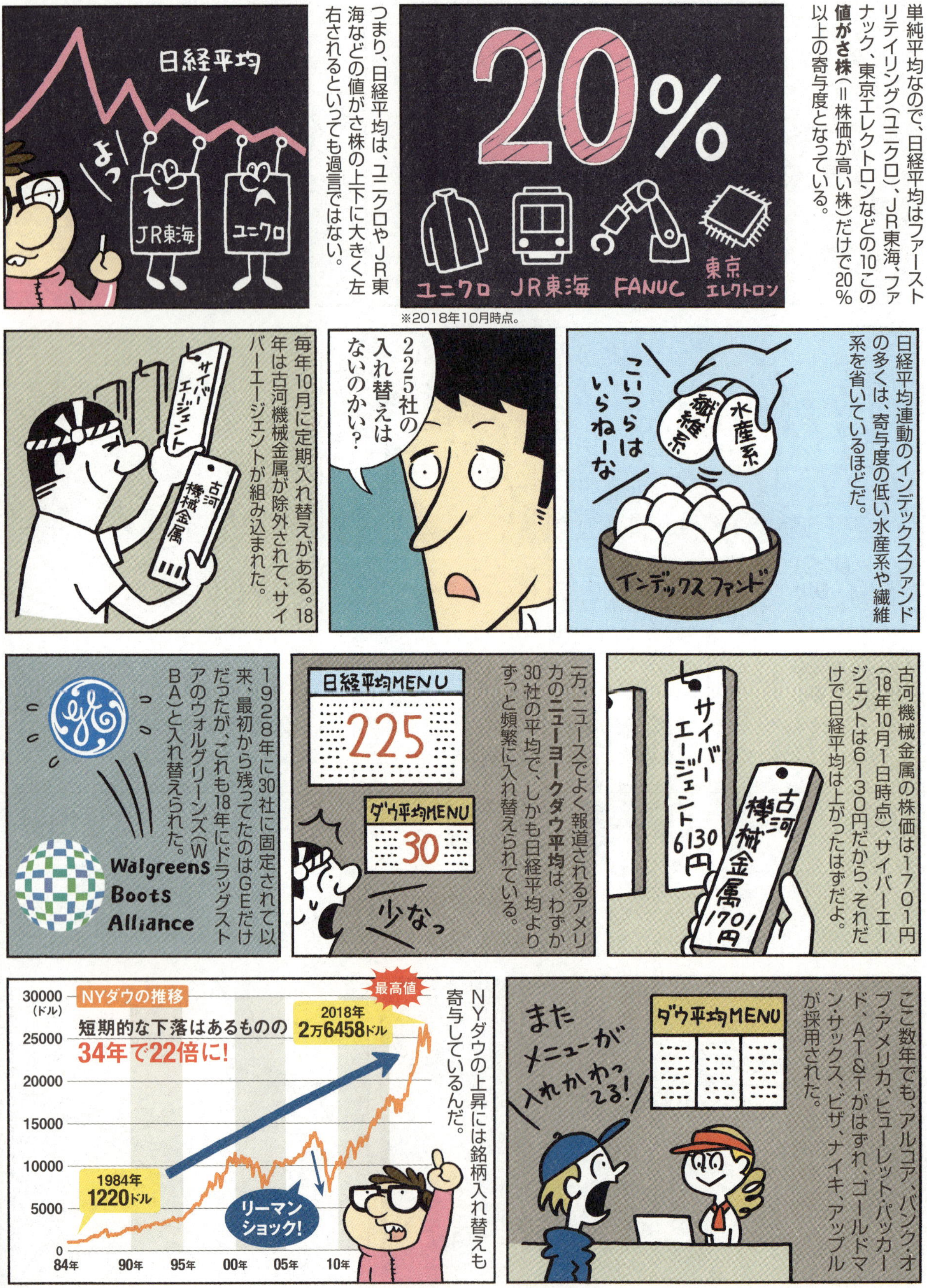

単純平均なので、日経平均はファーストリテイリング（ユニクロ）、JR東海、ファナック、東京エレクトロンなどの10この**値がさ株**（＝株価が高い株）だけで20％以上の寄与度となっている。
20％
ユニクロ
JR東海
FANUC
東京エレクトロン
※2018年10月時点。
つまり、日経平均は、ユニクロやJR東海などの値がさ株の上下に大きく左右されるといっても過言ではない。
日経平均
よっ
JR東海
ユニクロ
日経平均連動のインデックスファンドの多くは、寄与度の低い水産系や繊維系を省いているほどだ。
こいつらはいらねーな
繊維系
水産系
インデックスファンド
225社の入れ替えはないのかい？
毎年10月に定期入れ替えがある。18年は古河機械金属が除外されて、サイバーエージェントが組み込まれた。
サイバーエージェント
古河機械金属
古河機械金属の株価は1701円（18年10月1日時点）、サイバーエージェントは6130円だから、それだけで日経平均は上がったはずだよ。
サイバーエージェント 6130円
古河機械金属 1701円
一方、ニュースでよく報道されるアメリカの**ニューヨークダウ平均**は、わずか30社の平均で、しかも日経平均よりずっと頻繁に入れ替えられている。
日経平均MENU
225
ダウ平均MENU
30
少なっ
1928年に30社に固定されて以来、最初から残ってたのはGEだけだったが、これも18年にドラッグストアのウォルグリーンズ（WBA）と入れ替えられた。
Walgreens Boots Alliance
ここ数年でも、アルコア、バンク・オブ・アメリカ、ヒューレット・パッカード、AT&Tがはずれ、ゴールドマン・サックス、ビザ、ナイキ、アップルが採用された。
またメニューが入れかわってる！
ダウ平均MENU
NYダウの上昇には銘柄入れ替えも寄与しているんだ。
NYダウの推移
短期的な下落はあるものの
34年で22倍に！
最高値
2018年 2万6458ドル
1984年 1220ドル
リーマンショック！
30000（ドル）
25000
20000
15000
10000
5000
0
84年
90年
95年
00年
05年
10年

わりといい加減な数字なんだな
その通り
だから、大手の機関投資家は、日経平均やニューヨークダウ平均連動のインデックスファンドには手を出さない。
日経平均コワイ〜
日経平均
TOPIX連動なら安心!!
TOPIX
彼らが買うのは、TOPIX連動の方だ。
TOPIXは、東証1部上場全銘柄の株価を、時価総額に応じて加重平均した数字だ。こちらの方が日経平均よりはるかにマーケットの実体を表している、といえる。
1968年の日本の1部上場企業の時価総額の合計
8兆6020億円
これを100とした時、今は?
1611.46
('18 10/30時点)
これがTOPIXだ
アメリカにも同様にS&P500と時価総額加重平均の株価指数があって、投資の専門家はこちらを重要視している。
日経平均
TOPIX
ダウ平均
S&P500
でも、有名なのは日経平均やダウ平均の方だよね
円とかドルといった通貨で示しているためにわかりやすいんだろう
わかりやすい指数を作ればそれだけで儲かると言われているが、日経平均は、最も成功した指数なんだ。
日経平均
まあとにかく個別に銘柄を選ぶアクティブ運用より、パッシブ運用の方が、勝率は高いってことだよ
パッシブ運用 > アクティブ運用
ようし俺もパッシブ運用をしてみるか
でも、分散投資という観点から言うと、パッシブ運用を、日本国内のインデックスファンドやETFだけでやるのは、問題があるんだ。
えっ、そうなの?
なにしろ日本という国は成熟しきっていて、企業の成長性が乏しいからね。
もうあんまり成長しないけど大丈夫?

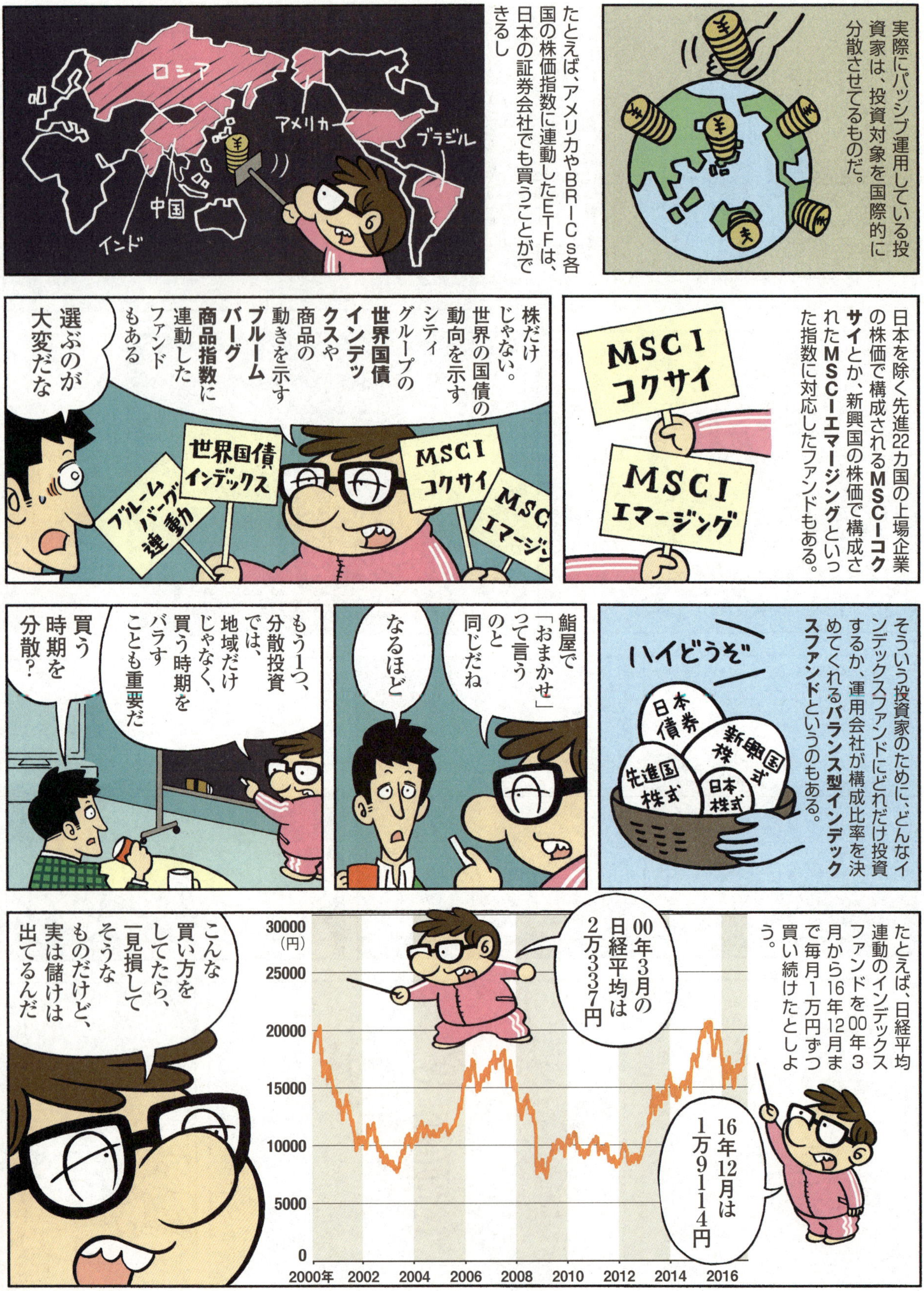

実際にパッシブ運用している投資家は、投資対象を国際的に分散させてるものだ。
たとえば、アメリカやBRICs各国の株価指数に連動したETFは、日本の証券会社でも買うことができるし
ロシア
アメリカ
ブラジル
中国
インド
日本を除く先進22カ国の上場企業の株価で構成されるMSCI-コクサイとか、新興国の株価で構成されたMSCI-エマージングといった指数に対応したファンドもある。
MSCI コクサイ
MSCI エマージング
株だけじゃない。世界の国債の動向を示すシティグループの世界国債インデックスや商品の動きを示すブルームバーグ商品指数に連動したファンドもある
選ぶのが大変だな
ブルームバーグ連動
世界国債インデックス
MSCI コクサイ
そういう投資家のために、どんなインデックスファンドにどれだけ投資するか、運用会社が構成比率を決めてくれるバランス型インデックスファンドというのもある。
ハイどうぞ
日本債券
新興国株式
先進国株式
日本株式
鮨屋で「おまかせ」って言うのと同じだね
なるほど
もう1つ、分散投資では、地域だけじゃなく、買う時期をバラすことも重要だ
買う時期を分散?
たとえば、日経平均連動のインデックスファンドを00年3月から16年12月まで毎月1万円ずつ買い続けたとしよう。
00年3月の日経平均は2万337円
16年12月は1万9114円
こんな買い方をしてたら、一見損してそうなものだけど、実は儲けは出てるんだ
30000 (円)
25000
20000
15000
10000
5000
0
2000年
2002
2004
2006
2008
2010
2012
2014
2016

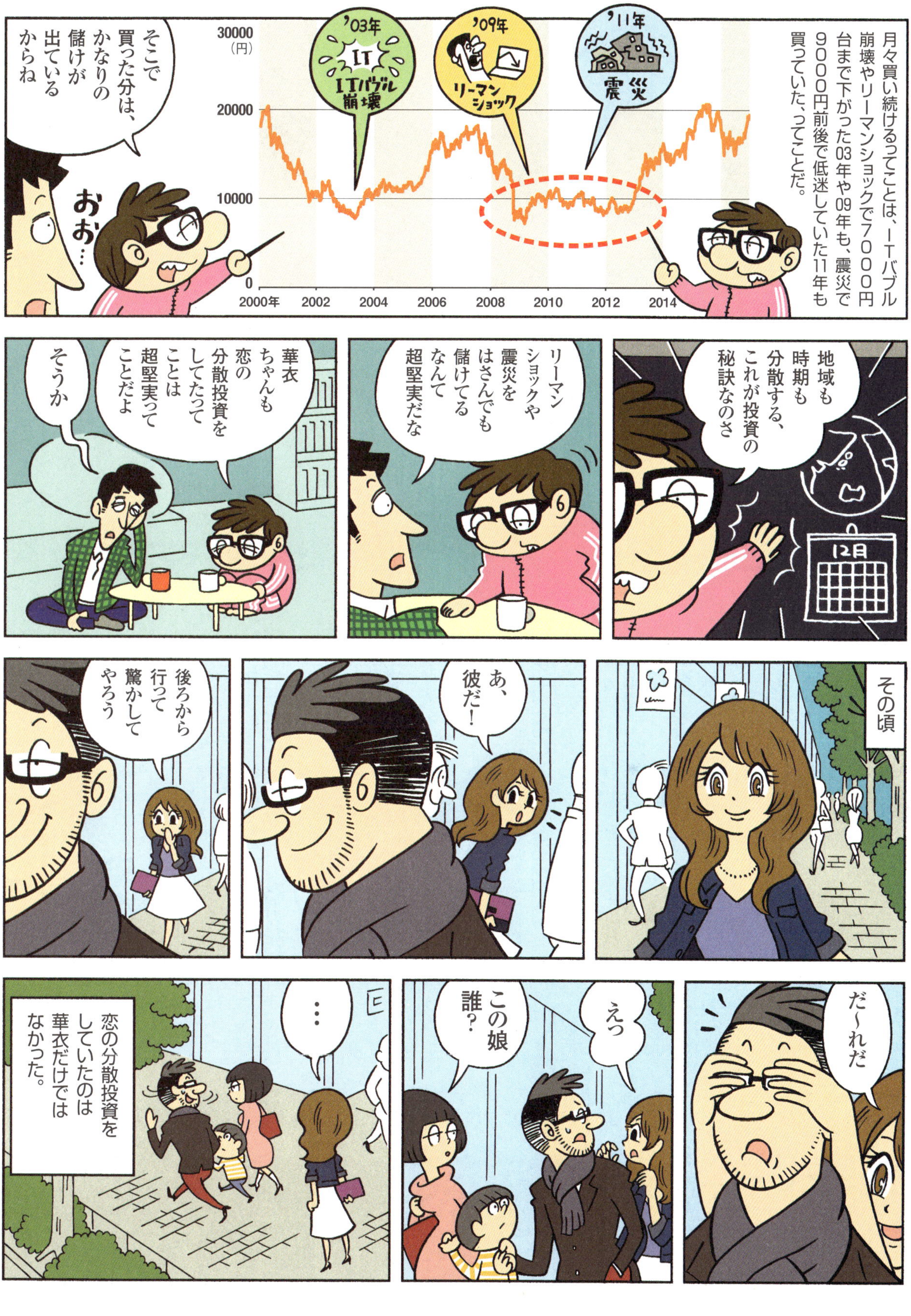

月々買い続けるってことは、ITバブル崩壊やリーマンショックで7000円台まで下がった03年や09年も、震災で9000円前後で低迷していた11年も買っていた、ってことだ。
'03年
IT
ITバブル崩壊
'09年
リーマンショック
'11年
震災
30000
(円)
20000
10000
0
2000年
2002
2004
2006
2008
2010
2012
2014
そこで買った分は、かなりの儲けが出ているからね
おお…
地域も時期も分散する、これが投資の秘訣なのさ
12月
リーマンショックや震災をはさんでも儲けてるなんて超堅実だな
華衣ちゃんも恋の分散投資をしてたってことは超堅実ってことだよ
そうか
その頃
あ、彼だ!
後ろから行って驚かしてやろう
だ〜れだ
えっ
この娘誰？
…
恋の分散投資をしていたのは華衣だけではなかった。

VOL.06

恋愛も株も錯覚に陥る!

行動経済学で学ぶ儲け方

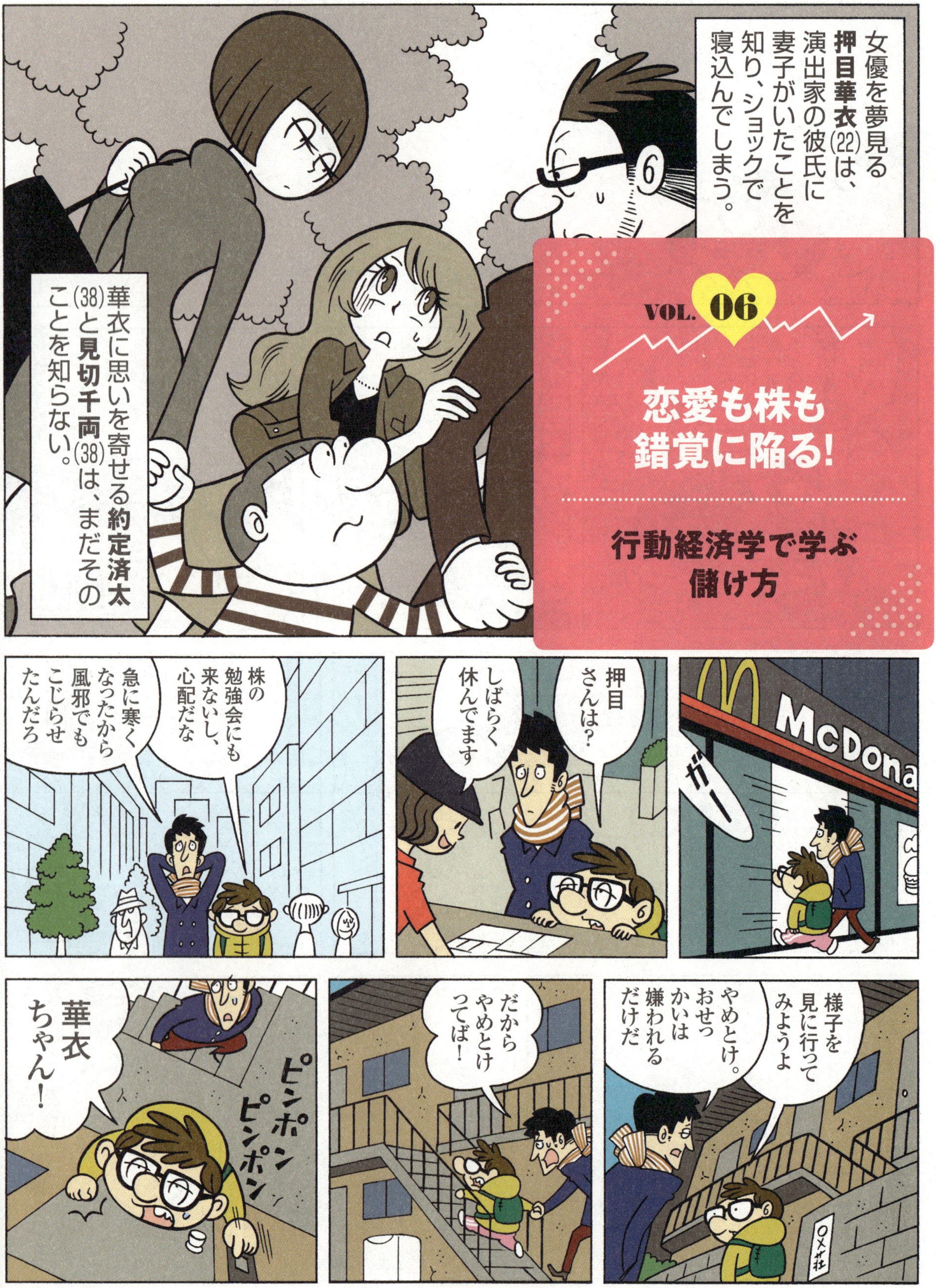

女優を夢見る**押目華衣**(22)は、演出家の彼氏に妻子がいたことを知り、ショックで寝込んでしまう。
華衣に思いを寄せる**約定済太**(38)と**見切千両**(38)は、まだそのことを知らない。
McDona
ガー
押目さんは?
しばらく休んでます
株の勉強会にも来ないし、心配だな
急に寒くなったから風邪でもこじらせたんだろ
様子を見に行ってみようよ
やめとけ。おせっかいは嫌われるだけだ
○×荘
だからやめとけってば!
ピンポン
ピンポン
華衣ちゃん!

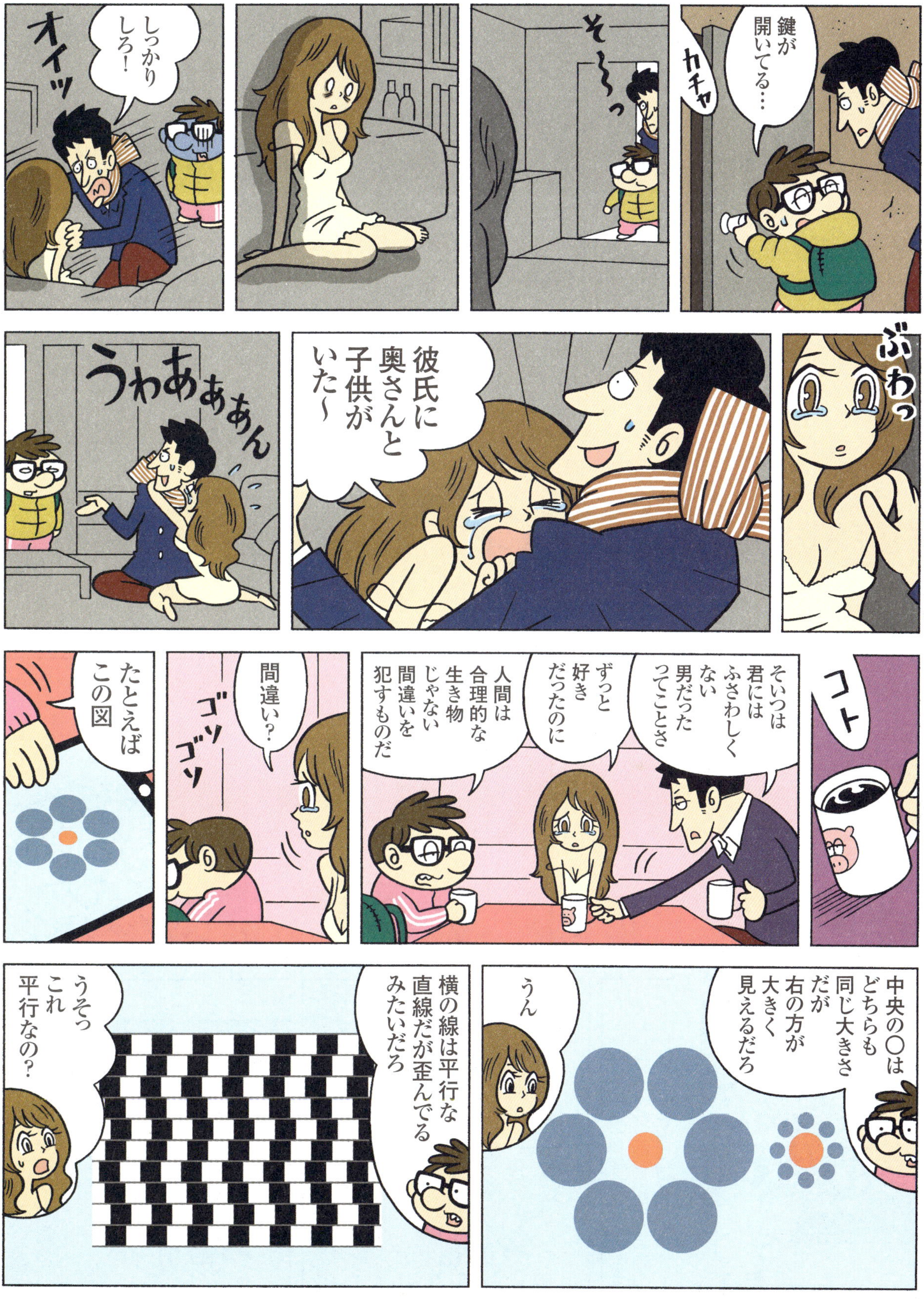

カチャ
鍵が開いてる…
そ〜〜っ
オイッ
しっかりしろ！
ぶわっ
彼氏に奥さんと子供がいた〜
うわあああん
コト
そいつは君にはふさわしくない男だったってことさ
ずっと好きだったのに
人間は合理的な生き物じゃない間違いを犯すものだ
間違い？
ゴツゴツ
たとえばこの図
中央の○はどちらも同じ大きさだが右の方が大きく見えるだろ
うん
横の線は平行な直線だが歪んでるみたいだろ
うそっこれ平行なの？

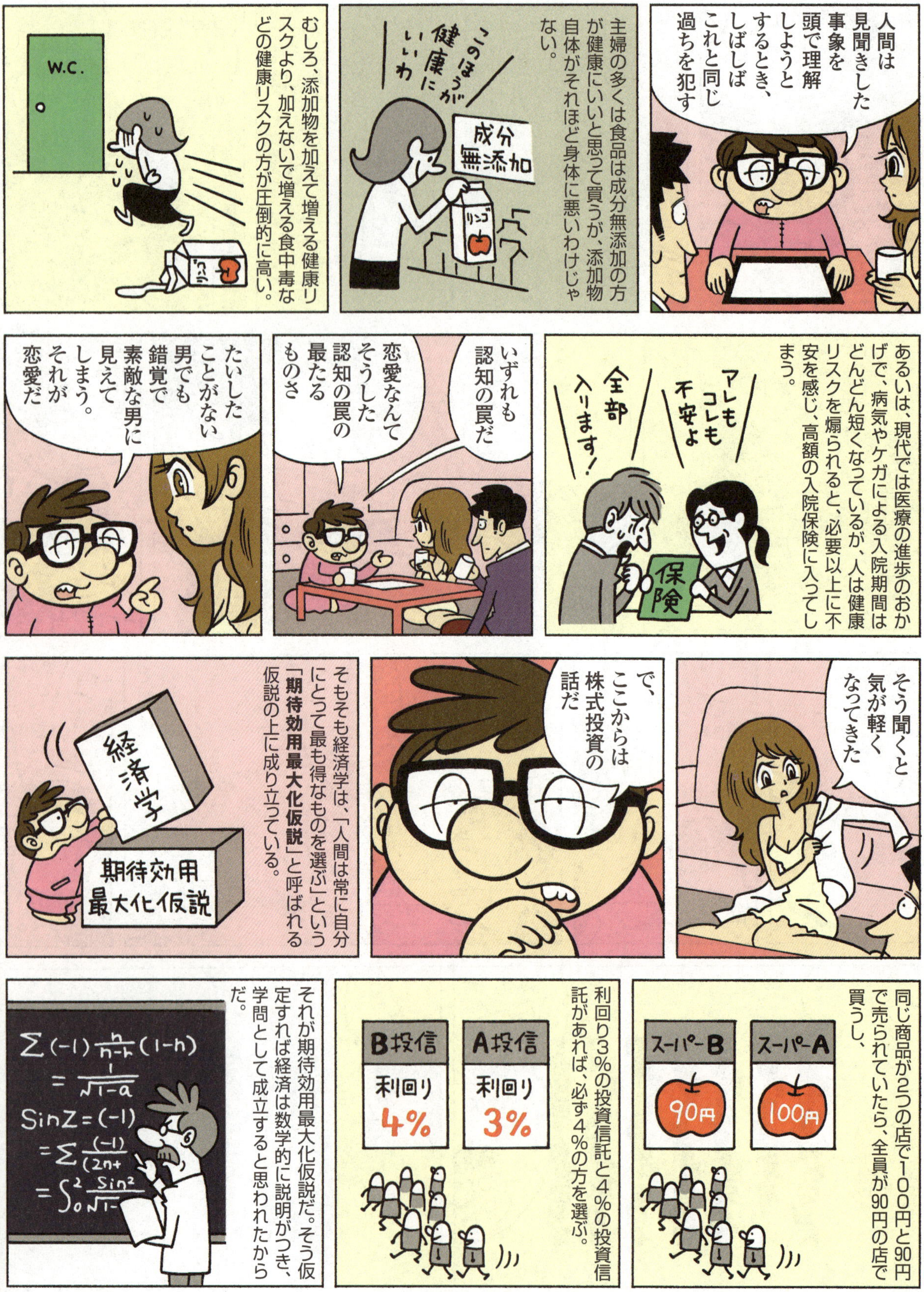

人間は見聞きした事象を頭で理解しようとするとき、しばしばこれと同じ過ちを犯す
主婦の多くは食品は成分無添加の方が健康にいいと思って買うが、添加物自体がそれほど身体に悪いわけじゃない。
このほうが健康にいいわ
成分無添加
リンゴ
むしろ、添加物を加えて増える健康リスクより、加えないで増える食中毒などの健康リスクの方が圧倒的に高い。
W.C.
あるいは、現代では医療の進歩のおかげで、病気やケガによる入院期間はどんどん短くなっているが、人は健康リスクを煽られると、必要以上に不安を感じ、高額の入院保険に入ってしまう。
アレもコレも不安よ
全部入ります!
保険
いずれも認知の罠だ
恋愛なんてそうした認知の罠の最たるものさ
たいしたことがない男でも錯覚で素敵な男に見えてしまう。それが恋愛だ
そう聞くと気が軽くなってきた
で、ここからは株式投資の話だ
そもそも経済学は、「人間は常に自分にとって最も得なものを選ぶ」という「期待効用最大化仮説」と呼ばれる仮説の上に成り立っている。
経済学
期待効用最大化仮説
同じ商品が2つの店で100円と90円で売られていたら、全員が90円の店で買うし、
スーパーA
100円
スーパーB
90円
利回り3%の投資信託と4%の投資信託があれば、必ず4%の方を選ぶ。
A投信
利回り
3%
B投信
利回り
4%
それが期待効用最大化仮説だ。そう仮定すれば経済は数学的に説明がつき、学問として成立すると思われたからだ。

だが、現実の人間はそう考えるとは限らない
たとえば、政府が、デフレ対策で国民に現金を配ることを決め、君たちに今すぐ100万円受け取るか、2年後に200万円受け取るか、どちらかを選べと言ってきたら、どうする?
どっちかあげるよ
2年後 200万円券
100万円
今すぐ100万円受け取る方
なぜ?
だって2年以内に事故で死んじゃうかもしれないし
クーデターが起こって政府の約束が反故にされちゃうかもしれないし
そんなの極めて低い確率だろ。むしろ、今はデフレで価値が上がってる可能性もあるぞ
それでも今の100万円
実はそう答える人間の方が多いんだ
2年で100万円を200万円にできる運用方法なんかまずないのにね。人間は直感で、合理的ではない判断をするという例さ
アメリカの心理学者の**ダニエル・カーネマン**はそこに目をつけ、経済学に認知心理学を持ち込んだ「**行動経済学**」を提唱し、2002年のノーベル経済学賞を受賞した。
ダニエル・カーネマン
行動経済学?
たとえば世界的に所得が低く貯蓄率の低い層ほど、肥満率は高い。人間なんて矛盾に満ちた生き物だ。その矛盾を組み込まないと、本当の経済は語れない、とカーネマンは考えたのさ。
肥満率
貯蓄率
別な例を挙げよう。宝くじは、売上げの54%を地方自治体が持っていってしまう、極めて返金率の低いギャンブルだ。1等が当たる確率は0.0001%程度でしかない。
宝くじ
今回こそ当たるかも…!!
宝くじで1等が当たる確率
0.0001%

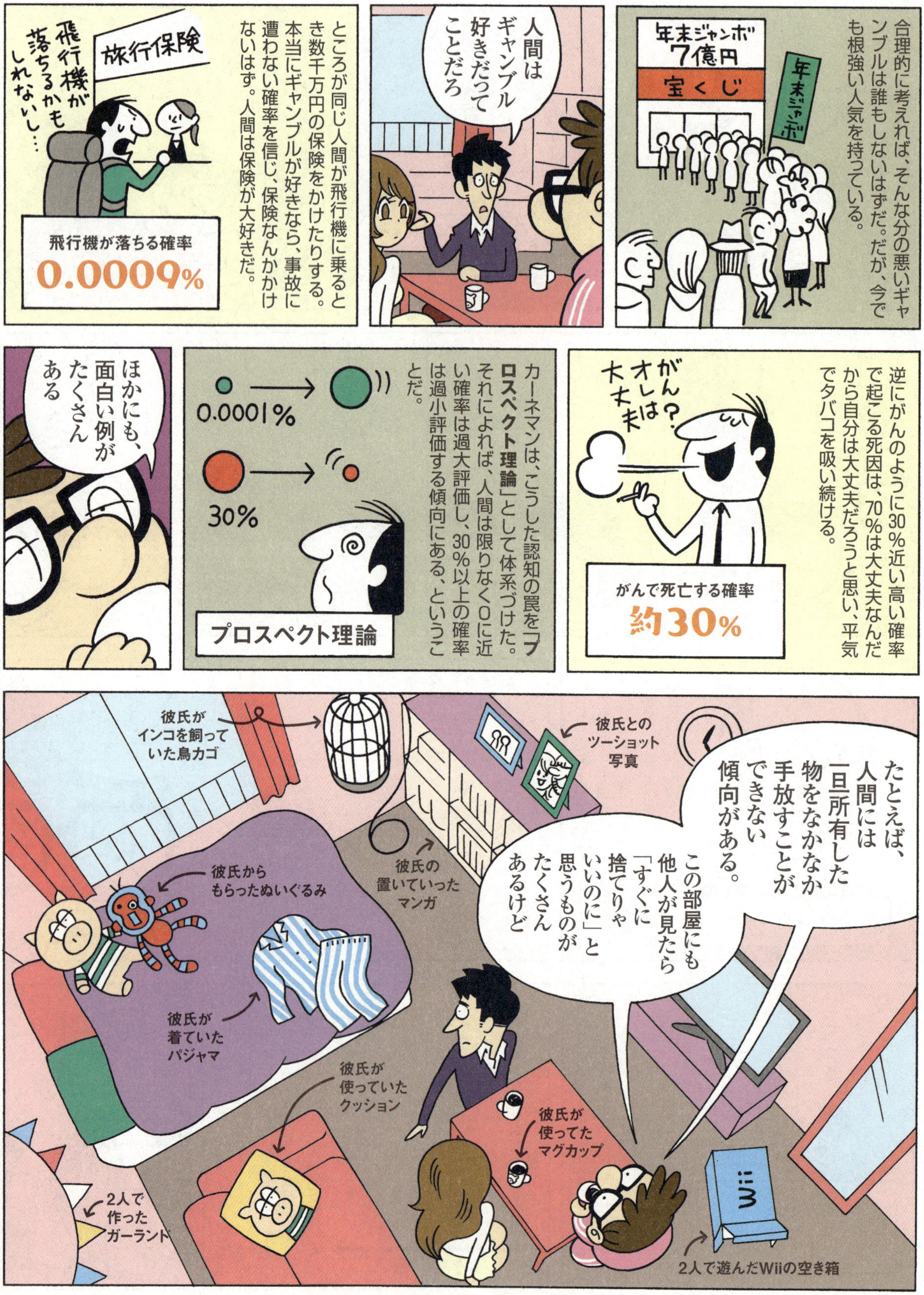

合理的に考えれば、そんな分の悪いギャンブルは誰もしないはずだ。だが、今でも根強い人気を持っている。
年末ジャンボ 7億円
宝くじ
年末ジャンボ
人間はギャンブル好きだってことだろ
ところが同じ人間が飛行機に乗るとき数千万円の保険をかけたりする。本当にギャンブルが好きなら、事故に遭わない確率を信じ、保険なんかかけないはずだ。人間は保険が大好きだ。
旅行保険
飛行機が落ちるかもしれないし…
飛行機が落ちる確率
0.0009%
逆にがんのように30%近い高い確率で起こる死因は、70%は大丈夫だろうと思い、平気でタバコを吸い続ける。
がん？オレは大丈夫
がんで死亡する確率
約30%
カーネマンは、こうした認知の罠を「プロスペクト理論」として体系づけた。それによれば、人間は限りなく0に近い確率は過大評価し、30%以上の確率は過小評価する傾向にある、ということだ。
0.0001%
30%
プロスペクト理論
ほかにも、面白い例がたくさんある
たとえば、人間には一旦所有した物をなかなか手放すことができない傾向がある。
この部屋にも他人が見たら「すぐに捨てりゃいいのに」と思うものがたくさんあるけど
彼氏がインコを飼っていた鳥カゴ
彼氏とのツーショット写真
彼氏からもらったぬいぐるみ
彼氏の置いていったマンガ
彼氏が着ていたパジャマ
彼氏が使っていたクッション
彼氏が使ってたマグカップ
2人で作ったガーランド
2人で遊んだWiiの空き箱

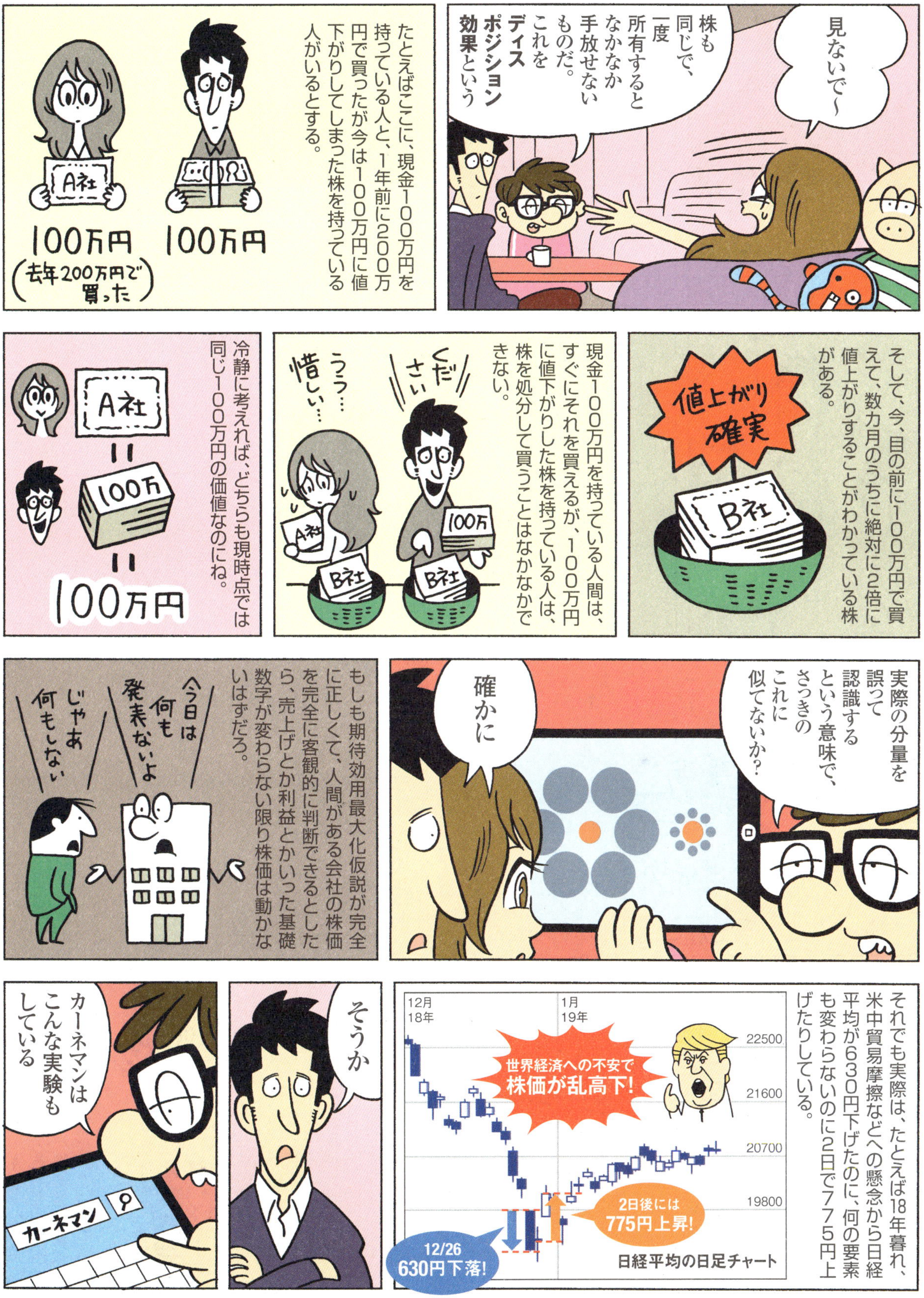
見ないで〜
株も同じで、一度所有するとなかなか手放せないものだ。これをディスポジション効果という
たとえばここに、現金100万円を持っている人と、1年前に200万円で買ったが今は100万円に値下がりしてしまった株を持っている人がいるとする。
100万円
A社
100万円
（去年200万円で買った）
そして、今、目の前に100万円で買えて、数カ月のうちに絶対に2倍に値上がりすることがわかっている株がある。
値上がり確実
B社
現金100万円を持っている人間は、すぐにそれを買えるが、100万円に値下がりした株を持っている人は、株を処分して買うことはなかなかできない。
ください
ウゥ…惜しい…
100万
A社
B社
B社
冷静に考えれば、どちらも現時点では同じ100万円の価値なのにね。
A社
100万
100万円
実際の分量を誤って認識するという意味で、さっきのこれに似てないか?
確かに
もしも期待効用最大化仮説が完全に正しくて、人間がある会社の株価を完全に客観的に判断できるとしたら、売上げとか利益とかいった基礎数字が変わらない限り株価は動かないはずだろ。
今日は何も発表ないよ
じゃあ何もしない
それでも実際は、たとえば18年暮れ、米中貿易摩擦などへの懸念から日経平均が630円下げたのに、何の要素も変わらないのに2日で775円上げたりしている。
12月 18年
1月 19年
22500
21600
20700
19800
世界経済への不安で株価が乱高下!
2日後には775円上昇!
12/26 630円下落!
日経平均の日足チャート
そうか
カーネマンはこんな実験もしている
カーネマン

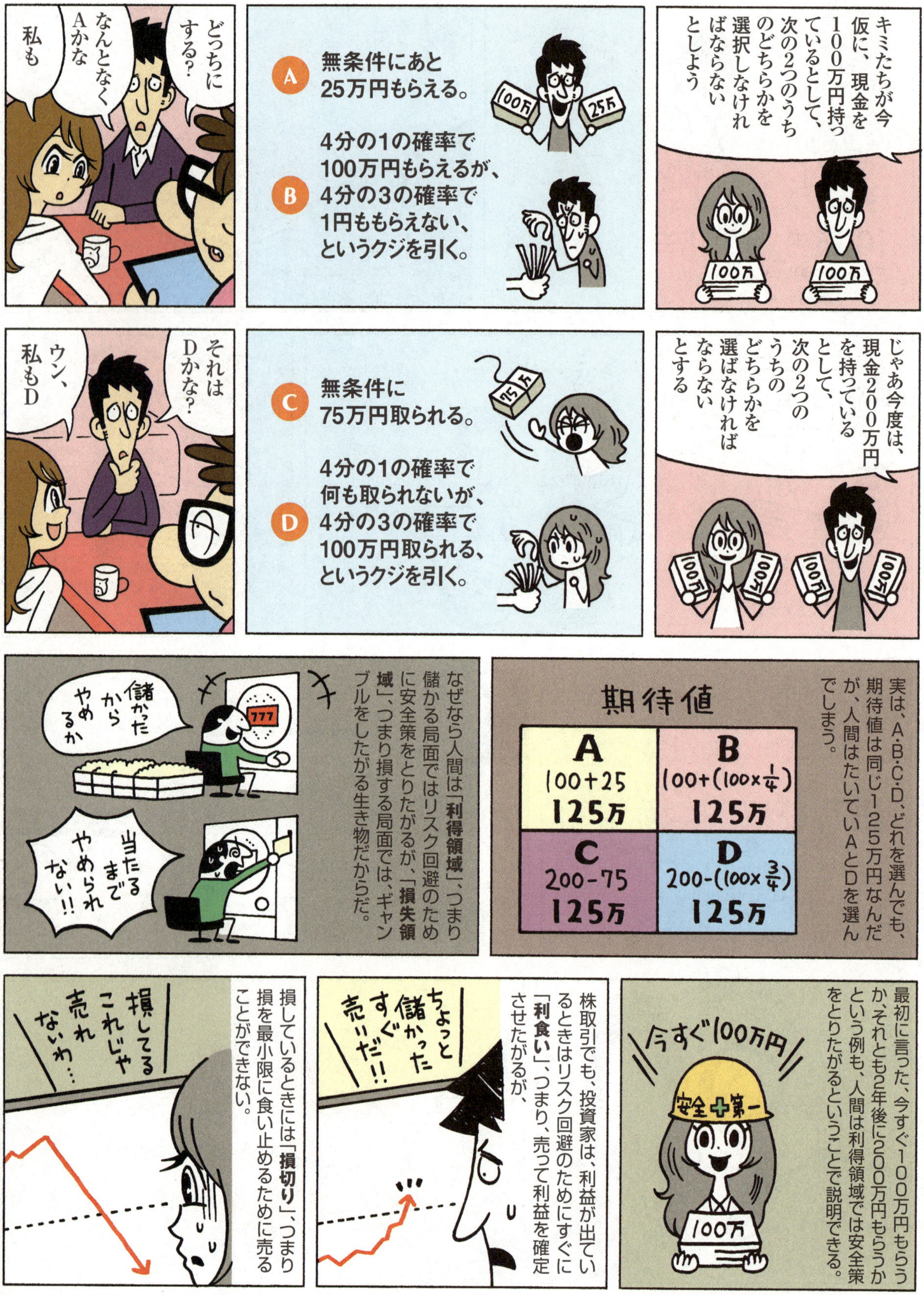
キミたちが今仮に、現金を100万円持っているとして、次の2つのうちのどちらかを選択しなければならないとしよう
100万
100万
Ⓐ 無条件にあと25万円もらえる。
Ⓑ 4分の1の確率で100万円もらえるが、4分の3の確率で1円ももらえない、というクジを引く。
100万
25万
どっちにする?
なんとなくAかな
私も
じゃあ今度は、現金200万円を持っているとして、次の2つのうちのどちらかを選ばなければならないとする
100万
100万
100万
100万
Ⓒ 無条件に75万円取られる。
Ⓓ 4分の1の確率で何も取られないが、4分の3の確率で100万円取られる、というクジを引く。
75万
それはDかな?
ウン、私もD
実は、A・B・C・D、どれを選んでも、期待値は同じ125万円なんだが、人間はたいていAとDを選んでしまう。
期待値
A 100+25 125万
B 100+(100×1/4) 125万
C 200−75 125万
D 200−(100×3/4) 125万
なぜなら人間は「利得領域」、つまり儲かる局面ではリスク回避のために安全策をとりたがるが、「損失領域」、つまり損する局面では、ギャンブルをしたがる生き物だからだ。
儲かったからやめるか
777
当たるまでやめられない!!
最初に言った、今すぐ100万円もらうか、それとも2年後に200万円もらうかという例も、人間は利得領域では安全策をとりたがるということで説明できる。
今すぐ100万円
安全第一
100万
株取引でも、投資家は、利益が出ているときはリスク回避のためにすぐに「利食い」、つまり、売って利益を確定させたがるが、
ちょっと儲かったすぐ売りだ!!
損しているときには「損切り」、つまり損を最小限に食い止めるために売ることができない。
損してるこれじゃ売れないわ…

つまり、上がる株はすぐ売ってしまうが、下がる株は持ち続けてしまう、ということだ。これでは儲けることはできない。
売り!
売れない〜!
どうすれば損をせずにすむの？
人間は感情的になるとロクなことがない。株で儲ける最大の秘訣は、売買に人間感情を持ち込まないことさ
経済学には2つの概念がある。
エコノミクス
ヘドノミクス
エコノミクスとは、あらゆるものに合理的な価格がつけられるということが前提の学問だし
¥10000
¥5000
¥100
¥500
¥800
¥1000
ヘドノミクスは、同じ財やサービスでも感情によって満足度は違うから、「すべてのものに合理的な価格がつけられるとは限らない」という考え方だ。
その夜は：
PRICELESS
でも愛に値段はつけられないわ
そう思うから失敗するんだ
お母さんが編んだ手編みのセーターとユニクロのフリースに、適正な価格をつけて客観的に比較する、それがエコノミクスだ。
¥1500
K
¥1990
その考え方を身につけることが株で儲ける近道だ
ボクは感情を捨てたから株で成功したのさ
私も約定サンを見習って感情を捨てて株に打ち込むわ
元気出して
ありがとう
おまえああ言ったけど華衣ちゃんのことムチャムチャ好きだよな
うん

VOL. 07

株価は夢と現実のかけ算

PERでわかる株の割安度

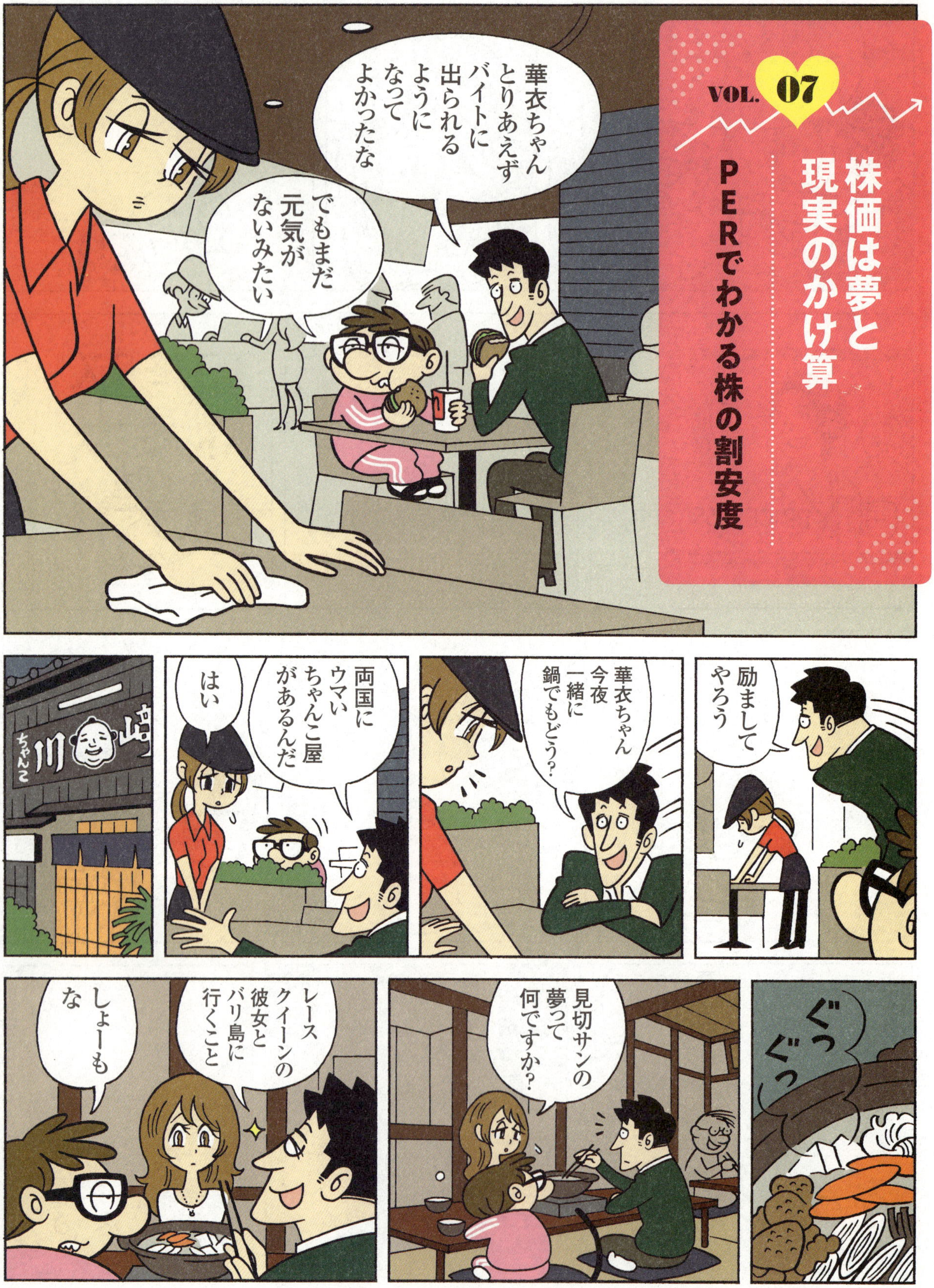
華衣ちゃんとりあえずバイトに出られるようになってよかったな
でもまだ元気がないみたい
励ましてやろう
華衣ちゃん今夜一緒に鍋でもどう?
両国にウマいちゃんこ屋があるんだ
はい
ちゃんこ 川崎
ぐつぐつ
見切サンの夢って何ですか?
レースクイーンの彼女とバリ島に行くこと
しょーもな

約定サンは？
ウォーレン・バフェットのような世界一の投資家になること
ぜってぇムリだろ
夢って大事ですよね～
華衣ちゃんの夢は？
女優になることだったんだけど…
演出家の彼氏と別れたら夢が消えちゃった気がして
それでまだ元気がないのか
株も夢が大事なんだ
夢に投資するという側面があるからね
株にはEPSという数字がある。日本語は1株当たり純利益。1年間の純利益を発行済み株式数で割った数字で、その会社が1年で1株当たりいくら儲けたか、ってことだ。
EPS
(Earnings Per Share)
1株当たり純利益
純利益÷株式数＝EPS
そして、株価をこのEPSで割った数字をPERという。日本語で言えば株価収益率。その会社の現在の株価はEPS（1株当たり純利益）の何倍か、を示す数字だ。
PER
(Price Earnings Ratio)
株価収益率
株価÷EPS＝PER
(1株当たり純利益)
PERは、言い換えれば、利益がすべて配当に回されたら何年で元本を回収できるか、を表している。
PER10倍とは
ハイ今年の利益です
元手が返ってきた!!
×10年
その会社の株価がこれから上がるか下がるかを見極める上で一番大事な数字だよ
ほうほう
この話は長くなるから…
スナック 夢
夢

あそこに入って続きを話そう
え〜あそこ？
スナック 夢
夢
カラン
いらっしゃい
水割り3つね
MENU
あ、ゴキブリ
パッ
華衣ちゃん少し元気出てきたね
MENU
えっと、どこまで話したっけ
株で最も重要な指標はPER（株価収益率）だってとこまでよ
そうそう
PER
さっき説明したこの式は、左辺のEPS（1株当たり純利益）を
株価÷EPS＝PER
（1株当たり純利益）
右辺に移項すると、こう表せる。
株価＝PER×EPS
（1株当たり純利益）

なんだか難しいな
PERは「夢」を表す数字。1株当たり純利益は「現実」を表す数字。つまり、株価というのは、夢と現実のかけ算なんだ。
PER
EPS
株価＝夢×現実
そう聞くと面白い！
現実、つまり1株当たり純利益は1日や2日では大きく動かないが、夢、つまりPERは、その瞬間瞬間で膨らんだりしぼんだりする。
夢
夢
華衣ちゃんの女優への夢がしぼんじゃったみたいにね
おまえ無神経だな
でもそういうことか
株価を上げる一番の近道は、夢を膨らませること
夢が膨らんだりしぼんだりするから株価も上がったり下がったりするのさ
夢
夢
お客さんたち株屋サン？
いやそういうわけでは
個人投資家です
ママも株やるの？
昔銀座にいたときちょっとね
シュボッ
一緒に聞いてもいい？
どうぞどうぞ
株で夢がしぼむってどういうときなの？

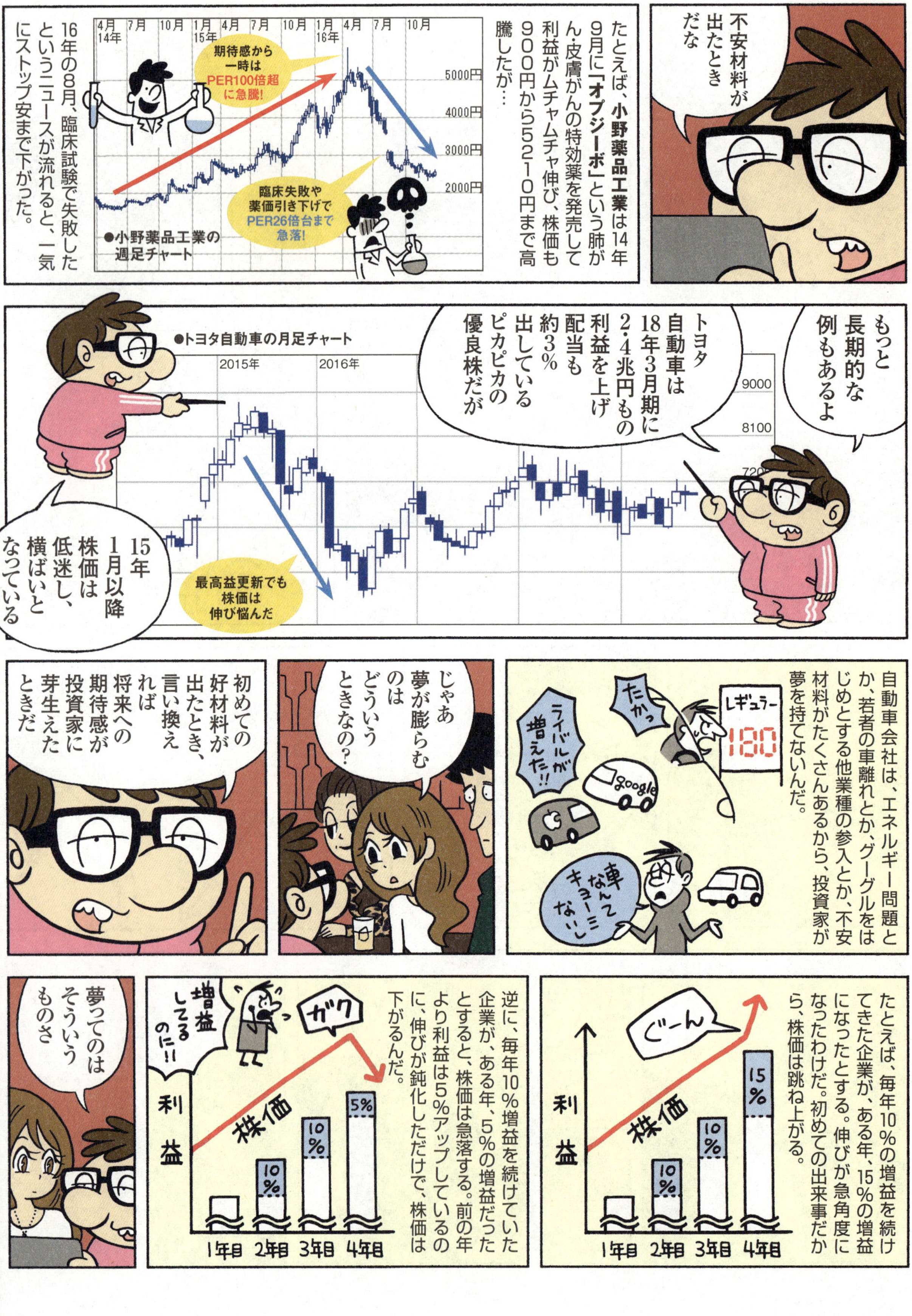

不安材料が出たときだな
たとえば、小野薬品工業は14年9月に「オプジーボ」という肺がん・皮膚がんの特効薬を発売して利益がムチャムチャ伸び、株価も900円から5210円まで高騰したが…
●小野薬品工業の週足チャート
4月 14年 7月 10月 1月 15年 4月 7月 10月 1月 16年 4月 7月 10月
5000円 4000円 3000円 2000円
期待感から一時はPER100倍超に急騰!
臨床失敗や薬価引き下げでPER26倍台まで急落!
16年の8月、臨床試験で失敗したというニュースが流れると、一気にストップ安まで下がった。
もっと長期的な例もあるよ
トヨタ自動車は18年3月期に2・4兆円もの利益を上げ配当も約3％出しているピカピカの優良株だが
●トヨタ自動車の月足チャート
2015年 2016年
9000 8100 7200
最高益更新でも株価は伸び悩んだ
15年1月以降株価は低迷し、横ばいとなっている
自動車会社は、エネルギー問題とか、若者の車離れとか、グーグルをはじめとする他業種の参入とか、不安材料がたくさんあるから、投資家が夢を持てないんだ。
レギュラー 180
たかっ
ライバルが増えた!!
google
車なんてキョーミないし
じゃあ夢が膨らむのはどういうときなの？
初めての好材料が出たとき、言い換えれば将来への期待感が投資家に芽生えたときだ
たとえば、毎年10％の増益を続けてきた企業が、ある年、15％の増益になったとする。伸びが急角度になったわけだ。初めての出来事だから、株価は跳ね上がる。
ぐーん
利益
株価
10％ 10％ 15％
1年目 2年目 3年目 4年目
逆に、毎年10％増益を続けていた企業が、ある年、5％の増益だったとすると、株価は急落する。前の年より利益は5％アップしているのに、伸びが鈍化しただけで、株価は下がるんだ。
増益してるのに!!
ガク
利益
株価
10％ 10％ 5％
1年目 2年目 3年目 4年目
夢ってのはそういうものさ

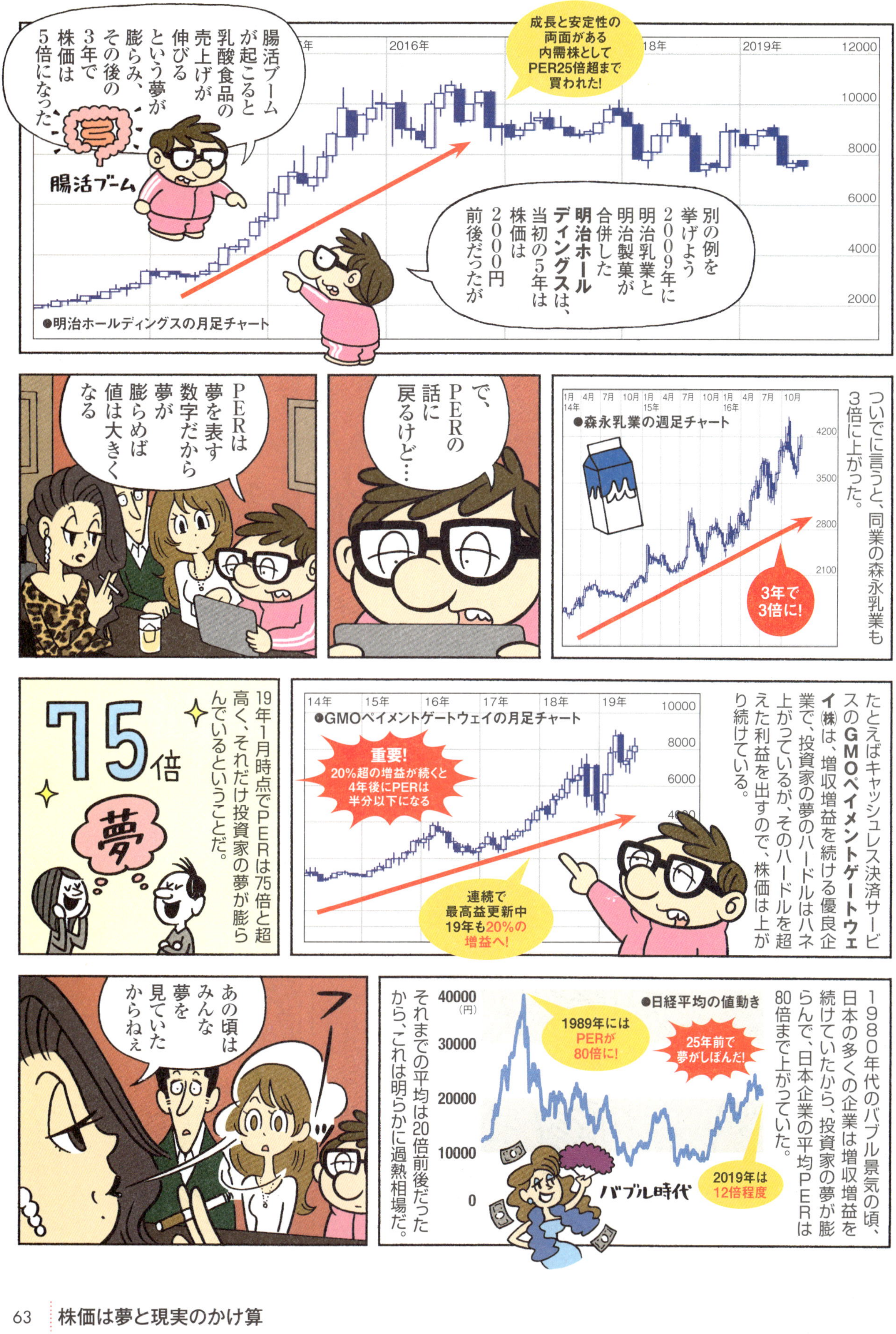

別の例を挙げよう
2009年に明治乳業と明治製菓が合併した明治ホールディングスは、当初の5年は株価は2000円前後だったが
腸活ブームが起こると乳酸食品の売上が伸びるという夢が膨らみ、その後の3年で株価は5倍になった
腸活ブーム
成長と安定性の両面がある内需株としてPER25倍超まで買われた!
●明治ホールディングスの月足チャート
ついでに言うと、同業の森永乳業も3倍に上がった。
●森永乳業の週足チャート
3年で3倍に!
で、PERの話に戻るけど…
PERは夢を表す数字だから夢が膨らめば値は大きくなる
たとえばキャッシュレス決済サービスのGMOペイメントゲートウェイ㈱は、増収増益を続ける優良企業で、投資家の夢のハードルはハネ上がっているが、そのハードルを超えた利益を出すので、株価は上がり続けている。
●GMOペイメントゲートウェイの月足チャート
重要! 20%超の増益が続くと4年後にPERは半分以下になる
連続で最高益更新中 19年も20%の増益へ!
19年1月時点でPERは75倍と超高く、それだけ投資家の夢が膨らんでいるということだ。
75倍
夢
1980年代のバブル景気の頃、日本の多くの企業は増収増益を続けていたから、投資家の夢が膨らんで、日本企業の平均PERは80倍まで上がっていた。
それまでの平均は20倍前後だったから、これは明らかに過熱相場だ。
●日経平均の値動き
1989年にはPERが80倍に!
25年前で夢がしぼんだ!
2019年は12倍程度
バブル時代
あの頃はみんな夢を見ていたからねぇ

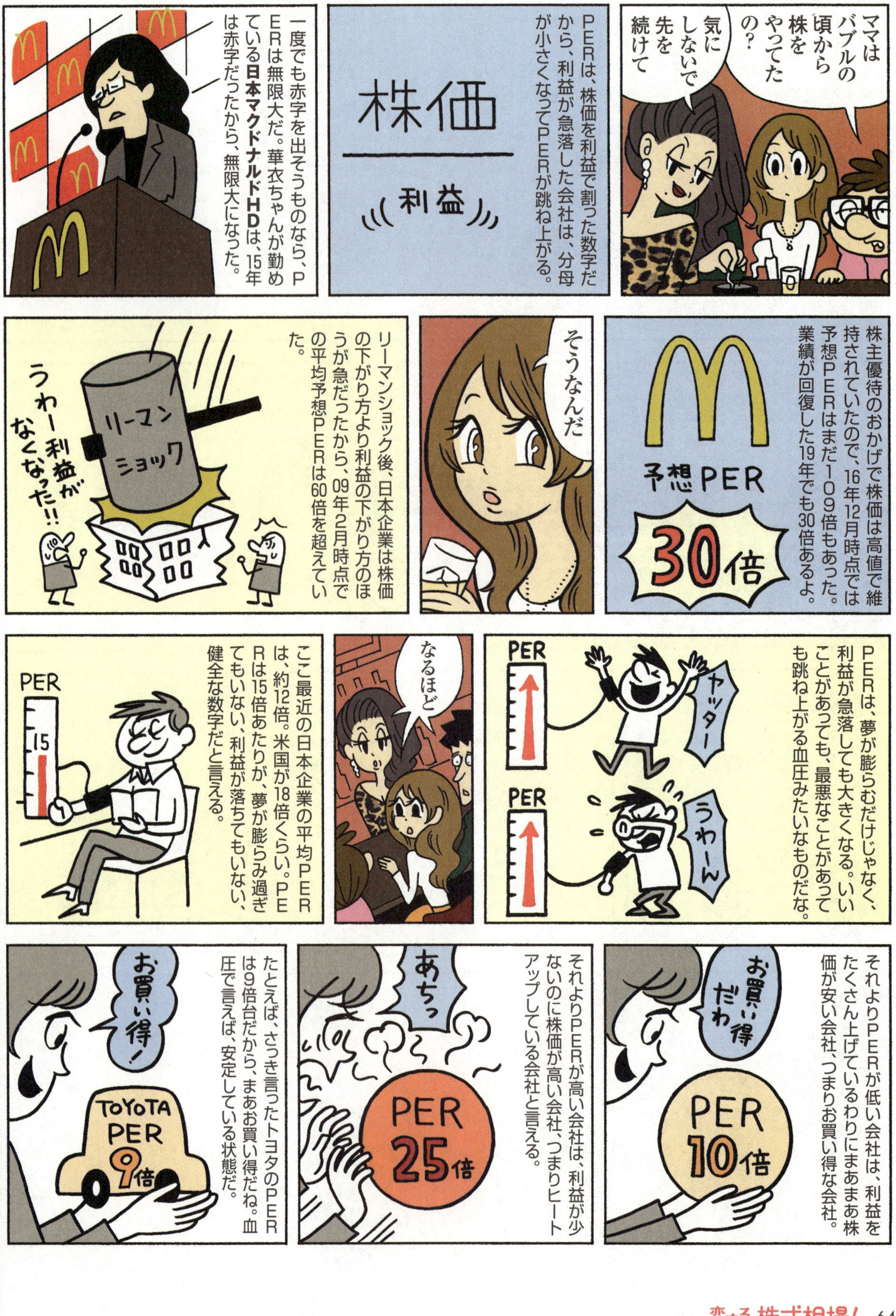
ママはバブルの頃から株をやってたの？
気にしないで先を続けて
PERは、株価を利益で割った数字だから、利益が急落した会社は、分母が小さくなってPERが跳ね上がる。
株価
利益
一度でも赤字を出そうものなら、PERは無限大だ。華衣ちゃんが勤めている日本マクドナルドHDは、15年は赤字だったから、無限大になった。
株主優待のおかげで株価は高値で維持されていたので、16年12月時点では予想PERはまだ109倍もあった。業績が回復した19年でも30倍あるよ。
予想PER
30倍
そうなんだ
リーマンショック後、日本企業は株価の下がり方より利益の下がり方のほうが急だったから、09年2月時点での平均予想PERは60倍を超えていた。
リーマンショック
うわー利益がなくなった!!
PERは、夢が膨らむだけじゃなく、利益が急落しても大きくなる。いいことがあっても、最悪なことがあっても跳ね上がる血圧みたいなものだな。
PER
ヤッター
PER
うわーん
なるほど
ここ最近の日本企業の平均PERは、約12倍。米国が18倍くらい。PERは15倍あたりが、夢が膨らみ過ぎてもいない、利益が落ちてもいない、健全な数字だと言える。
PER
15
それよりPERが低い会社は、利益をたくさん上げているわりにまあまあ株価が安い会社、つまりお買い得な会社。
お買い得だわ
PER
10倍
それよりPERが高い会社は、利益が少ないのに株価が高い会社、つまりヒートアップしている会社と言える。
あちっ
PER
25倍
たとえば、さっき言ったトヨタのPERは9倍台だから、まあお買い得だね。血圧で言えば、安定している状態だ。
お買い得！
TOYOTA
PER
9倍

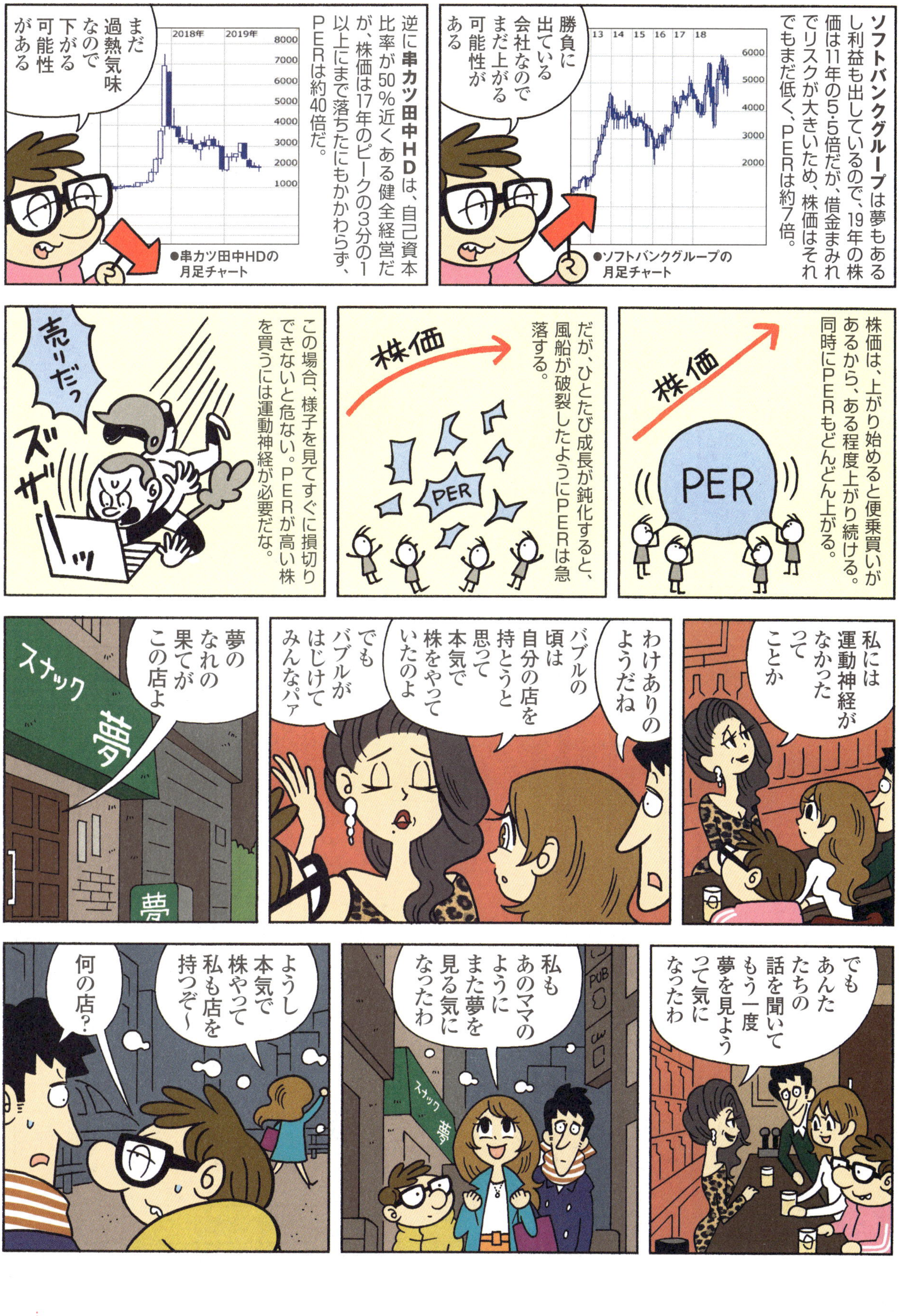
ソフトバンクグループは夢もあるし利益も出しているので、19年の株価は11年の5・5倍だが、借金まみれでリスクが大きいため、株価はそれでもまだ低く、PERは約7倍。
勝負に出ている会社なのでまだ上がる可能性がある
13 14 15 16 17 18
6000 5000 4000 3000 2000
●ソフトバンクグループの月足チャート
逆に串カツ田中HDは、自己資本比率が50％近くある健全経営だが、株価は17年のピークの3分の1以上にまで落ちたにもかかわらず、PERは約40倍だ。
まだ過熱気味なので下がる可能性がある
2018年 2019年
8000 7000 6000 5000 4000 3000 2000 1000
●串カツ田中HDの月足チャート
株価は、上がり始めると便乗買いがあるから、ある程度上がり続ける。同時にPERもどんどん上がる。
株価
PER
だが、ひとたび成長が鈍化すると、風船が破裂したようにPERは急落する。
株価
PER
この場合、様子を見てすぐに損切りできないと危ない。PERが高い株を買うには運動神経が必要だな。
売りだっ
ズザーッ
私には運動神経がなかったってことか
わけありのようだね
バブルの頃は自分の店を持とうと思って本気で株をやっていたのよ
でもバブルがはじけてみんなパァ
夢のなれの果てがこの店よ
スナック
夢
夢
でもあんたたちの話を聞いてもう一度夢を見ようって気になったわ
私もあのママのようにまた夢を見る気になったわ
PUB
スナック 夢
ようし本気で株やって私も店を持つぞ〜
何の店？

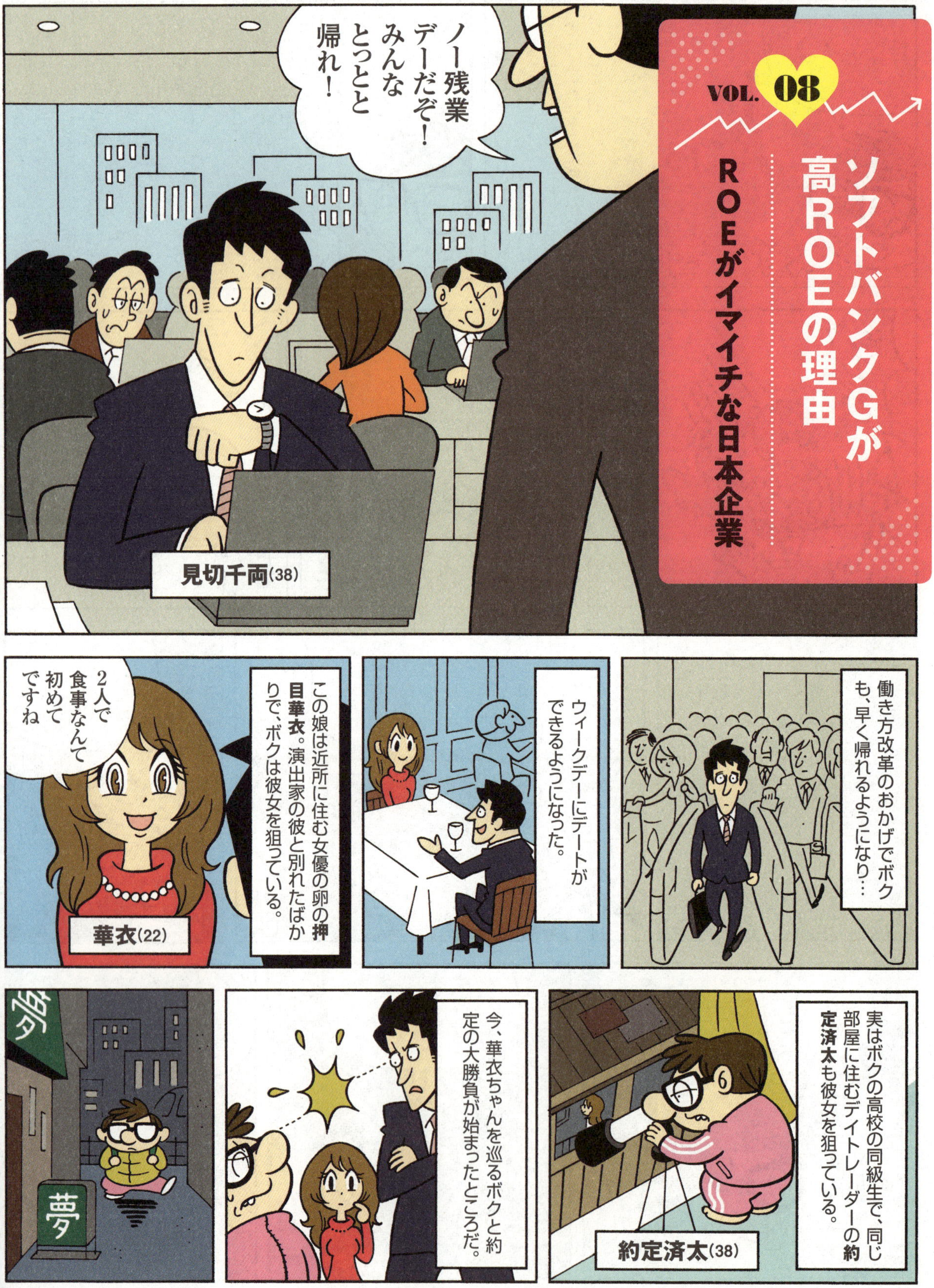
VOL. 08
ソフトバンクGが高ROEの理由
ROEがイマイチな日本企業
ノー残業デーだぞ！みんなとっとと帰れ！
見切千両(38)
働き方改革のおかげでボクも、早く帰れるようになり…
ウィークデーにデートができるようになった。
この娘は近所に住む女優の卵の**押目華衣**。演出家の彼と別れたばかりで、ボクは彼女を狙っている。
2人で食事なんて初めてですね
華衣(22)
実はボクの高校の同級生で、同じ部屋に住むデイトレーダーの**約定済太**も彼女を狙っている。
約定済太(38)
今、華衣ちゃんを巡るボクと約定の大勝負が始まったところだ。
夢
夢

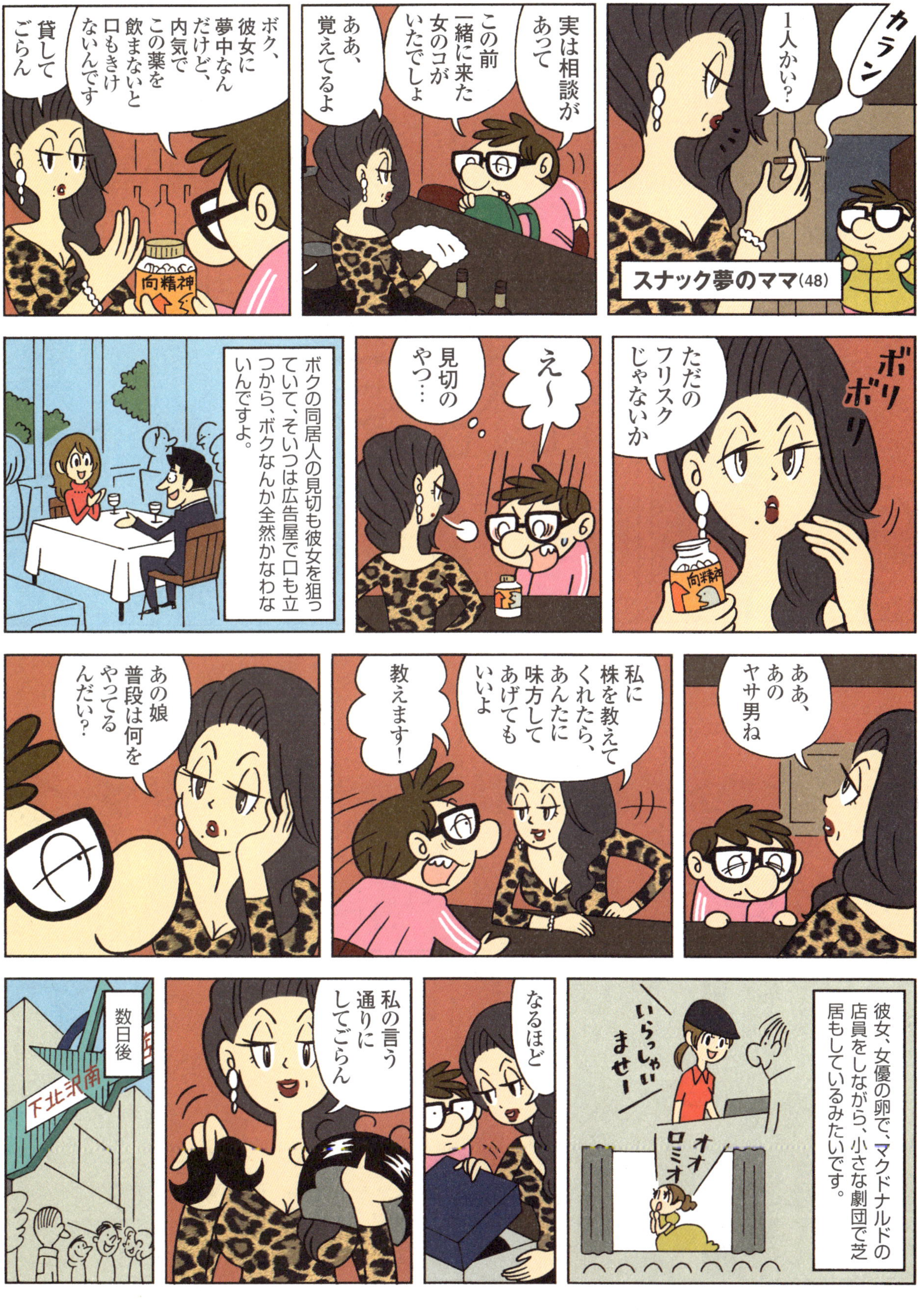
カラン
1人かい？
スナック夢のママ（48）
実は相談があって
この前一緒に来た女のコがいたでしょ
ああ、覚えてるよ
ボク、彼女に夢中なんだけど、内気でこの薬を飲まないと口もきけないんです
貸してごらん
向精神
ボリボリ
ただのフリスクじゃないか
え～
見切のやつ…
ボクの同居人の見切も彼女を狙っていて、そいつは広告屋で口も立つから、ボクなんか全然かなわないんですよ。
ああ、あのヤサ男ね
私に株を教えてくれたら、あんたに味方してあげてもいいよ
教えます！
あの娘普段は何をやってるんだい？
彼女、女優の卵で、マクドナルドの店員をしながら、小さな劇団で芝居もしているみたいです。
いらっしゃいませー
オオロミオ
なるほど
私の言う通りにしてごらん
数日後
下北沢南

劇団コドモ計画
小劇場
本日はありがとうございました
華衣君はいるかな?
はい
私はこういう者だ
西宝演劇 プロデューサー 仰門仁
芝居を見たがキミには才能がある
大きな舞台に立つ気はないかね
あります!
近くで食事でもしながら話をしよう
まじかよ
夢
変装すると自信がわいて何でも言えましたバッチリです
そういうもんさ
日曜日
○×ハイツ
あれ、「夢」のママが何でここに?
私も株を勉強したくてね
お嬢ちゃん明るくなったじゃないか
演劇制作会社の人が私の舞台を見て誘ってくれたんです

よかったね
でも、その人ちょっと怪しくて騙されてるんじゃないかとちょっと心配で…
ばっ
まずいですよ
大丈夫、別の手も考えてあるから
ゴホッ
じゃあ授業を始めるよ
はーい
この前はPER、つまり株価収益率の話だったよね
PER
おさらいすると、PERは株価÷1株当たり純利益。つまり、現在の株価は1年分の利益の何倍の値段か、を表している。
PER = 株価 / 1株当たり純利益
Price Earnings Ratio
PERが低いってことは、基本、株は割安だけど、実は何かリスクがあって、利益のわりに株価が上がっていない状態。
冷えてんなー
PER 10倍
PERが高いってことは、投資家の夢が膨らんで株価が上がり過ぎているか、または利益が暴落しているか、のどちらか。
PER 30倍
あちちち
血圧と同じで、PERは高過ぎても低過ぎても、何か問題がある。正常値は15倍あたりだ。
ふんふん
PERの正常値 約15倍
で、このPERのほかに、株価には、あと2つ重要な指標がある
ある会社の純資産を発行済み株式数で割った数字を、1株当たり純資産（BPS）と呼ぶ。
純資産 / 発行株式数 = BPS (1株当たり純資産)
BPSは、その会社が、仮に今すぐ事業を止めて解散した場合、株主に1株当たり現金がいくら返されるかを示している。
解散するんでお金返しまーす

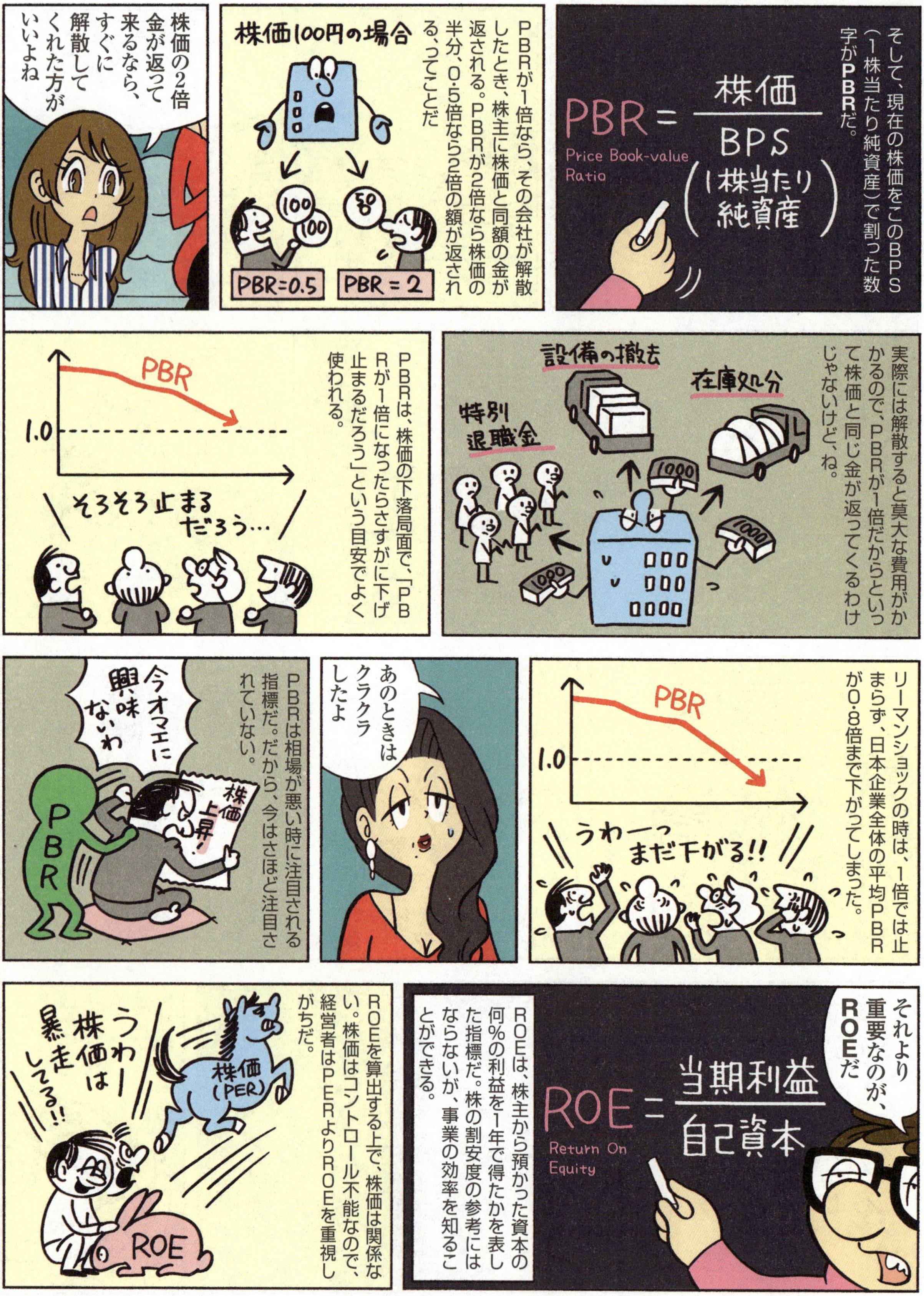

そして、現在の株価をこのBPS（1株当たり純資産）で割った数字がPBRだ。
PBR＝株価／BPS（1株当たり純資産）
Price Book-value Ratio
PBRが1倍なら、その会社が解散したとき、株主に株価と同額の金が返される。PBRが2倍なら株価の半分、0.5倍なら2倍の額が返される、ってことだ
株価100円の場合
100
100
50
PBR=0.5
PBR = 2
株価の2倍金が返って来るなら、すぐに解散してくれた方がいいよね
実際には解散すると莫大な費用がかかるので、PBRが1倍だからといって株価と同じ金が返ってくるわけじゃないけど、ね。
設備の撤去
在庫処分
特別退職金
1000
PBRは、株価の下落局面で、「PBRが1倍になったらさすがに下げ止まるだろう」という目安でよく使われる。
PBR
1.0
そろそろ止まるだろう…
リーマンショックの時は、1倍では止まらず、日本企業全体の平均PBRが0.8倍まで下がってしまった。
PBR
1.0
うわーっ まだ下がる!!
あのときはクラクラしたよ
PBRは相場が悪い時に注目される指標だ。だから、今はさほど注目されていない。
今オマエに興味ないわ
株価上昇!
PBR
それより重要なのが、ROEだ
ROE＝当期利益／自己資本
Return On Equity
ROEは、株主から預かった資本の何%の利益を1年で得たかを表した指標だ。株の割安度の参考にはならないが、事業の効率を知ることができる。
ROEを算出する上で、株価は関係ない。株価はコントロール不能なので、経営者はPERよりROEを重視しがちだ。
うわー株価は暴走してる!!
株価(PER)
ROE

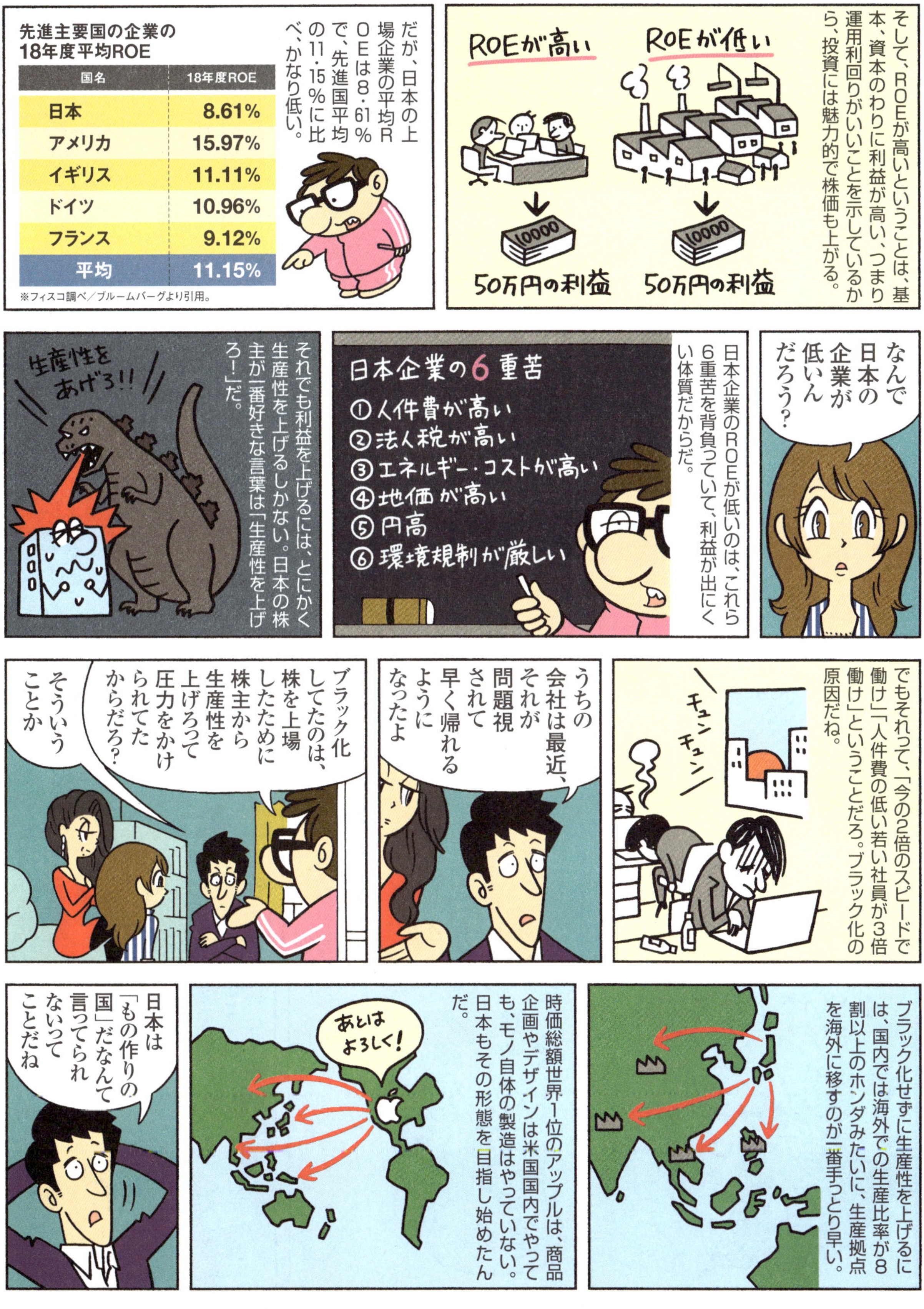

そして、ROEが高いということは、基本、資本のわりに利益が高い、つまり運用利回りがいいことを示しているから、投資には魅力的で株価も上がる。
ROEが高い
ROEが低い
10000
50万円の利益
50万円の利益
だが、日本の上場企業の平均ROEは8・61％で、先進国平均の11・15％に比べ、かなり低い。
先進主要国の企業の18年度平均ROE

国名	18年度ROE
日本	8.61%
アメリカ	15.97%
イギリス	11.11%
ドイツ	10.96%
フランス	9.12%
平均	11.15%

※フィスコ調べ／ブルームバーグより引用。
なんで日本の企業が低いんだろう？
日本企業のROEが低いのは、これら6重苦を背負っていて、利益が出にくい体質だからだ。
日本企業の6重苦
①人件費が高い
②法人税が高い
③エネルギー・コストが高い
④地価が高い
⑤円高
⑥環境規制が厳しい
それでも利益を上げるには、とにかく生産性を上げるしかない。日本の株主が一番好きな言葉は「生産性を上げろ！」だ。
生産性をあげろ!!
でもそれって、「今の2倍のスピードで働け」「人件費の低い若い社員が3倍働け」ということだろ。ブラック化の原因だね。
チュンチュン
うちの会社は最近、それが問題視されて早く帰れるようになったよ
ブラック化してたのは、株を上場したために株主から生産性を上げろって圧力をかけられてたからだろ？
そういうことか
ブラック化せずに生産性を上げるには、国内では海外での生産比率が8割以上のホンダみたいに、生産拠点を海外に移すのが一番手っとり早い。
時価総額世界1位のアップルは、商品企画やデザインは米国国内でやっても、モノ自体の製造はやっていない。日本もその形態を目指し始めたんだ。
あとはよろしく！
日本は「もの作りの国」だなんて言ってられないってことだね

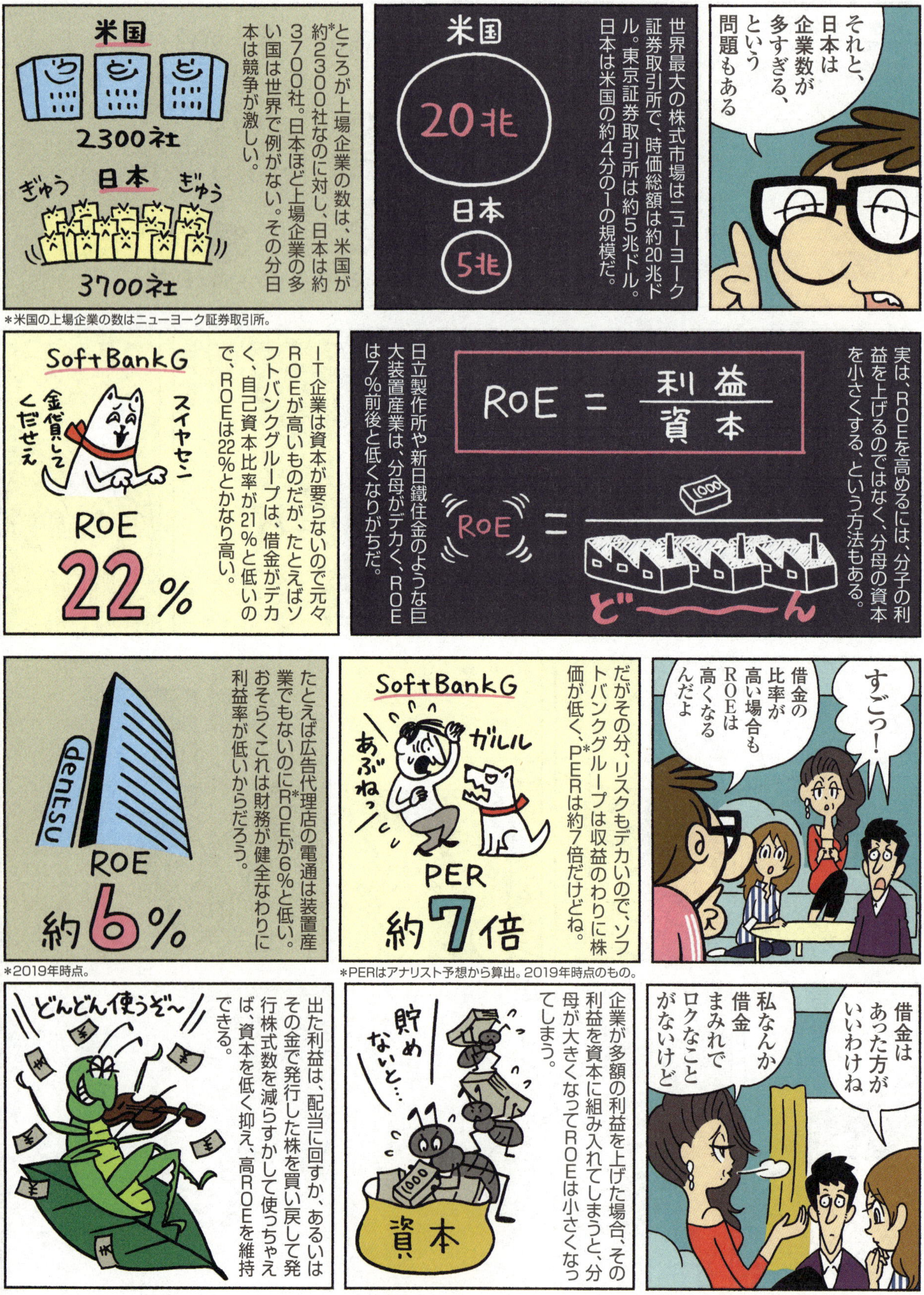
それと、日本は企業数が多すぎる、という問題もある
世界最大の株式市場はニューヨーク証券取引所で、時価総額は約20兆ドル。東京証券取引所は約5兆ドル。日本は米国の約4分の1の規模だ。
米国
20兆
日本
5兆
ところが上場企業の数は、米国が約*2300社なのに対し、日本は約3700社。日本ほど上場企業の多い国は世界で例がない。その分日本は競争が激しい。
米国
2300社
ぎゅう
日本
ぎゅう
3700社
実は、ROEを高めるには、分子の利益を上げるのではなく、分母の資本を小さくする、という方法もある。
ROE ＝ 利益／資本
日立製作所や新日鐵住金のような巨大装置産業は、分母がデカく、ROEは7％前後と低くなりがちだ。
1000
ROE ＝
ど～～～ん
IT企業は資本が要らないので元々ROEが高いものだが、たとえばソフトバンクグループは、借金がデカく、自己資本比率が21％と低いので、ROEは22％とかなり高い。
SoftBankG
スイヤセン
金貸してくだせぇ
ROE
22％
すごっ！
借金の比率が高い場合もROEは高くなるんだよ
だがその分、リスクもデカいので、ソフトバンクグループは収益のわりに株価が低く、*PERは約7倍だけどね。
SoftBankG
あぶねっ
ガルル
PER
約7倍
たとえば広告代理店の電通は装置産業でもないのに*ROEが6％と低い。おそらくこれは財務が健全なわりに利益率が低いからだろう。
dentsu
ROE
約6％
借金はあった方がいいわけね
私なんか借金まみれでロクなことがないけど
企業が多額の利益を上げた場合、その利益を資本に組み入れてしまうと、分母が大きくなってROEは小さくなってしまう。
貯めないと…
1000
資本
出た利益は、配当に回すか、あるいはその金で発行した株を買い戻して発行株式数を減らすかして使っちゃえば、資本を低く抑え、高ROEを維持できる。
どんどん使うぞ～

＊米国の上場企業の数はニューヨーク証券取引所。

＊2019年時点。

＊PERはアナリスト予想から算出。2019年時点のもの。

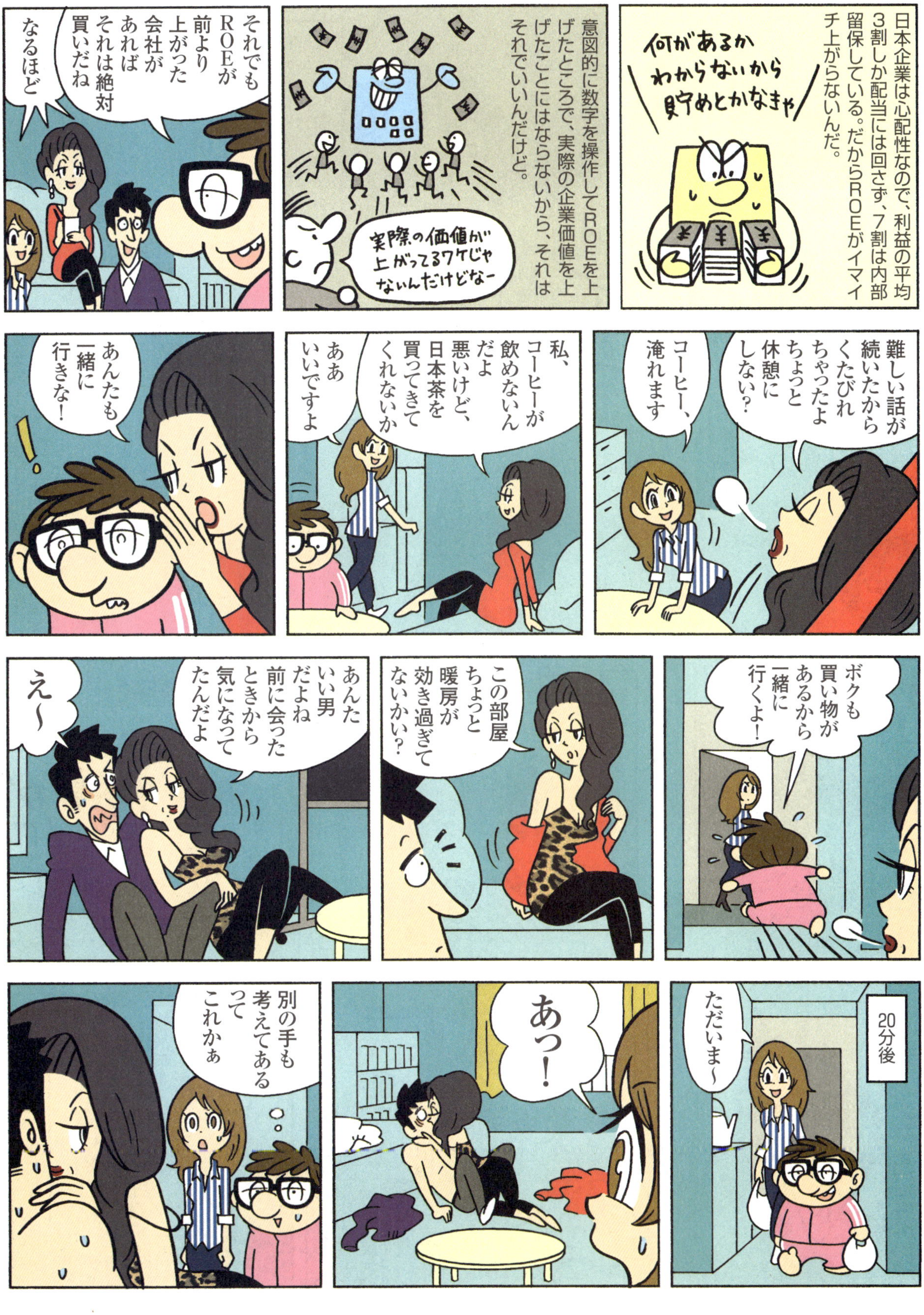

日本企業は心配性なので、利益の平均3割しか配当には回さず、7割は内部留保している。だからROEがイマイチ上がらないんだ。
何があるかわからないから貯めとかなきゃ
意図的に数字を操作してROEを上げたところで、実際の企業価値を上げたことにはならないから、それはそれでいいんだけど。
実際の価値が上がってるワケじゃないんだけどなー
それでもROEが前より上がった会社があればそれは絶対買いだね
なるほど
難しい話が続いたからくたびれちゃったよ ちょっと休憩にしない？
コーヒー、淹れます
私、コーヒーが飲めないんだよ 悪いけど、日本茶を買ってきてくれないか
ああ いいですよ
あんたも一緒に行きな！
！
ボクも買い物があるから一緒に行くよ！
この部屋ちょっと暖房が効き過ぎてないかい？
あんたいい男だよね 前に会ったときから気になってたんだよ
え～
20分後
ただいま～
あっ！
別の手も考えてあるってこれかぁ

VOL.09 PERとPBRとROEは三角関係!

PERこそ株価の未来地図

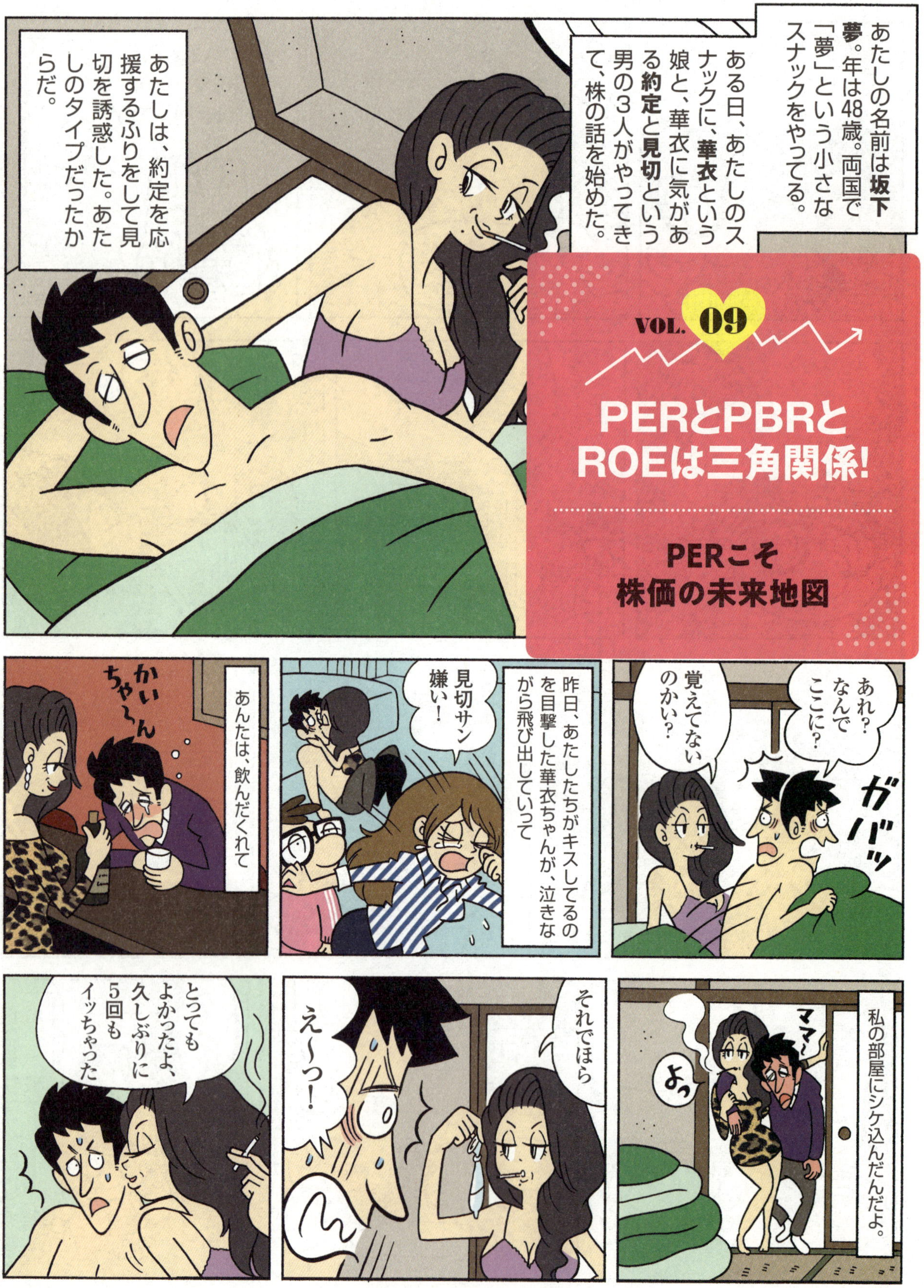
あたしの名前は坂下夢。年は48歳。両国で「夢」という小さなスナックをやってる。
ある日、あたしのスナックに、華衣という娘と、華衣に気がある約定と見切という男の3人がやってきて、株の話を始めた。
あたしは、約定を応援するふりをして見切を誘惑した。あたしのタイプだったからだ。
ガバッ
あれ？なんでここに？
覚えてないのかい？
昨日、あたしたちがキスしてるのを目撃した華衣ちゃんが、泣きながら飛び出していって
見切サン嫌い！
あんたは、飲んだくれて
かいちゃ〜ん
私の部屋にシケ込んだんだよ。
ママ〜
よっ
それでほら
え〜っ！
とってもよかったよ、久しぶりに5回もイッちゃった

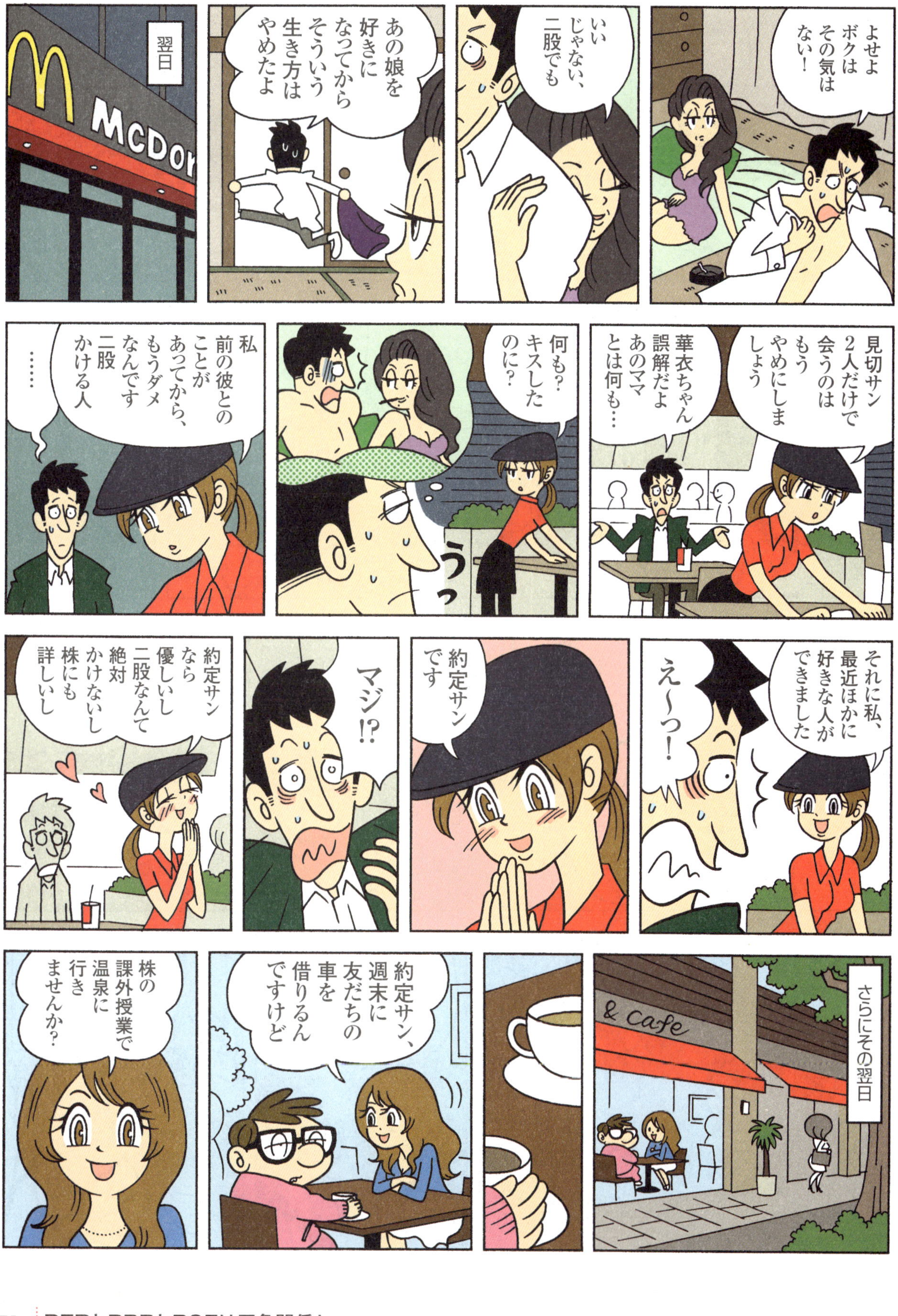
翌日
あの娘を好きになってからそういう生き方はやめたよ
いいじゃない、二股でも
よせよボクはその気はない！
見切サン2人だけで会うのはもうやめにしましょう
華衣ちゃん誤解だよあのママとは何も…
何も？キスしたのに？
うっ
私前の彼とのことがあってから、もうダメなんです二股かける人
……
それに私、最近ほかに好きな人ができました
え〜っ！
約定サンです
マジ!?
約定サンなら優しいし二股なんて絶対かけないし株にも詳しいし
さらにその翌日
& Cafe
約定サン、週末に友だちの車を借りるんですけど
株の課外授業で温泉に行きませんか？

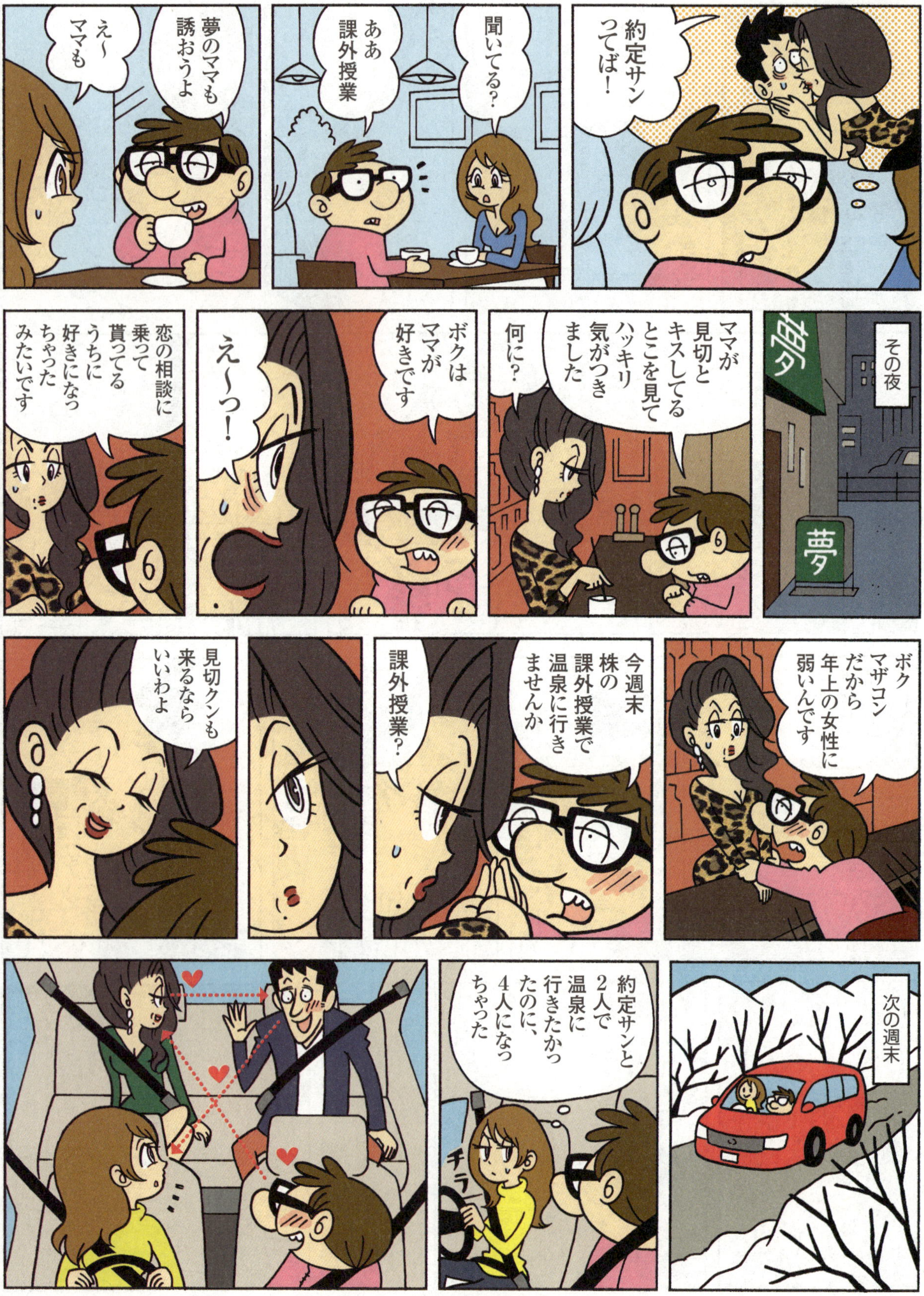
約定サンってば！
聞いてる？
ああ課外授業
夢のママも誘おうよ
え～ママも
その夜
夢
夢
ママが見切とキスしてるとこを見てハッキリ気がつきました
何に？
ボクはママが好きです
え～っ！
恋の相談に乗って貰ってるうちに好きになっちゃったみたいです
ボクマザコンだから年上の女性に弱いんです
今週末株の課外授業で温泉に行きませんか
課外授業？
見切クンも来るならいいわよ
次の週末
約定サンと2人で温泉に行きたかったのに、4人になっちゃった
チラ
…

やれやれ
ママは見切サンのこと好きなんですか
惚れてるよ あんたはどうなんだい
最近、気持ちの整理がつきました
私、約定サンが好きです
じゃあめでたく2カップル誕生だね
それがそう単純な話でもないんですよね
私たち全員片思いのカルテットになっちゃったみたいですよ
さくら
食事も済んだし、そろそろ株の授業を始めるよ
はーい
ここまで、株をやる上で重要なPER、PBR、ROEという3つの指標の話をしてきたよね
PER PBR ROE
一度整理しておくよ。ここに株価と、1株当たり純利益（EPS）と1株当たり純資産（BPS）という3つの数字がある。
株価を1株当たり純資産（BPS）で割ったのがPBR
株価を1株当たり純利益（EPS）で割ったのがPER
株価
PER ÷
÷ PBR
1株当たり純利益 ÷ 1株当たり純資産
ROE
そして、純利益（EPS）を純資産（BPS）で割ったのがROE
3つの指標は、こうした三角関係にある。

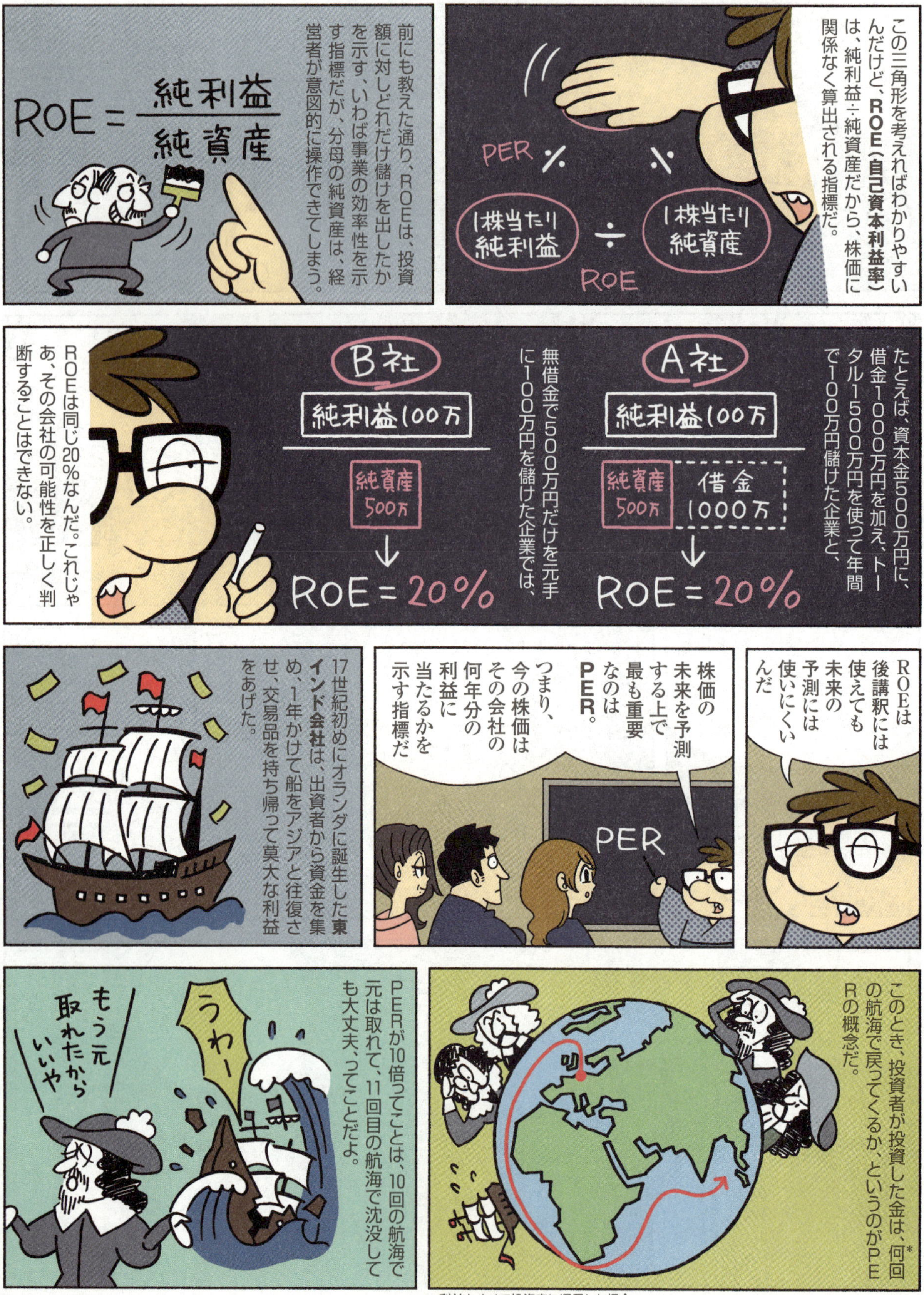
この三角形を考えればわかりやすいんだけど、**ROE（自己資本利益率）**は、純利益÷純資産だから、株価に関係なく算出される指標だ。
PER
÷
÷
1株当たり純資産
1株当たり純利益
÷
ROE
前にも教えた通り、ROEは、投資額に対しどれだけ儲けを出したかを示す、いわば事業の効率性を示す指標だが、分母の純資産は、経営者が意図的に操作できてしまう。
ROE＝純利益/純資産
たとえば、資本金500万円に、借金1000万円を加え、トータル1500万円を使って年間で100万円儲けた企業と、
A社
純利益100万
純資産500万
借金1000万
ROE＝20%
無借金で500万円だけを元手に100万円を儲けた企業では、
B社
純利益100万
純資産500万
ROE＝20%
ROEは同じ20%なんだ。これじゃあ、その会社の可能性を正しく判断することはできない。
ROEは後講釈には使えても未来の予測には使いにくいんだ
株価の未来を予測する上で最も重要なのは**PER**。
つまり、今の株価はその会社の何年分の利益に当たるかを示す指標だ
PER
17世紀初めにオランダに誕生した**東インド会社**は、出資者から資金を集め、1年かけて船をアジアと往復させ、交易品を持ち帰って莫大な利益をあげた。
このとき、投資者が投資した金は、何回*の航海で戻ってくるか、というのがPERの概念だ。
PERが10倍ってことは、10回の航海で元は取れて、11回目の航海で沈没しても大丈夫、ってことだよ。
うわー
もう元取れたからいいや

*利益をすべて投資家に還元した場合。

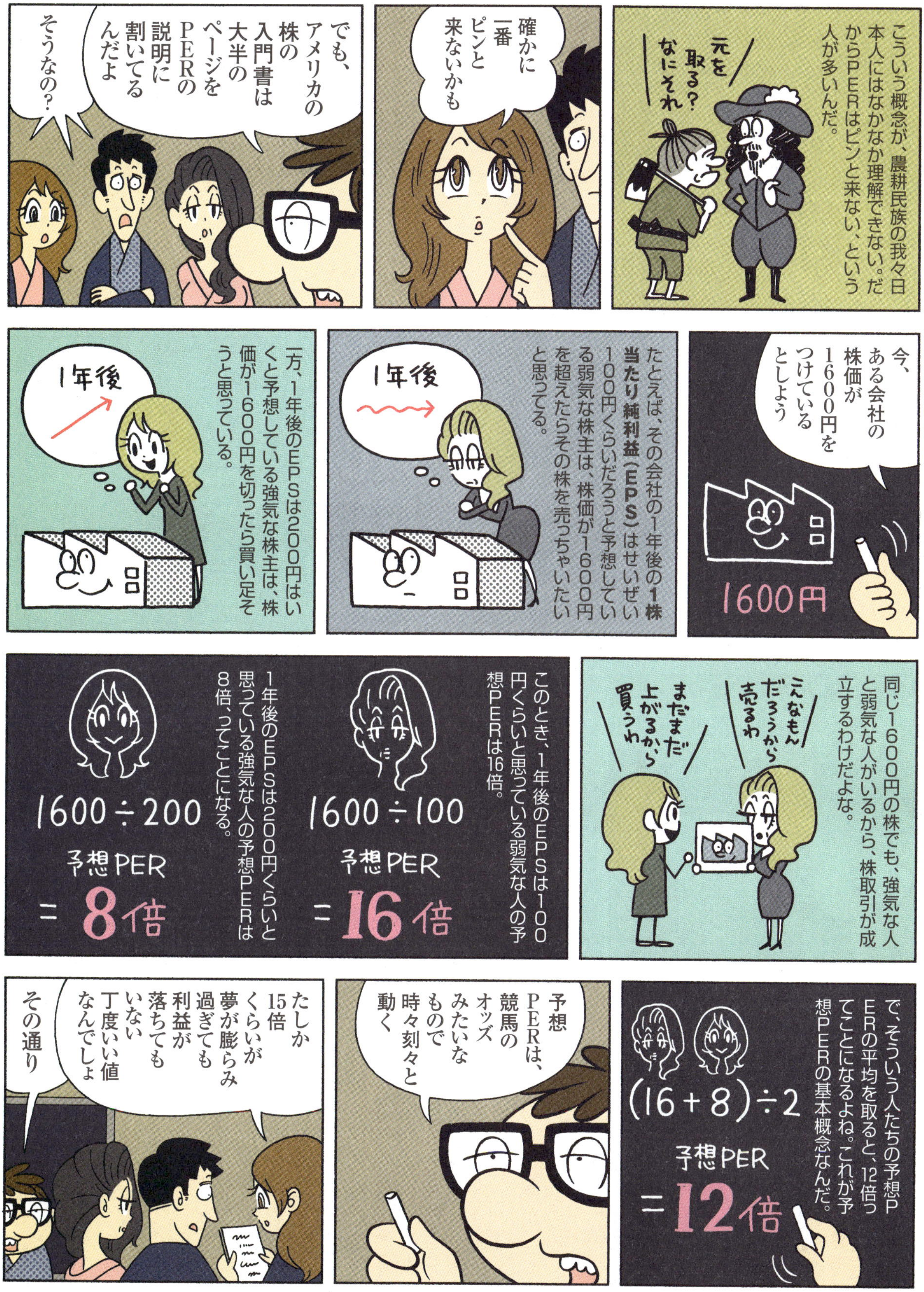

こういう概念が、農耕民族の我々日本人にはなかなか理解できない。だからPERはピンと来ない、という人が多いんだ。
元を取る？なにそれ
確かに一番ピンと来ないかも
でも、アメリカの株の入門書は大半のページをPERの説明に割いてるんだよ
そうなの？
今、ある会社の株価が1600円をつけているとしよう
1600円
たとえば、その会社の1年後の1株当たり純利益（EPS）はせいぜい100円くらいだろうと予想している弱気な株主は、株価が1600円を超えたらその株を売っちゃいたいと思ってる。
1年後
一方、1年後のEPSは200円はいくと予想している強気な株主は、株価が1600円を切ったら買い足そうと思っている。
1年後
同じ1600円の株でも、強気な人と弱気な人がいるから、株取引が成立するわけだよな。
こんなもんだろうから売るわ
まだまだ上がるから買うわ
このとき、1年後のEPSは100円くらいと思っている弱気な人の予想PERは16倍。
1600÷100
予想PER
=16倍
1年後のEPSは200円くらいと思っている強気な人の予想PERは8倍、ってことになる。
1600÷200
予想PER
=8倍
で、そういう人たちの予想PERの平均を取ると、12倍ってことになるよね。これが予想PERの基本概念なんだ。
(16+8)÷2
予想PER
=12倍
予想PERは、競馬のオッズみたいなもので時々刻々と動く
たしか15倍くらいが夢が膨らみ過ぎても利益が落ちてもいない丁度いい値なんでしょ
その通り

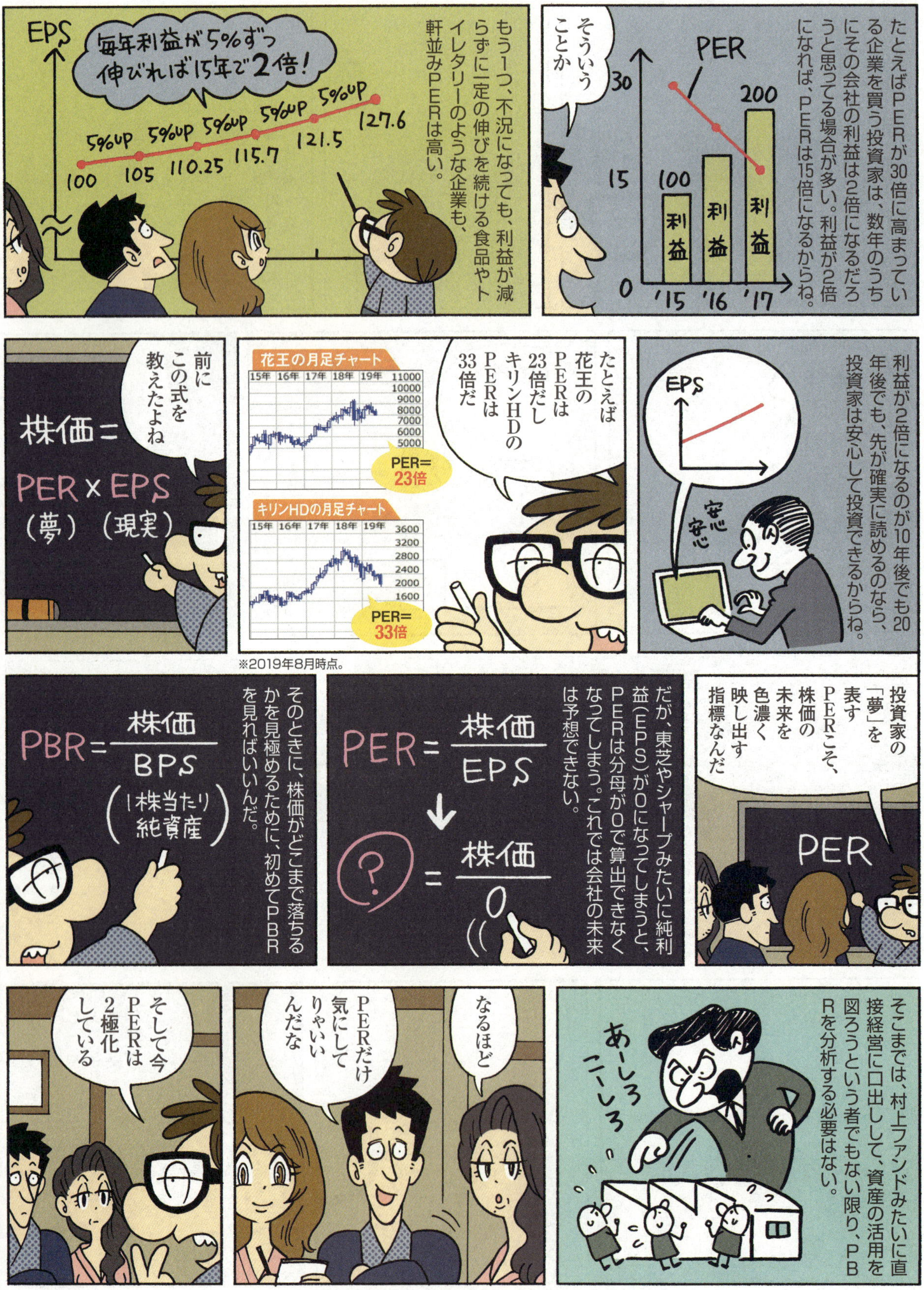
たとえばPERが30倍に高まっている企業を買う投資家は、数年のうちにその会社の利益は2倍になるだろうと思ってる場合が多い。利益が2倍になれば、PERは15倍になるからね。
PER
30
15
0
100
200
利益
利益
利益
'15 '16 '17
そういうことか
もう1つ、不況になっても、利益が減らずに一定の伸びを続ける食品やトイレタリーのような企業も、軒並みPERは高い。
毎年利益が5%ずつ伸びれば15年で2倍!
EPS
5%up 5%up 5%up 5%up 5%up
100 105 110.25 115.7 121.5 127.6
利益が2倍になるのが10年後でも20年後でも、先が確実に読めるのなら、投資家は安心して投資できるからね。
EPS
安心 安心
たとえば花王のPERは23倍だしキリンHDのPERは33倍だ
花王の月足チャート
15年 16年 17年 18年 19年
11000 10000 9000 8000 7000 6000 5000
PER=23倍
キリンHDの月足チャート
15年 16年 17年 18年 19年
3600 3200 2800 2400 2000 1600
PER=33倍
※2019年8月時点。
前にこの式を教えたよね
株価=PER×EPS
(夢) (現実)
投資家の「夢」を表すPERこそ、株価の未来を色濃く映し出す指標なんだ
PER
だが、東芝やシャープみたいに純利益(EPS)が0になってしまうと、PERは分母が0で算出できなくなってしまう。これでは会社の未来は予想できない。
PER=株価/EPS
↓
?=株価/0
そのときに、株価がどこまで落ちるかを見極めるために、初めてPBRを見ればいいんだ。
PBR=株価/BPS
(1株当たり純資産)
そこまでは、村上ファンドみたいに直接経営に口出しして、資産の活用を図ろうという者でもない限り、PBRを分析する必要はない。
あーしろこーしろ
なるほど
PERだけ気にしてりゃいいんだな
そして今PERは2極化している

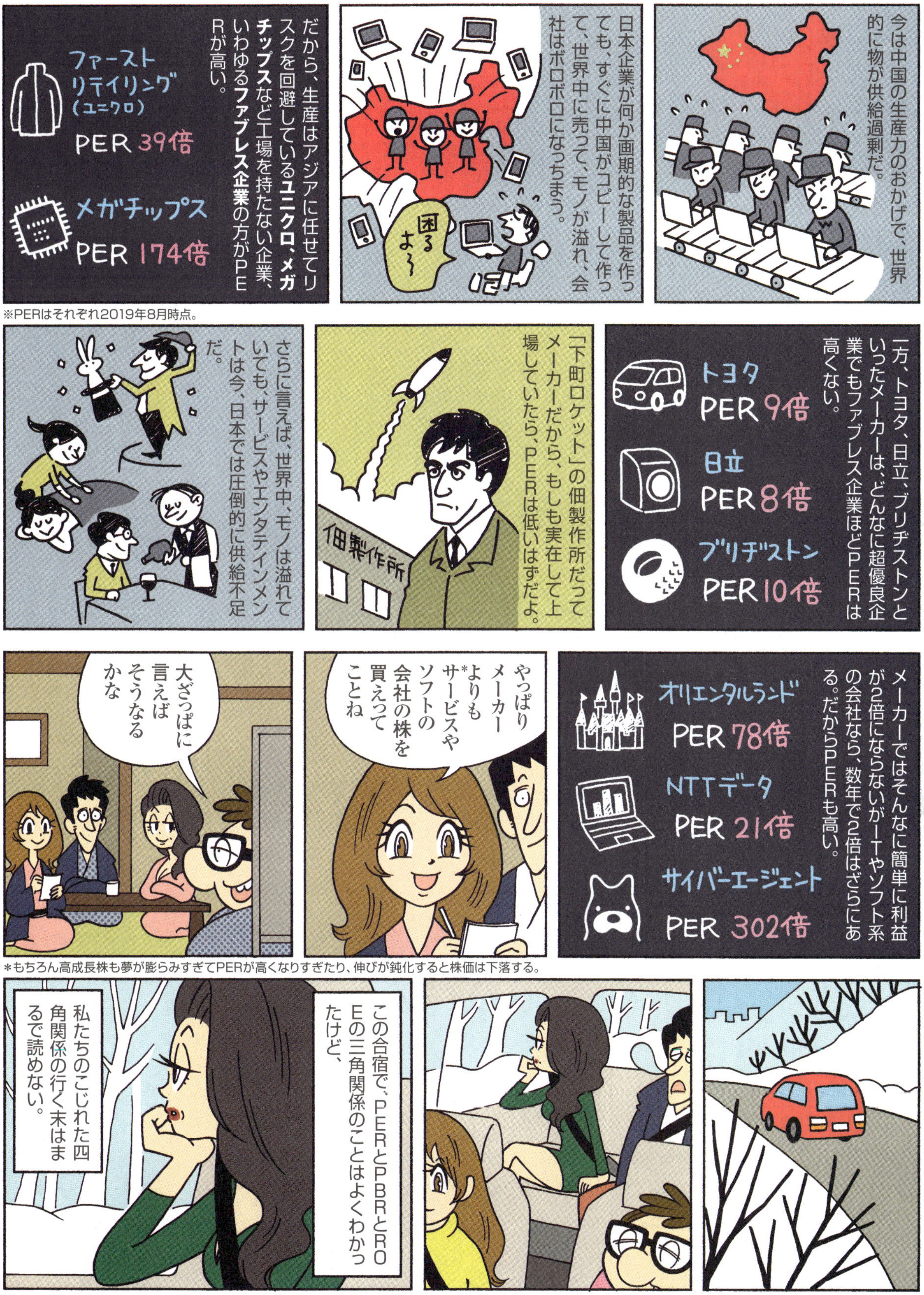
今は中国の生産力のおかげで、世界的に物が供給過剰だ。
日本企業が何か画期的な製品を作っても、すぐに中国がコピーして作って、世界中に売って、モノが溢れ、会社はボロボロになっちまう。
困るよ〜
だから、生産はアジアに任せてリスクを回避している**ユニクロ**、**メガチップス**など工場を持たない企業、いわゆる**ファブレス企業**の方がPERが高い。
ファーストリテイリング（ユニクロ）
PER 39倍
メガチップス
PER 174倍
一方、トヨタ、日立、ブリヂストンといったメーカーは、どんなに超優良企業でもファブレス企業ほどPERは高くない。
トヨタ
PER 9倍
日立
PER 8倍
ブリヂストン
PER 10倍
「下町ロケット」の佃製作所だってメーカーだから、もしも実在して上場していたら、PERは低いはずだよ。
佃製作所
さらに言えば、世界中、モノは溢れていても、サービスやエンタテインメントは今、日本では圧倒的に供給不足だ。
メーカーではそんなに簡単に利益が2倍にならないがITやソフト系の会社なら、数年で2倍はざらにある。だからPERも高い。
オリエンタルランド
PER 78倍
NTTデータ
PER 21倍
サイバーエージェント
PER 302倍
やっぱりメーカーよりも*サービスやソフトの会社の株を買えってことね
大ざっぱに言えばそうなるかな
この合宿で、PERとPBRとROEの三角関係のことはよくわかったけど、
私たちのこじれた四角関係の行く末はまるで読めない。

※PERはそれぞれ2019年8月時点。

*もちろん高成長株も夢が膨らみすぎてPERが高くなりすぎたり、伸びが鈍化すると株価は下落する。

VOL. 10
決算プレイの季節がやってきた♡
決算短信のEPSにご注目!
夢
今晩は
カラン
いらっしゃい
なんだあんたか
たまには見切クン連れて来てよ
最近、ちっとも来ないから
ドン
約定
見切は毎日華衣ちゃんの尻を追い回してますよ
ままならないもんだね
せっかく暖かくなって恋の季節だっていうのにさ
そうか、もう4月も下旬か
2019年4月

ってことは、もうすぐ決算プレイの季節ですね
プレイ？あたし、プレイは好きだよ
4月
拘束プレイ？目隠しプレイ？
決算プレイですよ！
そりゃまた猥褻《わいせつ》そうなプレイだね
株の話ですよ！
決算発表の数字次第で株価が動く銘柄を、短期売買することです
上がるか下がるかだけのわかりやすい丁半バクチなので、株を始めてしばらくたって自信がついた連中がやりたがるんです。
丁
半
大口の機関投資家は、決算発表前は動きを止め、発表を見てから動くので、本当に大きな金は「プレイ」じゃ動かないんですけどね。
大口投資家
そもそも決算って何なの？
企業が1年間の収支を投資家に向かって発表することです。その数字は企業が勝手に決めるのではなく、社外の監査法人が認めて初めて発表できるんです。
発表してOK
ホッ
決算
合格
監査法人
17年、東芝が決算発表を2度も延期したのは、監査法人が認めなかったからなんですよ。
TOSHIBA
心よりおわび申し上げます
ブー
ブー
1年の区切り方は企業が自由に決められるんですが、日本企業の半数以上は4月1日から翌年3月末までを「1年度」としています。
1年度
1月 2月 3月 4月 5月 6月 7月 8月 9月 10月 11月 12月 1月 2月 3月 4月
第1四半期決算
第2四半期決算
第3四半期決算
第4四半期決算（本決算）
決算は四半期末ごとに年4回発表されますが、中でも一番重要なのが、年度末に発表される本決算です。

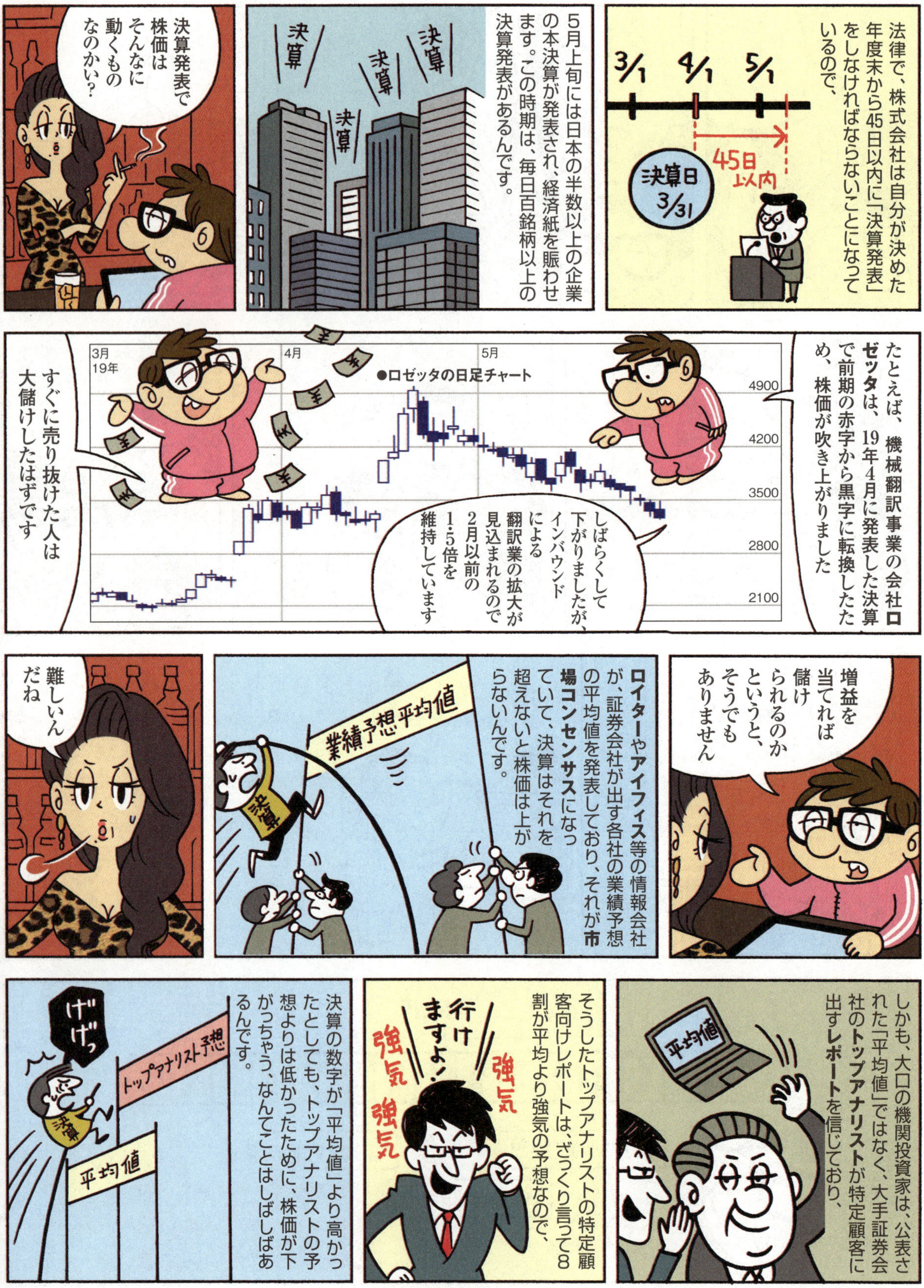

法律で、株式会社は自分が決めた年度末から45日以内に「決算発表」をしなければならないことになっているので、
3/1
4/1
5/1
45日以内
決算日 3/31
5月上旬には日本の半数以上の企業の本決算が発表され、経済紙を賑わせます。この時期は、毎日百銘柄以上の決算発表があるんです。
決算
決算
決算
決算
決算発表で株価はそんなに動くものなのかい?
たとえば、機械翻訳事業の会社**ロゼッタ**は、19年4月に発表した決算で前期の赤字から黒字に転換したため、株価が吹き上がりました
●ロゼッタの日足チャート
3月 19年
4月
5月
4900
4200
3500
2800
2100
しばらくして下がりましたが、インバウンドによる翻訳業の拡大が見込まれるので2月以前の1.5倍を維持しています
すぐに売り抜けた人は大儲けしたはずです
増益を当てれば儲けられるのかというと、そうでもありません
ロイターや**アイフィス**等の情報会社が、証券会社が出す各社の業績予想の平均値を発表しており、それが**市場コンセンサス**になっていて、決算はそれを超えないと株価は上がらないんです。
業績予想平均値
決算
難しいんだね
しかも、大口の機関投資家は、公表された「平均値」ではなく、大手証券会社の**トップアナリスト**が特定顧客に出す**レポート**を信じており、
平均値
そうしたトップアナリストの特定顧客向けレポートは、ざっくり言って8割が平均より強気の予想なので、
行けますよ!
強気
強気
強気
決算の数字が「平均値」より高かったとしても、トップアナリストの予想よりは低かったために、株価が下がっちゃう、なんてことはしばしばあるんです。
げげっ
トップアナリスト予想
平均値
決算

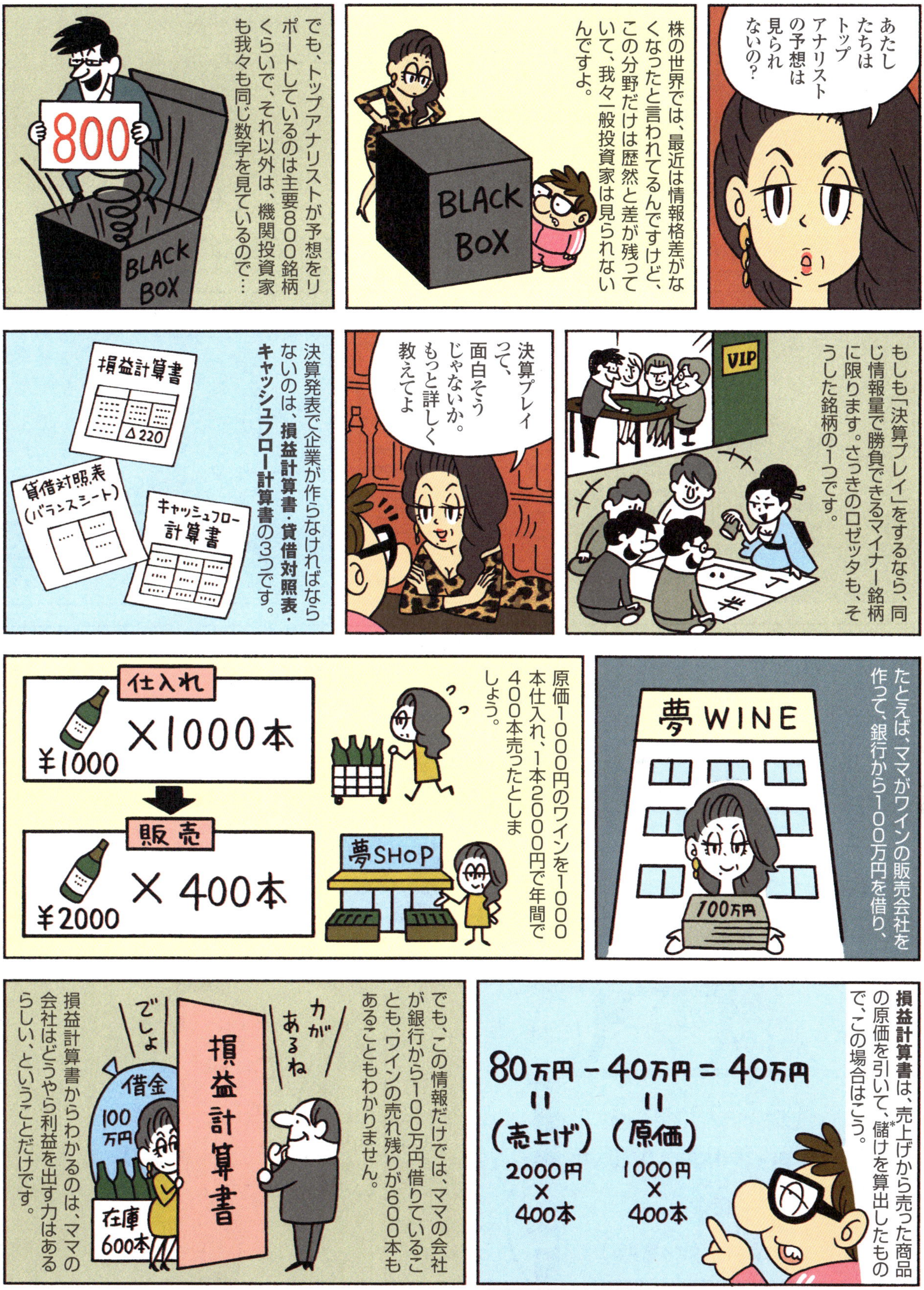
あたしたちはトップアナリストの予想は見られないの？
株の世界では、最近は情報格差がなくなったと言われてるんですけど、この分野だけは歴然と差が残っていて、我々一般投資家は見られないんですよ。
BLACK BOX
でも、トップアナリストが予想をリポートしているのは主要800銘柄くらいで、それ以外は、機関投資家も我々も同じ数字を見ているので…
800
BLACK BOX
もしも「決算プレイ」をするなら、同じ情報量で勝負できるマイナー銘柄に限ります。さっきのロゼッタも、そうした銘柄の1つです。
VIP
決算プレイって、面白そうじゃないか。もっと詳しく教えてよ
決算発表で企業が作らなければならないのは、**損益計算書・貸借対照表・キャッシュフロー計算書**の3つです。
損益計算書
△220
貸借対照表（バランスシート）
キャッシュフロー計算書
たとえば、ママがワインの販売会社を作って、銀行から100万円を借り、
夢WINE
100万円
原価1000円のワインを1000本仕入れ、1本2000円で年間で400本売ったとしましょう。
仕入れ
¥1000
×1000本
販売
¥2000
×400本
夢SHOP
損益計算書は、売上げから売った商品の原価を引いて、儲けを算出したもの＊で、この場合はこう。
80万円－40万円＝40万円
(売上げ) 2000円×400本
(原価) 1000円×400本
でも、この情報だけでは、ママの会社が銀行から100万円借りていることも、ワインの売れ残りが600本もあることもわかりません。
力があるね
でしょ
損益計算書
借金 100万円
在庫 600本
損益計算書からわかるのは、ママの会社はどうやら利益を出す力はあるらしい、ということだけです。

＊実際はこれ以外にも項目がある。

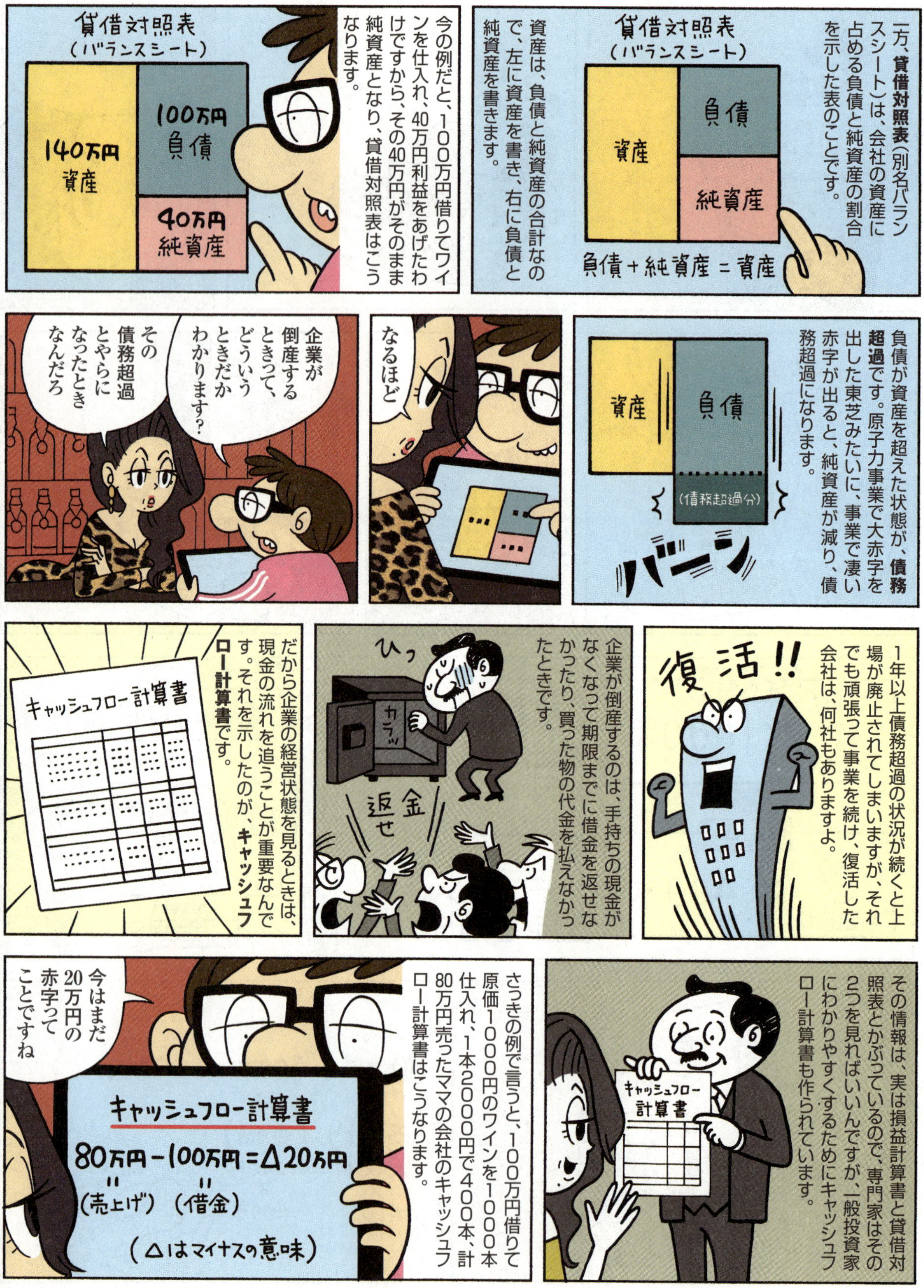
一方、貸借対照表（別名バランスシート）は、会社の資産に占める負債と純資産の割合を示した表のことです。
貸借対照表（バランスシート）
資産
負債
純資産
負債＋純資産＝資産
資産は、負債と純資産の合計なので、左に資産を書き、右に負債と純資産を書きます。
今の例だと、100万円借りてワインを仕入れ、40万円利益をあげたわけですから、その40万円がそのまま純資産となり、貸借対照表はこうなります。
貸借対照表（バランスシート）
100万円 負債
140万円 資産
40万円 純資産
負債が資産を超えた状態が、債務超過です。原子力事業で大赤字を出した東芝みたいに、事業で凄い赤字が出ると、純資産が減り、債務超過になります。
資産
負債
（債務超過分）
バーン
なるほど
企業が倒産するときって、どういうときだかわかります？
その債務超過とやらになったときなんだろ
1年以上債務超過の状況が続くと上場が廃止されてしまいますが、それでも頑張って事業を続け、復活した会社は、何社もありますよ。
復活!!
企業が倒産するのは、手持ちの現金がなくなって期限までに借金を返せなかったり、買った物の代金を払えなかったときです。
ひっ
カラッ
金返せ
だから企業の経営状態を見るときは、現金の流れを追うことが重要なんです。それを示したのが、キャッシュフロー計算書です。
キャッシュフロー計算書
その情報は、実は損益計算書と貸借対照表とかぶっているので、専門家はその2つを見ればいいんですが、一般投資家にわかりやすくするためにキャッシュフロー計算書も作られています。
キャッシュフロー計算書
さっきの例で言うと、100万円借りて原価1000円のワインを1000本仕入れ、1本2000円で400本、計80万円売ったママの会社のキャッシュフロー計算書はこうなります。
キャッシュフロー計算書
80万円－100万円＝△20万円
（売上げ） （借金）
（△はマイナスの意味）
今はまだ20万円の赤字ってことですね

で、2年目は不況でワインが売れなくなり、1本の値段を800円まで値下げして、600本を売り切ったとしましょう。

この場合、2年目の損益計算書は、12万円の赤字になりますが、

キャッシュフロー計算書では、在庫を売っただけなので、原価はかかっておらず、売った48万円がまるまる黒字になります。

損益計算書はマイナスでも、キャッシュフロー計算書が黒字なら、その会社には現金は入ってきているので、経営は健全と見ることができます。

決算発表は、この3つの表紙に、経営者による赤字の言い訳や黒字の自慢を書き連ねた「作文」と、データを抜粋した「表紙」をつけた「決算短信」として発表されます。

決算短信で一般投資家が見なければならないのは、「表紙」だけです。どこの企業もこの「表紙」のフォーマットは一緒です

株価を左右する情報は、すべてこの「表紙」に詰まっていると言っても過言ではありません。

「表紙」の中でも特に注目すべきは、一番下に書かれている。*次の期の「1株当たり純利益(EPS)」の予想です。

株価は長期的には業績の伸びとリンクしているので、当期予想が前より上がっていれば株価の上昇が期待できます

*決算の発表時にはもう次の期に入っているので、「当期予想」ということになる。

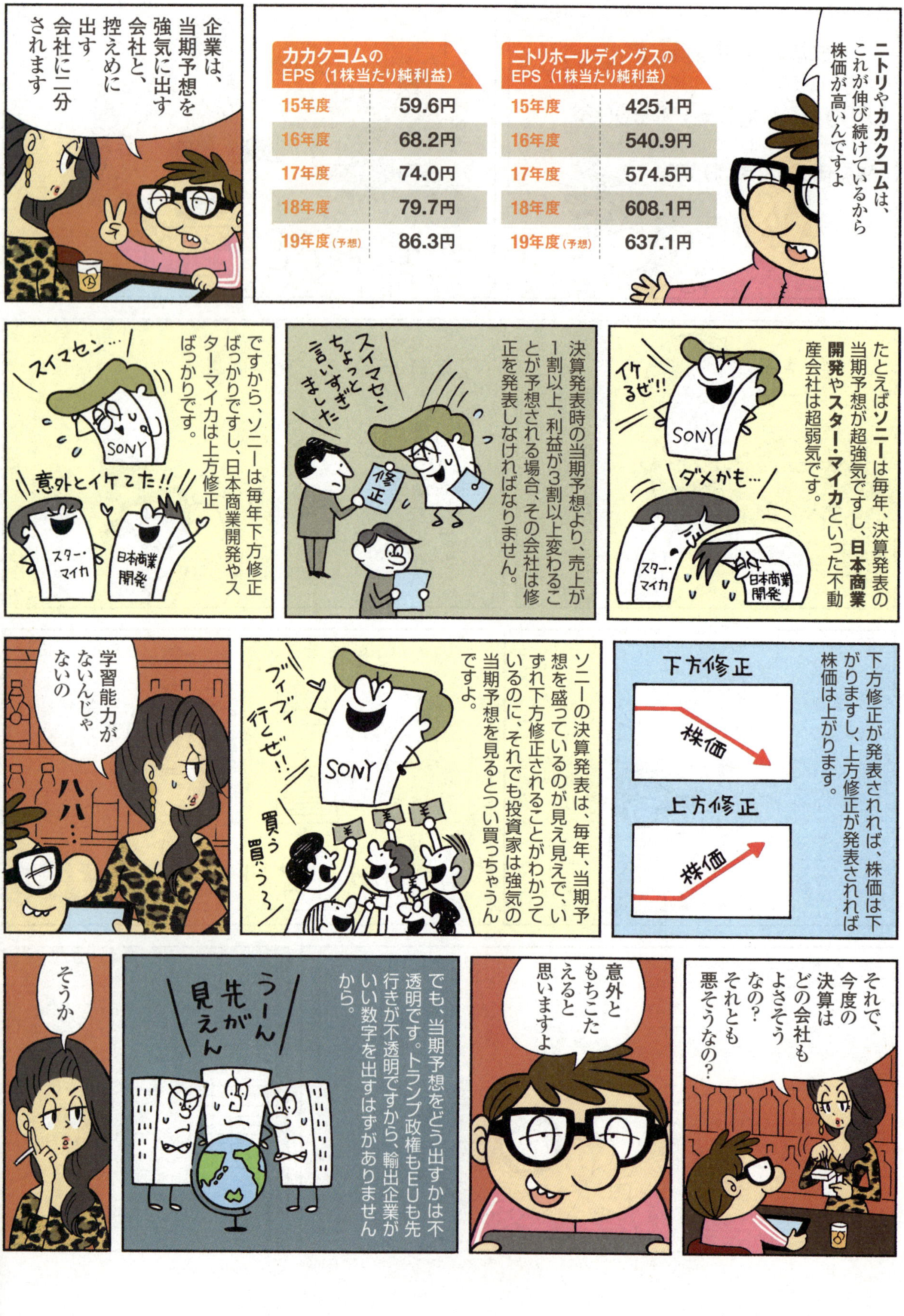
ニトリやカカクコムは、これが伸び続けているから株価が高いんですよ
企業は、当期予想を強気に出す会社と、控えめに出す会社に二分されます
たとえばソニーは毎年、決算発表の当期予想が超強気ですし、日本商業開発やスター・マイカといった不動産会社は超弱気です。
イケるぜ!!
SONY
ダメかも…
スター・マイカ
日本商業開発
決算発表時の当期予想より、売上が1割以上、利益が3割以上変わることが予想される場合、その会社は修正を発表しなければなりません。
スイマセン ちょっと言いすぎました
修正
ですから、ソニーは毎年下方修正ばっかりですし、日本商業開発やスター・マイカは上方修正ばっかりです。
スイマセン…
SONY
意外とイケてた!!
スター・マイカ
日本商業開発
下方修正が発表されれば、株価は下がりますし、上方修正が発表されれば株価は上がります。
下方修正
株価
上方修正
株価
ソニーの決算発表は、毎年、当期予想を盛っているのが見え見えで、いずれ下方修正されることがわかっているのに、それでも投資家は強気の当期予想を見るとつい買っちゃうんですよ。
ブィブィ行くぜ!!
SONY
買う 買う〜
学習能力がないんじゃないの
ハハ…
それで、今度の決算はどの会社もよさそうなの？それとも悪そうなの？
意外ともちこたえると思いますよ
でも、当期予想をどう出すかは不透明です。トランプ政権もEUも先行きが不透明ですから、輸出企業がいい数字を出すはずがありませんから。
うーん先が見えん
そうか

カカクコムのEPS（1株当たり純利益）	
15年度	59.6円
16年度	68.2円
17年度	74.0円
18年度	79.7円
19年度（予想）	86.3円

ニトリホールディングスのEPS（1株当たり純利益）	
15年度	425.1円
16年度	540.9円
17年度	574.5円
18年度	608.1円
19年度（予想）	637.1円

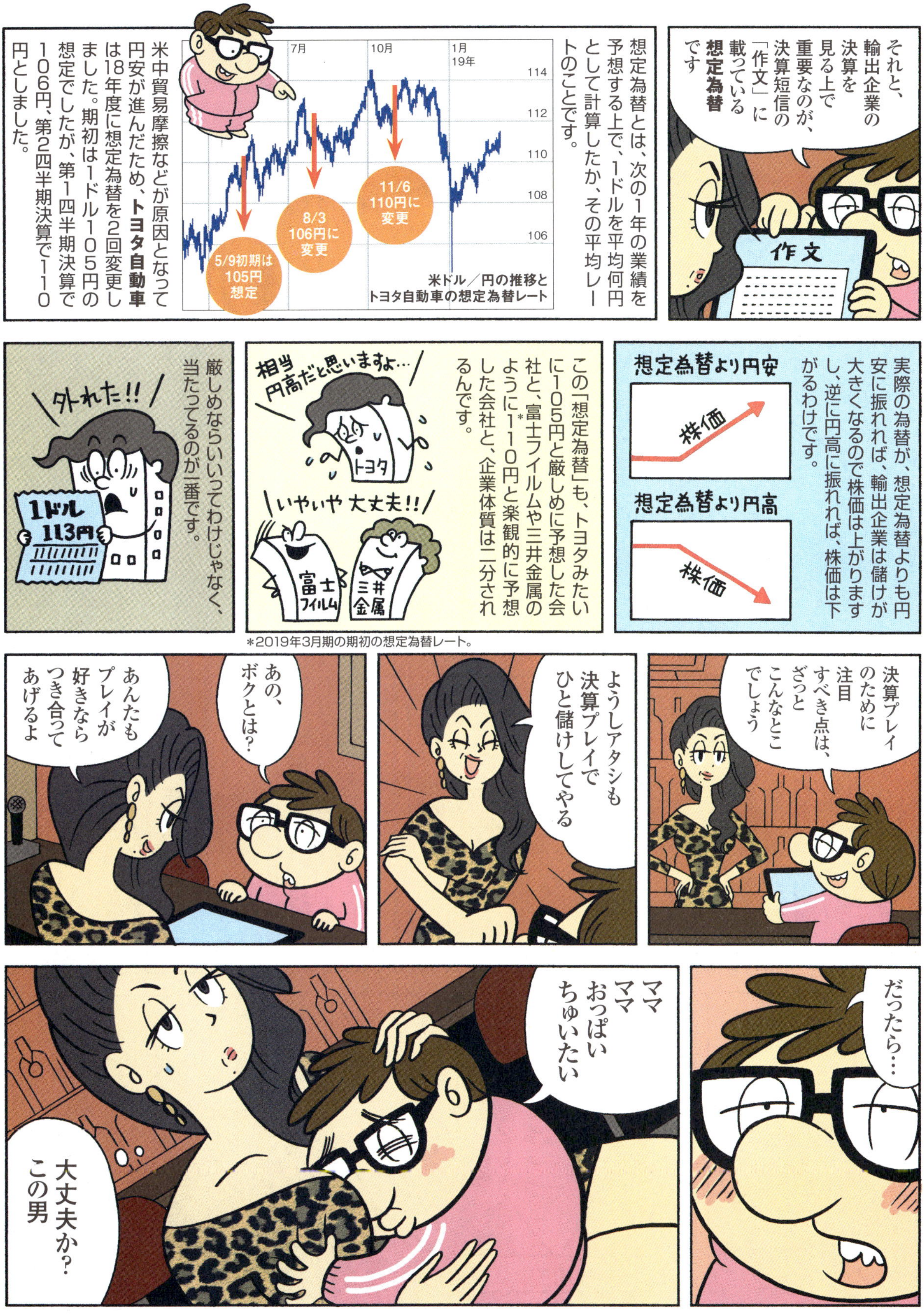

それと、輸出企業の決算を見る上で重要なのが、決算短信の「作文」に載っている**想定為替**です
作文
想定為替とは、次の1年の業績を予想する上で、1ドルを平均何円として計算したか、その平均レートのことです。
7月
10月
1月
19年
114
112
110
108
106
11/6 110円に変更
8/3 106円に変更
5/9初期は105円想定
米ドル／円の推移と トヨタ自動車の想定為替レート
米中貿易摩擦などが原因となって円安が進んだため、**トヨタ自動車**は18年度に想定為替を2回変更しました。期初は1ドル105円の想定でしたが、第1四半期決算で106円、第2四半期決算で110円としました。
実際の為替が、想定為替よりも円安に振れれば、輸出企業は儲けが大きくなるので株価は上がりますし、逆に円高に振れれば、株価は下がるわけです。
想定為替より円安
株価
想定為替より円高
株価
この「想定為替」も、トヨタみたいに105円と厳しめに予想した会社と、富士フイルムや三井金属のように110円*と楽観的に予想した会社と、企業体質は二分されるんです。
相当円高だと思いますよ…
トヨタ
いやいや大丈夫!!
富士フイルム
三井金属
厳しめならいいってわけじゃなく、当たってるのが一番です。
外れた!!
1ドル 113円
決算プレイのために注目すべき点は、ざっとこんなとこでしょう
ようしアタシも決算プレイでひと儲けしてやる
あの、ボクとは?
あんたもプレイが好きなら付き合ってあげるよ
だったら…
ママママおっぱいちゅいたい
大丈夫か? この男

*2019年3月期の期初の想定為替レート。

VOL. 11
配当総額は過去最高を更新中！
下落に強い高配当株

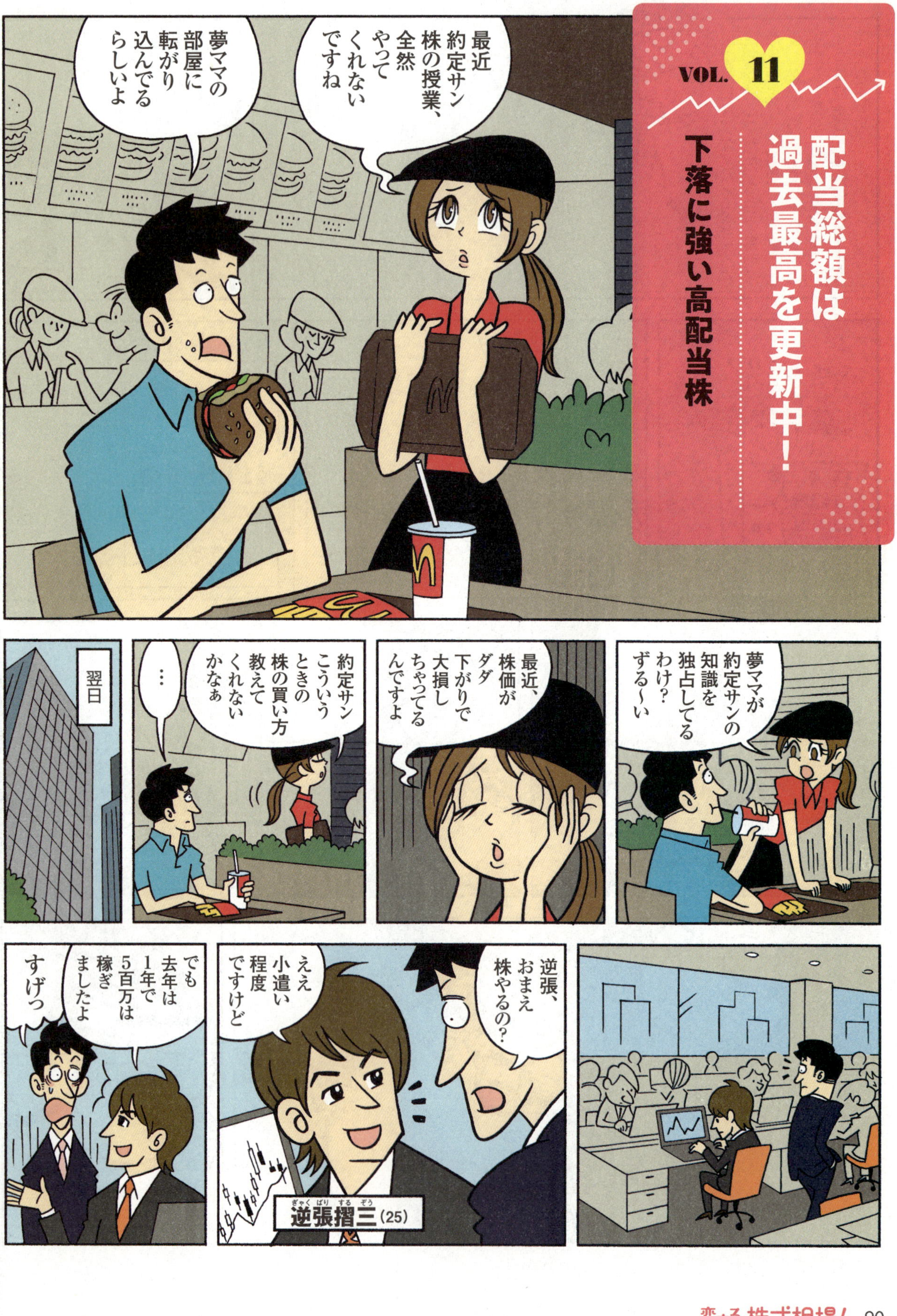
最近約定サン株の授業、全然やってくれないですね
夢ママの部屋に転がり込んでるらしいよ
夢ママが約定サンの知識を独占してるわけ？ずる～い
最近、株価がダダ下がりで大損しちゃってるんですよ
約定サンこういうときの株の買い方教えてくれないかなぁ
…
翌日
逆張、おまえ株やるの？
ええ小遣い程度ですけど
逆《ぎゃく》張《ばり》摺《する》三《ぞう》(25)
でも去年は1年で5百万は稼ぎましたよ
すげっ

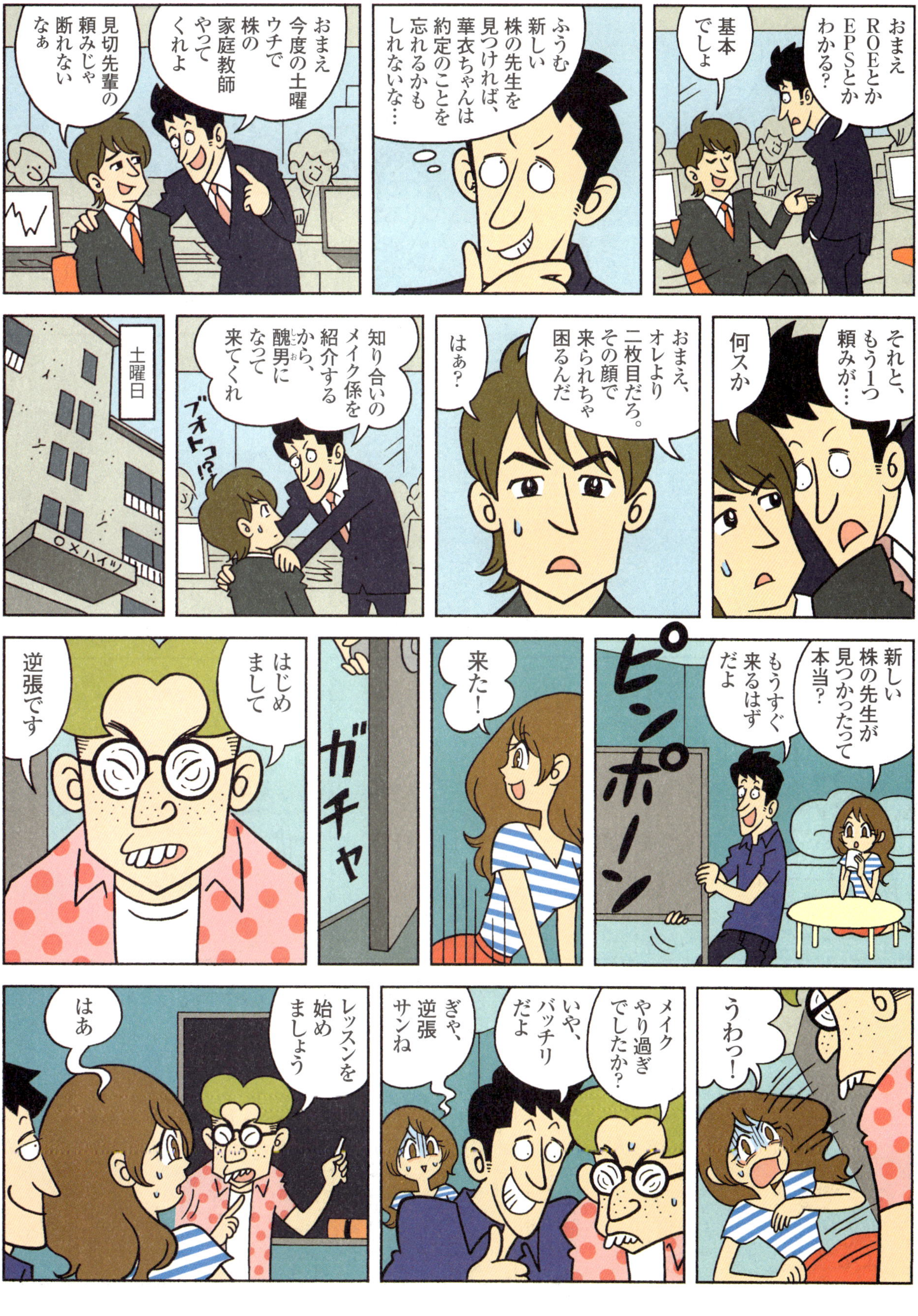
おまえROEとかEPSとかわかる？
基本でしょ
ふうむ新しい株の先生を見つければ、華衣ちゃんは約定のことを忘れるかもしれないな…
おまえ今度の土曜ウチで株の家庭教師やってくれよ
見切先輩の頼みじゃ断れないなぁ
それと、もう1つ頼みが…
何スか
おまえ、オレより二枚目だろ。その顔で来られちゃ困るんだ
はぁ？
知り合いのメイク係を紹介するから、醜男《しこお》になって来てくれ
ブオトコ!?
土曜日
○×ハイツ
新しい株の先生が見つかったって本当？
もうすぐ来るはずだよ
ピンポーン
来た！
ガチャ
はじめまして
逆張です
うわっ！
メイクやり過ぎでしたか？
いや、バッチリだよ
ぎゃ、逆張サンね
レッスンを始めましょう
はあ

米中貿易摩擦のため、円高で株価が低迷しましたね
でも、そんな時でも株で儲ける方法があるんです
それを聞きたかったの！
株でお金を得る方法が二通りあるのは知ってますよね
1つは安値で買って高値で売ること
もう1つは配当ね
その通り
お二人はこの言葉はご存じですか？
スチュワードシップ・コード
コーポレートガバナンス・コード
?
株主は自分が株を持ってる企業に対して常にこういう行動をとるべきだ、ということを定めた規範が**スチュワードシップ・コード**で、
企業にあーしろこーしろ言いなさい
株主
企業
企業は株主に対してこうあるべきだということを定めた規範が、**コーポレートガバナンス・コード**です。
株主にあーしろこーしろ言われなさい
どのみち言われんのかい！
企業
株主
どちらも元はイギリスの制度なんですが、安倍政権がアベノミクスの一環として、2014年から日本の証券界にも導入させたんですよ。
スチュワードシップ・コード
コーポレートガバナンス・コード
アベノミクス
それまで日本では、大企業の株は、**「持合《もちあい》」**と言って、関連会社や取引銀行が大量保有していて、そうした持合の株主は企業の経営陣と馴れ合いで、経営に口を出しませんでした。
関連会社
株持ってますからね!!
よろしくお願いします!!
企業
取引銀行
経営陣もそれにあぐらをかいて配当を出さず、利益は内部留保で貯め込んでいたんです。
もっと吐き出せよ
うっせーおまえら個人なんて相手にしてねーんだよ

でも、それでは企業が儲けた利益が株主に還元されないので、政府は景気浮揚策の一環として、企業に、持合の解消を迫るのと同時に、2つのコードを導入させたんです。
もっと経営者に文句言え!!
もっと株主の言うことを聞け!!
たとえば…
ポロッ
いかん
?
たとえば、昔は、企業が株主に重要案件の議決を求めると、持合の大口株主は議決権を白紙で経営陣に委任していたんですが、スチュワードシップ・コードでは白紙は許されません。
おまかせしますよ!
そうなると、今まで自分で判断してこなかった大口株主は、議決権をどう行使していいかわからず、面倒臭いので専門の**議決権行使助言会社**のアドバイスに従うようになります。
決められん〜
オロ
オロ
オロ
その最大手がアメリカの**ISS**です。この会社は全世界に機関投資家の顧客を持ち、議決権行使の際、どちらに投票すべき、という行動規範を示しています。
ISS
=
Institutional
Shareholder
Services
たとえば、2015年に大塚家具で親娘が対立した際、ISSは、株主に娘の側につくよう助言していましたが、
こいつダメ
ISS
最近は娘の経営方針にも反対しています。
こいつもダメ!!
ISS
こうした規範や助言サービスのおかげで、昔は「ものを言う株主」と言えば**村上ファンド**くらいだったのが、今は普通の株主も経営に口を出し、配当を求めるようになりました。
あーしろ
こーしろ
そのため、多くの日本企業が高い配当を出し、利益が株主に還元されるようになったんです。今は配当狙いでも儲けられる時代です。
くそっ しょーがねーな
配当だ

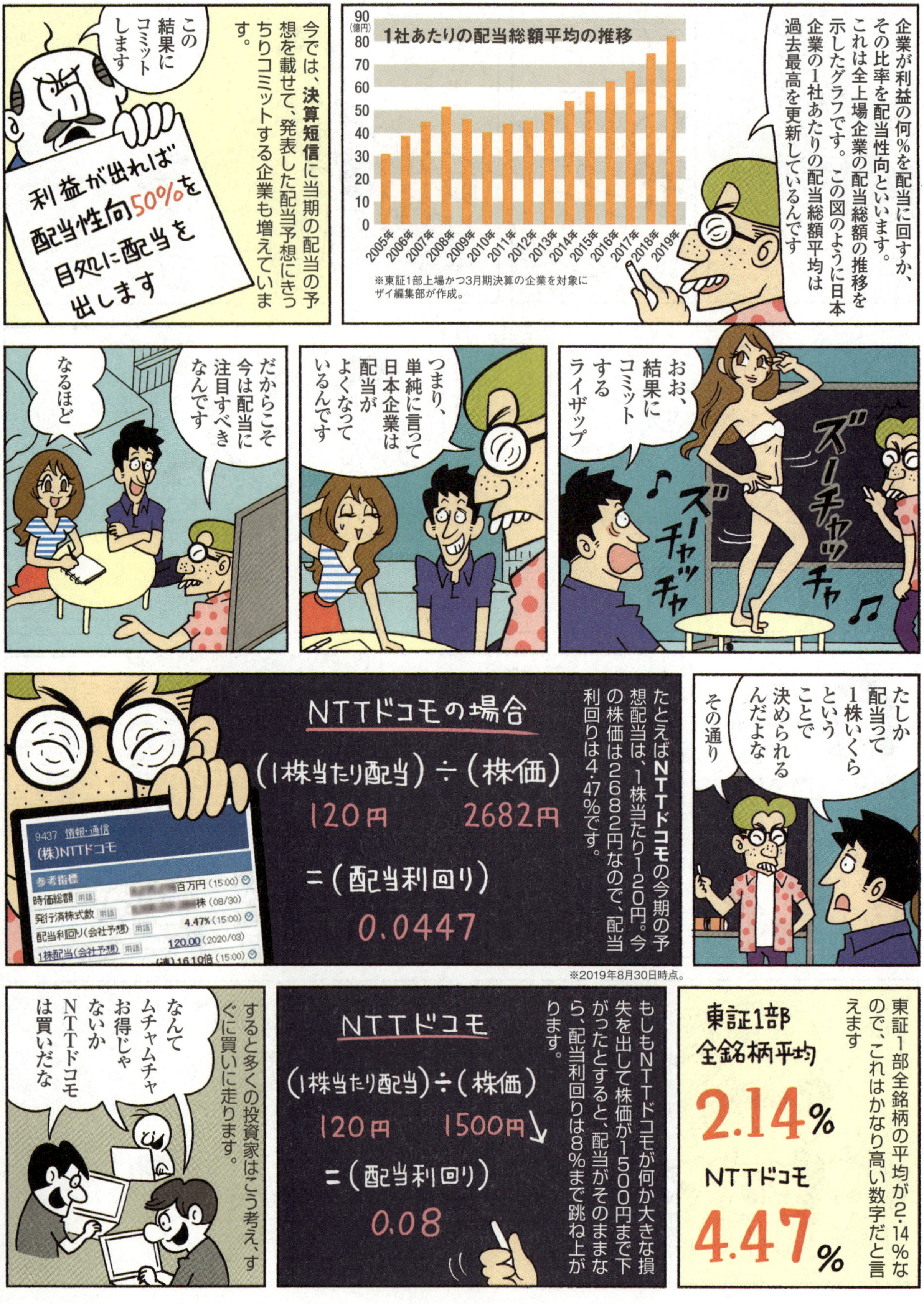
企業が利益の何%を配当に回すか、その比率を配当性向といいます。これは全上場企業の配当総額の推移を示したグラフです。この図のように日本企業の1社あたりの配当総額平均は過去最高を更新しているんです
1社あたりの配当総額平均の推移
90 (億円)
80
70
60
50
40
30
20
10
0
2005年 2006年 2007年 2008年 2009年 2010年 2011年 2012年 2013年 2014年 2015年 2016年 2017年 2018年 2019年
※東証1部上場かつ3月期決算の企業を対象にザイ編集部が作成。
今では、決算短信に当期の配当の予想を載せて、発表した配当予想にきっちりコミットする企業も増えています。
この結果にコミットします
利益が出れば配当性向50%を目処に配当を出します
おお、結果にコミットするライザップ
ズーチャッチャ
ズーチャッチャ
つまり、単純に言って日本企業は配当がよくなっているんです
だからこそ今は配当に注目すべきなんです
なるほど
たしか配当って1株いくらということで決められるんだよな
その通り
たとえばNTTドコモの今期の予想配当は、1株当たり120円。今の株価は2682円なので、配当利回りは4.47%です。
NTTドコモの場合
(1株当たり配当)÷(株価)
120円 2682円
=(配当利回り)
0.0447
9437 情報・通信
(株)NTTドコモ
参考指標
時価総額 百万円(15:00)
発行済株式数 株(08/30)
配当利回り(会社予想) 4.47%(15:00)
1株配当(会社予想) 120.00(2020/03)
※2019年8月30日時点。
東証1部全銘柄の平均が2.14%なので、これはかなり高い数字だと言えます
東証1部全銘柄平均
2.14%
NTTドコモ
4.47%
もしもNTTドコモが何か大きな損失を出して株価が1500円まで下がったとすると、配当がそのままなら、配当利回りは8%まで跳ね上がります。
NTTドコモ
(1株当たり配当)÷(株価)
120円 1500円
=(配当利回り)
0.08
すると多くの投資家はこう考え、すぐに買いに走ります。
なんてムチャムチャお得じゃないかNTTドコモは買いだな

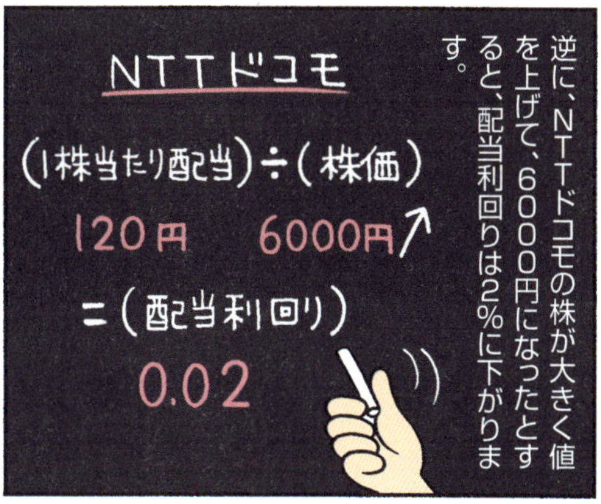

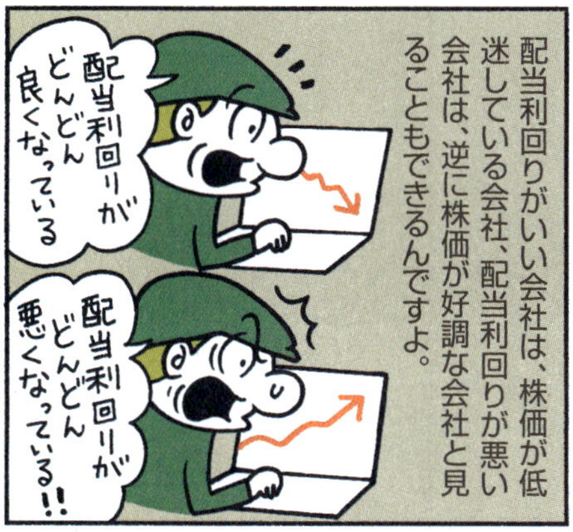

代表的な高配当利回りの銘柄（2019年9月5日時点）

会社名	株価	1株当たり配当	配当利回り
JT	2219.5円	154円	6.94%
日産自動車	657.7円	40円	6.08%
三井住友FG	3511円	180円	5.13%
丸紅	685円	35円	5.11%
SUBARU	2910.5円	144円	4.95%
武田薬品工業	3756円	180円	4.79%
みずほFG	157.4円	7.5円	4.76%
三井物産	1706円	80円	4.69%
スカパーJSAT	417円	18円	4.32%
伊藤忠商事	2133.5円	85円	3.98%
KDDI	2870円	110円	3.83%

配当利回りランキング（2019年9月5日時点）

順位	コード	市場	銘柄名	配当利回り
1	6810	東証1部	マクセルホールディングス	19.04%
2	8103	東証1部	明和産業	9.18%
3	3463	東証	いちごホテルリート投資法人	7.44%
4	2914	東証1部	JT	6.94%
5	7224	東証1部	新明和工業	6.82%
6	9904	東証2部	ベリテ	6.43%
7	3242	東証JQS	アーバネットコーポレーション	6.42%
8	8304	東証1部	あおぞら銀行	6.39%
9	6461	東証1部	日本ピストンリング	6.16%
10	6306	東証1部	日工	6.13%

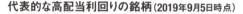

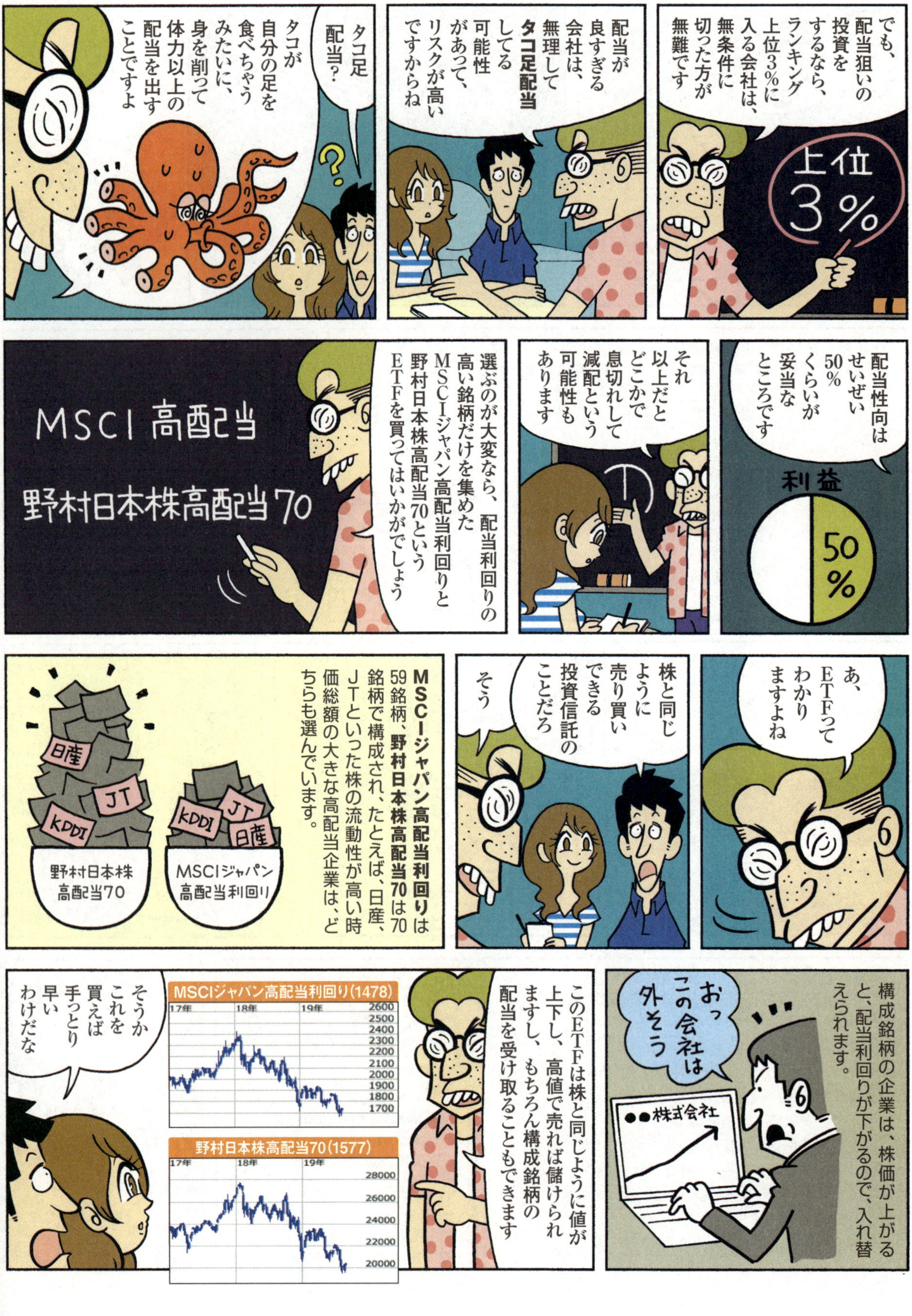
でも、配当狙いの投資をするなら、ランキング上位3%に入る会社は、無条件に切った方が無難です
上位3%
配当が良すぎる会社は、無理してタコ足配当してる可能性があって、リスクが高いですからね
タコ足配当?
タコが自分の足を食べちゃうみたいに、身を削って体力以上の配当を出すことですよ
配当性向はせいぜい50%くらいが妥当なところです
利益
50%
それ以上だとどこかで息切れして減配という可能性もあります
選ぶのが大変なら、配当利回りの高い銘柄だけを集めたMSCIジャパン高配当利回りと野村日本株高配当70というETFを買ってはいかがでしょう
MSCI高配当
野村日本株高配当70
あ、ETFってわかりますよね
株と同じように売り買いできる投資信託のことだろ
そう
MSCIジャパン高配当利回りは59銘柄、**野村日本株高配当70**は70銘柄で構成され、たとえば、日産、JTといった株の流動性が高い時価総額の大きな高配当企業は、どちらも選んでいます。
日産
JT
KDDI
野村日本株高配当70
KDDI
JT
日産
MSCIジャパン高配当利回り
構成銘柄の企業は、株価が上がると、配当利回りが下がるので、入れ替えられます。
おっこの会社は外そう
●●株式会社
このETFは株と同じように値が上下し、高値で売れば儲けられますし、もちろん構成銘柄の配当を受け取ることもできます
MSCIジャパン高配当利回り(1478)
17年 18年 19年
2600 2500 2400 2300 2200 2100 2000 1900 1800 1700
野村日本株高配当70(1577)
17年 18年 19年
28000 26000 24000 22000 20000
そうかこれを買えば手っとり早いわけだな

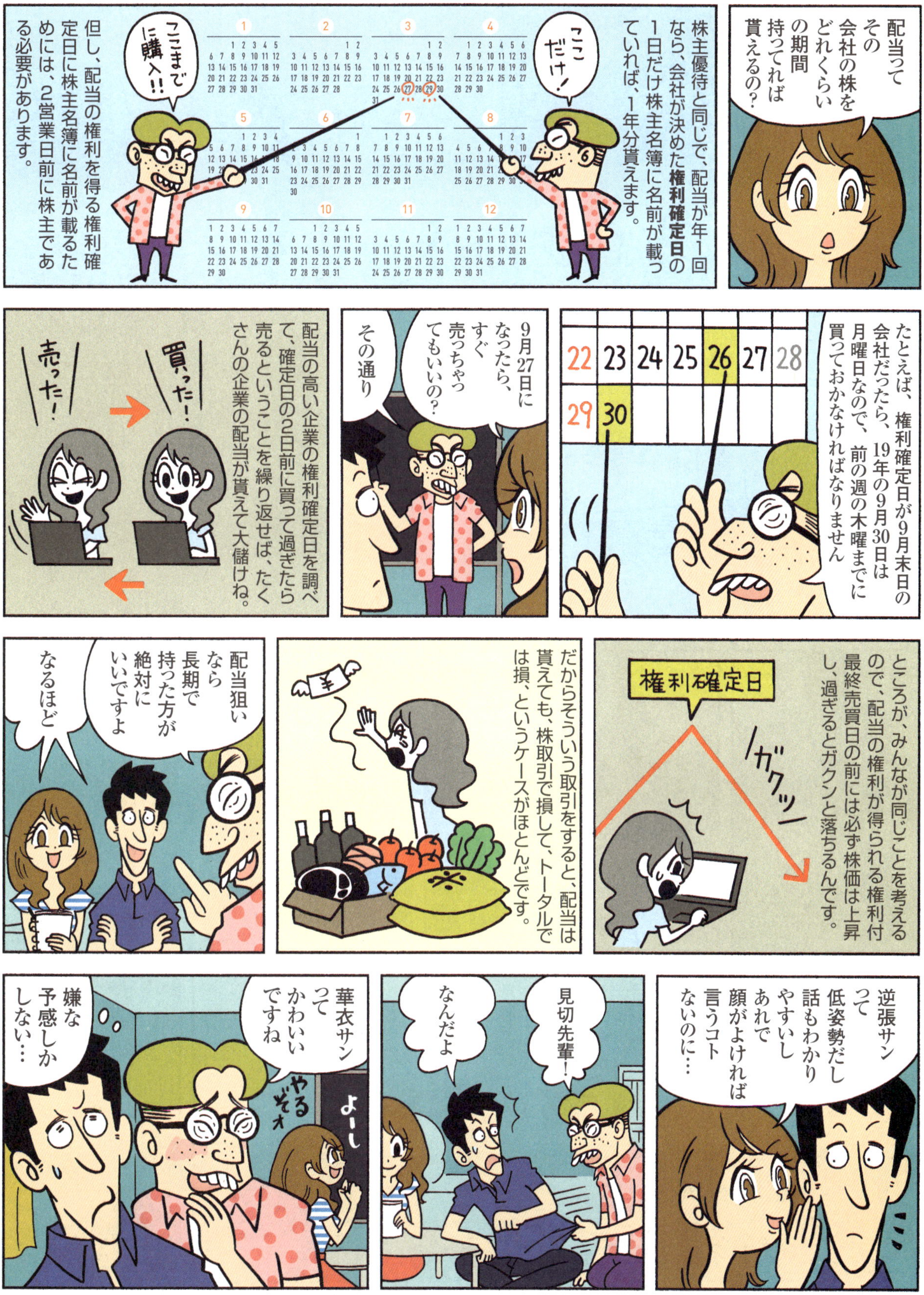
配当ってその会社の株をどれくらいの期間持ってれば貰えるの？
株主優待と同じで、配当が年1回なら、会社が決めた**権利確定日**の株主名簿に名前が載っていれば、1年分貰えます。
ここだけ！
ここまでに購入!!
但し、配当の権利を得る権利確定日に株主名簿に名前が載るためには、2営業日前に株主である必要があります。
たとえば、権利確定日が9月末日の会社だったら、19年の9月30日は月曜日なので、前の週の木曜までに買っておかなければなりません
22 23 24 25 26 27 28
29 30
9月27日になったら、すぐ売っちゃってもいいの？
その通り
配当の高い企業の権利確定日を調べて、確定日の2日前に買って過ぎたら売るということを繰り返せば、たくさんの企業の配当が貰えて大儲けね。
買った！
売った！
ところが、みんなが同じことを考えるので、配当の権利が得られる権利付最終売買日の前には必ず株価は上昇し、過ぎるとガクンと落ちるんです。
権利確定日
ガクッ
だからそういう取引をすると、配当は貰えても、株取引で損して、トータルでは損、というケースがほとんどです。
配当狙いなら長期で持った方が絶対にいいですよ
なるほど
逆張サンって低姿勢だし話もわかりやすいしあれで顔がよければ言うコトないのに…
見切先輩！
なんだよ
華衣サンってかわいいですね
やるぞォ
よーし
嫌な予感しかしない…

VOL.12 株より高利回りのJリートとは？
狙い目は専門型リート

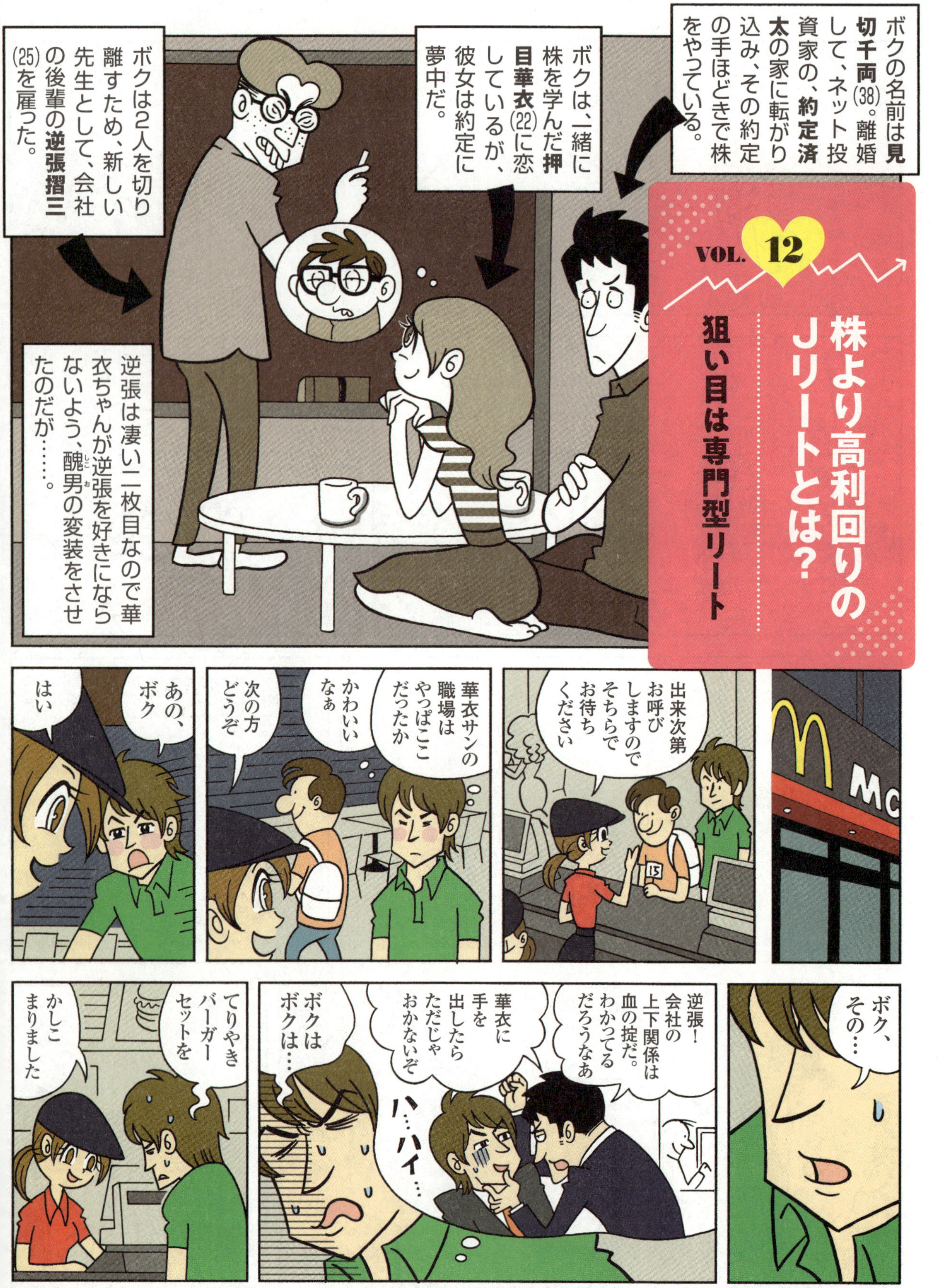

VOL.12
株より高利回りのJリートとは？
狙い目は専門型リート
ボクの名前は**見切千両**(38)。離婚して、ネット投資家の、**約定済太**の家に転がり込み、その約定の手ほどきで株をやっている。
ボクは、一緒に株を学んだ**押目華衣**(22)に恋しているが、彼女は約定に夢中だ。
ボクは2人を切り離すため、新しい先生として、会社の後輩の**逆張摺三**(25)を雇った。
逆張は凄い二枚目なので華衣ちゃんが逆張を好きにならないよう、醜男《しこお》の変装をさせたのだが……。
Mc
出来次第お呼びしますのでそちらでお待ちください
華衣サンの職場はやっぱここだったか
かわいいなぁ
次の方どうぞ
あの、ボク
はい
ボク、その…
逆張！会社の上下関係は血の掟だ。わかってるだろうなあ
華衣に手を出したらただじゃおかないぞ
ハ…ハイ…
ボクはボクは…
てりやきバーガーセットを
かしこまりました

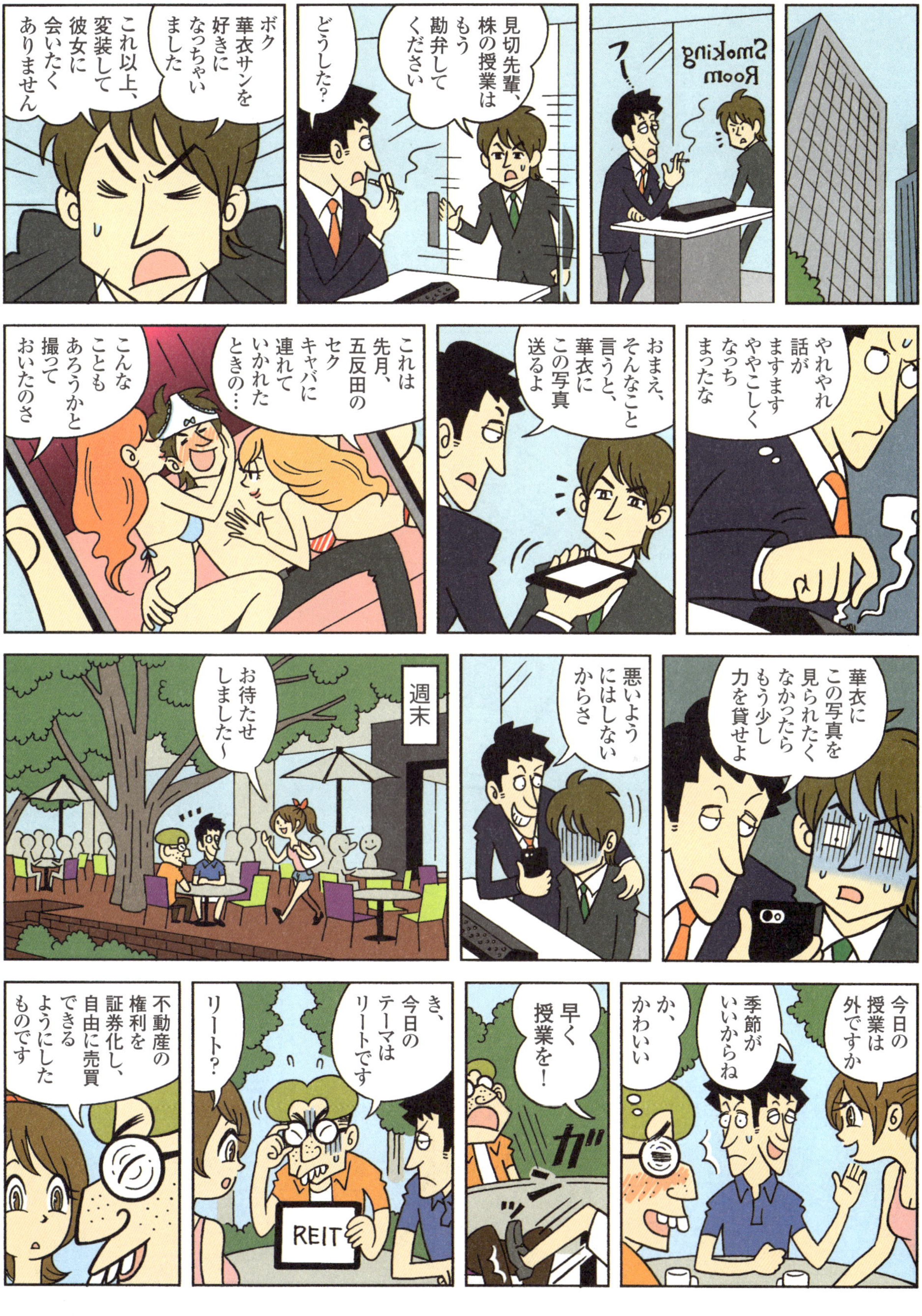
Smoking Room
フ～…
見切先輩、株の授業はもう勘弁してください
どうした？
ボク華衣サンを好きになっちゃいました
これ以上、変装して彼女に会いたくありません
やれやれ話がますますややこしくなっちまったな
おまえ、そんなこと言うと、華衣にこの写真送るよ
これは先月、五反田のセクキャバに連れていかれたときの…
こんなこともあろうかと撮っておいたのさ
華衣にこの写真を見られたくなかったらもう少し力を貸せよ
悪いようにはしないからさ
週末
お待たせしました～
今日の授業は外ですか
季節がいいからね
か、かわいい
早く授業を！
ガッ
き、今日のテーマはリートです
リート？
REIT
不動産の権利を証券化し、自由に売買できるようにしたものです

ものすごく意地悪に言うと、バブル時にビルを買い漁ったメーカーや商社が、バブル崩壊で身動きがとれなくなり、政府が2001年から導入＊した制度です。
ひぃぃぃぃ……
バブル
たとえばあのビルを持っている会社が、負債を減らすため、ビルを売ろうとしているとしましょう
でも不況で、買い手はなかなか現れない

＊不動産の証券化により、金融商品として小口化。さらに上場することで幅広い投資家から資金を集め、不動産売買を活性化させようとした。

そんなとき、ビルを持っている会社は、社員が1人もいないペーパー・カンパニーを作って、その会社にビルを売るんです。
売るよ
実際には、ビルを維持するために、家賃の何%かを手数料として取って、店子を集めたりメンテナンスしたりする運用会社を、その上に設けるんですが、
運用します
ビルの新しい所有者はあくまでペーパー・カンパニーです。そして、このペーパー・カンパニーの株のことを、**リート(Reit)**といいます。リートは普通の株と同様、東証に上場されていて、自由に売買できます。
REIT (Real Estate Investment Trust)
ビル1棟の買い手はいなくても、株にして小口に分ければ、買い手がつくだろうということです。
買う
買う
実際は、リートは1棟だけでなく複数のビルをまとめて所有し、それを証券化しているもので…
ポロッ
!!
見切先輩もう勘弁してくださいよ
?
いいのかいいのか
ちっくしょ〜
リートは、株同様に配当も出ます
ただし、リートの場合は配当と呼ばずに**分配金**っていうんですけどね
株配当
リート分配金

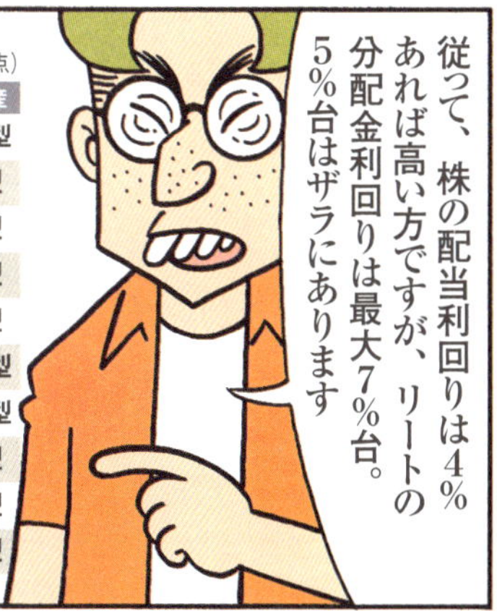

分配金利回りの高いJリートベスト10（2019年9月3日時点）

順位	コード	会社名	分配金利回り	運用資産
1	3463	いちごホテルリート投資法人	7.45%	ホテル型
2	2971	エスコンジャパンリート投資法人	5.92%	複合型
3	3492	タカラレーベン不動産投資法人	5.82%	総合型
4	3470	マリモ地方創生リート投資法人	5.70%	総合型
5	3476	投資法人みらい	5.58%	総合型
6	8963	インヴィンシブル投資法人	5.43%	ホテル型
7	3472	大江戸温泉リート投資法人	5.41%	ホテル型
8	3451	トーセイ・リート投資法人	5.40%	総合型
9	3473	さくら総合リート投資法人	5.10%	総合型
10	3468	スターアジア不動産投資法人	4.93%	総合型

※JAPAN-REIT.COMより。

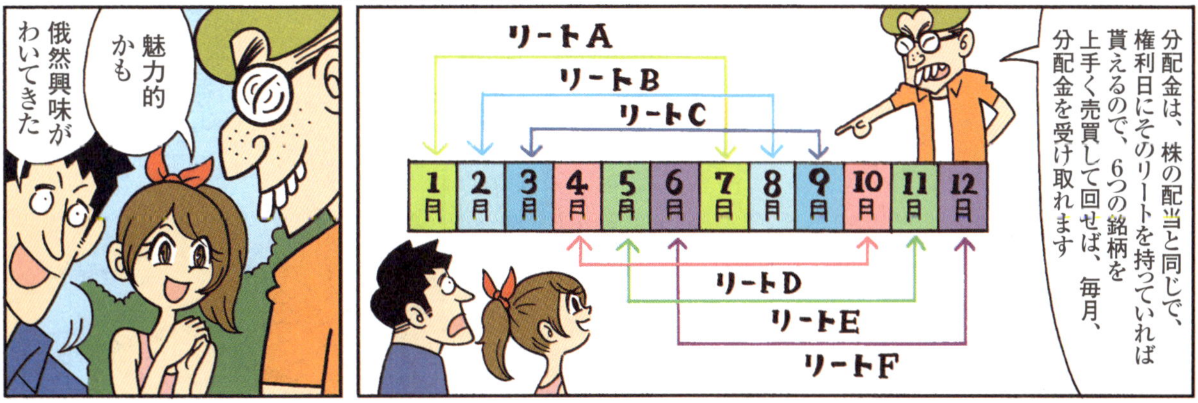

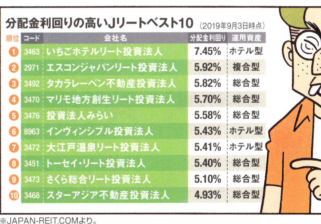

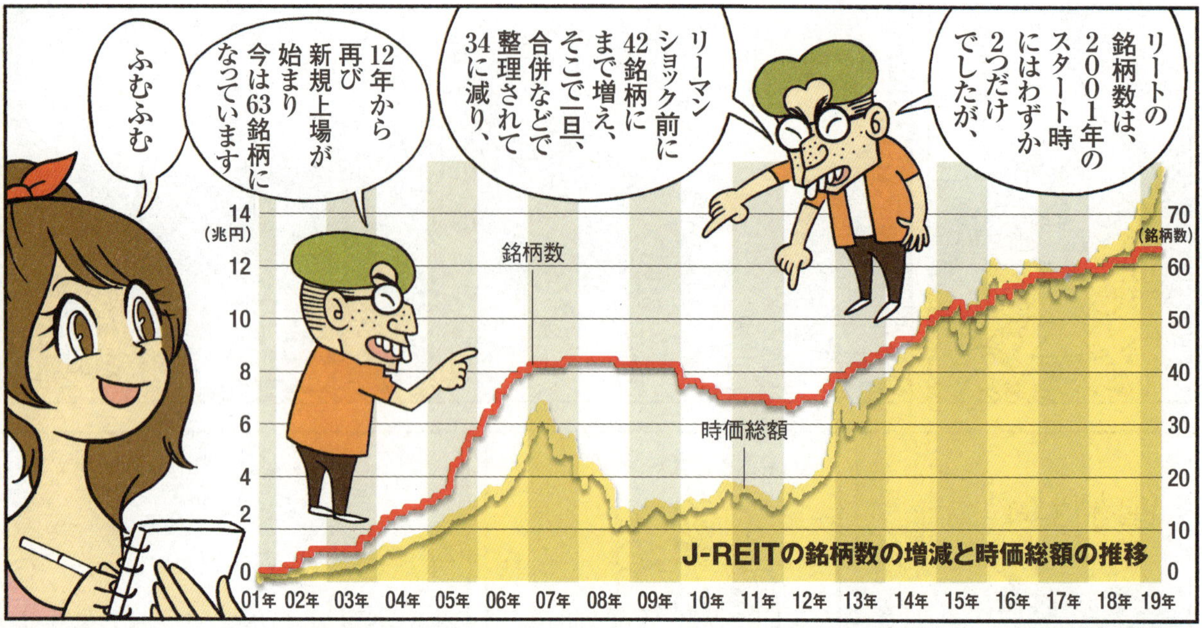
リートの銘柄数は、2001年のスタート時にはわずか2つだけでしたが、
リーマンショック前に42銘柄にまで増え、そこで一旦、合併などで整理されて34に減り、
12年から再び新規上場が始まり今は63銘柄になっています
ふむふむ
J-REITの銘柄数の増減と時価総額の推移
銘柄数
時価総額
(兆円)
14 12 10 8 6 4 2 0
(銘柄数)
70 60 50 40 30 20 10 0
01年 02年 03年 04年 05年 06年 07年 08年 09年 10年 11年 12年 13年 14年 15年 16年 17年 18年 19年

※アイビー総研調べ。

63銘柄の株価は日々刻々動いており東証はその株価を、時価総額を加味して平均した東証リート指数というのを出しています
これは過去10年の東証リート指数の推移です
一時2600まで上がりましたが、リーマンショックで750までダウンし、
今は2080まで盛り返しています
750が2080ってことは2.7倍か
2080
750
2000
1600
800
2006年 07年 08年 09年 10年 11年 12年 13年 14年 15年 16年 17年 18年 19年

なるほど…
うおおお
パチン
はっ
今一瞬顔がハンサムに…
ハハハ気のせい気のせい

さあ
つづき
つづき

ここからは実際にビルを見ながら話しましょう

ビルの家賃は長期契約で決められるので、ビル自体の価格が動いたからといって、すぐに家賃も動くわけじゃありません

家賃収入が年間1億円のビルを、20億円で買うのと、25億円で買うのとでは、ビル自体の利回りは1％違います

家賃収入（年間）	ビル自体の購入価格	ビル自体の利回り
1億円	20億円	5%
1億円	25億円	4%

今みたいな好況時は、一等地の立派なビルは誰もが欲しがるので不動産評価額が上がり、つられてリートの価格も上がり、その分逆に、分配金利回りは低下します。
売ってくれ
売ってくれ
価格
分配金

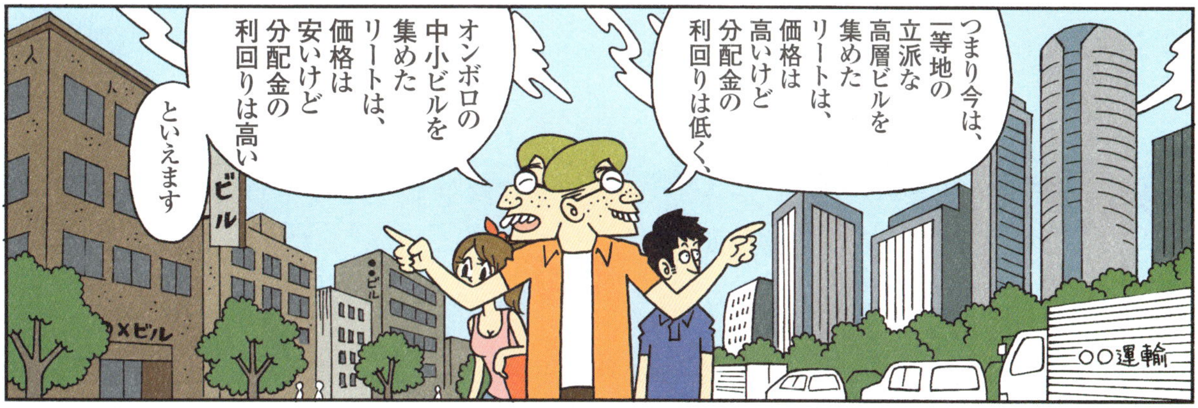
つまり今は、一等地の立派な高層ビルを集めたリートは、価格は高いけど分配金の利回りは低く、
オンボロの中小ビルを集めたリートは、価格は安いけど分配金の利回りは高い
といえます
ビル
×ビル
○○運輸

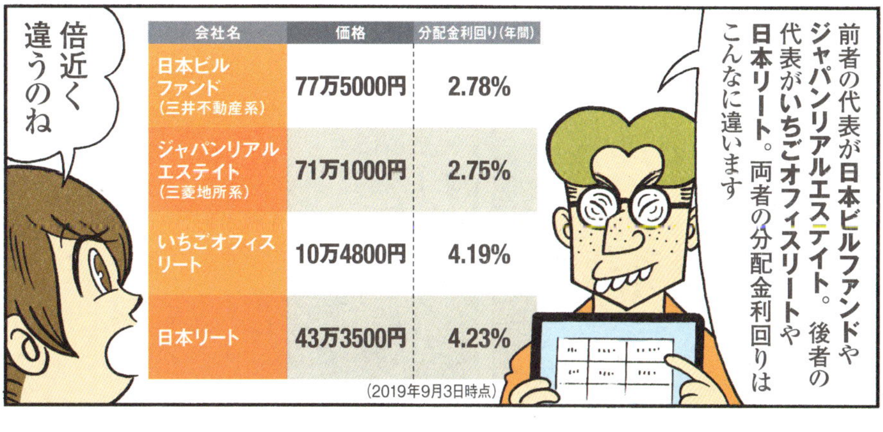
前者の代表が**日本ビルファンド**や**ジャパンリアルエステイト**。後者の代表が**いちごオフィスリート**や**日本リート**。両者の分配金利回りはこんなに違います
倍近く違うのね

会社名	価格	分配金利回り（年間）
日本ビルファンド（三井不動産系）	77万5000円	2.78%
ジャパンリアルエステイト（三菱地所系）	71万1000円	2.75%
いちごオフィスリート	10万4800円	4.19%
日本リート	43万3500円	4.23%

（2019年9月3日時点）

前者はそれだけ一等地のいいビルを組み込んでいるってことですよ

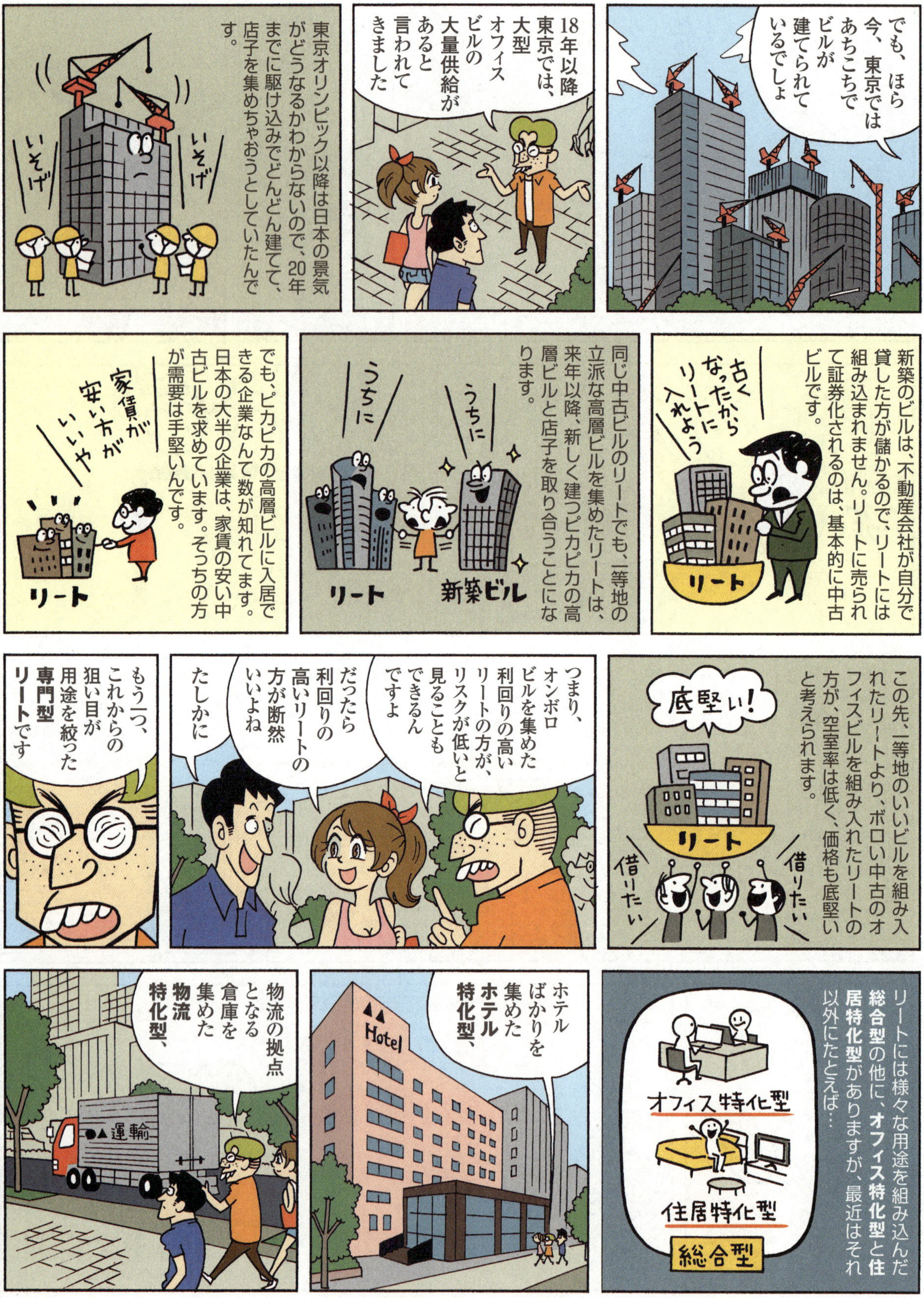
でも、ほら今、東京ではあちこちでビルが建てられているでしょ
18年以降東京では、大型オフィスビルの大量供給があると言われてきました
東京オリンピック以降は日本の景気がどうなるかわからないので、20年までに駆け込みでどんどん建てて、店子を集めちゃおうとしていたんです。
いそげ
いそげ
新築のビルは、不動産会社が自分で貸した方が儲かるので、リートには組み込まれません。リートに売られて証券化されるのは、基本的に中古ビルです。
古くなったからリートに入れよう
リート
同じ中古ビルのリートでも、一等地の立派な高層ビルを集めたリートは、来年以降、新しく建つピカピカの高層ビルと店子を取り合うことになります。
うちに
うちに
リート
新築ビル
でも、ピカピカの高層ビルに入居できる企業なんて数が知れてます。日本の大半の企業は、家賃の安い中古ビルを求めています。そっちの方が需要は手堅いんです。
家賃が安い方がいいや
リート
この先、一等地のいいビルを組み入れたリートより、ボロい中古のオフィスビルを組み入れたリートの方が、空室率は低く、価格も底堅いと考えられます。
底堅い!
リート
借りたい
借りたい
つまり、オンボロビルを集めた利回りの高いリートの方が、リスクが低いと見ることもできるんですよ
だったら利回りの高いリートの方が断然いいよね
たしかに
もう一つ、これからの狙い目が用途を絞った専門型リートです
リートには様々な用途を組み込んだ総合型の他に、オフィス特化型と住居特化型がありますが、最近はそれ以外にたとえば…
オフィス特化型
住居特化型
総合型
ホテルばかりを集めたホテル特化型、
Hotel
物流の拠点となる倉庫を集めた物流特化型、
●▲運輸

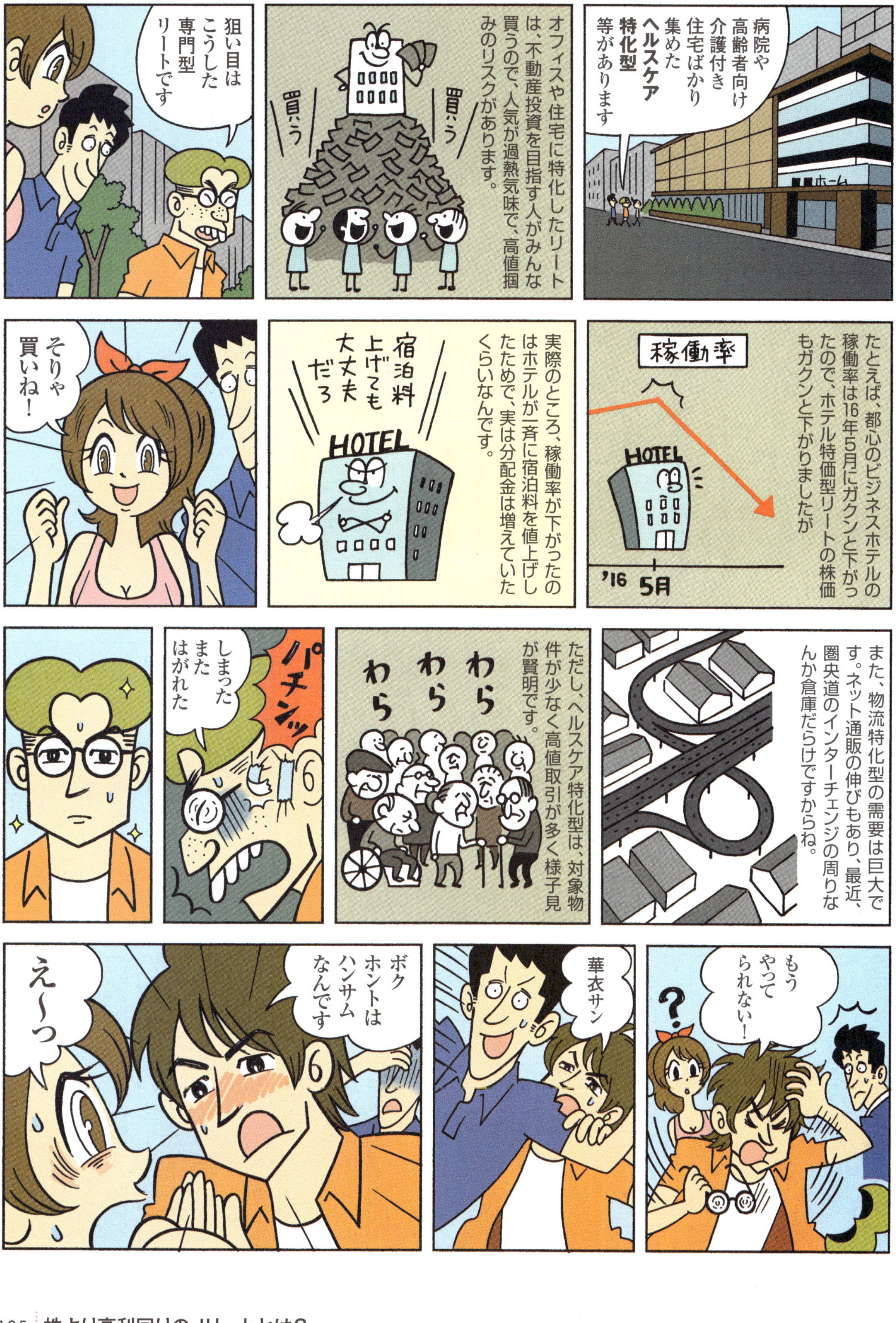

病院や高齢者向け介護付き住宅ばかり集めたヘルスケア特化型等があります
ホーム
オフィスや住宅に特化したリートは、不動産投資を目指す人がみんな買うので、人気が過熱気味で、高値掴みのリスクがあります。
買う
買う
狙い目はこうした専門型リートです
たとえば、都心のビジネスホテルの稼働率は16年5月にガクンと下がったので、ホテル特価型リートの株価もガクンと下がりましたが
稼働率
HOTEL
'16
5月
実際のところ、稼働率が下がったのはホテルが一斉に宿泊料を値上げしたためで、実は分配金は増えていたくらいなんです。
宿泊料上げても大丈夫だろ
HOTEL
そりゃ買いね！
また、物流特化型の需要は巨大です。ネット通販の伸びもあり、最近、圏央道のインターチェンジの周りなんか倉庫だらけですからね。
ただし、ヘルスケア特化型は、対象物件が少なく高値取引が多く様子見が賢明です。
わらわらわら
パチンッ
しまったまたはがれた
もうやってられない！
?
華衣サン
ボクホントはハンサムなんです
え〜っ

VOL. 13

根暗なバリューとチャラいグロース

儲からないトラップにご用心

華衣サン、ボク、実はハンサムなんです
え～っ
逆張サンがそんなにハンサムだったなんて、私、ムリ！
そんなぁ
彼女は約定みたいな醜男が好きなんだな
コイツが変装を続けてたら彼女を取られてたところだ
ドンマイ
おまえ、結果はどうあれ、オレを裏切って変装を解いたな！
仕返しにセクキャバで撮ったこの写真をバラ撒くぞ
嫌なら、今週も株を教えに来い
…

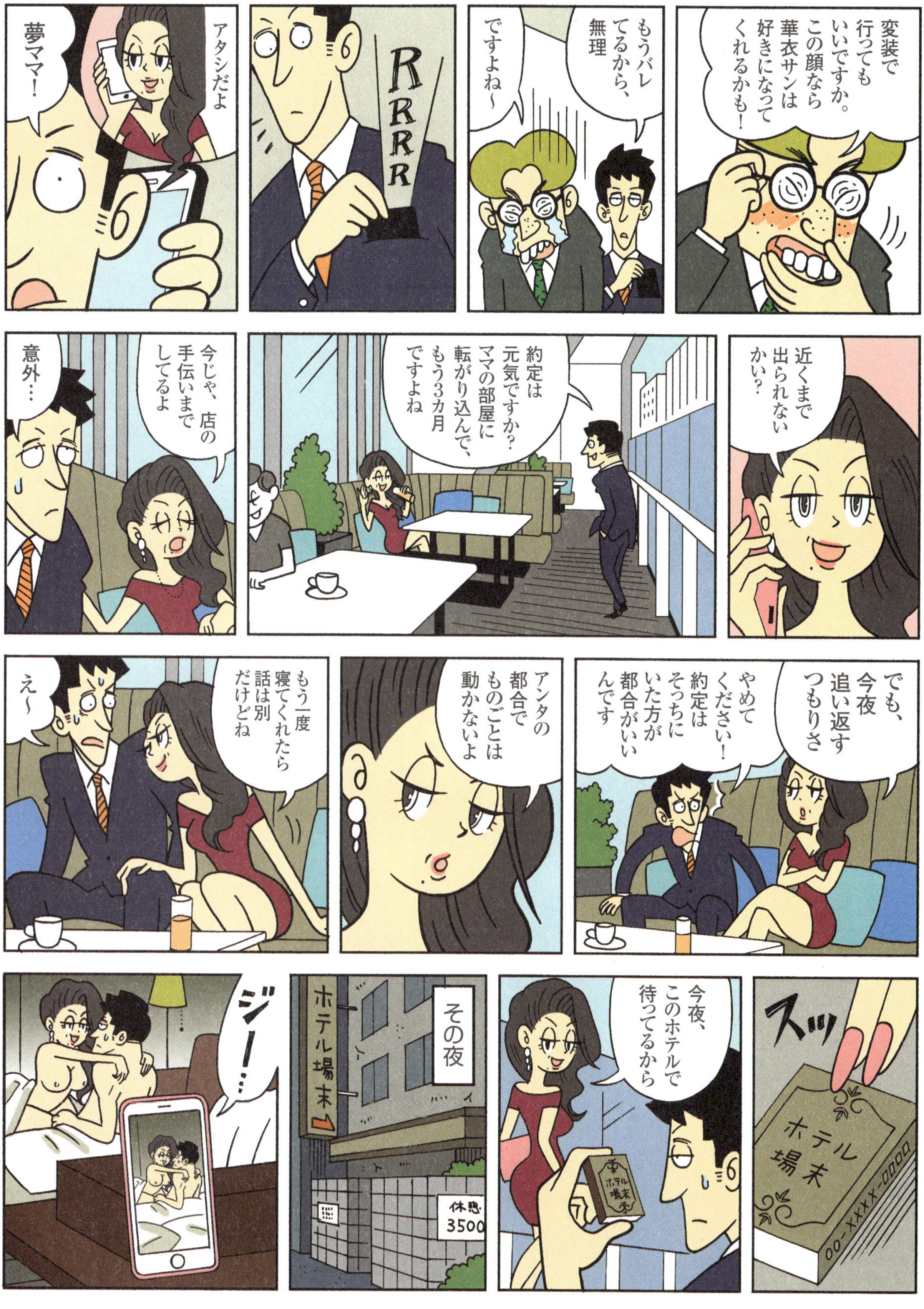
変装で行ってもいいですか。この顔なら華衣サンは好きになってくれるかも！
もうバレてるから、無理
ですよね〜
RRRR
アタシだよ
夢ママ！
近くまで出られないかい？
約定は元気ですか？ママの部屋に転がり込んで、もう3カ月ですよね
今じゃ、店の手伝いまでしてるよ
意外…
でも、今夜追い返すつもりさ
やめてください！約定はそっちにいた方が都合がいいんです
アンタの都合でものごとは動かないよ
もう一度寝てくれたら話は別だけどね
え〜
スッ
ホテル場末
00-XXXX-0000
今夜、このホテルで待ってるから
ホテル場末
その夜
ホテル場末
休憩3500
ジー…！

あん
あん
いつの間に
あんたが来る前から仕掛けておいたのさ
いい〜
今日 20:30
日付もバッチリだね
あんたがこんなことしてるのを華衣ちゃんが知ったらどう思うだろうね
あ〜
知られたくなかったらまた私を抱いておくれ
やれやれ因果応報とはこのことか
BEER
○×ハイツ
ふう
ドカッ
で、では授業を始めます
華衣サンは合コンで、女が全員狙いそうなイケ面と…
顔は不細工だけど競争は少なそうな男がいたら、どっちを狙いますか?
競争が少ない方! 顔なんてどうでもいいもん
だったら華衣サンは**バリュー投資**派ですね
バリュー投資?
そうなんだ…
株の世界では、誰も注目してないけど、よく調べるといい製品やいい子会社を持っていて実質価値より株価が割安な株を狙う方法を**バリュー投資**というんです。
バリュー投資
おっ
地味だけどいい会社みっけ!

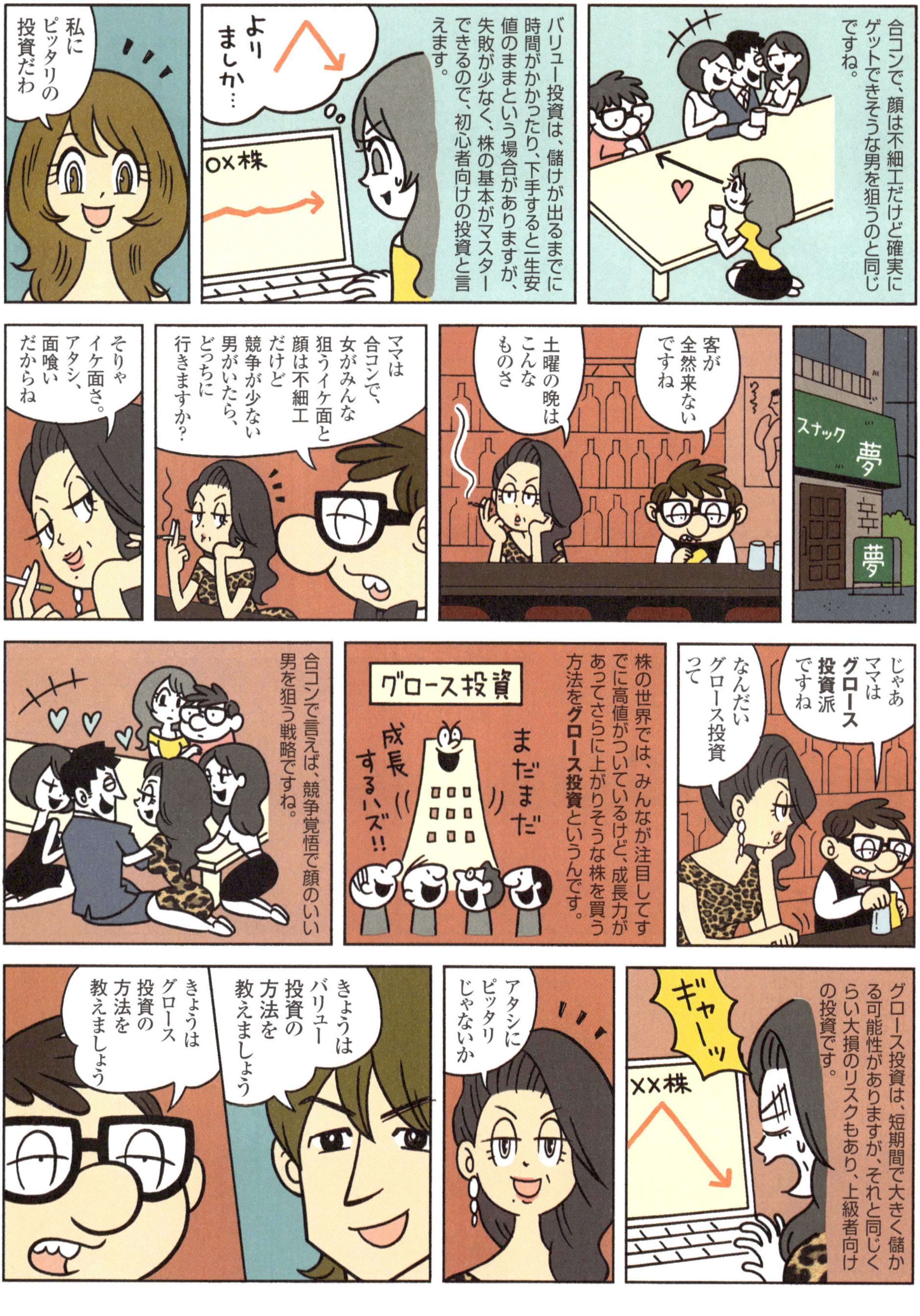
合コンで、顔は不細工だけど確実にゲットできそうな男を狙うのと同じですね。
バリュー投資は、儲けが出るまでに時間がかかったり、下手すると一生安値のままという場合がありますが、失敗が少なく、株の基本がマスターできるので、初心者向けの投資と言えます。
よりましか…
○×株
私にピッタリの投資だわ
スナック
夢
夢
客が全然来ないですね
土曜の晩はこんなものさ
ママは合コンで、女がみんな狙うイケ面と顔は不細工だけど競争が少ない男がいたら、どっちに行きますか?
そりゃイケ面さ。アタシ、面喰いだからね
じゃあママは**グロース投資**派ですね
なんだいグロース投資って
株の世界では、みんなが注目してすでに高値がついているけど、成長力があってさらに上がりそうな株を買う方法を**グロース投資**というんです。
グロース投資
まだまだ
成長するハズ!!
合コンで言えば、競争覚悟で顔のいい男を狙う戦略ですね。
グロース投資は、短期間で大きく儲かる可能性がありますが、それと同じくらい大損のリスクもあり、上級者向けの投資です。
ギャーッ
××株
アタシにピッタリじゃないか
きょうはバリュー投資の方法を教えましょう
きょうはグロース投資の方法を教えましょう

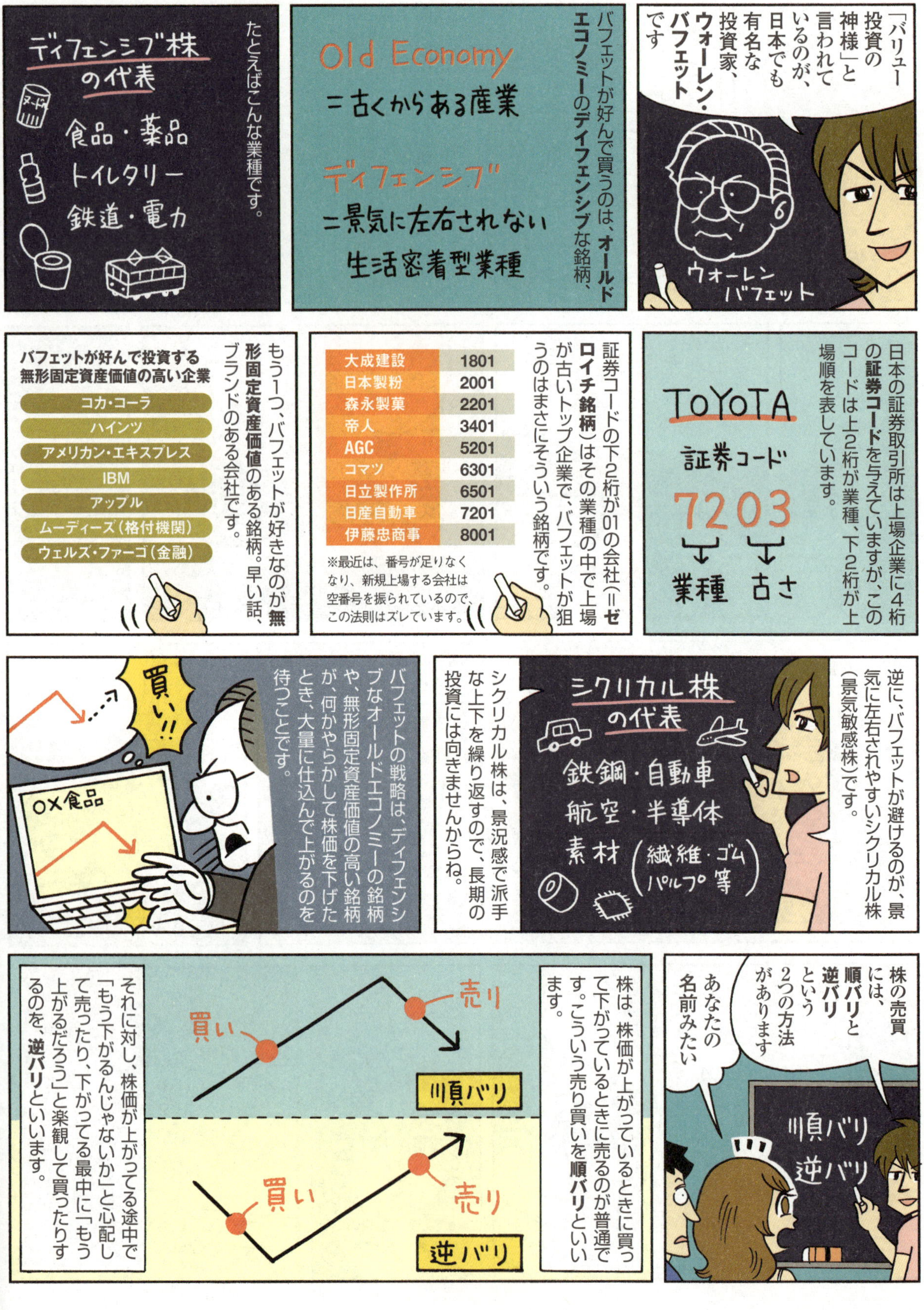
「バリュー投資の神様」と言われているのが、日本でも有名な投資家、ウォーレン・バフェットです
ウォーレン バフェット
バフェットが好んで買うのは、オールドエコノミーのディフェンシブな銘柄、
Old Economy
＝古くからある産業
ディフェンシブ
＝景気に左右されない生活密着型業種
たとえばこんな業種です。
ディフェンシブ株の代表
食品・薬品
トイレタリー
鉄道・電力
日本の証券取引所は上場企業に4桁の証券コードを与えていますが、このコードは上2桁が業種、下2桁が上場順を表しています。
TOYOTA
証券コード
7203
業種
古さ
証券コードの下2桁が01の会社(＝ゼロイチ銘柄)はその業種の中で上場が古いトップ企業で、バフェットが狙うのはまさにそういう銘柄です。
大成建設 1801
日本製粉 2001
森永製菓 2201
帝人 3401
AGC 5201
コマツ 6301
日立製作所 6501
日産自動車 7201
伊藤忠商事 8001
※最近は、番号が足りなくなり、新規上場する会社は空番号を振られているので、この法則はズレています。
もう1つ、バフェットが好きなのが無形固定資産価値のある銘柄。早い話、ブランドのある会社です。
バフェットが好んで投資する無形固定資産価値の高い企業
コカ・コーラ
ハインツ
アメリカン・エキスプレス
IBM
アップル
ムーディーズ(格付機関)
ウェルズ・ファーゴ(金融)
逆に、バフェットが避けるのが、景気に左右されやすいシクリカル株(景気敏感株)です。
シクリカル株の代表
鉄鋼・自動車
航空・半導体
素材(繊維・ゴム パルプ等)
シクリカル株は、景況感で派手な上下を繰り返すので、長期の投資には向きませんからね。
バフェットの戦略は、ディフェンシブなオールドエコノミーの銘柄や、無形固定資産価値の高い銘柄が、何かやらかして株価を下げたとき、大量に仕込んで上がるのを待つことです。
買い!!
○×食品
株の売買には、順バリと逆バリという2つの方法があります
あなたの名前みたい
順バリ
逆バリ
株は、株価が上がっているときに買って下がっているときに売るのが普通です。こういう売り買いを順バリといいます。
買い
売り
順バリ
買い
売り
逆バリ
それに対し、株価が上がってる途中で「もう下がるんじゃないか」と心配して売ったり、下がってる最中に「もう上がるだろう」と楽観して買ったりするのを、逆バリといいます。

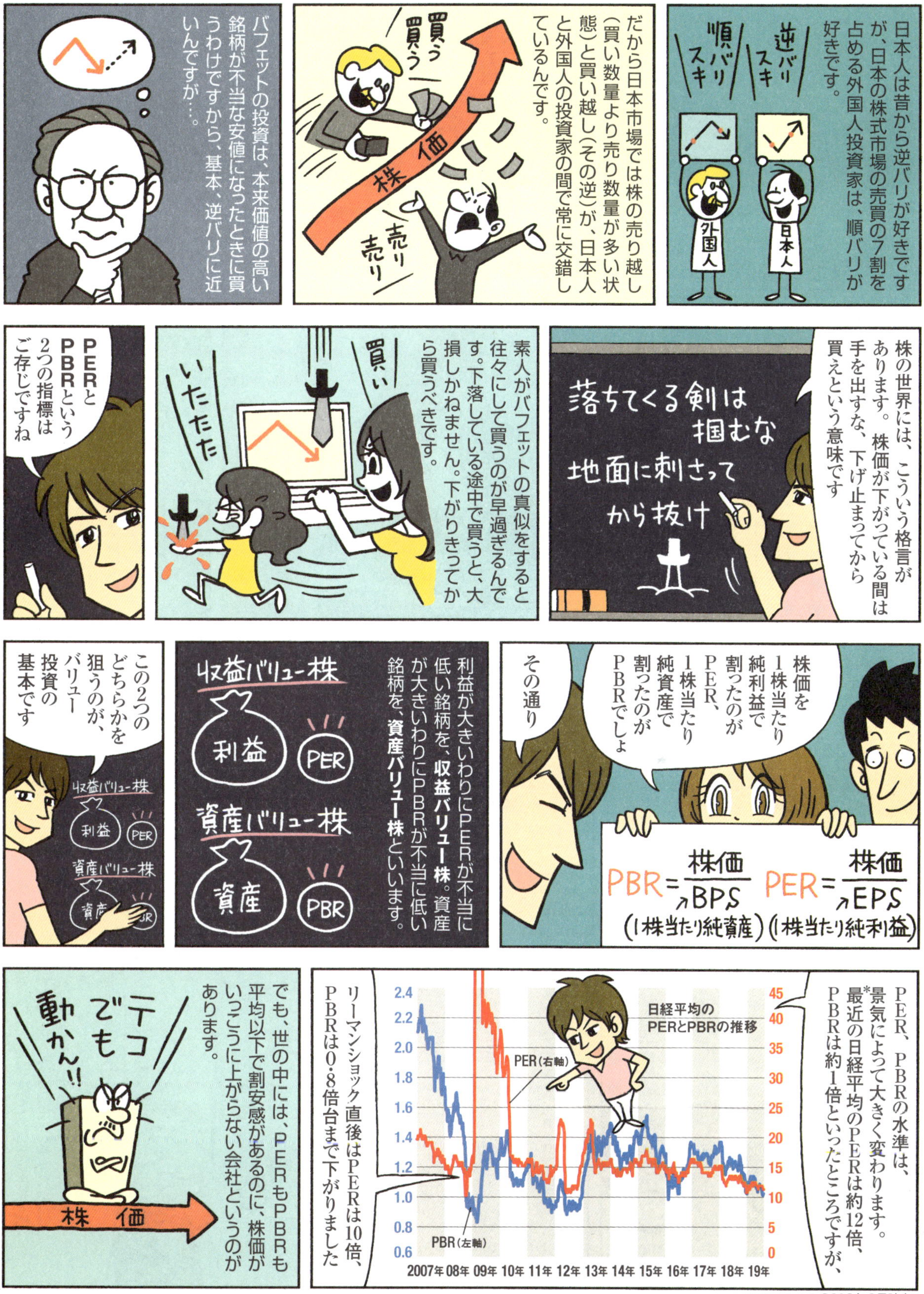

日本人は昔から逆バリが好きですが、日本の株式市場の売買の7割を占める外国人投資家は、順バリが好きです。
逆バリスキ
順バリスキ
日本人
外国人
だから日本市場では株の売り越し（買い数量より売り数量が多い状態）と買い越し（その逆）が、日本人と外国人の投資家の間で常に交錯しているんです。
買う買う
売り売り
株価
バフェットの投資は、本来価値の高い銘柄が不当な安値になったときに買うわけですから、基本、逆バリに近いんですが…。
株の世界には、こういう格言があります。株価が下がっている間は手を出すな、下げ止まってから買えという意味です
落ちてくる剣は掴むな
地面に刺さってから抜け
素人がバフェットの真似をすると往々にして買うのが早過ぎるんです。下落している途中で買うと、大損しかねません。下がりきってから買うべきです。
買い
いたたた
PERとPBRという2つの指標はご存じですね
株価を1株当たり純利益で割ったのがPER、1株当たり純資産で割ったのがPBRでしょ
その通り
PBR＝株価／BPS（1株当たり純資産）
PER＝株価／EPS（1株当たり純利益）
利益が大きいわりにPERが不当に低い銘柄を、**収益バリュー株**。資産が大きいわりにPBRが不当に低い銘柄を、**資産バリュー株**といいます。
収益バリュー株
利益
PER
資産バリュー株
資産
PBR
この2つのどちらかを狙うのが、バリュー投資の基本です
PER、PBRの水準は、景気によって大きく変わります。*最近の日経平均のPERは約12倍、PBRは約1倍といったところですが、
日経平均のPERとPBRの推移
PER（右軸）
PBR（左軸）
2.4 2.2 2.0 1.8 1.6 1.4 1.2 1.0 0.8 0.6
45 40 35 30 25 20 15 10 5 0
2007年 08年 09年 10年 11年 12年 13年 14年 15年 16年 17年 18年 19年
リーマン・ショック直後はPERは10倍、PBRは0・8倍台まで下がりました
でも、世の中には、PERもPBRも平均以下で割安感があるのに、株価がいっこうに上がらない会社というのがあります。
テコでも動かん!!
株価

*2019年8月時点。

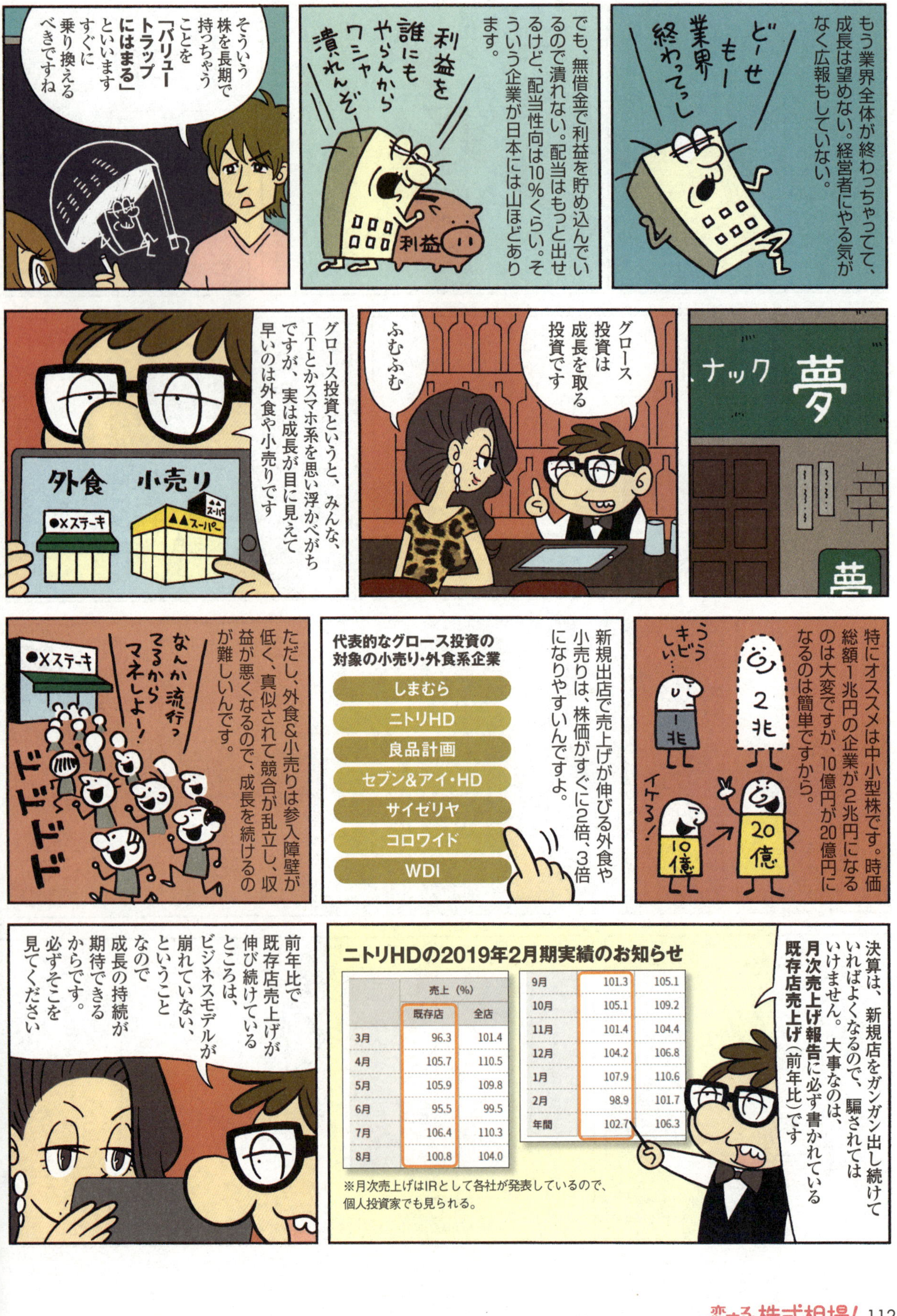

もう業界全体が終わっちゃってて、成長は望めない。経営者にやる気がなく広報もしていない。
どーせもー業界終わってっし
でも、無借金で利益を貯め込んでいるので潰れない。配当はもっと出せるけど、配当性向は10%くらい。そういう企業が日本には山ほどあります。
利益を誰にもやらんからワシャ潰れんぞ～
利益
そういう株を長期で持っちゃうことを「バリュートラップにはまる」といいますすぐに乗り換えるべきですね
ナック
夢
グロース投資は成長を取る投資です
ふむふむ
グロース投資というと、みんな、ITとかスマホ系を思い浮かべがちですが、実は成長が目に見えて早いのは外食や小売りです
外食
小売り
●×ステーキ
▲▲スーパー
特にオススメは中小型株です。時価総額1兆円の企業が2兆円になるのは大変ですが、10億円が20億円になるのは簡単ですから。
ううキビシぃ…
1兆
2兆
イケる!
10億
20億
新規出店で売上げが伸びる外食や小売りは、株価がすぐに2倍、3倍になりやすいんですよ。
代表的なグロース投資の対象の小売り・外食系企業
しまむら
ニトリHD
良品計画
セブン&アイ・HD
サイゼリヤ
コロワイド
WDI
ただし、外食&小売りは参入障壁が低く、真似されて競合が乱立し、収益が悪くなるので、成長を続けるのが難しいんです。
なんか流行ってるからマネしよー!
●×ステーキ
ドドドドド
決算は、新規店をガンガン出し続ければよくなるので、騙されてはいけません。大事なのは、月次売上げ報告に必ず書かれている既存店売上げ(前年比)です
前年比で既存店売上げが伸び続けているところは、ビジネスモデルが崩れていない、ということなので成長の持続が期待できるからです。必ずそこを見てください

ニトリHDの2019年2月期実績のお知らせ

	売上(%) 既存店	全店
3月	96.3	101.4
4月	105.7	110.5
5月	105.9	109.8
6月	95.5	99.5
7月	106.4	110.3
8月	100.8	104.0
9月	101.3	105.1
10月	105.1	109.2
11月	101.4	104.4
12月	104.2	106.8
1月	107.9	110.6
2月	98.9	101.7
年間	102.7	106.3

※月次売上げはIRとして各社が発表しているので、個人投資家でも見られる。

セブン&アイ・HDなんか、17年9月までセブン-イレブンの月次の既存店売上げが62カ月連続で増加していたので、スーパーが不調でも株価が上がっていたんですよ。
11 12 13 14 15 16 17 18
6000 5000 4000 3000
●セブン&アイ・HDの月足チャート
そして、月次の既存店売上げが前年同期比で減少したら、すぐに売ればいいんです。
ゲッ
既存店売上げ下がった!! 売るぞ!!
グロース投資は損切りが必須なんですよ
もう一つ、グロース投資で気をつけなければならないのは、新興企業の社長は、往々にして、あることないこと吹きまくる、ということです。
ヤレますスゴイです
社長
そういう会社の社長は見栄っ張りで、株価対策ばかりやっている感じ。吹きまくって成長株だと思わせて、株価を釣り上げるんです。
○×会社株主総会
ピーチクパーチク
あの会社は可能性があるかも
そういう社長の言葉に乗せられて大損することを、ボクは「グローストラップにはまる」と呼んでます
グローストラップにはまらないためには、1つコツがあります。社長のツイッターをフォローして、ツイートの数が減ったらすぐに売るんです
Tweet history @●×会社
50 40 30 20 10 0
ツイートしなくなったってことは、社長が弱気になってるという証拠でしょ
社長が弱気になったらグロースの終わりですよ
なるほど
とにかく、日本は、見栄っ張りで株価対策のために吹きまくるチャラい社長の会社が多すぎるんですよ
とにかく、日本は、配当をまったく出さず金だけ貯めて黙り込んでる根暗な社長の会社が多すぎるんですよ
うまくいかないねぇ
うまくいかないなぁ
ちょうどいい会社はないのか、日本。

VOL. 14 恐怖の全力二階建てとは?

信用取引の「売り」で儲ける

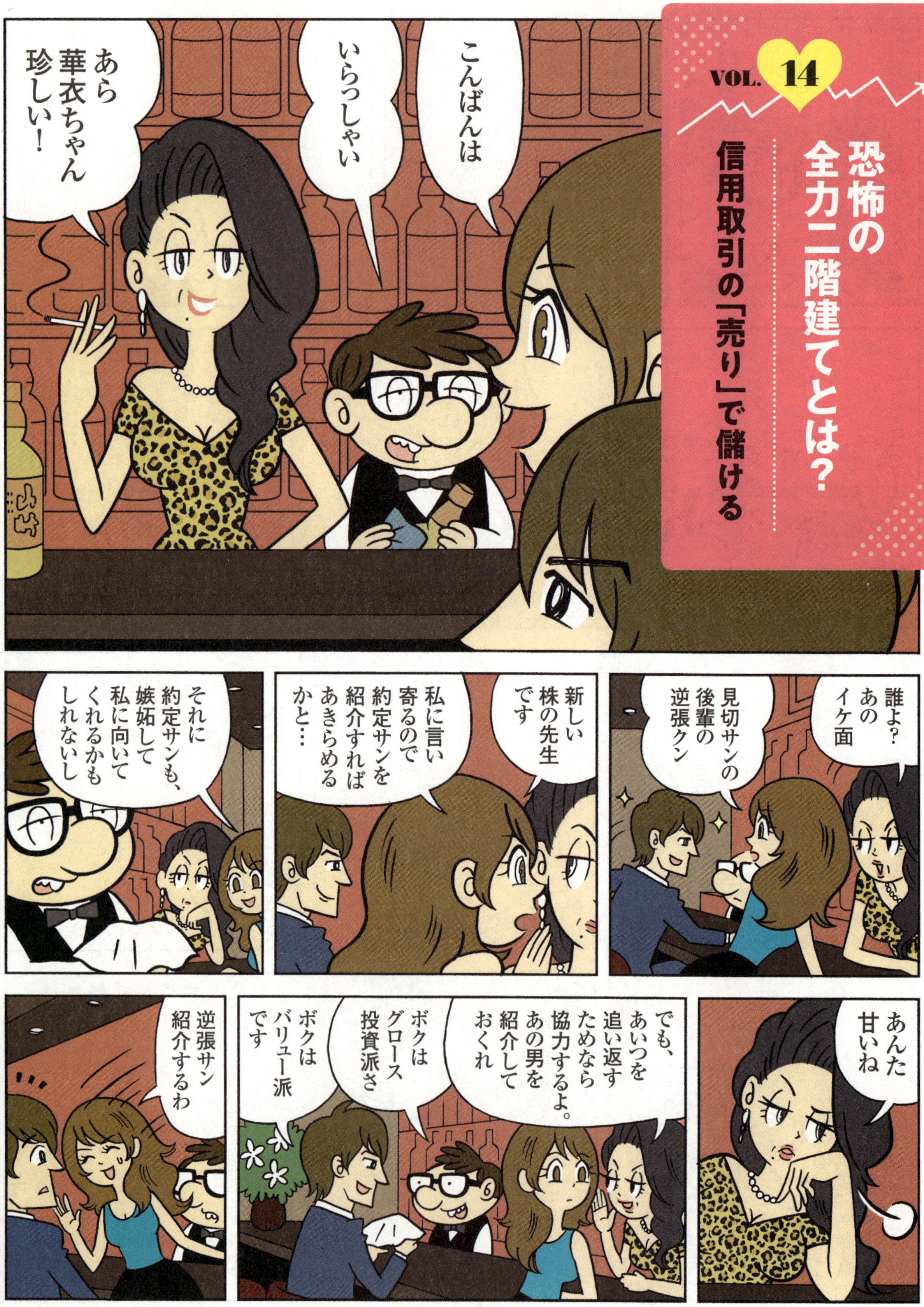
こんばんは
いらっしゃい
あら華衣ちゃん珍しい!
誰よ?あのイケ面
見切サンの後輩の逆張クン
新しい株の先生です
私に言い寄るので約定サンを紹介すればあきらめるかと…
それに約定サンも、嫉妬して私に向いてくれるかもしれないし
あんた甘いね
でも、あいつを追い返すためなら協力するよ。あの男を紹介しておくれ
ボクはグロース投資派さ
ボクはバリュー派です
逆張サン紹介するわ

こちらは夢ママ
こちらは…
自己紹介は済んだよ。彼も投資家なんだね
逆張サン、私は約定サンが好きなの!
ボクは夢ママが好きだ!
あたしはこの人が好き!
逆張サン、あっちで飲もう
約定サン、今言ってたグロース投資って何なの? 教えてよ
ああ今度ね
おまえママを盗る気だな
嫉妬の方向はそっち?
まさか! ボクは華衣サンが好きなんだ
女なら誰でもいいんだろその顔は信用できん
顔に信用できるもできないもあるもんか
あるねイケ面はみんな信用できない
ボクは、SBI証券に**信用取引**の口座を持ってるんだ社会的信用はある!
なんだ君も信用取引をしてるのか
売り専門だけどね
ボクもだよ信用取引は売りしか意味ないもんね
そうそう!
変なとこで意気投合してる

何だい？信用取引って
証券会社から金を借りて、手持ちの資金以上の株式投資をすることです
そんなことができるの？
信用取引をするには、証券会社に専用口座を作り、**委託保証金**（＝担保）を入れなければなりません
フンフン
委託保証金を入れれば、どこの証券会社も、大筋その金額の3倍まで株を買わせてくれます。30万円入れれば、投資総額90万円まで買えるわけです
60万円
委託保証金 30万円
●×証券
信用取引はどこも、ミニマム30万円からだよ
このときの投資総額を、信用取引では**建玉**《たてぎょく》といいます。
60万円
委託保証金 30万円
総額 90万円 ＝ 建玉 たてぎょく
建玉は、必ず6カ月＊以内に清算し、金利を乗せて返済しなければなりません。が、利益が出ていれば、それは客のものです。
6カ月以内に返してよね
60万円
30万円
●×証券
証券会社が取る金利は、どれくらいなんだい？
年利で2～3％ですね
銀行のカードローンより安いじゃないか
中小型株なら1カ月程度の短期間で株価が30％くらい上がることは決して珍しくありません
30万円の委託保証金を用意し、枠を目一杯使って90万円の建玉を建て、買った株が1カ月で30％上がったとしましょう
90万円分の株
建玉
60万
30万
30% UP

＊制度信用の場合。

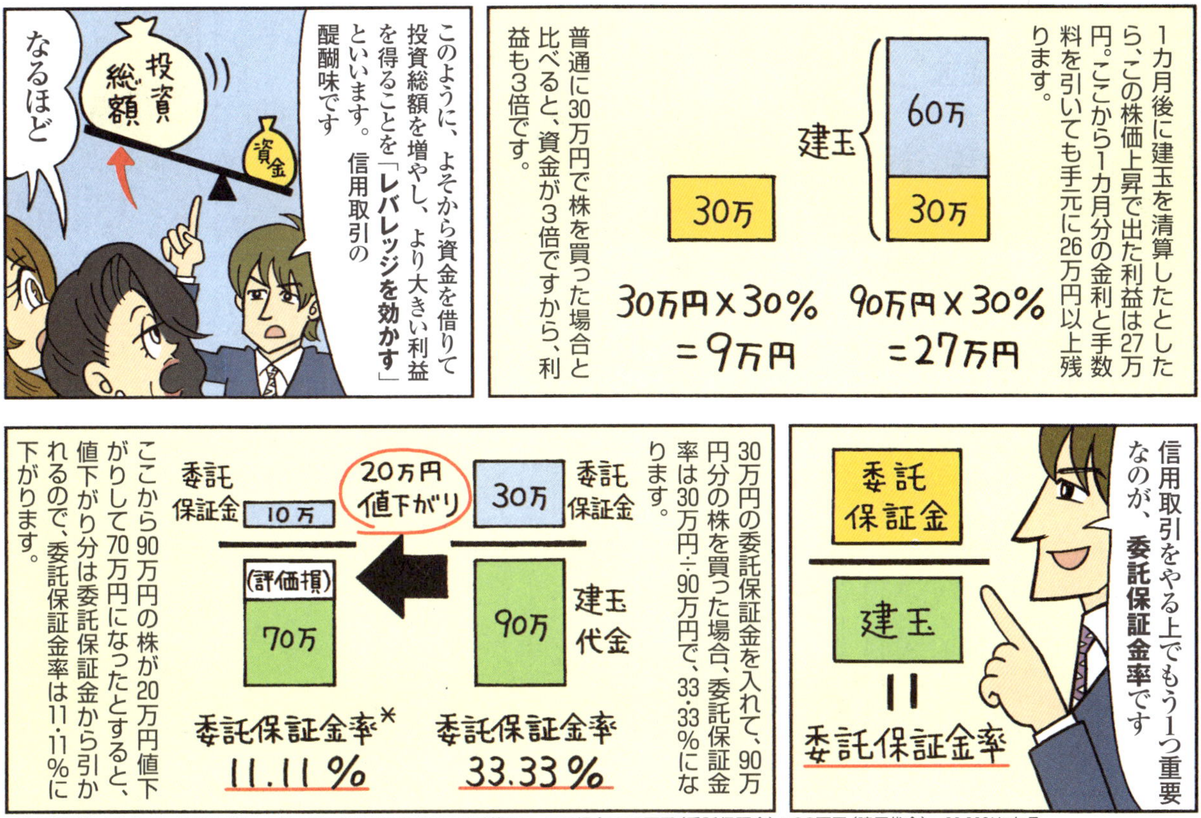

1カ月後に建玉を清算したとしたら、この株価上昇で出た利益は27万円。ここから1カ月分の金利と手数料を引いても手元に26万円以上残ります。
60万
30万
建玉
30万
90万円×30%
=27万円
30万円×30%
=9万円
普通に30万円で株を買った場合と比べると、資金が3倍ですから、利益も3倍です。
このように、よそから資金を借りて投資総額を増やし、より大きい利益を得ることを「レバレッジを効かす」といいます。信用取引の醍醐味です
投資総額
資金
なるほど
信用取引をやる上でもう1つ重要なのが、委託保証金率です
委託保証金
建玉
=
委託保証金率
30万円の委託保証金を入れて、90万円分の株を買った場合、委託保証金率は30万円÷90万円で、33.33%になります。
委託保証金
30万
建玉代金
90万
委託保証金率
33.33%
20万円値下がり
委託保証金
10万
(評価損)
70万
委託保証金率*
11.11%
ここから90万円の株が20万円値下がりして70万円になったとすると、値下がり分は委託保証金から引かれるので、委託保証金率は11.11%に下がります。

*委託保証金率は分母に評価損があっても最初の建玉金額のままで計算する。この場合は10万円(委託保証金)÷90万円(建玉代金)=11.11%になる。

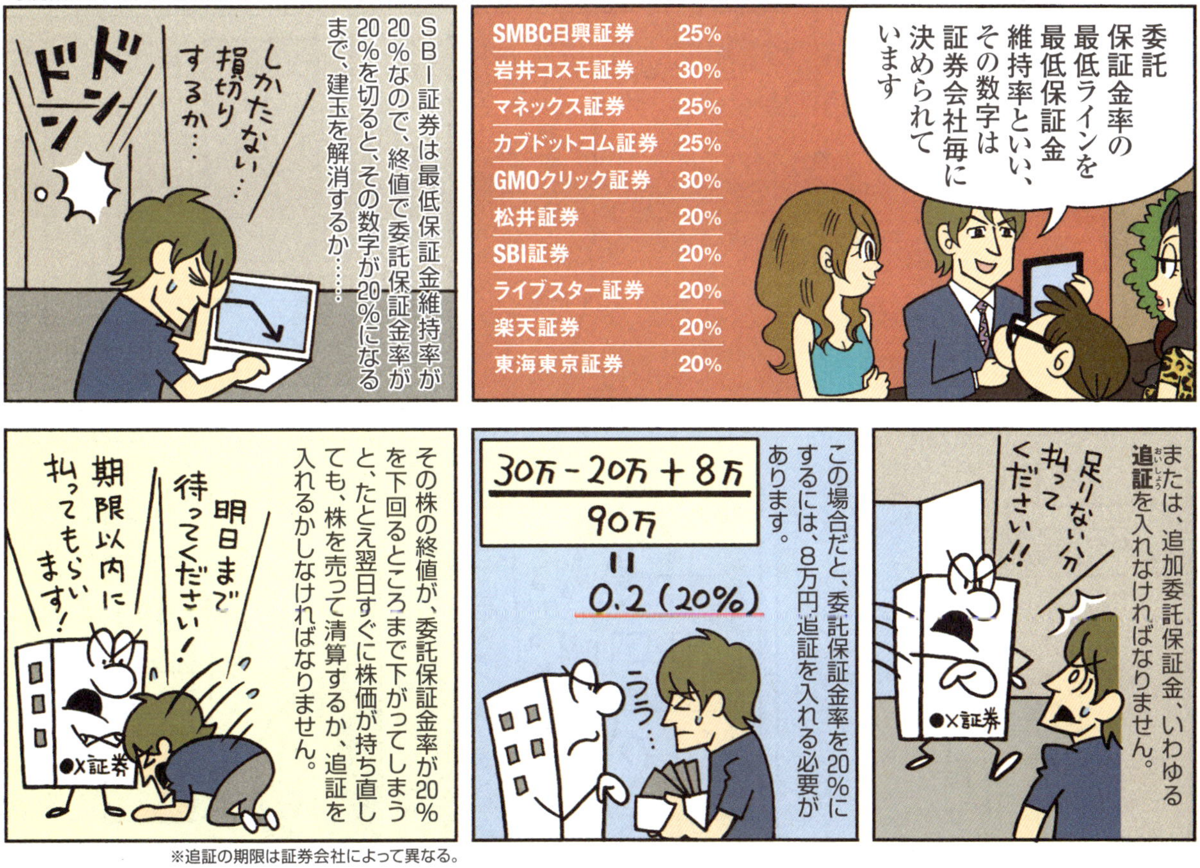

委託保証金率の最低ラインを最低保証金維持率といい、その数字は証券会社毎に決められています
SMBC日興証券 25%
岩井コスモ証券 30%
マネックス証券 25%
カブドットコム証券 25%
GMOクリック証券 30%
松井証券 20%
SBI証券 20%
ライブスター証券 20%
楽天証券 20%
東海東京証券 20%
SBI証券は最低保証金維持率が20%なので、終値で委託保証金率が20%を切ると、その数字が20%になるまで、建玉を解消するか……
しかたない…損切りするか…
または、追加委託保証金、いわゆる追証《おいしょう》を入れなければなりません。
足りない分払ってください!!
●×証券
この場合だと、委託保証金率を20%にするには、8万円追証を入れる必要があります。
30万−20万+8万
90万
=
0.2(20%)
ううう…
その株の終値が、委託保証金率が20%を下回るところまで下がってしまうと、たとえ翌日すぐに株価が持ち直しても、株を売って清算するか、追証を入れるかしなければなりません。
明日まで待ってください!
期限以内に払ってもらいます!
●×証券

※追証の期限は証券会社によって異なる。

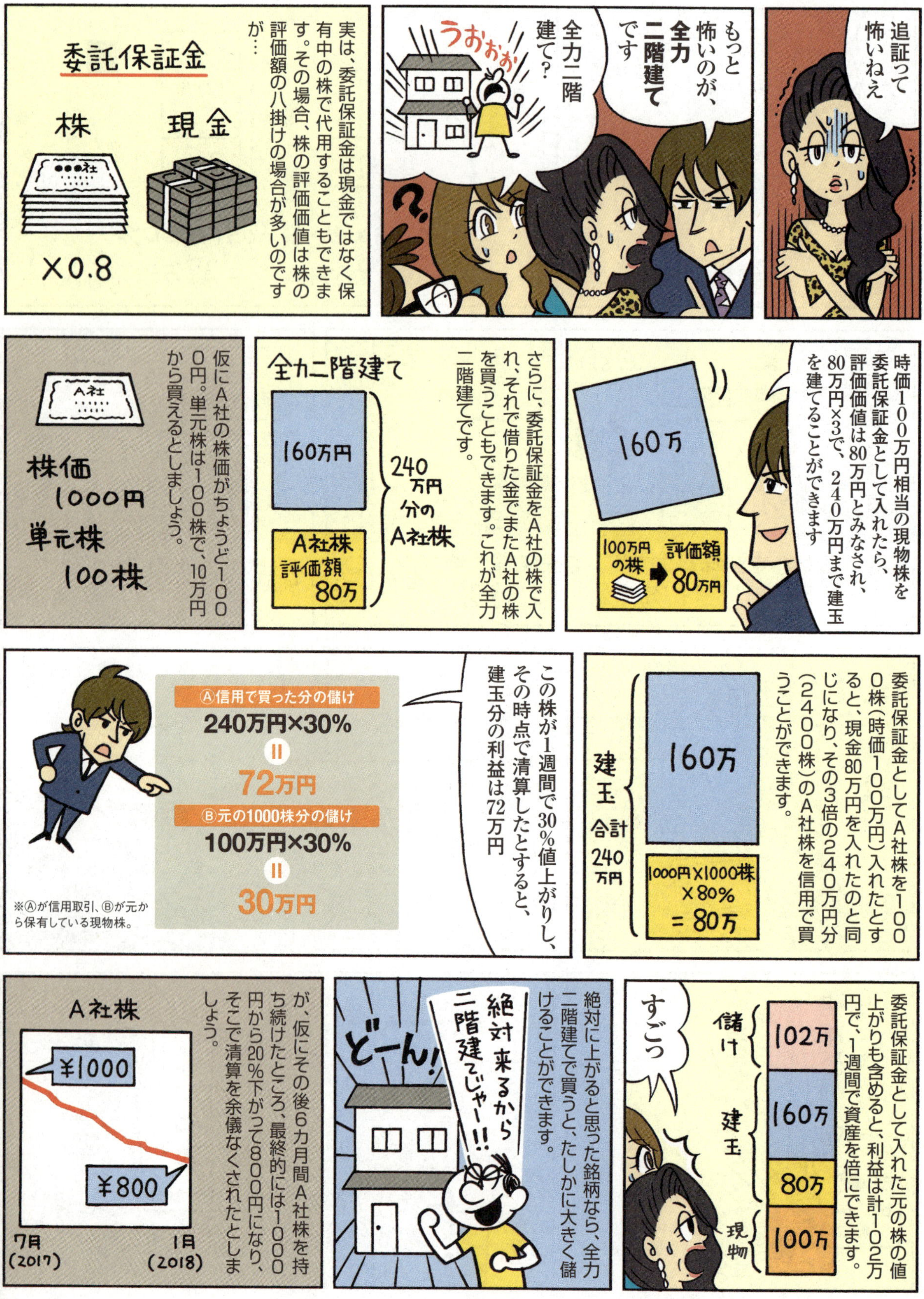
追証って怖いねえ
もっと怖いのが、全力二階建てです
全力二階建て?
うおおお
?
委託保証金
株
現金
●●●社
×0.8
実は、委託保証金は現金ではなく保有中の株で代用することもできます。その場合、株の評価価値は株の評価額の八掛けの場合が多いのですが…
時価100万円相当の現物株を委託保証金として入れたら、評価価値は80万円とみなされ、80万円×3で、240万円まで建玉を建てることができます
160万
100万円の株 ➡ 評価額 80万円
さらに、委託保証金をA社の株で入れ、それで借りた金でまたA社の株を買うこともできます。これが全力二階建てです。
全力二階建て
160万円
A社株 評価額 80万
240万円分のA社株
仮にA社の株価がちょうど1000円。単元株は100株で、10万円から買えるとしましょう。
A社
株価 1000円
単元株 100株
委託保証金としてA社株を1000株(時価100万円)入れたとすると、現金80万円を入れたのと同じになり、その3倍の240万円分(2400株)のA社株を信用で買うことができます。
建玉 合計 240万円
160万
1000円×1000株 ×80% = 80万
この株が1週間で30%値上がりし、その時点で清算したとすると、建玉分の利益は72万円
Ⓐ信用で買った分の儲け
240万円×30%
=
72万円
Ⓑ元の1000株分の儲け
100万円×30%
=
30万円
※Ⓐが信用取引、Ⓑが元から保有している現物株。
委託保証金として入れた元の株の値上がりも含めると、利益は計102万円で、1週間で資産を倍にできます。
すごっ
儲け 102万
建玉 160万
80万
現物 100万
絶対に上がると思った銘柄なら、全力二階建てで買うと、たしかに大きく儲けることができます。
絶対来るから二階建てじゃー!!
どーん!
が、仮にその後6カ月間A社株を持ち続けたところ、最終的には1000円から20%下がって800円になり、そこで清算を余儀なくされたとしましょう。
A社株
¥1000
¥800
7月 (2017)
1月 (2018)

この場合、建玉分の損は48万円。委託保証金として入れた株の損は20万円。20%下がっただけなのに100万円が32万円になってしまうんです。
株価
100万円が32万円になっちゃった…
※維持率30%の証券会社なら追証が発生する。
全力二階建ての場合、株価の下がり方がひどいと、損失は等比級数的に膨らむのです。
ズドーン
ギャーッ
株価
ぞ～っ
でも、空売り《から》という概念は信用取引にしかありません
空売り?
株取引というのは、株価が上がりそうな株を買って、実際に上がったら売って差額を儲ける。これが基本ですよね。
①株を借りて3万円で売る
3万
2万
0
②2万円で買い戻す
③借りた株を返却する
3万円－2万円＝1万円の儲け
でも、逆に下がりそうな株は、誰かから借りた株を初めに売っておき、下がったら買い戻して、借りた人に株を返し、差額を儲けるという方法もあるんです。
このとき、株を借りてきて売ることを「空売り」といいます。株価が下がる方に賭けるこうした取引は、信用取引でなければできない売買なんです
空売り
株を借りるって、誰から?
信用買いの残高から借りて、足りない場合は、機関投資家から借りてくる日本証券金融(＝日証金)という組織が調達してくれる仕組みです。
ちょっとお借りします
日証金
もちろん、タダで借りられるわけじゃありません。金利も取られるし、借りる時点でその株の価値分の現金を担保として用意しなければなりません。
売るんならお貸ししましょう
日証金
この担保は、信用買いのときと同様、証券会社に委託保証金を入れることで、その3倍まで借りることができます。これが信用売りです。
3万円
10000
×3
9万円分の株
日本で上場している株には、次の3通りがあります。
日本で上場している株には、
①信用買いも信用売りもできない
②信用買いはできるが信用売りはできない
③信用買いも信用売りもできる
の3通りがあります

③の信用買いも信用売りもできる銘柄を、貸借《たいしゃく》銘柄といい、東証1部に上場している2149銘柄中、1852銘柄、全体の86％がこれに当たります。
東証1部銘柄
貸借銘柄
1852
2149
ほとんどできるわけね
株価は、上げる要因より下げる要因の方がはるかに多いものです。その企業の経営の失敗だけでなく、災害、戦争、政権交代など、あらゆる社会要因が株価を下げるキッカケになります。
株価
下がる方に賭ける取引は、信用取引でしかできないわけですから、ボクらはもっぱら売りに使っているわけです
売り専門だけどね
ボクもだよ信用取引は売りしか意味ないもんね
でも、株価の上昇には際限がないから注意が必要だ
100円の株が0になっても損失は100円だけど、信用売りをしていて100円の株が1000円まで上がったら900円の損だからね
-100円
買い
売り
100
0
1000
-900円
でもストップ高ってあるだろ
ストップ高って？
株価の変動には価格帯別に値幅制限があるのですが、1日で制限まで上がることです
たとえば、ある株の終値が500円だったとすると、翌日は、値幅が上下100円以内と決まっているので、600円まで上がったらストップ高です
ストップ高
600
500
100円以内
0
この株を、委託保証金50万円で150万円分空売りしていたとすると、損失は1日で30万円となり、委託保証金率は約13％まで下がってしまいます。
建玉
150万
委託保証金
50万→20万
委託保証金率
20万÷150万
=13.33％
レバレッジが高いとストップ高があってもすぐに追証になるんだ
追証…

＊2019年8月5日時点。

※ストップ高で買い戻せない場合、さらに損失が膨らみ投資資金以上に負ける可能性も。

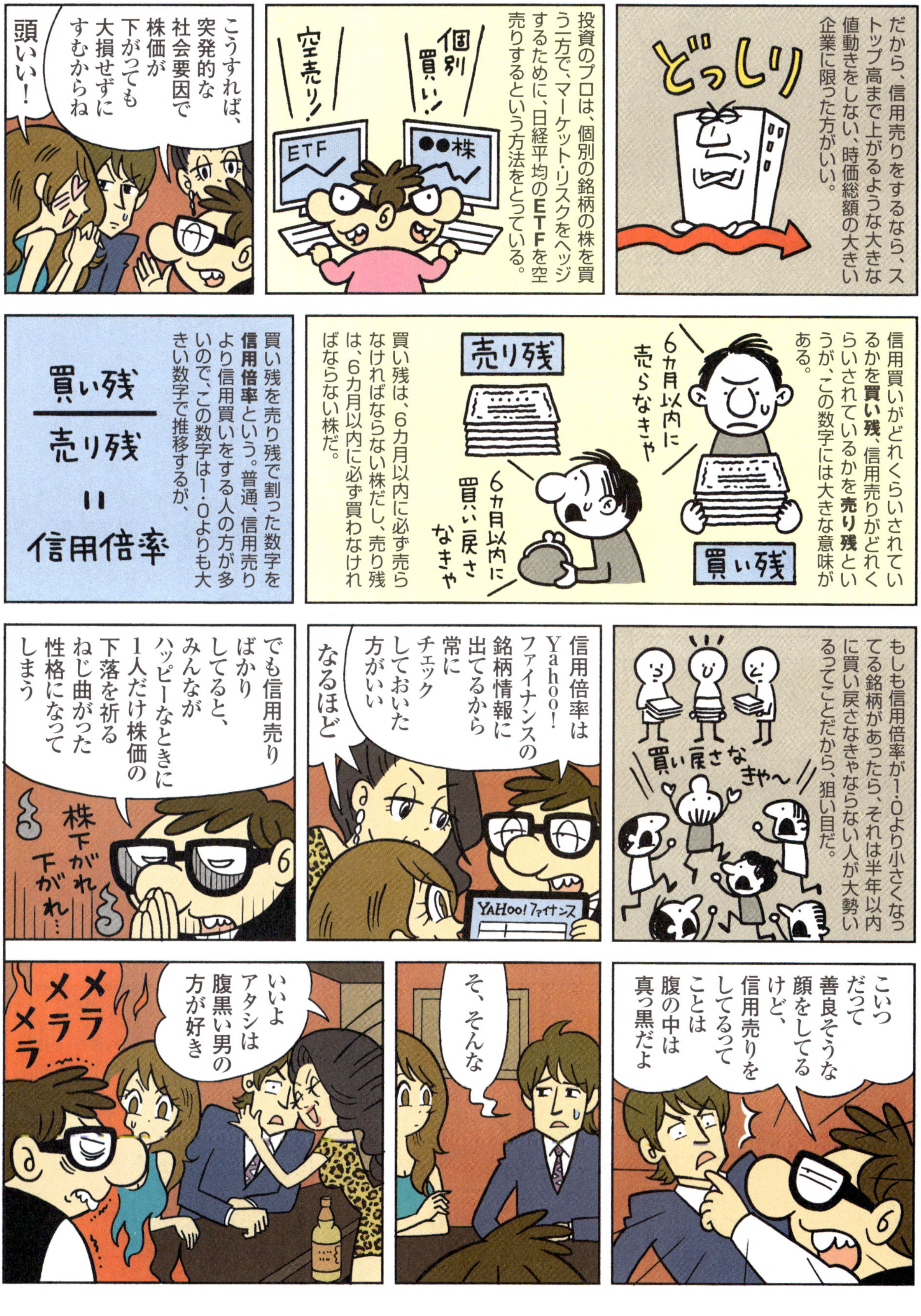

だから、信用売りをするなら、ストップ高まで上がるような大きな値動きをしない、時価総額の大きい企業に限った方がいい。
どっしり
投資のプロは、個別の銘柄の株を買う一方で、マーケット・リスクをヘッジするために、日経平均のETFを空売りするという方法をとっている。
個別買い!
空売り!
●●株
ETF
こうすれば、突発的な社会要因で株価が下がっても大損せずにすむからね
頭いい!
信用買いがどれくらいされているかを**買い残**、信用売りがどれくらいされているかを**売り残**というが、この数字には大きな意味がある。
6カ月以内に売らなきゃ
買い残
売り残
6カ月以内に買い戻さなきゃ
買い残は、6カ月以内に必ず売らなければならない株だし、売り残は、6カ月以内に必ず買わなければならない株だ。
買い残を売り残で割った数字を**信用倍率**という。普通、信用売りより信用買いをする人の方が多いので、この数字は1・0よりも大きい数字で推移するが、
買い残 / 売り残 = 信用倍率
もしも信用倍率が1・0より小さくなってる銘柄があったら、それは半年以内に買い戻さなきゃならない人が大勢いるってことだから、狙い目だ。
買い戻さなきゃ〜
信用倍率はYahoo!ファイナンスの銘柄情報に出てるから常にチェックしておいた方がいい
なるほど
YAHOO!ファイナンス
でも信用売りばかりしてると、みんながハッピーなときに1人だけ株価の下落を祈るねじ曲がった性格になってしまう
株下がれ下がれ…
こいつだって善良そうな顔をしてるけど、信用売りをしてるってことは腹の中は真っ黒だよ
そ、そんな
いいよアタシは腹黒い男の方が好き
メラメラメラ

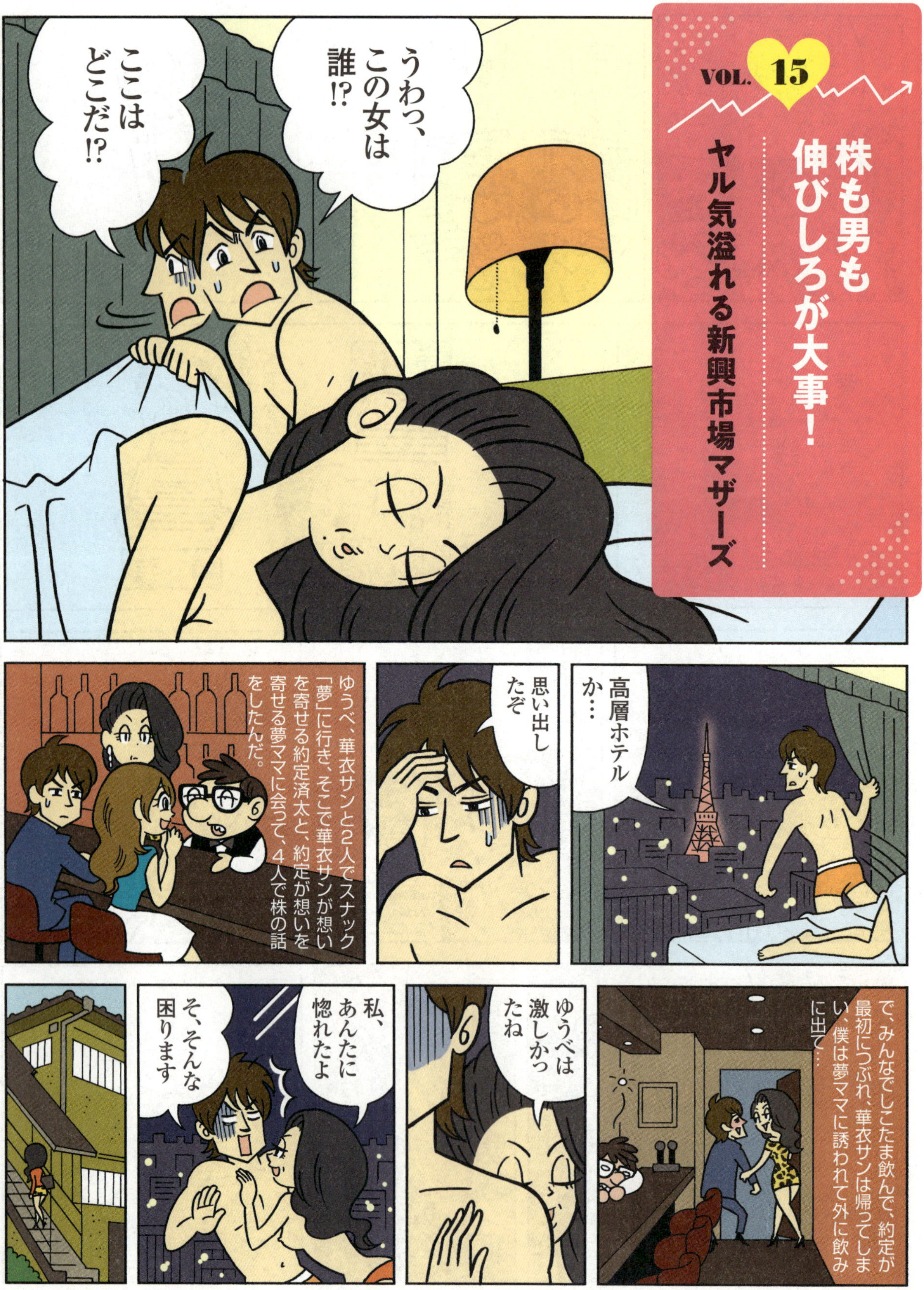
VOL. 15
株も男も伸びしろが大事！
ヤル気溢れる新興市場マザーズ
うわっ、この女は誰!?
ここはどこだ!?
高層ホテルか…
思い出したぞ
ゆうべ、華衣サンと2人でスナック「夢」に行き、そこで華衣サンが想いを寄せる約定済太と、約定が想いを寄せる夢ママに会って、4人で株の話をしたんだ。
で、みんなでしこたま飲んで、約定が最初につぶれ、華衣サンは帰ってしまい、僕は夢ママに誘われて外に飲みに出て…
ゆうべは激しかったね
私、あんたに惚れたよ
そ、そんな困ります

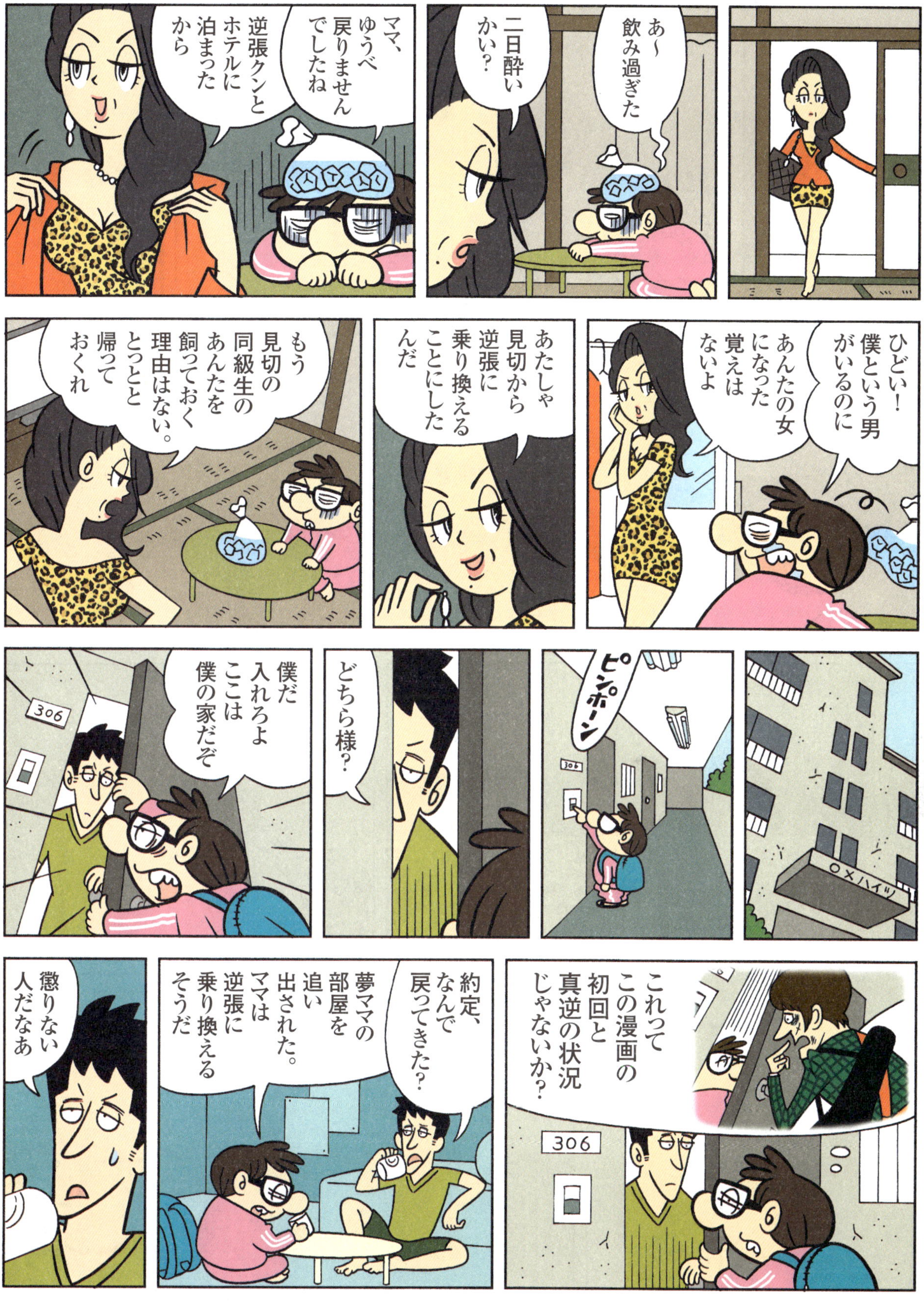
あ～飲み過ぎた
二日酔いかい？
ママ、ゆうべ戻りませんでしたね
逆張クンとホテルに泊まったから
ひどい！僕という男がいるのに
あんたの女になった覚えはないよ
あたしゃ見切から逆張に乗り換えることにしたんだ
もう見切の同級生のあんたを飼っておく理由はない。とっとと帰っておくれ
○×ハイツ
ピンポーン
306
どちら様？
306
僕だ入れろよここは僕の家だぞ
これってこの漫画の初回と真逆の状況じゃないか？
306
約定、なんで戻ってきた？
夢ママの部屋を追い出された。ママは逆張に乗り換えるそうだ
懲りない人だなあ

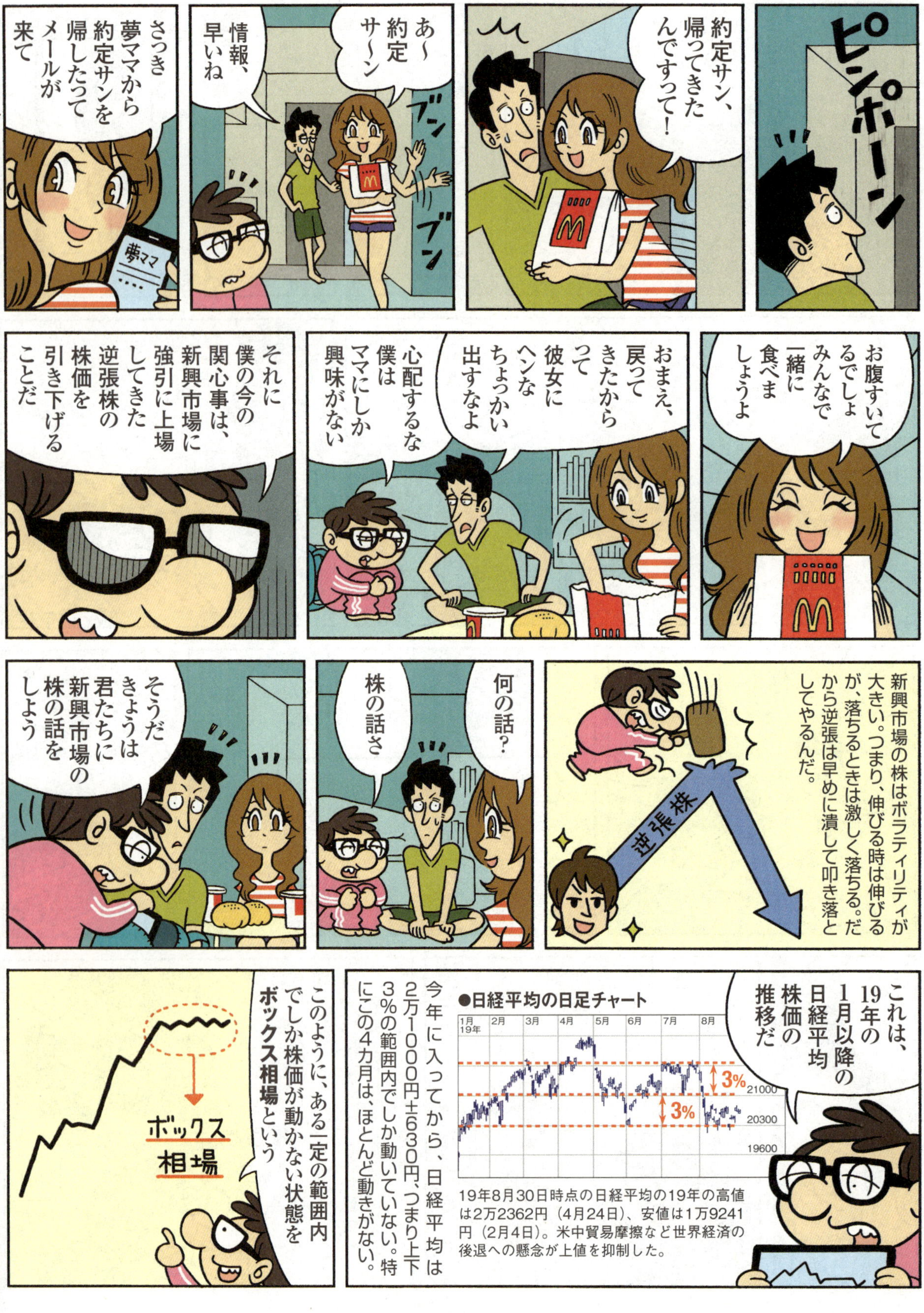

ピンポーン
約定サン、帰ってきたんですって！
あ～約定サ～ン
ブンブン
情報、早いね
さっき夢ママから約定サンを帰したってメールが来て
夢ママ
お腹すいてるでしょみんなで一緒に食べましょうよ
おまえ、戻ってきたからって彼女にヘンなちょっかい出すなよ
心配するな僕はママにしか興味がない
それに僕の今の関心事は、新興市場に強引に上場してきた逆張株の株価を引き下げることだ
新興市場の株はボラティリティが大きい。つまり、伸びる時は伸びるが、落ちるときは激しく落ちる。だから逆張は早めに潰して叩き落としてやるんだ。
逆張株
何の話？
株の話さ
そうだきょうは君たちに新興市場の株の話をしよう
これは、19年の1月以降の日経平均株価の推移だ
●日経平均の日足チャート
1月 19年
2月
3月
4月
5月
6月
7月
8月
3%
3%
21000
20300
19600
19年8月30日時点の日経平均の19年の高値は2万2362円（4月24日）、安値は1万9241円（2月4日）。米中貿易摩擦など世界経済の後退への懸念が上値を抑制した。
今年に入ってから、日経平均は2万1000円±630円、つまり上下3%の範囲内でしか動いていない。特にこの4カ月は、ほとんど動きがない。
このように、ある一定の範囲内でしか株価が動かない状態をボックス相場という
ボックス相場

この半年間ほとんど前進しなかった僕ら4人の関係みたいなものだね
実際のところ、19年4～6月期の日本のGDPは年率1.8％増（速報値）。企業の配当も過去最高となっている。
まだ伸びてるよね～
GDP +1.8％
それでいてPERは約12倍と低水準なので、株の割安感は抜群のはずなんだけど、日経平均はほとんど上がっていない。
PER=18倍くらい
PER=12倍くらい
割安
株ってやつは、未来の業績を売り買いするものだから、投資家は、日経平均を構成する東証1部の企業にはこれ以上伸びしろがないと見ているんだろうね。
今はいいけど先はないな…
ドドドド
それに対し、新興市場の**マザーズ**指数は、910ポイントを中心に±55ポイント、つまり上下6％も動いている
1月 2月 3月 4月 5月 6月 7月 8月
19年
1000
960
920
6%
6%
●マザーズ指数の日足チャート
マザーズ
マザーズに上場している銘柄は、株価が1カ月で2倍なんてケースがザラだ。
おおっ全部上がってる
個人投資家たちは今、伸びしろのある新興企業が多く上場しているマザーズに注目してる。
東証1部なんかつまんね～
やっぱマザーズだよね～
マザーズ
東証1部
マザーズって初めて聞いたな
何なの？
順を追って説明しよう
そもそも**上場**とは、企業が自社の株を証券取引市場で売買できるようにすることだ。
うちの株売買してください
証券取引市場
上場できる市場は、東京だけで、東証1部、東証2部、**JASDAQ**、**マザーズ**、さらにTOKYO PRO Marketの5つがある。
どれにしようかな
東証1部
東証2部
JASDAQ
マザーズ
TOKYO PRO Market

※2019年8月時点。

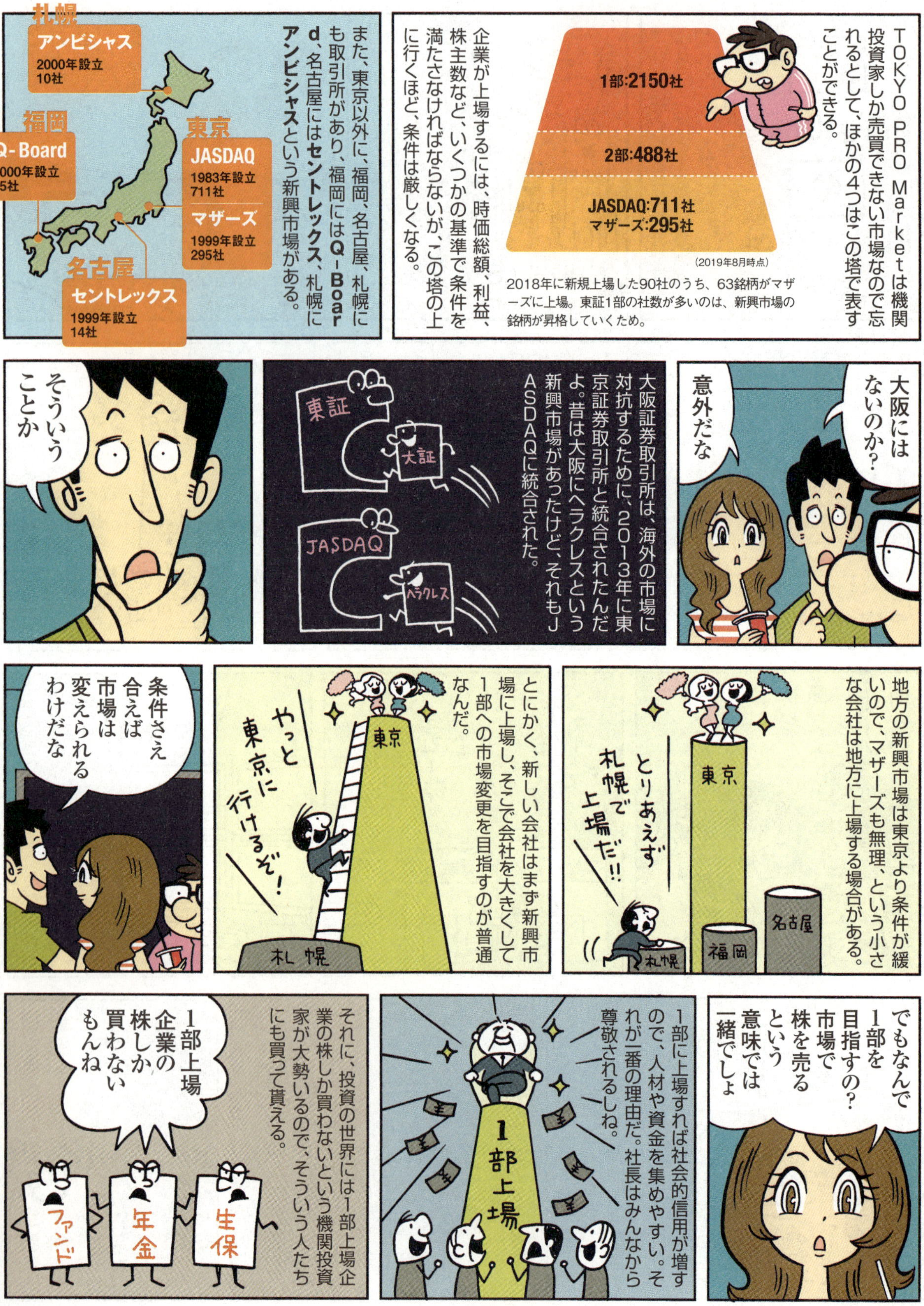
TOKYO PRO Marketは機関投資家しか売買できない市場なので忘れるとして、ほかの4つはこの塔で表すことができる。
1部:2150社
2部:488社
JASDAQ:711社
マザーズ:295社
(2019年8月時点)
企業が上場するには、時価総額、利益、株主数など、いくつかの基準で条件を満たさなければならないが、この塔の上に行くほど、条件は厳しくなる。
2018年に新規上場した90社のうち、63銘柄がマザーズに上場。東証1部の社数が多いのは、新興市場の銘柄が昇格していくため。
また、東京以外に、福岡、名古屋、札幌にも取引所があり、福岡には**Q-Board**、名古屋には**セントレックス**、札幌には**アンビシャス**という新興市場がある。
札幌
アンビシャス
2000年設立
10社
東京
JASDAQ
1983年設立
711社
マザーズ
1999年設立
295社
福岡
Q-Board
2000年設立
15社
名古屋
セントレックス
1999年設立
14社
大阪にはないのか?
意外だな
大阪証券取引所は、海外の市場に対抗するために、2013年に東京証券取引所と統合されたんだよ。昔は大阪にヘラクレスという新興市場があったけど、それもJASDAQに統合された。
東証
大証
JASDAQ
ヘラクレス
そういうことか
地方の新興市場は東京より条件が緩いので、マザーズも無理、という小さな会社は地方に上場する場合がある。
とりあえず札幌で上場だ!!
東京
名古屋
福岡
札幌
とにかく、新しい会社はまず新興市場に上場し、そこで会社を大きくして1部への市場変更を目指すのが普通なんだ。
やっと東京に行けるぞ!
東京
札幌
条件さえ合えば市場は変えられるわけだな
でもなんで1部を目指すの? 市場で株を売るという意味では一緒でしょ
1部に上場すれば社会的信用が増すので、人材や資金を集めやすい。それが一番の理由だ。社長はみんなから尊敬されるしね。
1部上場
それに、投資の世界には1部上場企業の株しか買わないという機関投資家が大勢いるので、そういう人たちにも買って貰える。
1部上場企業の株しか買わないもんね
生保
年金
ファンド

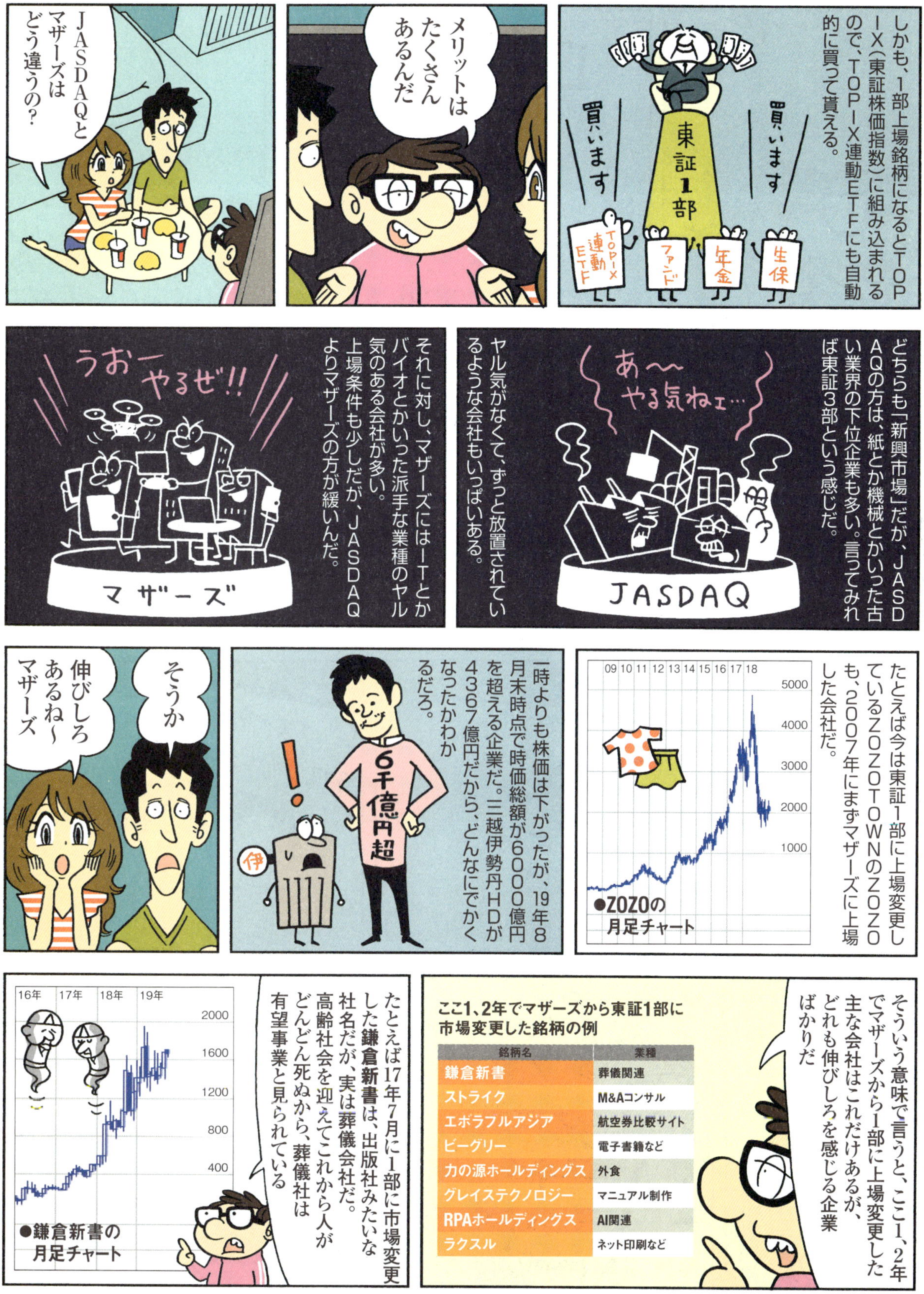
しかも、1部上場銘柄になるとTOPIX(東証株価指数)に組み込まれるので、TOPIX連動ETFにも自動的に買って貰える。
買います
買います
東証1部
TOPIX連動ETF
ファンド
年金
生保
メリットはたくさんあるんだ
JASDAQとマザーズはどう違うの?
どちらも「新興市場」だが、JASDAQの方は、紙とか機械とかいった古い業界の下位企業も多い。言ってみれば東証3部という感じだ。
ヤル気がなくて、ずっと放置されているような会社もいっぱいある。
あ〜〜やる気ねェ…
JASDAQ
それに対し、マザーズにはITとかバイオとかいった派手な業種のヤル気のある会社が多い。上場条件も少しだが、JASDAQよりマザーズの方が緩いんだ。
うおーやるぜ!!
マザーズ
たとえば今は東証1部に上場変更しているZOZOTOWNのZOZOも、2007年にまずマザーズに上場した会社だ。
09 10 11 12 13 14 15 16 17 18
5000 4000 3000 2000 1000
●ZOZOの月足チャート
一時よりも株価は下がったが、19年8月末時点で時価総額が6000億円を超える企業だ。三越伊勢丹HDが4367億円だから、どんなにでかくなったかわかるだろ。
6千億円超
!
伊
そうか
伸びしろあるね〜マザーズ
そういう意味で言うと、ここ1、2年でマザーズから1部に上場変更した主な会社はこれだけあるが、どれも伸びしろを感じる企業ばかりだ
ここ1、2年でマザーズから東証1部に市場変更した銘柄の例
たとえば17年7月に1部に市場変更した鎌倉新書は、出版社みたいな社名だが、実は葬儀会社だ。高齢社会を迎えてこれから人がどんどん死ぬから、葬儀社は有望事業と見られている
16年 17年 18年 19年
2000 1600 1200 800 400
●鎌倉新書の月足チャート

銘柄名	業種
鎌倉新書	葬儀関連
ストライク	M&Aコンサル
エボラフルアジア	航空券比較サイト
ビーグリー	電子書籍など
力の源ホールディングス	外食
グレイステクノロジー	マニュアル制作
RPAホールディングス	AI関連
ラクスル	ネット印刷など

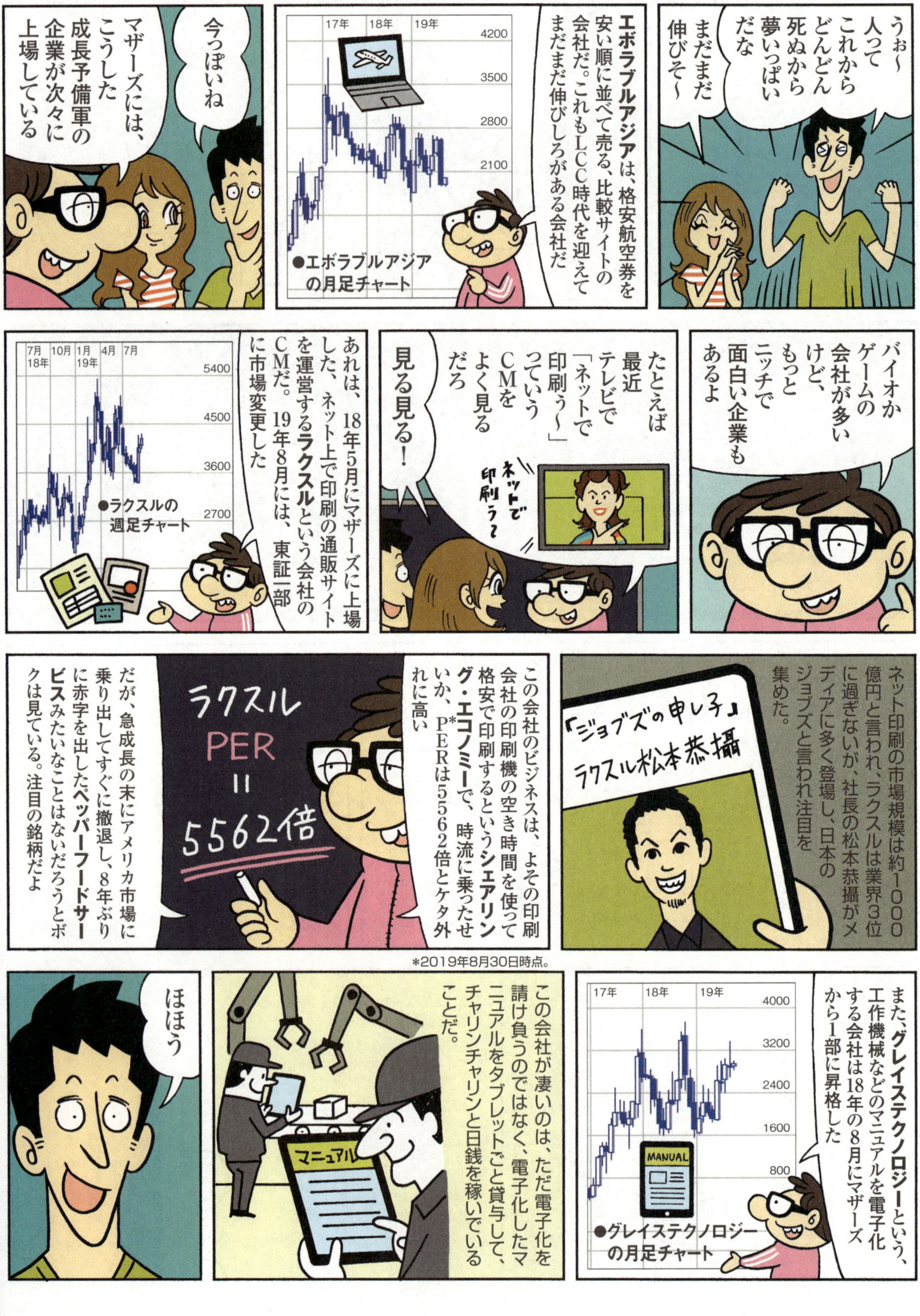
うぉ〜 人ってこれからどんどん死ぬから夢いっぱいだな
まだまだ伸びそ〜
エボラブルアジアは、格安航空券を安い順に並べて売る、比較サイトの会社だ。これもLCC時代を迎えてまだまだ伸びしろがある会社だ
17年 18年 19年
4200 3500 2800 2100
●エボラブルアジアの月足チャート
今っぽいね
マザーズには、こうした成長予備軍の企業が次々に上場している
バイオかゲームの会社が多いけど、もっとニッチで面白い企業もあるよ
たとえば最近テレビで「ネットで印刷ぅ〜」っていうCMをよく見るだろ
ネットで印刷ぅ〜
見る見る!
あれは、18年5月にマザーズに上場した、ネット上で印刷の通販サイトを運営するラクスルという会社のCMだ。19年8月には、東証一部に市場変更した
7月 18年 10月 1月 19年 4月 7月
5400 4500 3600 2700
●ラクスルの週足チャート
ネット印刷の市場規模は約1000億円と言われ、ラクスルは業界3位に過ぎないが、社長の松本恭攝がメディアに多く登場し、日本のジョブズと言われ注目を集めた。
「ジョブズの申し子」
ラクスル松本恭攝
この会社のビジネスは、よその印刷会社の印刷機の空き時間を使って格安で印刷するというシェアリング・エコノミーで、時流に乗ったせいか、*PERは5562倍とケタ外れに高い
ラクスル
PER
=
5562倍
だが、急成長の末にアメリカ市場に乗り出してすぐに撤退し、8年ぶりに赤字を出したペッパーフードサービスみたいなことはないだろうとボクは見ている。注目の銘柄だよ
また、グレイステクノロジーという、工作機械などのマニュアルを電子化する会社は18年の8月にマザーズから1部に昇格した
17年 18年 19年
4000 3200 2400 1600 800
MANUAL
●グレイステクノロジーの月足チャート
この会社が凄いのは、ただ電子化を請け負うのではなく、電子化したマニュアルをタブレットごと貸与して、チャリンチャリンと日銭を稼いでいることだ。
マニュアル
ほほう
*2019年8月30日時点。

それから、17年3月には「一風堂」の力の源ホールディングスも上場している
18年
19年
1500
1000
●力の源ホールディングスの月足チャート
1部昇格に向けて一度上昇してるけど、また下がってるわね
ラーメンってさすがに頭打ちじゃないか
国内ではそうかもしれないけど、世界的なブームなので、伸びしろはあるよ。
そうか
同じ3月に上場した、スマホ向けマンガ配信サービス「まんが王国」を運営するビーグリーも18年3月に一部に昇格
●ビーグリーの月足チャート
18年
19年
2800
2400
2000
1600
1200
800
まんが王国
ここも株価は、低迷しているけど、マンガの電子化は避けられない未来だから、長期的に見れば右肩上がりになる可能性はある
それから糸井重里のほぼ日も3月にJASDAQに上場している
18年
19年
7200
6600
6000
5400
4800
●ほぼ日の月足チャート
ほぼ日って早い話が手帳の会社だろ
手帳に未来はないんじゃないの?
未来があるかどうかはわからないが、根強いファンがいてグッズが売れてるし、イベント化した株主総会も人気だ。糸井重里が生きてる限り底堅いだろう。
第2回 ほぼ日の株主ミーティング
2018年11月25日(日)
新興市場で最も注意すべき点は、会社が玉石混淆でお粗末な事件がよく起こるということだ
マザーズ上場1号のリキッドオーディオ・ジャパンという音楽配信の会社は、いつの間にか反社会勢力に食い込まれ、上場廃止に追い込まれたし、
大量に売ってやったぜ
OHTというプリント基板の会社は、仕手筋が株価を上げるだけ上げて売り抜けたため、大暴落し、信用取引を扱っていた証券会社が多額の負債を抱えることになった。
そういう銘柄に引っかからないことが一番の注意だな
くくく僕は、逆張株を暴落させて、必ず上場廃止に追い込んでやる
?

VOL.16

株の格言勝負で恋が進展!?

格言で見直す株の鉄則

ククク
僕は、逆張株を暴落させて、必ず上場廃止に追い込んでやる
図1
夢ママ
見切
華衣
約定
図2
逆張
夢ママ
見切
華衣
約定
○×ハイツ
これを逆張に渡してくれ
手紙ならメールすりゃいいじゃないか
メールじゃダメなんだよ
約定からおまえにだって
果たし状…
果たし状

果たし状って何です？
おまえ意味、知らないのか
*パリピには縁のない言葉で…
決闘の申し込みだよ時間と場所が指定してあるだろ
今夜、「スナック夢」に来いって
心配するな。約定は高校時代、幼稚園児と喧嘩して泣かされてた男だ。おまえが負けるはずがない
え〜〜…
夢
カラン
ああ、華衣ちゃんも来てたの？
約定サンに呼ばれて…
おい、果たし状ってどういうつもりだよ
おまえあいつと喧嘩したら絶対負けるぞ
頭で戦うんだよ
やい逆張！おまえ株式投資に詳しいつもりだろ
あんたよりはね
だったら俺と**格言勝負**をしろ
格言勝負？
株式投資には役に立つ格言が色々あるよな

*パーティ・ピープル、要するに浮かれた人のこと。

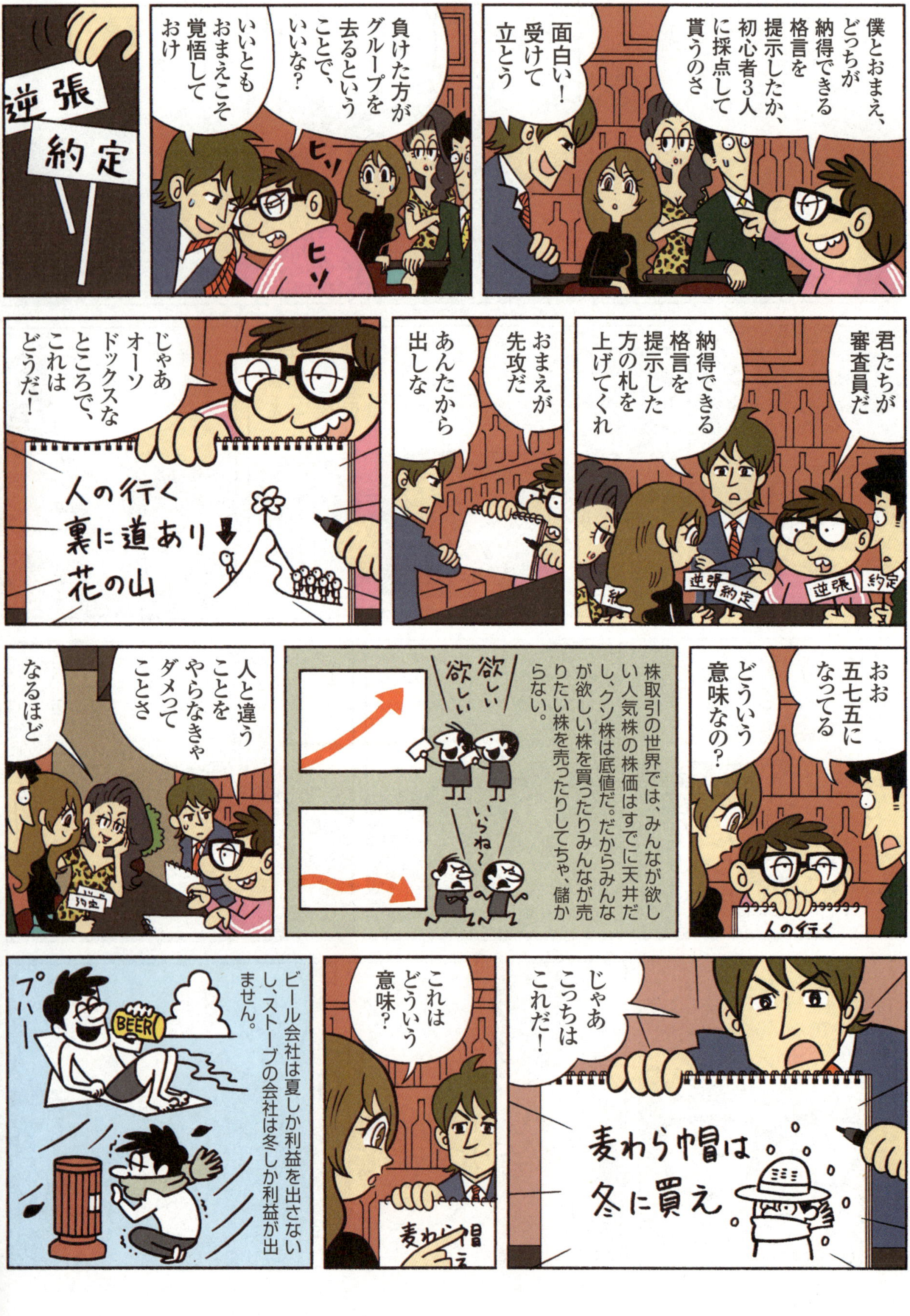

僕とおまえ、どっちが納得できる格言を提示したか、初心者3人に採点して貰うのさ
面白い！受けて立とう
負けた方がグループを去るということで、いいな？
いいともおまえこそ覚悟しておけ
ヒソ
ヒソ
逆張
約定
君たちが審査員だ
納得できる格言を提示した方の札を上げてくれ
逆張
約定
逆張
約定
おまえが先攻だ
あんたから出しな
じゃあオーソドックスなところで、これはどうだ！
人の行く裏に道あり花の山
おお五七五になってる
どういう意味なの？
人の行く
株取引の世界では、みんなが欲しい人気株の株価はすでに天井だし、クソ株は底値だ。だからみんなが欲しい株を買ったりみんなが売りたい株を売ったりしてちゃ、儲からない。
欲しい欲しい
いらねー
人と違うことをやらなきゃダメってことさ
なるほど
じゃあこっちはこれだ！
麦わら帽は冬に買え
これはどういう意味？
ビール会社は夏しか利益を出さないし、ストーブの会社は冬しか利益が出ません。
プハー
BEER

でも、夏になってから**アサヒ**や**キリン**の株を買ったり、冬に入ってから**コロナ**や**ダイニチ**の株を買ってたのでは遅い。株は他人が欲しくないときに買って欲しいときに売れ、ってことです
ビール会社株
ココで買う
ココで買っても遅い
10月 11月 12月 1月 2月 3月 4月 5月 6月 7月 8月 9月
なるほど
そりゃ昔の話だ
フンッ
今はストーブ会社も、ビール会社も株価は季節に関係なく変動している。その格言は通用しない
コロナ
冬に向けて下落
アサヒHD
冬も上昇
しまった
バッ
約定
約定
約定
約定 逆張
01 00
よしっ
じゃあ今度はこっちが先攻だ!
噂で買って事実で売れ
スクウェア・エニックス株は、「ドラクエの新作が出る」という噂が立つと必ず上昇し、発売直前にピークを迎えて、発売されると急降下します。
ドラクエ11出るかも!?
売り
買い
NEWS ドラクエ11発売!
カジノ関連株も同じです。カジノ法案がいよいよ国会に提出されるという噂が立つと急上昇しましたが、実際に法案が通る頃には下がっていました。
カジノ法案提出か…?
売り
買い
NEWS カジノ法案可決
株は、まず情報を掴んだ人が買い、やがてその情報が拡散してみんなが買う、みんなが買う頃には最初に買った人は売り抜けている。事実が出る前に売らなければ儲からない、ってことです。

株の情報は玉石混淆。よく確かめもせずに飛びつくと痛い目に遭う。早く情報を知ったからって、必ず儲けられるとは限らないってことさ。
新商品が出るらしい
買い
●●社
NEWS ●●社 赤字決算
ギャーーッ
じゃあこれはどうだ
早耳の耳だおれ
そう来たか
ファン
こういうのもあるぞ！
利食い急ぐな損急げ
約定 逆張
0200
ファン
バッ
約定
約定
約定
利益が出ている株を売ってその利益を確定することを利食い、逆に損している株を売って、損失を確定することを損切りというが、
利益も損失も時間によって拡大する可能性がある。慌てて利食いするとせっかくの上昇相場に乗り切れないので、急ぐ必要はないが、
利食い
損切り
売り
買い
買い
売り
損は早めに切ってしまわないと、損失を拡大させる恐れがあるから、急いだ方がいいってことさ。
わー遅れた!!
売り
間に合った！
こうも言います！
利食い千人力
買った株が値上がりしても、それは含み益が出たというだけで、利益が確定したわけじゃない。いつまでも持ってると、いつ含み損に変わるかわかりません。
ハイ売り！
フーッ
よし利益確定
そうならないためにも、欲張らずにとっとと利食いしておけっていう意味です。

へへ～ん 初心者は 黙ってても 利食いは 急ぎがち だから わざわざ 格言で 戒める必要は ありません～
くっそ～ 鉄壁の ディフェンスだ
バッ
約定
約定
約定
約定
逆張
03
00
よっしゃ
これなら どうだっ!
落ちて来る剣は掴むな
地面に刺さってから抜け
聞いたこと あるね
株は、株価が下がっている途中で買うと、まだ下がるかもしれないので危険だ。下げ止まってから買えってことです。
ギャーーッ
それなら こっちは…
頭とシッポは くれてやれ
鯛焼きの 話?
頭とシッポは くれてやれ
株取引の理想は底値で買って天井で売ることだ。でも、実際には、どんな株のベテランでも、株価のどこが底でどこが天井かなんて、読み切れない。
天井
売り
買い
底
だから最初から、鯛焼きでいう頭の部分とシッポの部分は他人にくれてやるつもりで売り買いしろ、ってことさ。
こっちの 方が 短くて わかり やすい
頭とシッポは くれてやれ
バッ
約定
約定
約定
約定
逆張
04
00

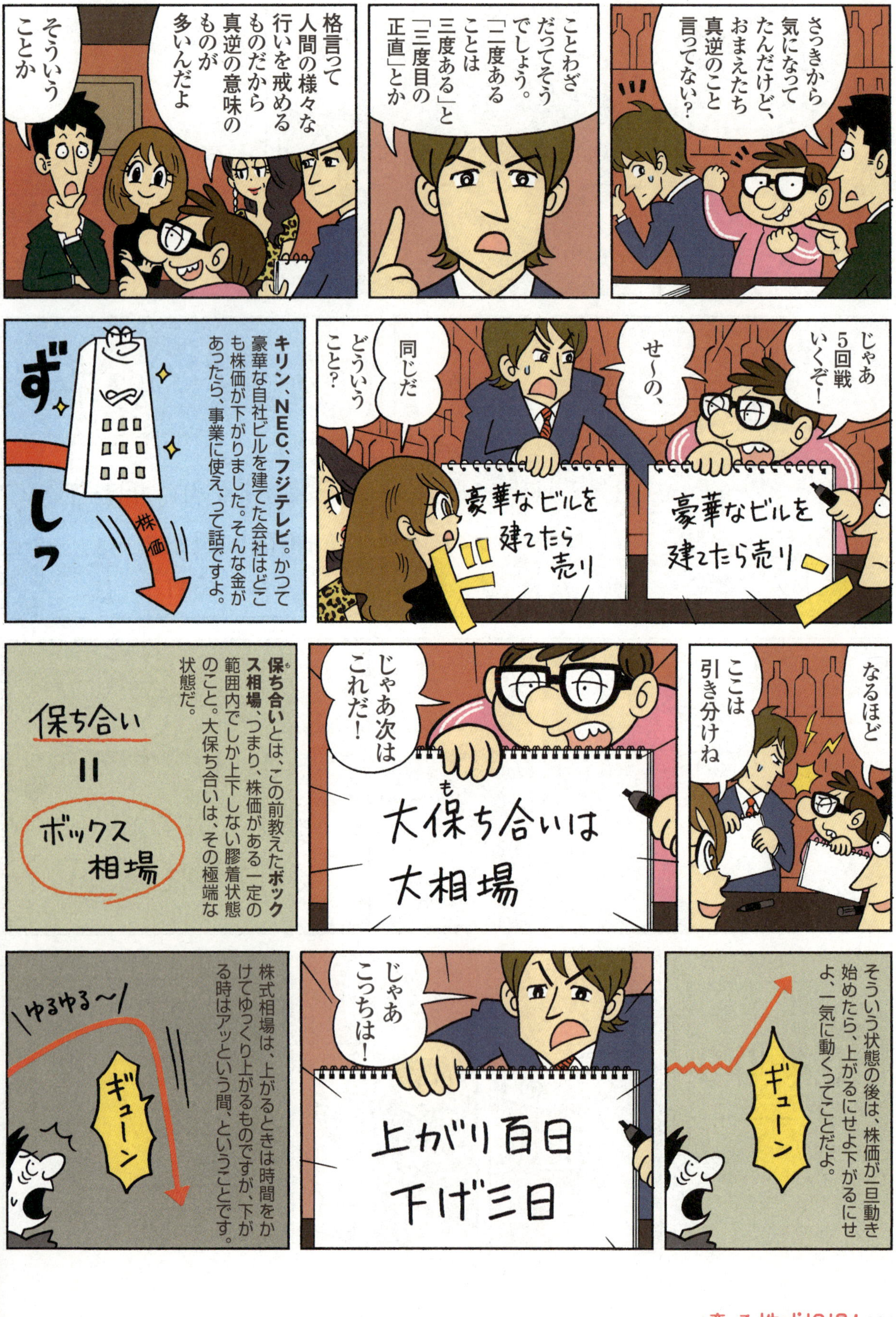

さっきから気になってたんだけど、おまえたち真逆のこと言ってない？
ことわざだってそうでしょう。「二度あることは三度ある」と「三度目の正直」とか
格言って人間の様々な行いを戒めるものだから真逆の意味のものが多いんだよ
そういうことか
じゃあ5回戦いくぞ！
せ〜の、
豪華なビルを建てたら売り
豪華なビルを建てたら売り
ドン
同じだ
どういうこと？
キリン、NEC、フジテレビ。かつて豪華な自社ビルを建てた会社はどこも株価が下がりました。そんな金があったら、事業に使え、って話ですよ。
ずしっ
株価
なるほど
ここは引き分けね
じゃあ次はこれだ！
大保《も》ち合いは大相場
保《も》ち合いとは、この前教えたボックス相場、つまり、株価がある一定の範囲内でしか上下しない膠着状態のこと。大保ち合いは、その極端な状態だ。
保ち合い
＝
ボックス相場
そういう状態の後は、株価が一旦動き始めたら、上がるにせよ下がるにせよ、一気に動くってことだよ。
ギューン
じゃあこっちは！
上がり百日下げ三日
株式相場は、上がるときは時間をかけてゆっくり上がるものですが、下がる時はアッという間、ということです。
ゆるゆる〜
ギューン

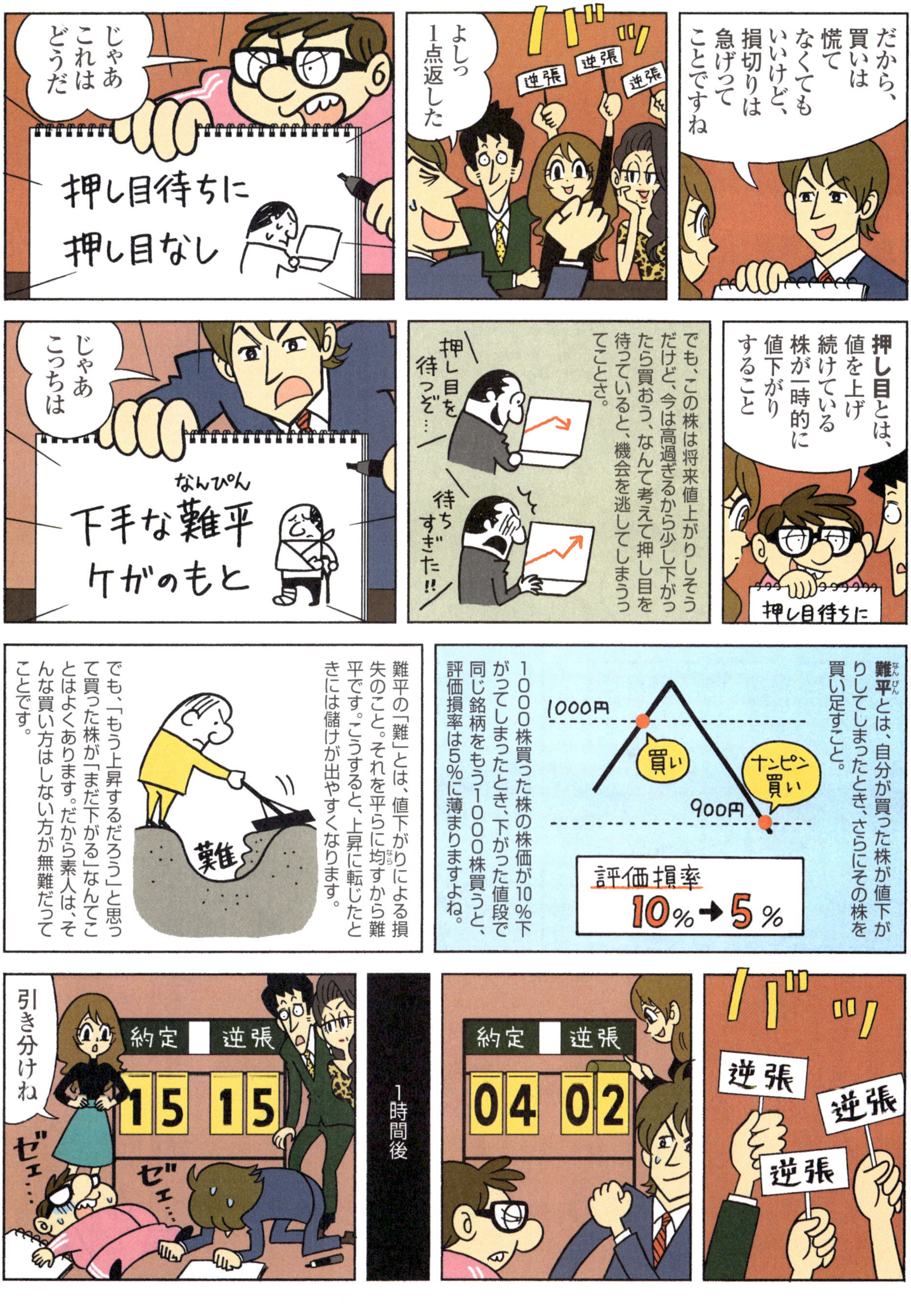
だから、買いは慌てなくてもいいけど、損切りは急げってことですね
バッ
逆張
逆張
逆張
よしっ 1点返した
じゃあ これは どうだ
押し目待ちに 押し目なし
押し目とは、値を上げ続けている株が一時的に値下がりすること
押し目待ちに
でも、この株は将来値上がりしそうだけど、今は高過ぎるから少し下がったら買おう、なんて考えて押し目を待っていると、機会を逃してしまうってことさ。
押し目を待つぞ…
待ちすぎた!!
じゃあ こっちは
下手な難平《なんぴん》 ケガのもと
難平《なんぴん》とは、自分が買った株が値下がりしてしまったとき、さらにその株を買い足すこと。
1000円
買い
ナンピン買い
900円
1000株買った株の株価が10%下がってしまったとき、下がった値段で同じ銘柄をもう1000株買うと、評価損率は5%に薄まりますよね。
評価損率
10%→5%
難平の「難」とは、値下がりによる損失のこと。それを平らに均《なら》すから難平です。こうすると、上昇に転じたときには儲けが出やすくなります。
難
でも、「もう上昇するだろう」と思って買った株が「まだ下がる」なんてことはよくあります。だから素人は、そんな買い方はしない方が無難だってことです。
バッ
逆張
逆張
逆張
約定 逆張
04 02
1時間後
引き分けね
約定 逆張
15 15
ゼェ…
ゼェ…

VOL. 17 殿様イナゴとデイトレーダー
デイトレードの新傾向

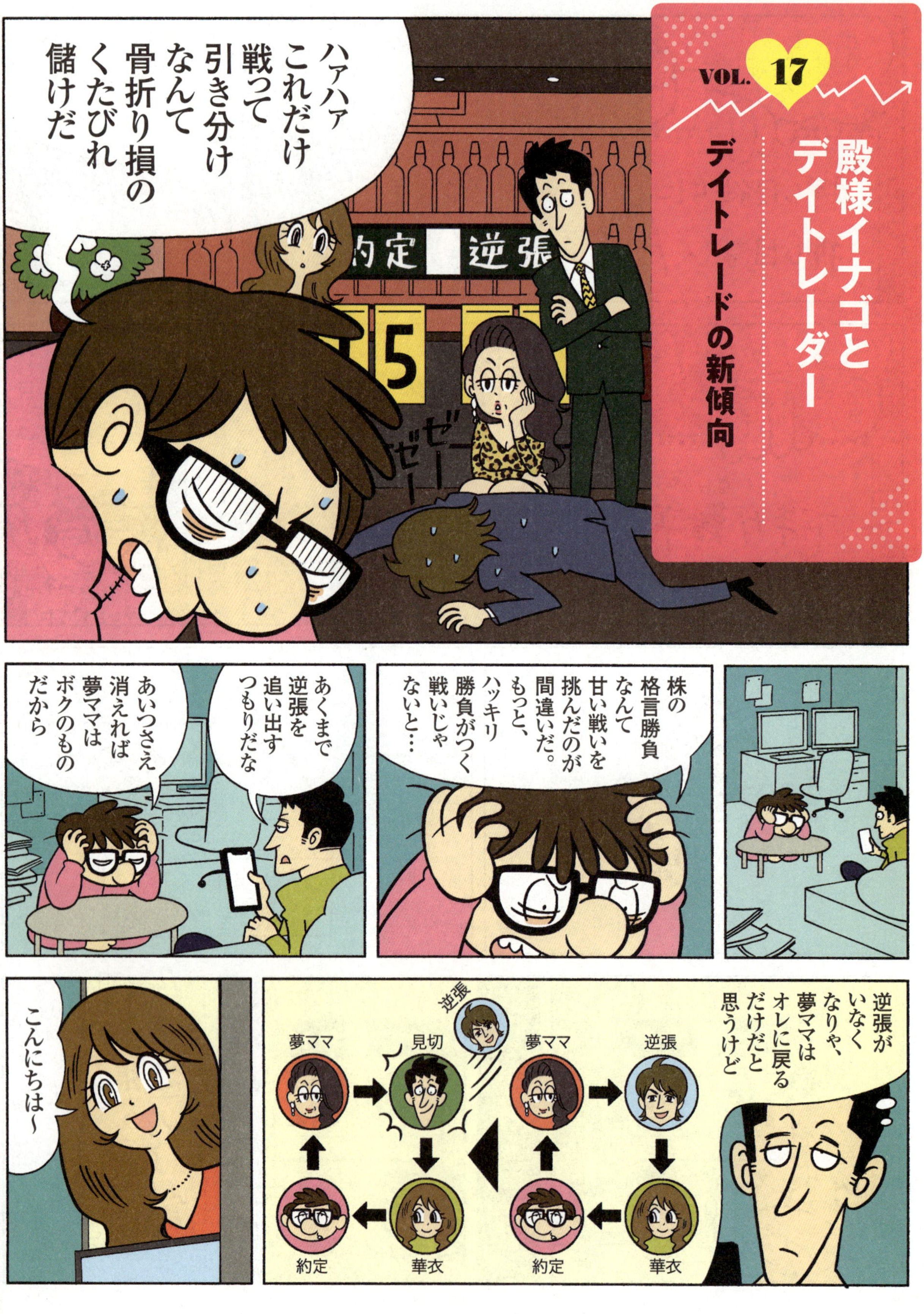

ハアハア これだけ戦って引き分けなんて骨折り損のくたびれ儲けだ
約定
逆張
ゼー ゼー
株の格言勝負なんて甘い戦いを挑んだのが間違いだ。もっと、ハッキリ勝負がつく戦いじゃないと…
あくまで逆張を追い出すつもりだな
あいつさえ消えれば夢ママはボクのものだから
逆張がいなくなりゃ、夢ママはオレに戻るだけだと思うけど
夢ママ
逆張
華衣
約定
夢ママ
見切
逆張
華衣
約定
こんにちは~

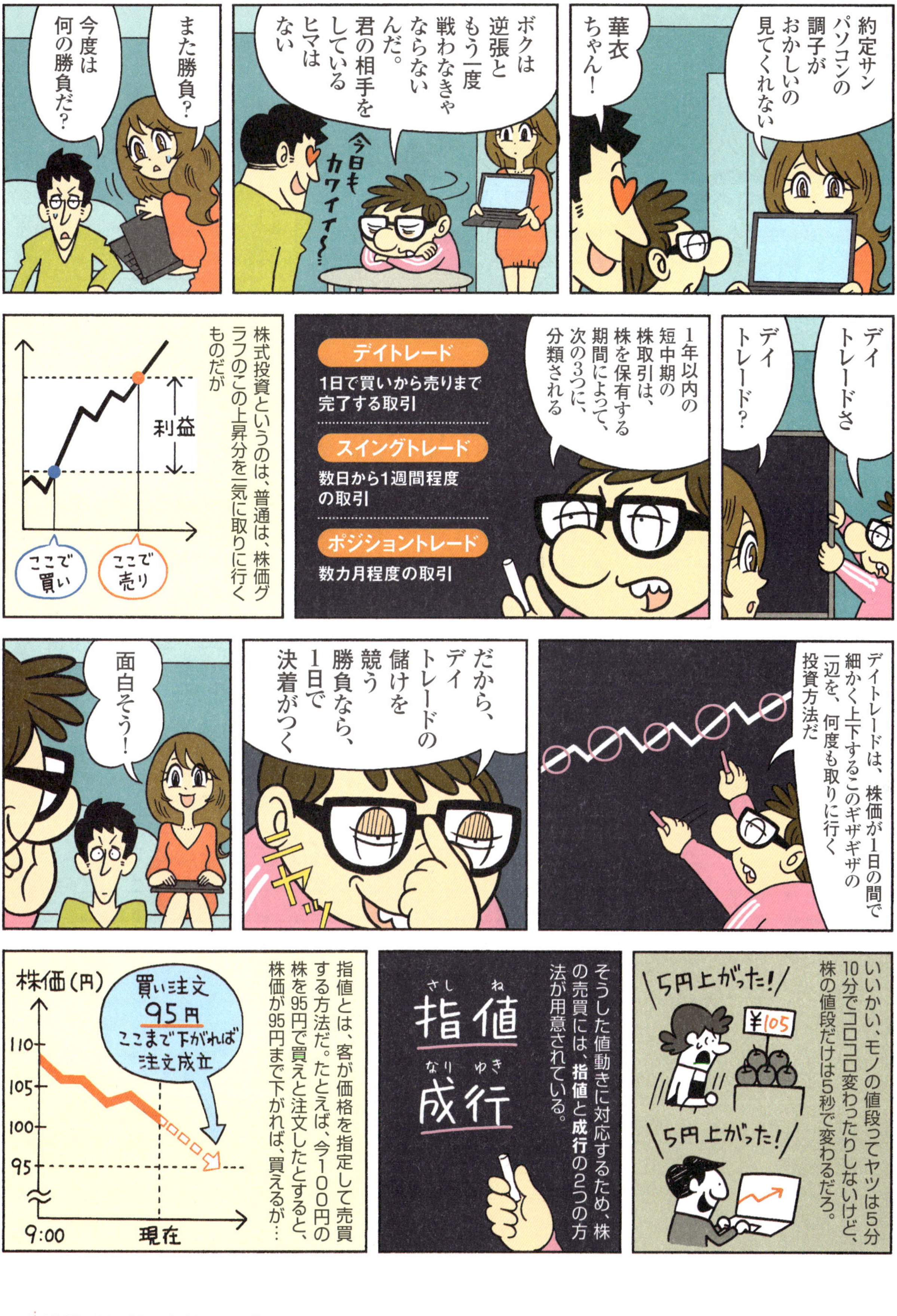

約定サンパソコンの調子がおかしいの見てくれない
華衣ちゃん！
ボクは逆張ともう一度戦わなきゃならないんだ。君の相手をしているヒマはない
今日もカワイイ〜
また勝負？
今度は何の勝負だ？
デイトレードさ
デイトレード？
1年以内の短中期の株取引は、株を保有する期間によって、次の3つに、分類される
デイトレード
1日で買いから売りまで完了する取引
スイングトレード
数日から1週間程度の取引
ポジショントレード
数カ月程度の取引
株式投資というのは、普通は、株価グラフのこの上昇分を一気に取りに行くものだが
利益
ここで買い
ここで売り
デイトレードは、株価が1日の間で細かく上下するこのギザギザの一辺を、何度も取りに行く投資方法だ
だから、デイトレードの儲けを競う勝負なら、1日で決着がつく
ニヤッ
面白そう！
いいかい、モノの値段ってヤツは5分10分でコロコロ変わったりしないけど、株の値段だけは5秒で変わるだろ。
5円上がった！
¥105
5円上がった！
そうした値動きに対応するため、株の売買には、指値と成行の2つの方法が用意されている。
指値《さしね》
成行《なりゆき》
指値とは、客が価格を指定して売買する方法だ。たとえば、今100円の株を95円で買えと注文したとすると、株価が95円まで下がれば、買えるが…
株価（円）
買い注文
95円
ここまで下がれば注文成立
110
105
100
95
9:00
現在

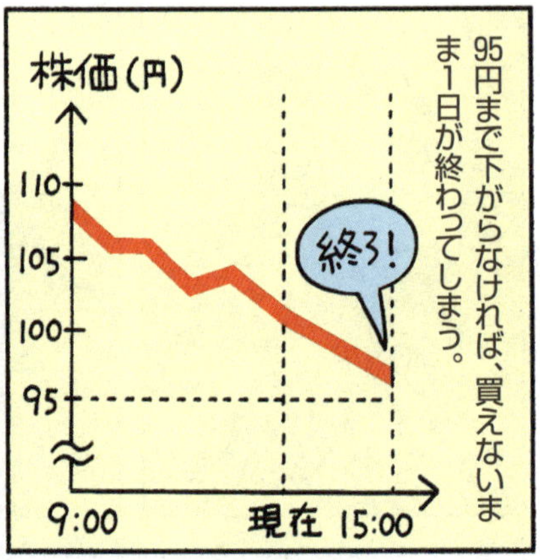
95円まで下がらなければ、買えないまま1日が終わってしまう。
株価（円）
110
105
100
95
9:00
現在
15:00
終ろ！

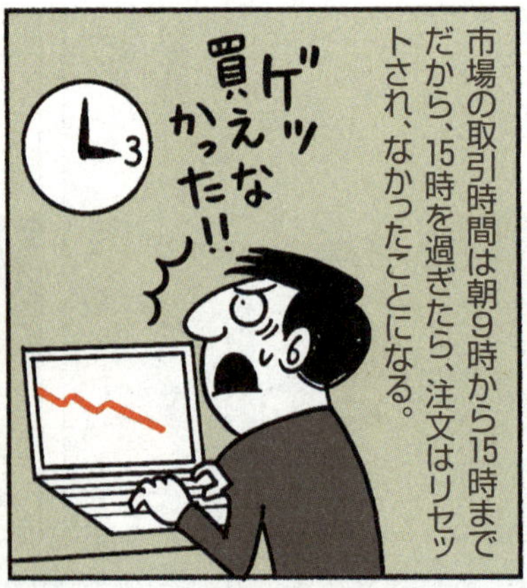
市場の取引時間は朝9時から15時までだから、15時を過ぎたら、注文はリセットされ、なかったことになる。
ゲッ
買えなかった!!

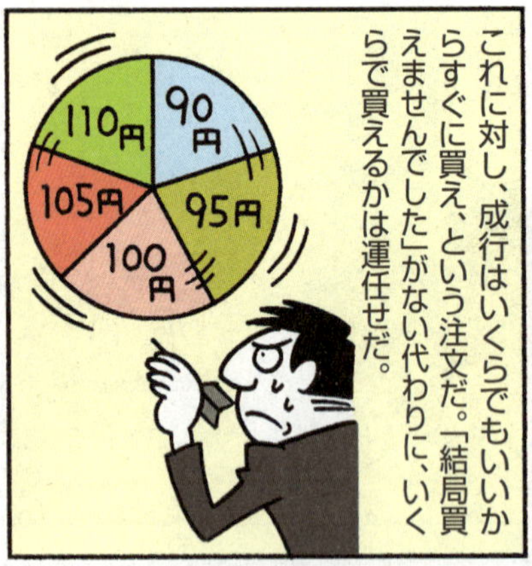
これに対し、成行はいくらでもいいからすぐに買え、という注文だ。「結局買えませんでした」がない代わりに、いくらで買えるかは運任せだ。
90円
95円
100円
105円
110円

そうした株の売買の注文は、板《いた》と呼ばれる、このような表で表される。この表をよく見たまえ
一番安く売ろうとしている華衣ちゃんの売値は105円。一番高く買おうとしている見切の買値は101円。これでは売買は永遠に成立しない

売り	売数量	値段	買数量	買い
Cさん	2000株	108円		
Bさん	1000株	107円		
Aさん	2000株	106円		
華衣	3000株	105円		
		101円	5000株	見切
		100円	4000株	Dさん
		99円	7000株	Eさん
		98円	8000株	Fさん

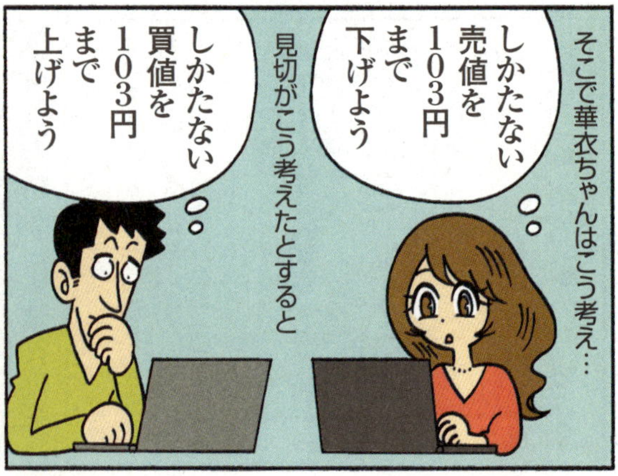
そこで華衣ちゃんはこう考え…
しかたない 売値を 103円 まで 下げよう
見切がこう考えたとすると
しかたない 買値を 103円 まで 上げよう

そこで初めて103円で売買が成立する（但し、見切はまだ2000株分、買い残しているけどね）。
買えた！
105円
103円
3000株
売れた！
101円
こんなふうに、売る側は少しずつ売値を下げ、買う側は買値を上げ、金額が一致したところで、株の売買は次々に成立してゆく。

最初に説明した「成行」は、買いの場合は売りの一番下、売りの場合は買いの一番上の値段で即売買が成立する。
売り 売数量 値段 買数量 買い
C 2000株 108円
B 1000株 107円
A 2000株 106円
華衣 3000株 105円
3000株 104円
102円 3000株
見切 101円 5000株
D 100円 4000株
E 99円 7000株
F 98円 8000株
昔、こうした板は、プロの証券マンしか見られなかったが、2001年からネットで誰でも見られるようになった。
そして今の例だと、買い注文の方が売り注文より多いから、この株は今後上がりやすいということがわかる。
売数量 値段 買数量
1000 107
2000 106
3000 105
3000 104
102 3000
101 5000
100 4000
99 7000
デイトレーダーの中には、この板を見て上がりそうな株を買い、その株が1単位でも上がったら、瞬時に売るヤツがいる。
それ1円上がった売りだ!
デイトレードの中でも、特にこうしたシューティング・ゲームのような超短期売買は、**スキャルピング**と呼ばれ、10年前には、これで食べてる人が大勢いた。
ピコピコ
ピコピコ
ピコピコ
ところが、2010年に東証が**アローヘッド**という超高速サーバーを導入してからは、
arrowhead
外資系証券会社がコンピュータを使った高速の**HFT**(High Frequency Trading＝超高頻度取引)を行い始め、
High Frequency Trading
(超高頻度取引)
人間が目と指で戦っても勝ち目がなくなってしまった。
ぐぬぬぬぬ…
さらに悪いことに、最近は*アルゴリズム・トレードが入り込んで来ている
アルゴリズムトレード?
アルゴリズム・トレード

＊プログラムにより、コンピュータが自動的に売買する取引。VWAP以外にも様々なタイプがある。

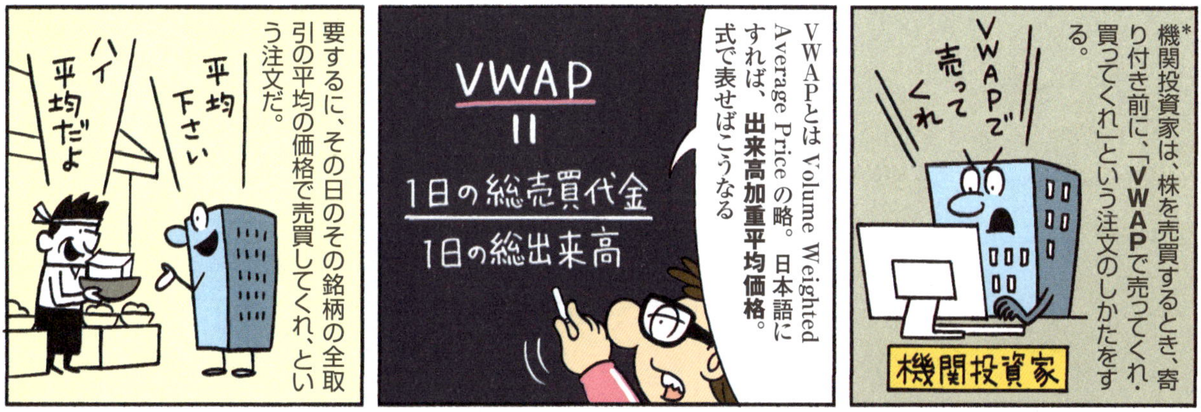

機関投資家*は、株を売買するとき、寄り付き前に、「**VWAP**で売ってくれ・買ってくれ」という注文のしかたをする。
VWAPで売ってくれ
機関投資家
VWAPとはVolume Weighted Average Priceの略。日本語にすれば、**出来高加重平均価格**。式で表せばこうなる
VWAP ＝ 1日の総売買代金 / 1日の総出来高
要するに、その日のその銘柄の全取引の平均の価格で売買してくれ、という注文だ。
平均下さい
ハイ平均だよ

＊機関投資家とは投資顧問会社や年金基金など巨額の資金を運用する投資家。

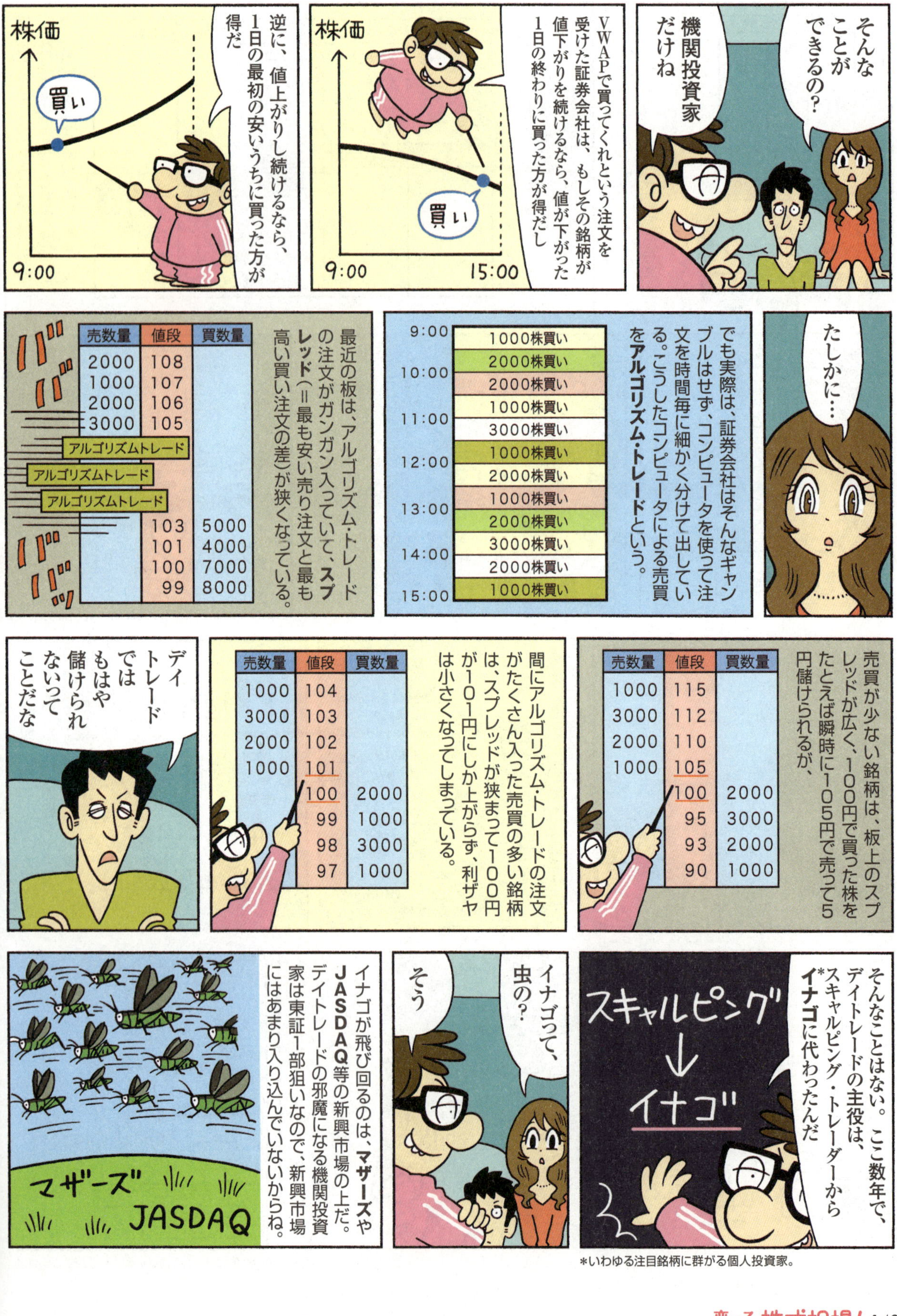

そんなことができるの?
機関投資家だけね
VWAPで買ってくれという注文を受けた証券会社は、もしその銘柄が値下がりを続けるなら、値が下がった1日の終わりに買った方が得だし
株価
買い
9:00
15:00
逆に、値上がりし続けるなら、1日の最初の安いうちに買った方が得だ
株価
買い
9:00
たしかに…
でも実際は、証券会社はそんなギャンブルはせず、コンピュータを使って注文を時間毎に細かく分けて出している。こうしたコンピュータによる売買を**アルゴリズム・トレード**という。
9:00 1000株買い
2000株買い
10:00 2000株買い
1000株買い
11:00 3000株買い
1000株買い
12:00 2000株買い
1000株買い
13:00 2000株買い
3000株買い
14:00 2000株買い
1000株買い
15:00
最近の板は、アルゴリズム・トレードの注文がガンガン入っていて、**スプレッド**(=最も安い売り注文と最も高い買い注文の差)が狭くなっている。
売数量 値段 買数量
2000 108
1000 107
2000 106
3000 105
アルゴリズムトレード
アルゴリズムトレード
アルゴリズムトレード
103 5000
101 4000
100 7000
99 8000
バババババッ
売買が少ない銘柄は、板上のスプレッドが広く、たとえば瞬時に100円で買った株を105円で売って5円儲けられるが、
売数量 値段 買数量
1000 115
3000 112
2000 110
1000 105
100 2000
95 3000
93 2000
90 1000
間にアルゴリズム・トレードの注文がたくさん入った売買の多い銘柄は、スプレッドが狭まって100円が101円にしか上がらず、利ザヤは小さくなってしまっている。
売数量 値段 買数量
1000 104
3000 103
2000 102
1000 101
100 2000
99 1000
98 3000
97 1000
デイトレードではもはや儲けられないってことだな
そんなことはない。ここ数年で、デイトレードの主役は、スキャルピング・トレーダーから*イナゴに代わったんだ
スキャルピング
↓
イナゴ
イナゴって、虫の?
そう
イナゴが飛び回るのは、**マザーズ**や**JASDAQ**等の新興市場の上だ。デイトレードの邪魔になる機関投資家は東証1部狙いなので、新興市場にはあまり入り込んでいないからね。
マザーズ
JASDAQ

*いわゆる注目銘柄に群がる個人投資家。

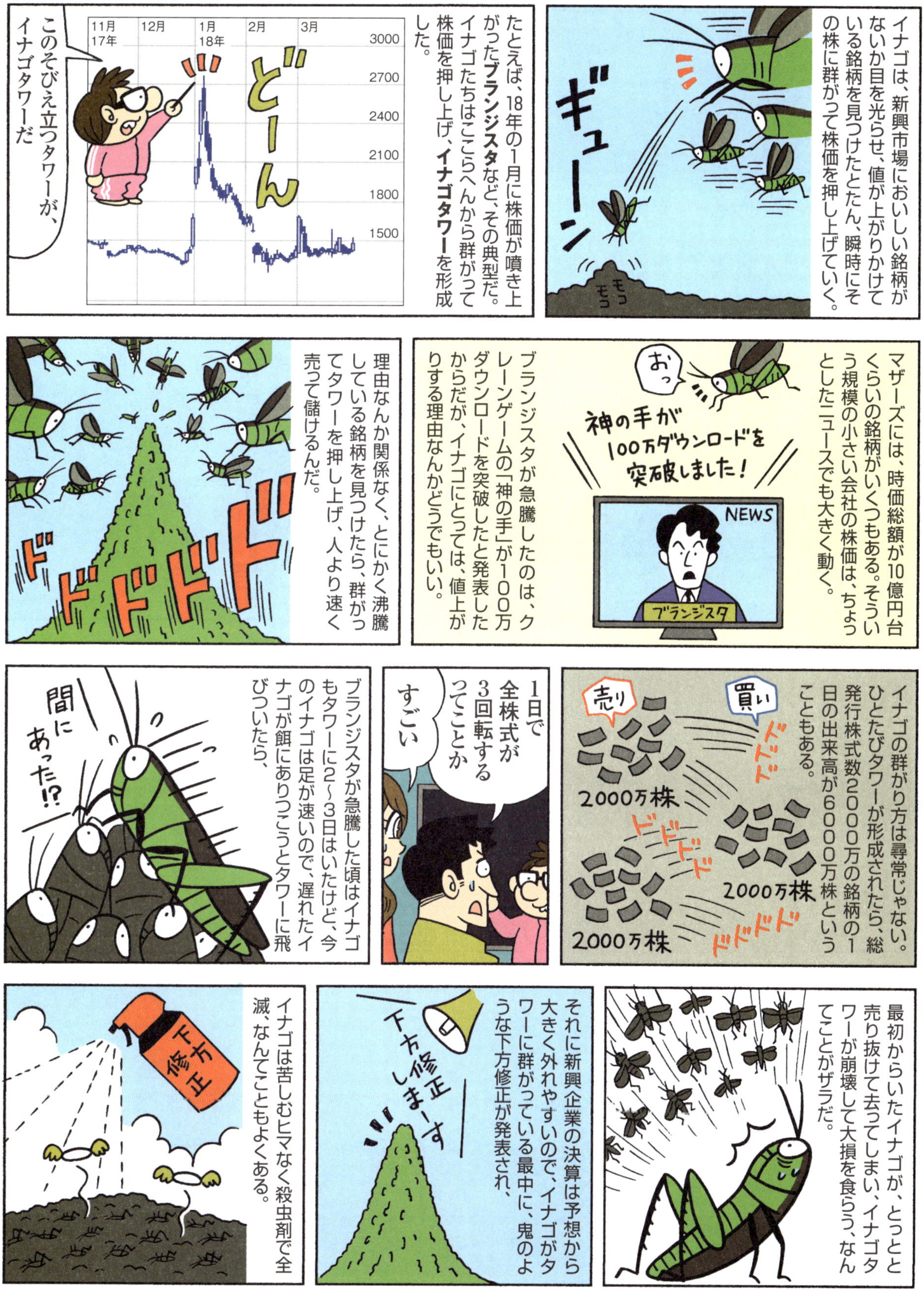
イナゴは、新興市場においしい銘柄がないか目を光らせ、値が上がりかけている銘柄を見つけたとたん、瞬時にその株に群がって株価を押し上げていく。
ギューン
モコ モコ
たとえば、18年の1月に株価が噴き上がった**ブランジスタ**など、その典型だ。イナゴたちはここらへんから群がって株価を押し上げ、**イナゴタワー**を形成した。
11月 17年
12月
1月 18年
2月
3月
3000
2700
2400
2100
1800
1500
どーん
このそびえ立つタワーが、イナゴタワーだ
マザーズには、時価総額が10億円台くらいの銘柄がいくつもある。そういう規模の小さい会社の株価は、ちょっとしたニュースでも大きく動く。
おっ
神の手が100万ダウンロードを突破しました!
NEWS
ブランジスタ
ブランジスタが急騰したのは、クレーンゲームの「神の手」が100万ダウンロードを突破したと発表したからだが、イナゴにとっては、値上がりする理由なんかどうでもいい。
理由なんか関係なく、とにかく沸騰している銘柄を見つけたら、群がってタワーを押し上げ、人より速く売って儲けるんだ。
ドドドドド
イナゴの群がり方は尋常じゃない。ひとたびタワーが形成されたら、総発行株式数2000万の銘柄の1日の出来高が6000万株ということもある。
売り
買い
ドドドド
2000万株
ドドドド
2000万株
2000万株
ドドドド
1日で全株式が3回転するってことか
すごい
ブランジスタが急騰した頃はイナゴもタワーに2~3日はいたけど、今のイナゴは足が速いので、遅れたイナゴが餌にありつこうとタワーに飛びついたら、
間にあった!?
最初からいたイナゴが、とっとと売り抜けて去ってしまい、イナゴタワーが崩壊して大損を食らう、なんてことがザラだ。
それに新興企業の決算は予想から大きく外れやすいので、イナゴがタワーに群がっている最中に、鬼のような下方修正が発表され、
下方修正しまーす
下方修正
イナゴは苦しむヒマなく殺虫剤で全滅、なんてこともよくある。

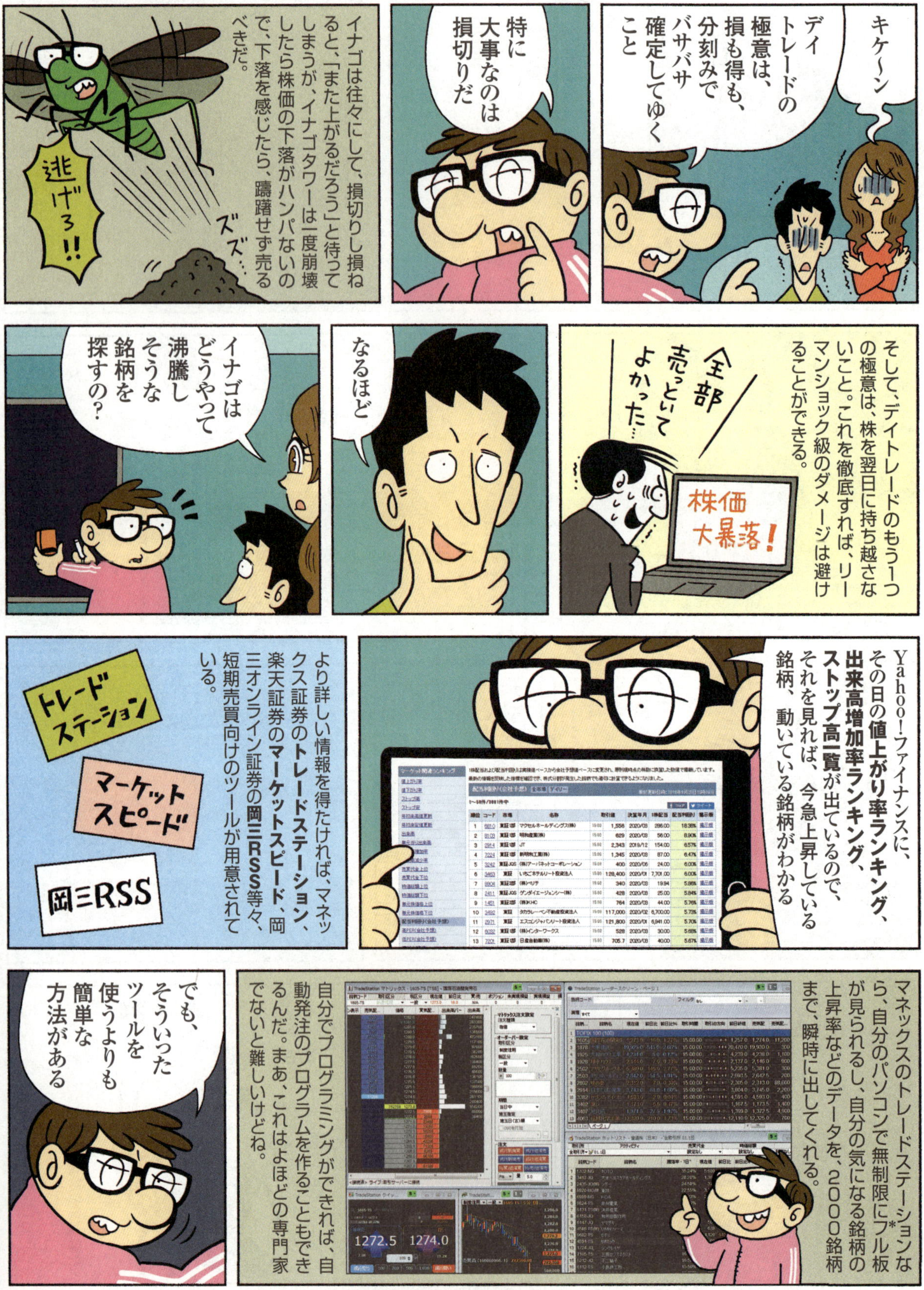
キケ〜ン
デイトレードの極意は、損も得も、分刻みでバサバサ確定してゆくこと
特に大事なのは損切りだ
イナゴは往々にして、損切りし損ねると、「また上がるだろう」と待ってしまうが、イナゴタワーは一度崩壊したら株価の下落がハンパないので、下落を感じたら、躊躇せず売るべきだ。
逃げろ!!
ズズ…
そして、デイトレードのもう1つの極意は、株を翌日に持ち越さないこと。これを徹底すれば、リーマンショック級のダメージは避けることができる。
全部売っといてよかった…
株価大暴落!
なるほど
イナゴはどうやって沸騰しそうな銘柄を探すの?
Yahoo!ファイナンスに、その日の**値上がり率ランキング**、**出来高増加率ランキング**、**ストップ高一覧**が出ているので、それを見れば、今急上昇している銘柄、動いている銘柄がわかる
より詳しい情報を得たければ、マネックス証券の**トレードステーション**、楽天証券の**マーケットスピード**、岡三オンライン証券の**岡三RSS**等々、短期売買向けのツールが用意されている。
トレードステーション
マーケットスピード
岡三RSS
マネックスのトレードステーションなら、自分のパソコンで無制限にフル板*が見られるし、自分の気になる銘柄の上昇率などのデータを、2000銘柄まで、瞬時に出してくれる。
自分でプログラミングができれば、自動発注のプログラムを作ることもできるんだ。まあ、これはよほどの専門家でないと難しいけどね。
でも、そういったツールを使うよりも簡単な方法がある

*注文が出ているすべての板状況を見られるサービス。

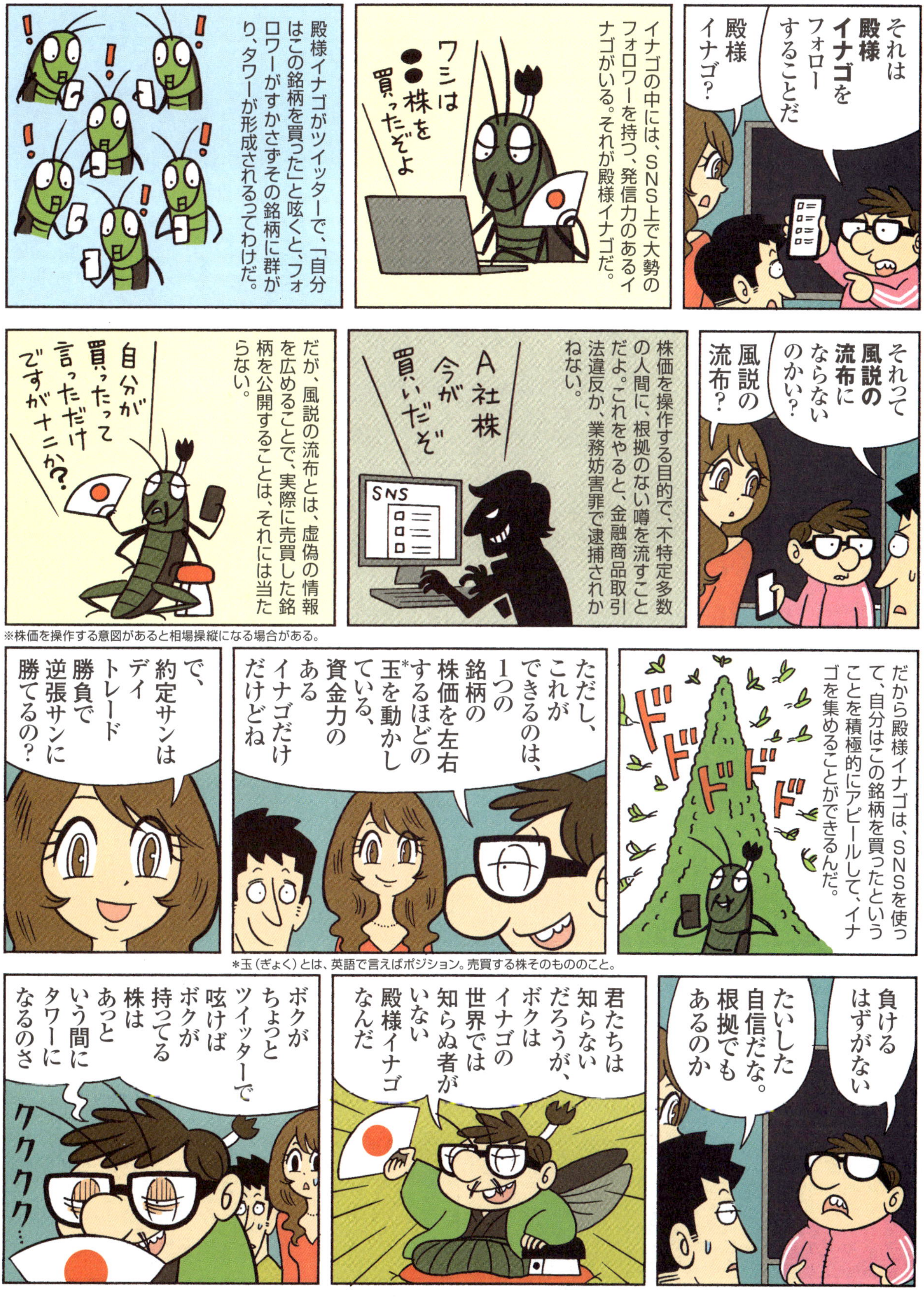

それは殿様イナゴをフォローすることだ
殿様イナゴ？
イナゴの中には、SNS上で大勢のフォロワーを持つ、発信力のあるイナゴがいる。それが殿様イナゴだ。
ワシは●●株を買ったぞよ
殿様イナゴがツイッターで、「自分はこの銘柄を買った」と呟くと、フォロワーがすかさずその銘柄に群がり、タワーが形成されるってわけだ。
それって風説の流布にならないのかい？
風説の流布？
株価を操作する目的で、不特定多数の人間に、根拠のない噂を流すことだよ。これをやると、金融商品取引法違反か、業務妨害罪で逮捕されかねない。
A社株今が買いだぞ
SNS
だが、風説の流布とは、虚偽の情報を広めることで、実際に売買した銘柄を公開することは、それには当たらない。
自分が買ったって言っただけですがナニか？
だから殿様イナゴは、SNSを使って、自分はこの銘柄を買ったということを積極的にアピールして、イナゴを集めることができるんだ。
ドドドドド
ただし、これができるのは、1つの銘柄の株価を左右するほどの玉*を動かしている、資金力のあるイナゴだけだけどね
で、約定サンはデイトレード勝負で逆張りサンに勝てるの？
負けるはずがない
たいした自信だな。根拠でもあるのか
君たちは知らないだろうが、ボクはイナゴの世界では知らぬ者がいない殿様イナゴなんだ
ボクがちょっとツイッターで呟けばボクが持ってる株はあっという間にタワーになるのさ
クククク…

※株価を操作する意図があると相場操縦になる場合がある。

*玉（ぎょく）とは、英語で言えばポジション。売買する株そのもののこと。

VOL. 18

SNS時代の仕手戦とは？

イナゴタワーの核には仕掛け人あり

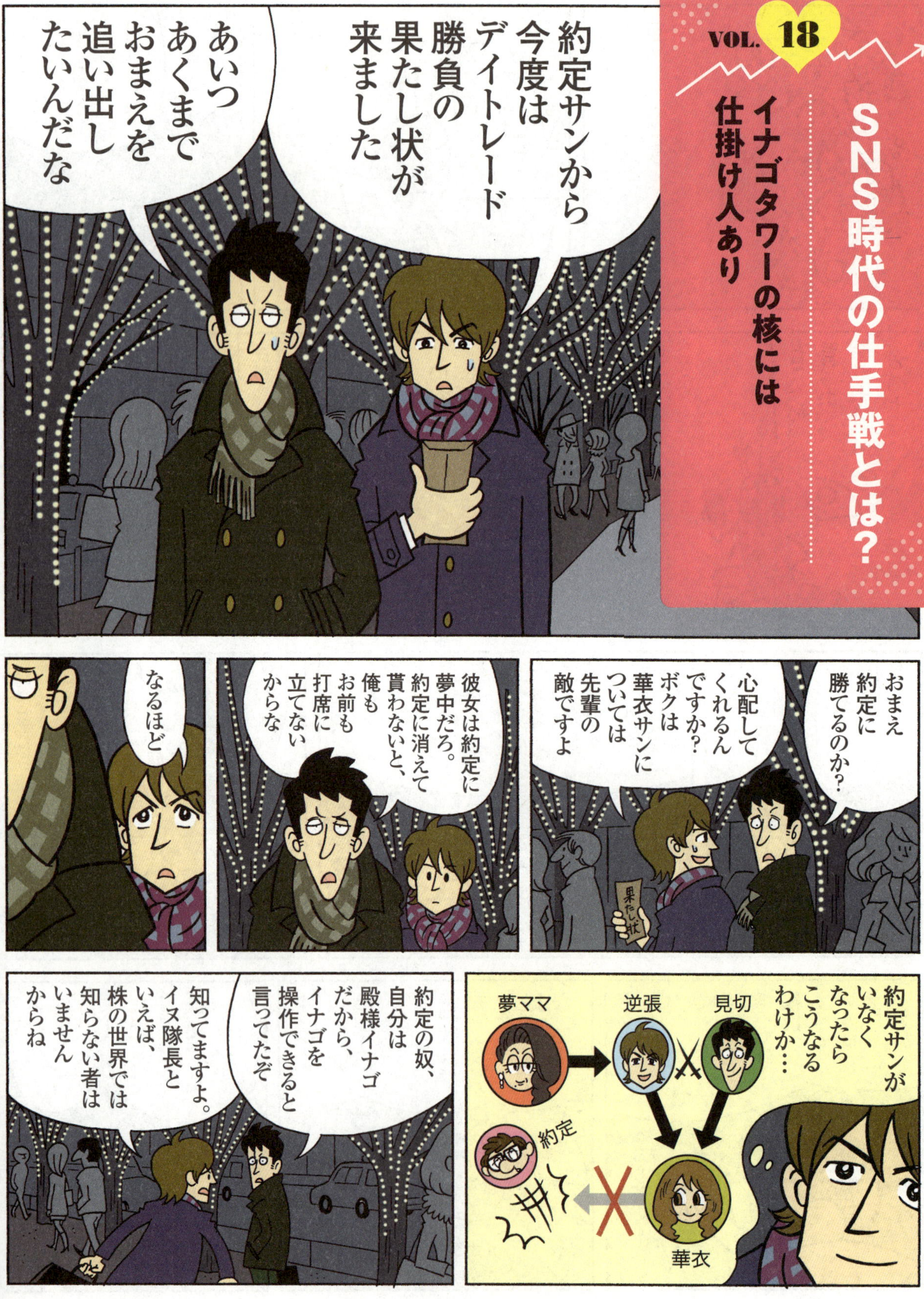

約定サンから今度はデイトレード勝負の果たし状が来ました
あいつあくまでおまえを追い出したいんだな
おまえ約定に勝てるのか？
心配してくれるんですか？ボクは華衣サンについては先輩の敵ですよ
果たし状
彼女は夢中だろ。約定に消えて貰わないと、俺もお前も打席に立てないからな
なるほど
約定サンがいなくなったらこうなるわけか…
夢ママ
逆張
見切
約定
華衣
約定の奴、自分は殿様イナゴだから、イナゴを操作できると言ってたぞ
知ってますよ。イヌ隊長といえば、株の世界では知らない者はいませんからね

イヌ隊長？
約定サンの変名ですよ。イヌ隊長が、ツイッターで注目銘柄を呟くと、株価がドーンと上がるんです
イヌ隊長
そんなヤツに勝てるのか？
そこが心配なのでこれから助っ人を頼みに行くんです
さあ着きました
チーン
40
入るよ～
あら珍しいわね
初めまして見切といいます
彼女は、イヌ隊長と並ぶ、有名な殿様イナゴの**フォックス松田**です
フォックス松田
ついでに言うと、ボクの母親です
いつも摺三がお世話になります
えーっ
こんなに若くて綺麗な人がお前のオフクロ!?
アラ
お茶でも淹れるわね
苗字が違うけど、なぜだ？
両親が離婚してボクは父親に引き取られたんですよ

摺三ちゃん、イヌ隊長とデイトレード勝負するんだって?
うん
イヌ隊長は私の最大のライバルよ。燃えるわ
デイトレード勝負なら、仕手戦に乗るしかないわね
仕手戦?
仕手とは、1つの会社の株に大量の売買注文を入れて、株の需給バランスを崩し、業績のよしあしに関係なく株価を劇的に動かし、その動きで儲けることよ。
ドスン
資金
需給バランス
仕手を目論んだあるお金持ちが、A社の株を大量に買い進めたとするわよね。仕手の元になる株をタネ"玉《ぎょく》"っていうんだけど、まずは、そのタネ玉を作るわけ。
買いよ
A社
タネ玉として狙われる銘柄は、時価総額が小さい新興市場の会社なの。新興市場の会社は株価が動きやすいでしょ。トヨタ自動車やNTTに仕手を仕掛けたって、株価を動かせないから。
で、大量の買い注文が入ったA社の株価は当然上がるわ。
ぐーーん
個人投資家はみんなバクチ好きなものよ。大きく動く銘柄にはすぐに飛びつくの。少ない資金で大きく儲けるには、動く銘柄に飛びつくしかないからね。
ぐん
ぐん
買い
買い
買い
なので、A社の株価が動くのを見た個人投資家たちは、いっせいに買いに走り、A社の株はますます上がるわ。
最初に仕手を仕掛けたお金持ちは、末端の一般投資家が飛びつき始めたところで、タネ玉を売るの。そうすれば莫大な利ザヤが抜ける、ってわけ
売りだっ
A株
ギャーッ
逆の方法もあるわ。A社に大量の空売りを浴びせて株価を下げると、株主はもっと下がるんじゃないかという恐怖心から売りに走り、株価はさらに下がるの。
カラ売り!
A株
ギューーッ
売り!
売り!

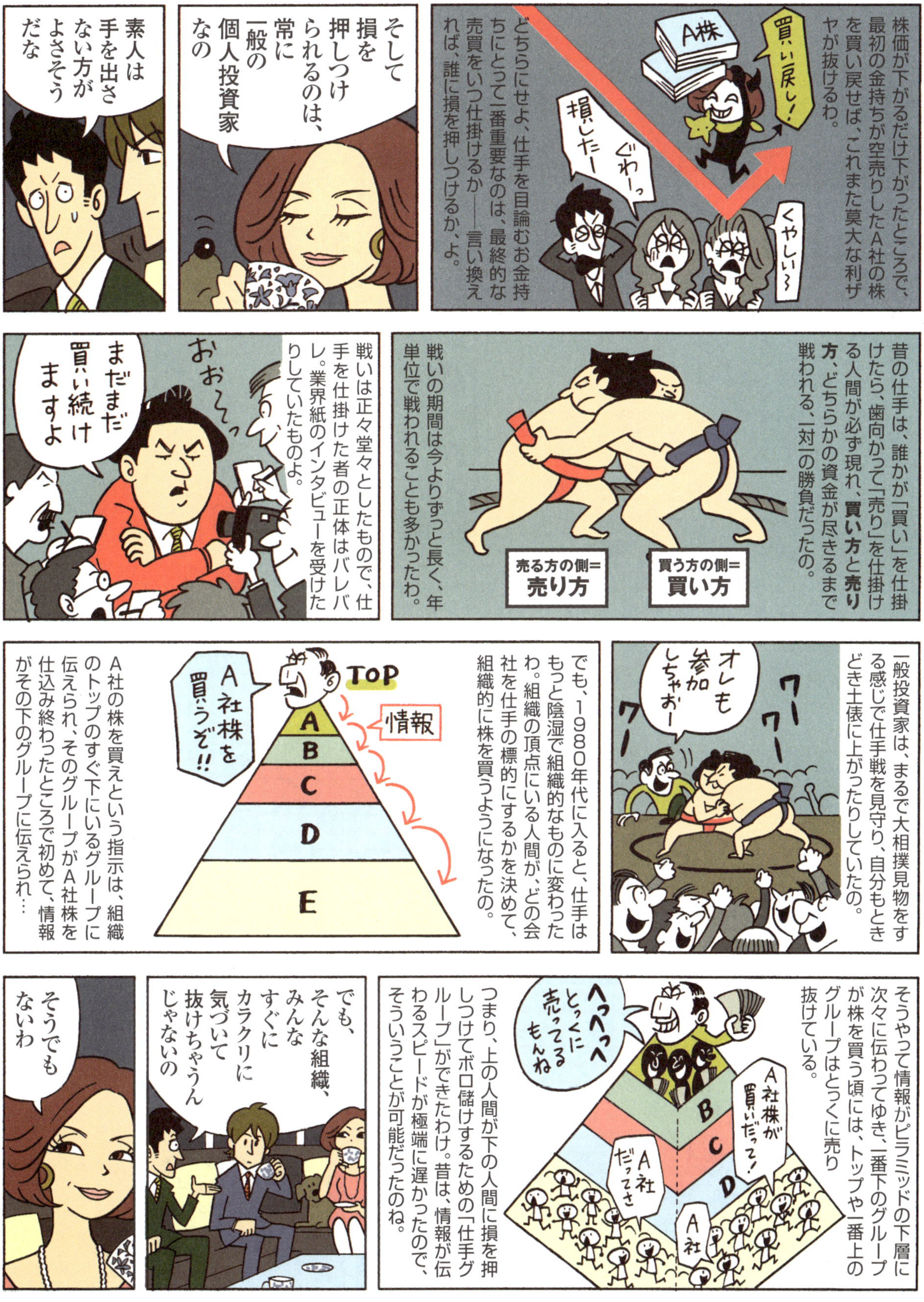

株価が下がるだけ下がったところで、最初の金持ちが空売りしたA社の株を買い戻せば、これまた莫大な利ザヤが抜けるわ。
買い戻し！
A株
ぐわーっ
損したー
くやしい〜
どちらにせよ、仕手を目論むお金持ちにとって一番重要なのは、最終的な売買をいつ仕掛けるか——言い換えれば、誰に損を押しつけるか、よ。
そして損を押しつけられるのは、常に一般の個人投資家なの
素人は手を出さない方がよさそうだな
昔の仕手は、誰かが「買い」を仕掛けたら、歯向かって「売り」を仕掛ける人間が必ず現れ、**買い方**と**売り方**、どちらかの資金が尽きるまで戦われる、一対一の勝負だったの。
戦いの期間は今よりずっと長く、年単位で戦われることも多かったわ。
買う方の側＝買い方
売る方の側＝売り方
戦いは正々堂々としたもので、仕手を仕掛けた者の正体はバレバレ。業界紙のインタビューを受けたりしていたものよ。
おお〜っ
まだまだ買い続けますよ
一般投資家は、まるで大相撲見物をする感じで仕手戦を見守り、自分もときどき土俵に上がったりしていたの。
オレも参加しちゃおー
ワー
ワー
ワー
でも、1980年代に入ると、仕手はもっと陰湿で組織的なものに変わったわ。組織の頂点にいる人間が、どの会社を仕手の標的にするかを決めて、組織的に株を買うようになったの。
TOP
A社株を買うぞ!!
情報
A
B
C
D
E
A社の株を買えという指示は、組織のトップのすぐ下にいるグループに伝えられ、そのグループがA社株を仕込み終わったところで初めて、情報がその下のグループに伝えられ…
そうやって情報がピラミッドの下層に次々に伝わってゆき、一番下のグループが株を買う頃には、トップや一番上のグループはとっくに売り抜けている。
へへっへ とっくに売ってるもんね
A社株が買いだって！
A社だってさ
A社
B
C
D
つまり、上の人間が下の人間に損を押しつけてボロ儲けするための「仕手グループ」ができたわけ。昔は、情報が伝わるスピードが極端に遅かったので、そういうことが可能だったのね。
でも、そんな組織、みんなすぐにカラクリに気づいて抜けちゃうんじゃないの
そうでもないわ

組織の下の人間は自分がピラミッドのどの位置にいるか気づいておらず、たいていの場合は、自分はかなり上にいると思い込んでいるものよ。
D層
上位だと思うわ
私は上の方ね
オレは上位だろ
E層
それに、こういうピラミッドは、たいてい鉄の統率力を持つ団体で構成されていたの。たとえば、暴力団とか政治団体とか新興宗教とかね。
暴力団
新興宗教
政治団体
でも、今は、SNSの普及のおかげで、情報が下までアッという間に伝わっちゃうから、そういう情報格差を利用した組織的な仕手戦は成立しなくなったの。
A社株が買いだって！
うわっ もう買ってる！
A社だ！
B
C
D
代わりに仕手の中心になったのが、SNSで個人投資家を煽って株を買わせ、株価が急騰したところで売り抜ける戦法よ。
A社株が上がるぞ！
ゴーーッ
イナゴタワーってやつだね
あら、詳しいじゃない
イナゴタワーは自然にできることはまずないわ。タワーの核には、必ず仕手の仕掛け人がいるものよ。
そうか
イナゴたちはネットで株価の動きを常にチェックしているから、今は、仕手の仕掛け人が派手な買い方をしたら、すぐにイナゴに群がられちゃうの。
おおっ あそこか!!
モコッ
だから今の仕掛け人は、イナゴたちに気づかれないよう、ゆっくりと時間をかけて、安値でタネ玉を仕込むものよ。
コソコソ
買いね
増資を引き受ける手もあるよ
そうね。企業が事業資金を増やすために株を発行することを増資っていうんだけど、それで発行された新株を買う手もあるわね。これだと自然な感じで、タネ玉を仕入れられるわ。
株を発行しまーす

いずれにせよ、コツコツ買うか、増資を引き受けるかして、タネ玉を作ったら、最後にYahoo!ファイナンスの「値上がり率ランキング」に載るくらいその銘柄をまとめ買いするのよ。
Yahoo!ファイナンス
値上がり率ランキング
1
2
3
4
そのとたん、ランキングを見たイナゴが群がってタワーができるから、そこでタネ玉を売れば大儲けってわけ。
売り！
買いに対して売りで歯向かって来る人はいないの？
もちろん、いるわよ。誰かが「買い」を仕掛けたら、今も必ず「売り」を浴びせて、足元をすくって儲けようとする連中が出てくるものよ。
売り！
買い
買い
勝負の期間が極端に短くなっただけで、仕手戦は、買い方と売り方がガチンコで勝負するという点は、昔も今も変わらないの。
のこった
買い方と売り方がガチンコでぶつかったら、普通、苦しいのは売り方のほうよ。
ぐぐ
ぐぐぐ…
売り方
買い方
売り方は、借りてきた株を空売りしているわけで、借りられる株の数には限度があるし、売った株は半年以内に買い戻さなければならない決まりだし、日歩《ひぶ》（＝利子）もかかるし。
買い戻し期限
日歩
ぐぬぬ
だから、売り方になるには、相当な覚悟が必要なの。それでも、仕手戦では、昔も今も売り方の勝率の方が圧倒的に高いの。
うおおおお
なんでだろう？
昔から、戦は少数派で不利と言われた方が、気合いが入って強いからじゃないですか
なるほど
とにかく、買い方はイナゴタワーを構築するためのしっかりしたシナリオがないと勝てないものよ
シナリオ？
材料と言い換えてもいいわね

今の仕手戦は、株価の上昇が、仕手のせいなのか、好材料のせいなのか区別がつかないものよ。企業側が同じタイミングで材料を提供していれば、なおさらわからなくなるわね。
新商品出しまーす
たとえば、**ヤマシンフィルタ**という、建機用フィルターの世界最大手の会社があるわ
9月 16年
10月
11月
12月
1月 17年
2月
3月
4月
5月
6月
7月
8月
9月
10月
800円
600円
400円
200円
●ヤマシンフィルタの週足チャート
この会社は、業績の上方修正や増配をして、本業が好調だったわ。そこに仕手筋やイナゴが乗っかって、株価が16年9月から1年で10倍に上昇したの。
ドーーン
ワーー
それを見て、売り方の軍勢が襲いかかった。
すると、まるで織田信長の鉄砲隊で2列目が出てきて次の弾を撃つように、微細繊維の新素材の量産技術の確立を発表したの。
サッ
至近距離で弾を撃たれた売り方の軍勢が大打撃を受けたわ。このように、材料を連射できると、買い方は強いのよ。
ドン
ドン
なるほど
でも、下手すると最前列の鉄砲隊がいきなり振り返って、後ろの味方を撃ってくることもあるんだけどね
くるっ
どういうこと?
焦って、株価が十分に上がる前に売っちゃうイナゴがいるのよ。
こんなところで売るなよ！ もっと上がってから売る約束じゃないか
待っていられないんだよ

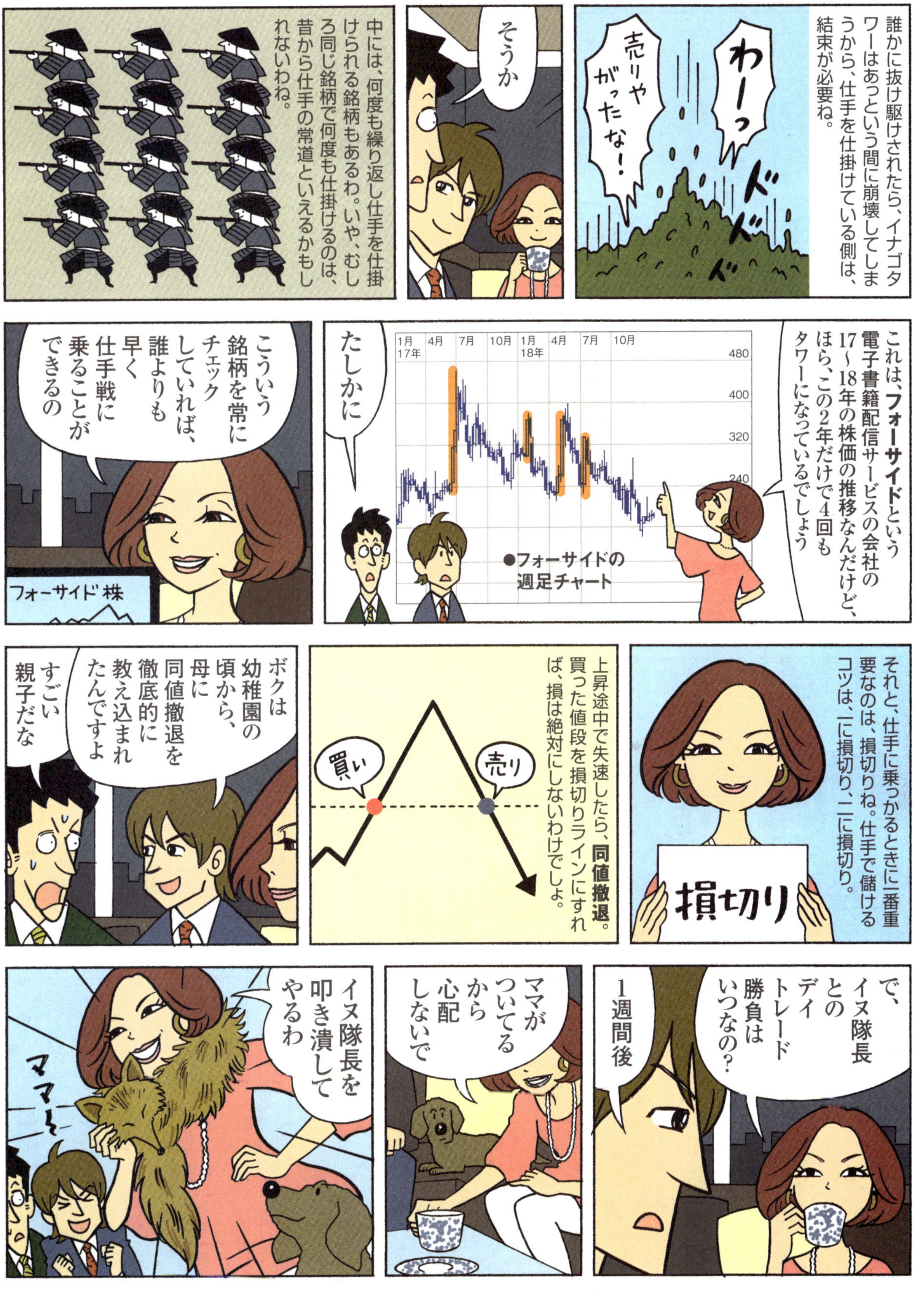
誰かに抜け駆けされたら、イナゴタワーはあっという間に崩壊してしまうから、仕手を仕掛けている側は、結束が必要ね。
わーっ
売りやがったな！
ドドド
そうか
中には、何度も繰り返し仕手を仕掛けられる銘柄もあるわ。いや、むしろ同じ銘柄で何度も仕掛けるのは、昔から仕手の常道といえるかもしれないわね。
これは、**フォーサイド**という電子書籍配信サービスの会社の17～18年の株価の推移なんだけど、ほら、この2年だけで4回もタワーになっているでしょう
1月 17年
4月
7月
10月
1月 18年
4月
7月
10月
480
400
320
240
●フォーサイドの週足チャート
たしかに
こういう銘柄を常にチェックしていれば、誰よりも早く仕手戦に乗ることができるの
フォーサイド 株
それと、仕手に乗っかるときに一番重要なのは、損切りね。仕手で儲けるコツは、一に損切り、二に損切り。
損切り
上昇途中で失速したら、買った値段を損切りラインにすれば、損は絶対にしないわけでしょ。**同値撤退**。
買い
売り
ボクは幼稚園の頃から、母に同値撤退を徹底的に教え込まれたんですよ
すごい親子だな
で、イヌ隊長とのデイトレード勝負はいつなの？
1週間後
ママがついてるから心配しないで
イヌ隊長を叩き潰してやるわ
ママ～

VOL.19

デイトレ勝負のそれぞれの戦略

注目のIPO株とは

ママがついているから心配しないで。イヌ隊長を叩き潰してあげるわ
本日はお忙しい中お集まりいただき、ありがとうございます
ただ今から、イヌ隊長の記者会見を始めます
ざわざわ
ついに、正体を見せるつもりか
まさか
私がイヌ隊長です
きたる12月10日、フォックス松田親子とデイトレード勝負を行います
市場が開いている朝9時から、午後3時までの間に、手持ち資金をどれだけ増やしたかを競う勝負です

質問、いいですか
どうぞ
ダイヤモンド社の浜辺です。なんでまたそんな勝負を？
いつかは決着をつけなければならない相手だからです
まとめサイト「サラ金3階建て」の篭島です。勝者には賞金が出るんですか？
賞金はありません。負けた方が投資界を去る約束です
私はこの勝負でフォックス松田親子を投資界から追放するつもりです
これは年末のビッグニュースだぞ！
華衣ちゃん手伝ってくれてありがとう
いいの。人前で喋るいい練習になったわ
ドドド…
イヌ隊長とフォックス松田が投資界追放を賭けたデイトレード勝負だって
イヌ隊長とフォックスが勝負だって
いつだ？
12月10日
見逃せないな
誰か実況スレ立ててくれないか
ネットで中継があればいいのに
ZAHOO! JAPAN ニュース
トップ 速報 写真 映像 雑誌 個人 特集
イヌ隊長がフォックス松田親子とデイトレード対決！負けた方は投資界を引退！
勝負の行方は!?
兜町はイヌ隊長とフォックス親子のデイトレード勝負の話でもちきりです
ネットTV局 aremaTV
aremaTV
視聴数、稼げそうだな。うちで中継しよう

約定のヤツ、記者会見で派手に発表したものだから、投資界はボクらの勝負の話でもちきりだ…
いいじゃない これでイヌ隊長は逃げられなくなったわ
勝算はあるんですか?
もちろんよ 対決当日の12月10日に予定されている株関連の情報は調べ尽くしたからね
イヌ隊長に勝つための秘策があるのよ
○×ハイツ
約定サンは勝算があるんですか
もちろん
12月10日を勝負の日に選んだのには、理由がある
注目のIPOがあるんだ
IPO?
新規株式公開のことだよ
Initial Public Offering
=
新規株式公開
新しい会社を興すときは、仲間が資金を出し合い、出した金の比率に応じて、仲間が株を持ち合うものだ。
3株
2株
5株
C
B
A
20万出資
30万出資
50万出資
新会社

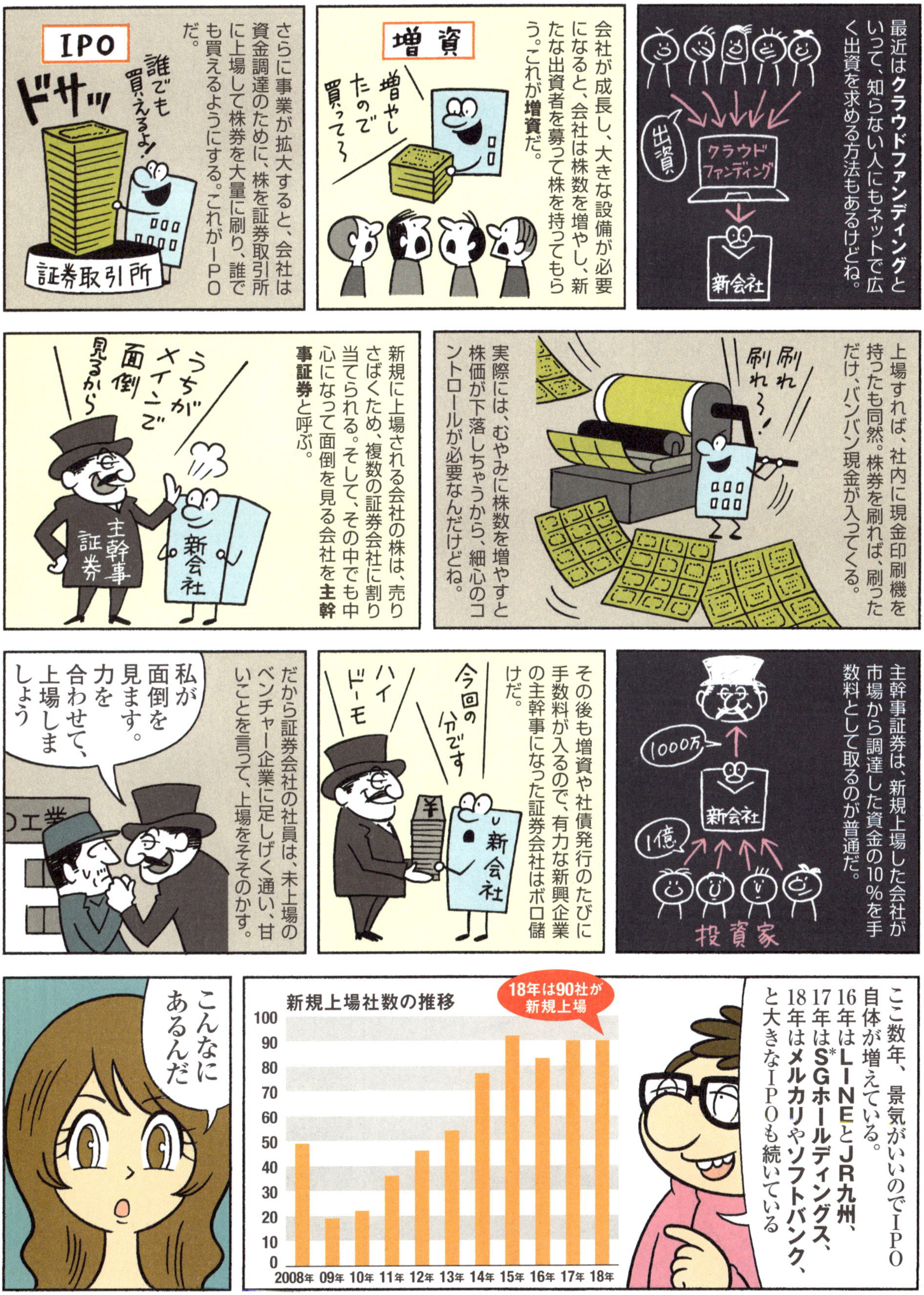

最近はクラウドファンディングといって、知らない人にもネットで広く出資を求める方法もあるけどね。
出資
クラウドファンディング
新会社
増資
会社が成長し、大きな設備が必要になると、会社は株数を増やし、新たな出資者を募って株を持ってもらう。これが増資だ。
増やしたので買ってく～
IPO
ドサッ
誰でも買えるよ！
証券取引所
さらに事業が拡大すると、会社は資金調達のために、株を証券取引所に上場して株券を大量に刷り、誰でも買えるようにする。これがIPOだ。
上場すれば、社内に現金印刷機を持ったも同然。株券を刷れば、刷っただけ、バンバン現金が入ってくる。
刷れ刷れ～！
実際には、むやみに株数を増やすと株価が下落しちゃうから、細心のコントロールが必要なんだけどね。
新規に上場される会社の株は、売りさばくため、複数の証券会社に割り当てられる。そして、その中でも中心になって面倒を見る会社を主幹事証券と呼ぶ。
うちがメインで面倒見るから
主幹事証券
新会社
主幹事証券は、新規上場した会社が市場から調達した資金の10％を手数料として取るのが普通だ。
1000万
新会社
1億
投資家
その後も増資や社債発行のたびに手数料が入るので、有力な新興企業の主幹事になった証券会社はボロ儲けだ。
今回の分です
ハイドーモ
新会社
だから証券会社の社員は、未上場のベンチャー企業に足しげく通い、甘いことを言って、上場をそそのかす。
私が面倒を見ます。力を合わせて、上場しましょう
ここ数年、景気がいいのでIPO自体が増えている。16年はLINEとJR九州、17年はSGホールディングス*、18年はメルカリやソフトバンク、と大きなIPOも続いている
新規上場社数の推移
18年は90社が新規上場
100 90 80 70 60 50 40 30 20 10 0
2008年 09年 10年 11年 12年 13年 14年 15年 16年 17年 18年
こんなにあるんだ

*佐川急便のこと。

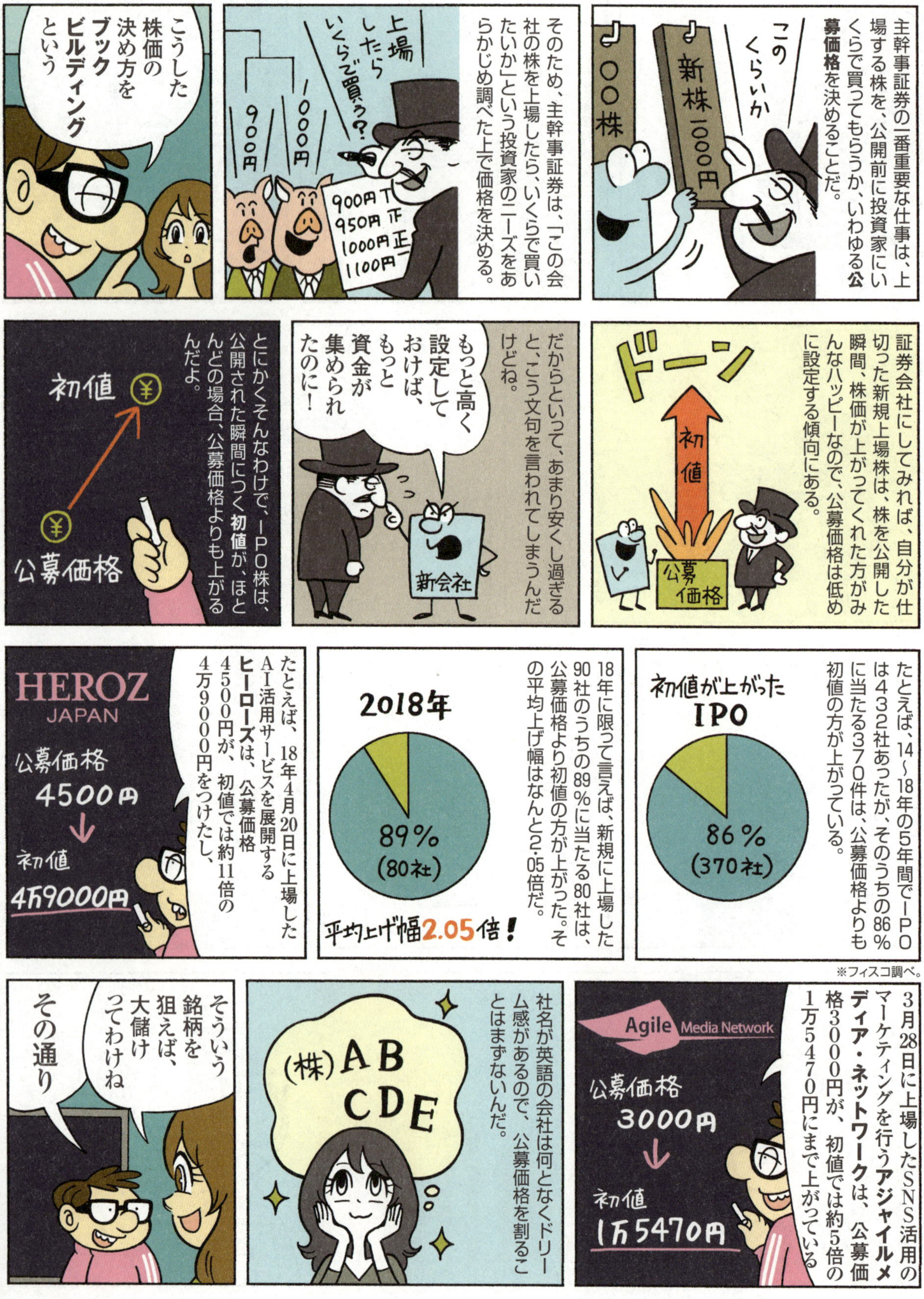
主幹事証券の一番重要な仕事は、上場する株を、公開前に投資家にいくらで買ってもらうか、いわゆる公募価格を決めることだ。
このくらいか
新株一〇〇〇円
〇〇株
そのため、主幹事証券は、「この会社の株を上場したら、いくらで買いたいか」という投資家のニーズをあらかじめ調べた上で価格を決める。
上場したらいくらで買う?
一〇〇〇円
九〇〇円
900円 T
950円 F
1000円 正
1100円
こうした株価の決め方をブックビルディングという
証券会社にしてみれば、自分が仕切った新規上場株は、株を公開した瞬間、株価が上がってくれた方がみんなハッピーなので、公募価格は低めに設定する傾向にある。
ドーン
初値
公募価格
だからといって、あまり安くし過ぎると、こう文句を言われてしまうんだけどね。
もっと高く設定しておけば、もっと資金が集められたのに!
新会社
とにかくそんなわけで、IPO株は、公開された瞬間につく初値が、ほとんどの場合、公募価格よりも上がるんだよ。
初値
公募価格
たとえば、14~18年の5年間でIPOは432社あったが、そのうちの86%に当たる370件は、公募価格よりも初値の方が上がっている。
初値が上がったIPO
86%
(370社)
18年に限って言えば、新規に上場した90社のうちの89%に当たる80社は、公募価格より初値の方が上がった。その平均上げ幅はなんと2・05倍だ。
2018年
89%
(80社)
平均上げ幅2.05倍!
たとえば、18年4月20日に上場したAI活用サービスを展開するヒーローズは、公募価格4500円が、初値では約11倍の4万9000円をつけたし、
HEROZ JAPAN
公募価格
4500円
初値
4万9000円
※フィスコ調べ。
3月28日に上場したSNS活用のマーケティングを行うアジャイルメディア・ネットワークは、公募価格3000円が、初値では約5倍の1万5470円にまで上がっている
Agile Media Network
公募価格
3000円
初値
1万5470円
社名が英語の会社は何となくドリーム感があるので、公募価格を割ることはまずないんだ。
(株)ABCDE
そういう銘柄を狙えば、大儲けってわけね
その通り

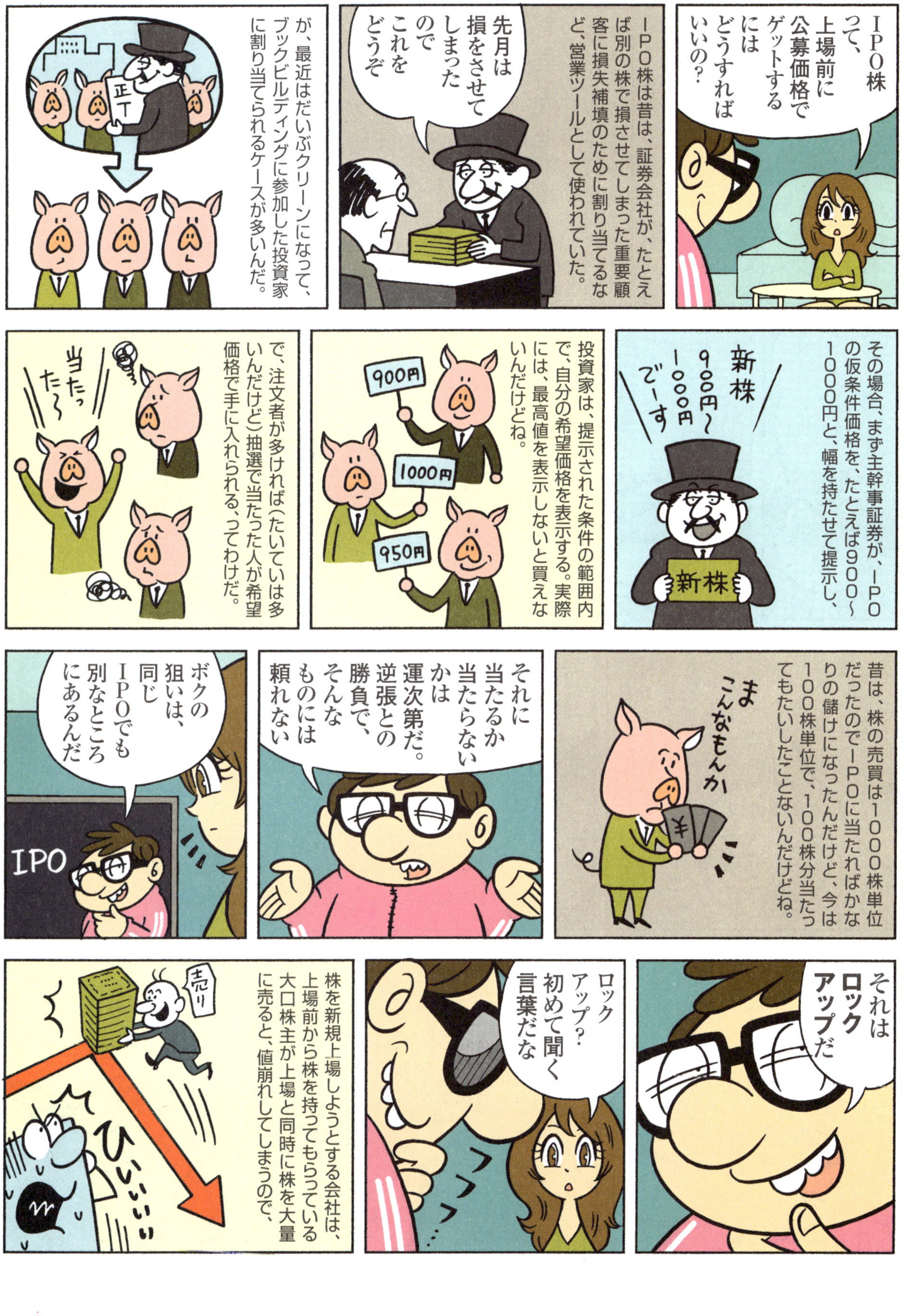

IPO株って、上場前に公募価格でゲットするにはどうすればいいの？
IPO株は昔は、証券会社が、たとえば別の株で損させてしまった重要顧客に損失補填のために割り当てるなど、営業ツールとして使われていた。
先月は損をさせてしまったのでこれをどうぞ
が、最近はだいぶクリーンになって、ブックビルディングに参加した投資家に割り当てられるケースが多いんだ。
その場合、まず主幹事証券が、IPOの仮条件価格を、たとえば900〜1000円と、幅を持たせて提示し、
新株 900円〜1000円でーす
新株
投資家は、提示された条件の範囲内で、自分の希望価格を表示する。実際には、最高値を表示しないと買えないんだけどね。
900円
1000円
950円
で、注文者が多ければ（たいていは多いんだけど）抽選で当たった人が希望価格で手に入れられる、ってわけだ。
当たった〜
昔は、株の売買は1000株単位だったのでIPOに当たればかなりの儲けになったんだけど、今は100株単位で、100株分当たってもたいしたことないんだけどね。
ま こんなもんか
それに当たるか当たらないかは運次第だ。逆張との勝負で、そんなものには頼れない
ボクの狙いは、同じIPOでも別なところにあるんだ
IPO
それはロックアップだ
ロックアップ？初めて聞く言葉だな
フフフ…
株を新規上場しようとする会社は、上場前から株を持ってもらっている大口株主が上場と同時に株を大量に売ると、値崩れしてしまうので、
売り
ひぃぃぃぃ

「上場後、一定期間を過ぎるか、または一定額まで値上がりするかしなければ、売却できない」という契約をかわす制度がある。これがロックアップだ
上場日から 120日
上場日から120日間は売却できない
公募価格 1.5倍
公募価格の1.5倍以上の株価に至ると解除
この契約条件は、IPOの目論見書に明記されるので、誰でもわかるようになっている
有望なIPO株は、上場と同時にイナゴが群がって株価が急上昇し、ロックアップの条件を突破することがよくあるんだ。
1.5倍
おお…抜ける
抜ける…
するとどうなると思う？
大口の株主が利益確定のために持ち株を売る…
正解！そうなると株価は急降下するよね
特に、ベンチャーキャピタルが大口株主になっている会社は下がり方がハンパない
ベンチャーキャピタル？
未上場のベンチャー企業に投資し、色々と口出しして企業価値を上げ、最終的に株を売って儲ける投資会社のことさ。
出資してやっから、株よこせ
早く上場しろよ
ククク本当に上場しやがった
ロックアップがはずれたら即売りだ！
地獄のような会社ね
ぞ～
ボクはそれを見越して、値上がりを続けるIPO株がロックアップの価格に達する直前に、空売りをしておく計画だ。
1.5倍
空売り！

※新たな産業を育成するために資金を提供する、という立派なお仕事。

ロックアップがはずれればドカーンと株価が下がって大儲けというわけさ
しかも発言力のある殿様イナゴがこう呟けば、群がっていたイナゴたちも慌てて売るから、株価はさらに下がる。
フォロー中
イヌ隊長
ツイート
○○株売り!!
それって風説の流布にならない？
根拠のある推測なら大丈夫

※株価を操作する意図があると相場操縦になる場合がある。

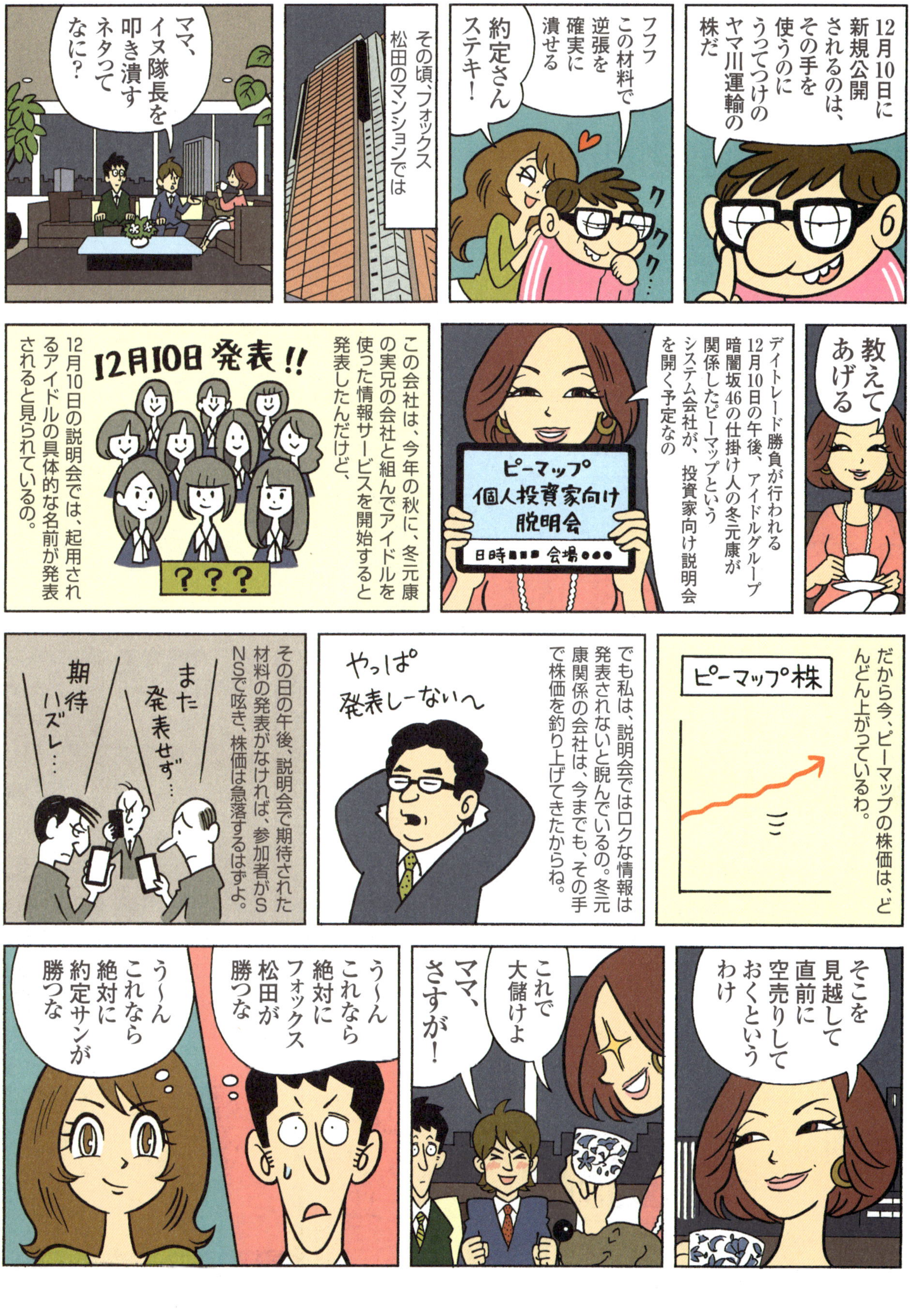
12月10日に新規公開されるのは、その手を使うのにうってつけのヤマ川運輸の株だ
フフフ この材料で逆張を確実に潰せる
ククク…
約定さんステキ!
その頃、フォックス松田のマンションでは
ママ、イヌ隊長を叩き潰すネタってなに?
教えてあげる
デイトレード勝負が行われる12月10日の午後、アイドルグループ暗闇坂46の仕掛け人の冬元康が関係したピーマップというシステム会社が、投資家向け説明会を開く予定なの
ピーマップ 個人投資家向け 説明会
日時■■■ 会場●●●
この会社は、今年の秋に、冬元康の実兄の会社と組んでアイドルを使った情報サービスを開始すると発表したんだけど、
12月10日 発表!!
???
12月10日の説明会では、起用されるアイドルの具体的な名前が発表されると見られているの。
だから今、ピーマップの株価は、どんどん上がっているわ。
ピーマップ株
でも私は、説明会ではロクな情報は発表されないと睨んでいるの。冬元康関係の会社は、今までも、その手で株価を釣り上げてきたからね。
やっぱ 発表しーない〜
その日の午後、説明会で期待された材料の発表がなければ、参加者がSNSで呟き、株価は急落するはずよ。
また発表せず…
期待ハズレ…
そこを見越して直前に空売りしておくというわけ
これで大儲けよ
ママ、さすが!
う〜ん これなら絶対にフォックス松田が勝つな
う〜ん これなら絶対に約定サンが勝つな

VOL.20

引退をかけたデイトレ勝負!

ロックアップ解除に注意

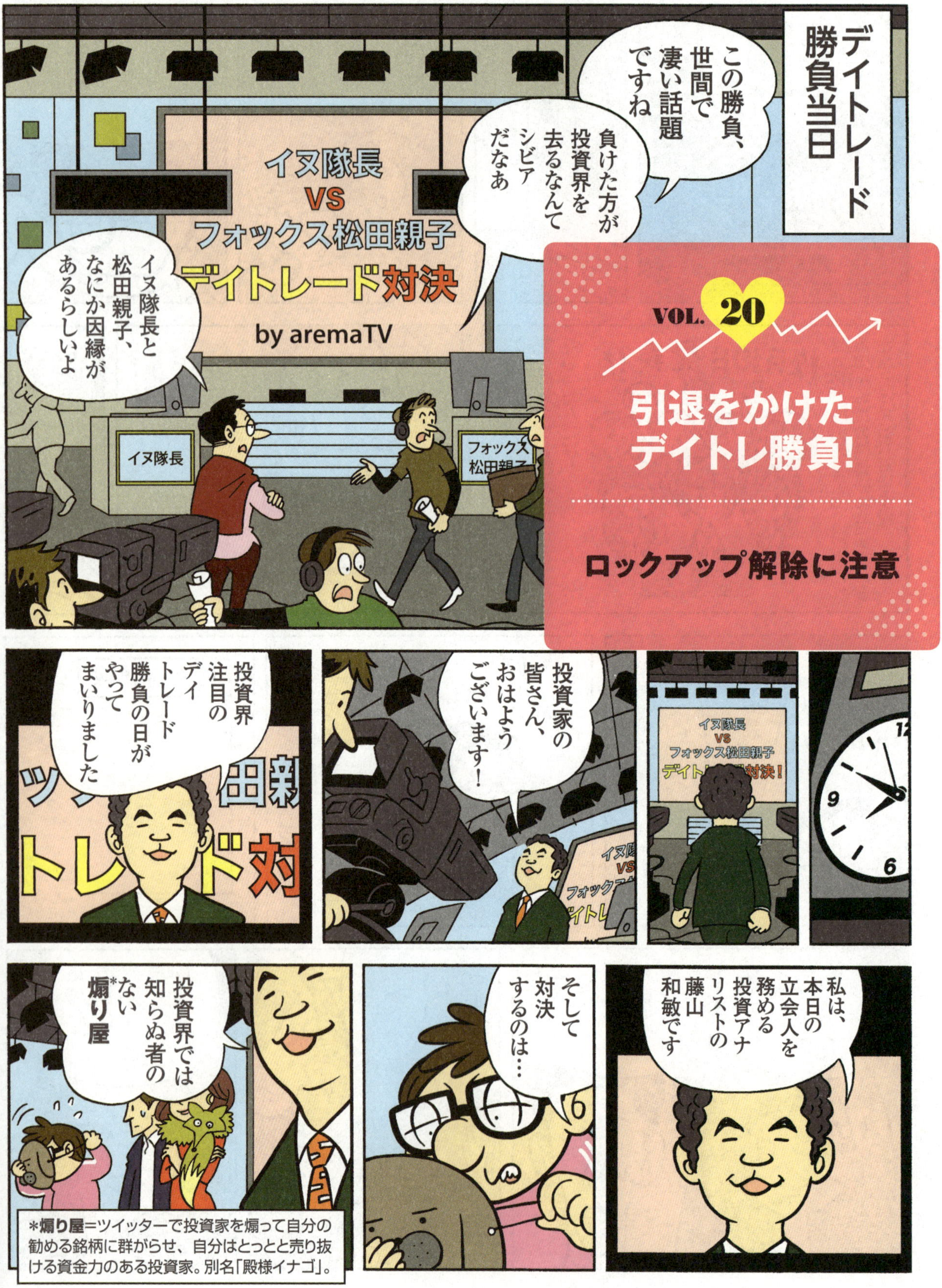
デイトレード勝負当日
この勝負、世間で凄い話題ですね
負けた方が投資界を去るなんてシビアだなあ
イヌ隊長 VS フォックス松田親子 デイトレード対決
by aremaTV
イヌ隊長と松田親子、なにか因縁があるらしいよ
イヌ隊長
投資家の皆さん、おはようございます!
投資界注目のデイトレード勝負の日がやってまいりました
私は、本日の立会人を務める投資アナリストの藤山和敏です
そして対決するのは…
投資界では知らぬ者のない*煽り屋

＊**煽り屋**＝ツイッターで投資家を煽って自分の勧める銘柄に群がらせ、自分はとっとと売り抜ける資金力のある投資家。別名「殿様イナゴ」。

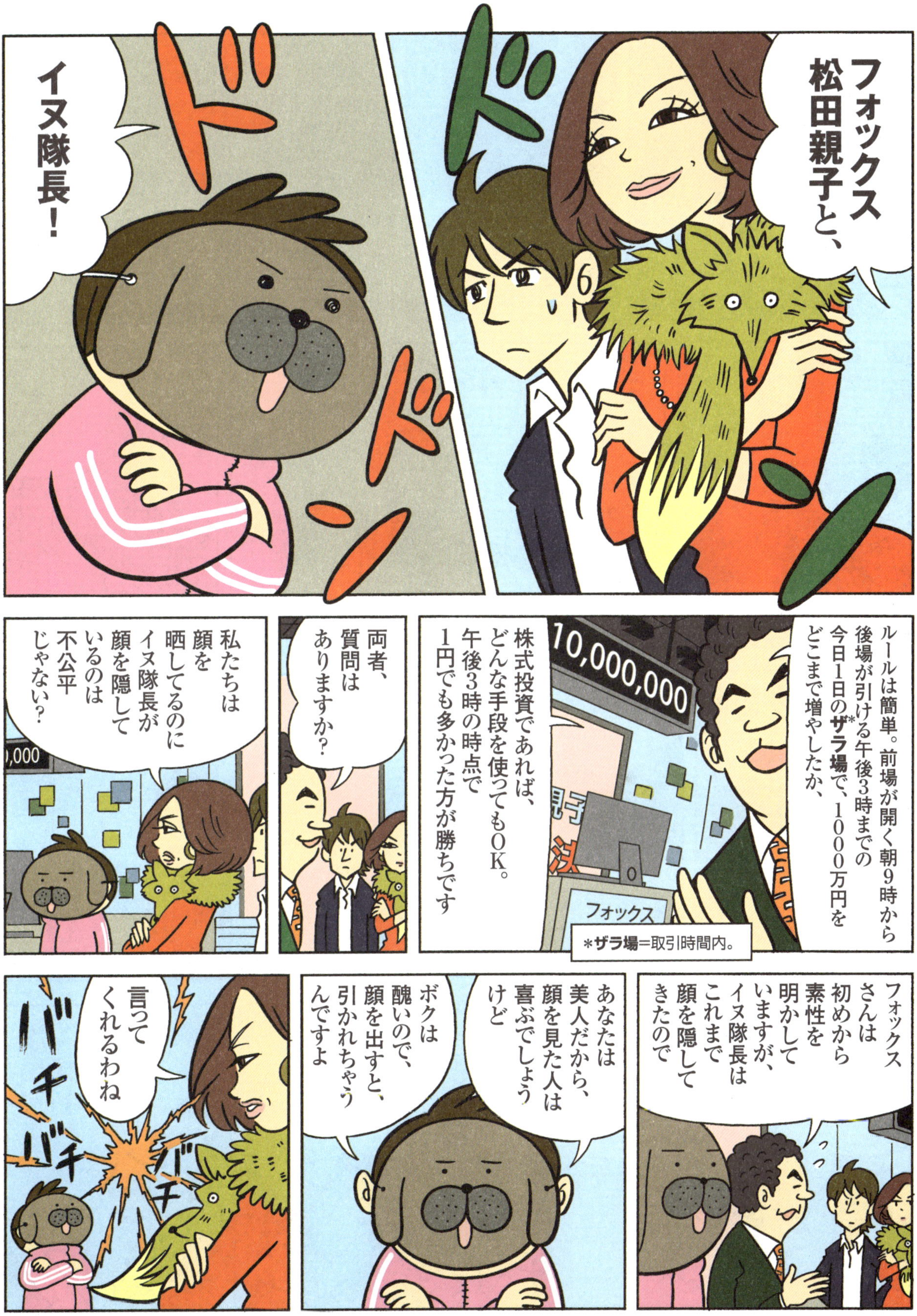
フォックス松田親子と、
ドド
イヌ隊長！
ドドン
ルールは簡単。前場が開く朝9時から後場が引ける午後3時までの今日1日のザラ場*で、1000万円をどこまで増やしたか、
10,000,000
フォックス
株式投資であれば、どんな手段を使ってもOK。午後3時の時点で1円でも多かった方が勝ちです
両者、質問はありますか？
私たちは顔を晒してるのにイヌ隊長が顔を隠しているのは不公平じゃない？
フォックスさんは初めから素性を明かしていますが、イヌ隊長はこれまで顔を隠してきたので
あなたは美人だから、顔を見た人は喜ぶでしょうけど
ボクは醜いので、顔を出すと、引かれちゃうんですよ
言ってくれるわね
バチバチ
バチ

*ザラ場＝取引時間内。

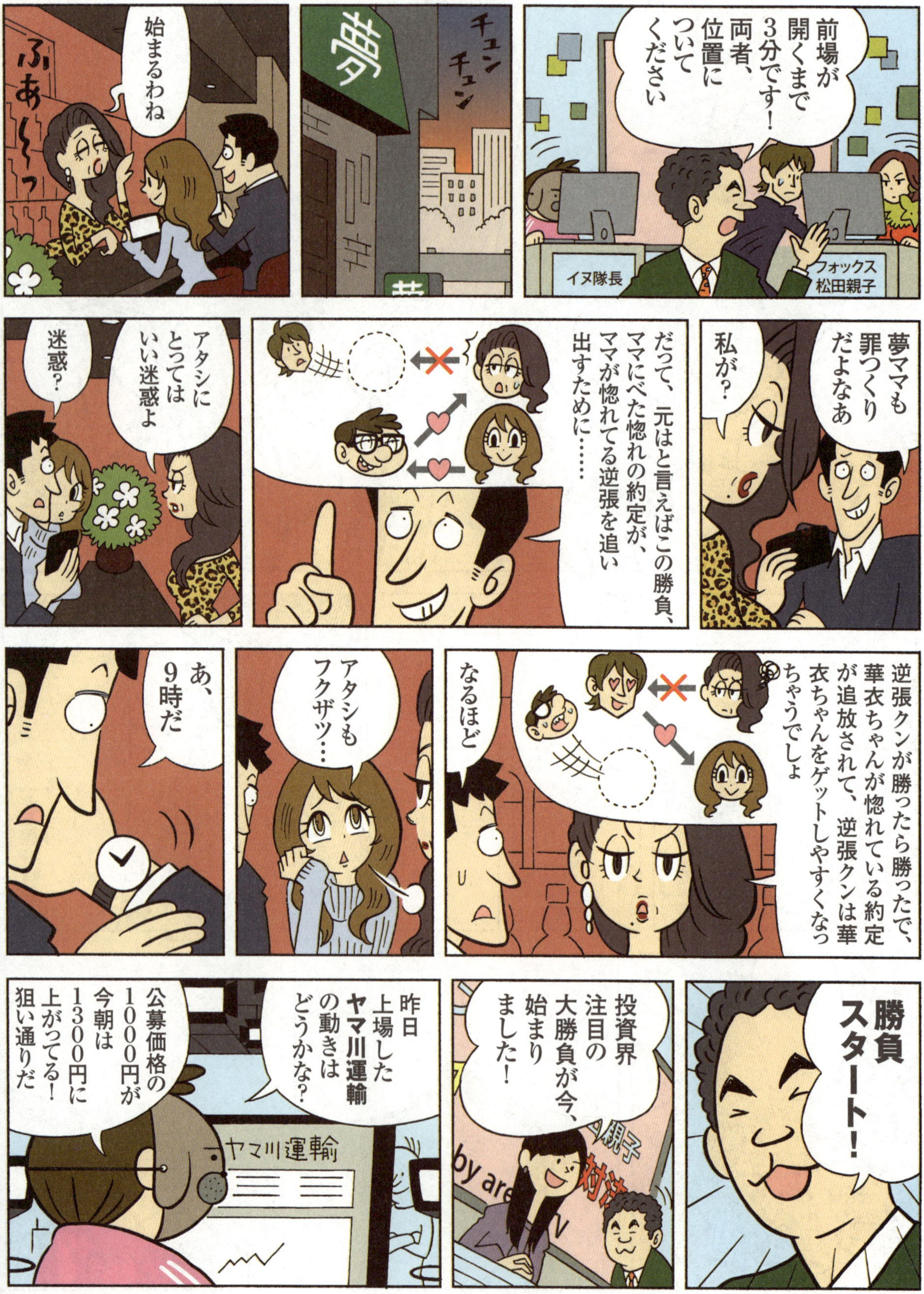
前場が開くまで3分です！両者、位置についてください
イヌ隊長
フォックス松田親子
夢
チュンチュン
始まるわね
ふあ〜〜っ
夢ママも罪つくりだよなあ
私が？
だって、元はと言えばこの勝負、ママにべた惚れの約定が、ママが惚れてる逆張を追い出すために……
アタシにとってはいい迷惑よ
迷惑？
逆張クンが勝ったら勝ったで、華衣ちゃんが惚れている約定が追放されて、逆張クンは華衣ちゃんをゲットしやすくなっちゃうでしょ
なるほど
アタシもフクザツ…
あ、9時だ
勝負スタート！
投資界注目の大勝負が今、始まりました！
昨日上場した**ヤマ川運輸**の動きはどうかな？
公募価格の1000円が今朝は1300円に上がってる！狙い通りだ
ヤマ川運輸

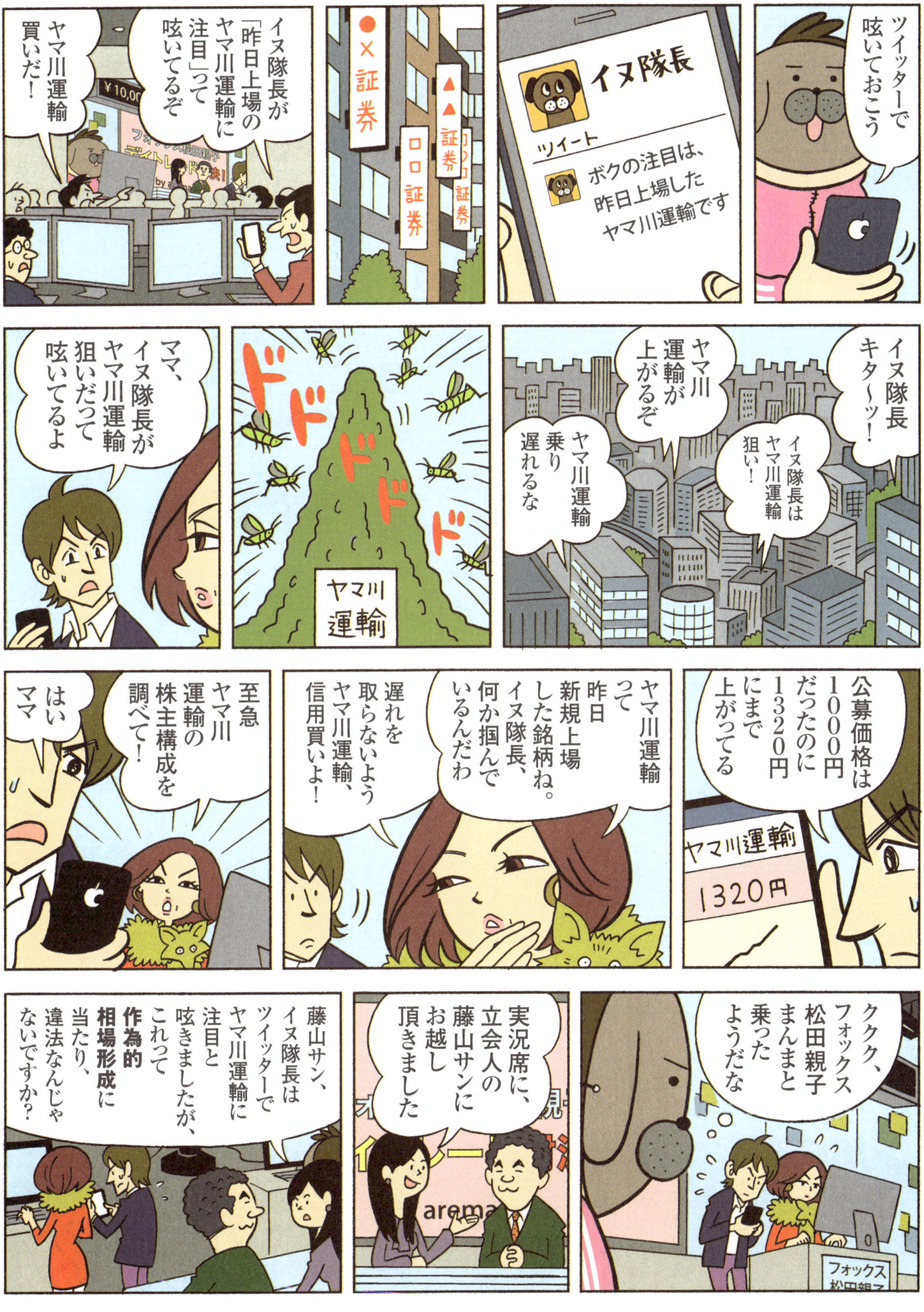
ツイッターで呟いておこう
イヌ隊長
ツイート
ボクの注目は、昨日上場したヤマ川運輸です
●×証券
▲▲証券
ロロ証券
イヌ隊長が「昨日上場のヤマ川運輸に注目」って呟いてるぞ
ヤマ川運輸買いだ!
イヌ隊長キタ〜ッ!
イヌ隊長はヤマ川運輸狙い!
ヤマ川運輸上がるぞ
ヤマ川運輸乗り遅れるな
ドドドド
ヤマ川運輸
ママ、イヌ隊長がヤマ川運輸狙いだって呟いてるよ
公募価格は1000円だったのに1320円にまで上がってる
ヤマ川運輸
1320円
ヤマ川運輸って昨日新規上場した銘柄ね。イヌ隊長、何か掴んでいるんだわ
遅れを取らないようヤマ川運輸、信用買いよ!
至急ヤマ川運輸の株主構成を調べて!
はいママ
ククク、フォックス松田親子まんまと乗ったようだな
実況席に、立会人の藤山サンにお越し頂きました
藤山サン、イヌ隊長はツイッターでヤマ川運輸に注目と呟きましたが、これって**作為的相場形成**に当たり、違法なんじゃないですか?

ウソの情報でなければ、自分の注目銘柄をツイートするのは、ただのポジショントークで、必ずしも違法ではありません
○×株を買いました
ツイッターで呟いたことが原因でどれだけ株価が上がったか立証できませんしね
株価が動きやすい時価総額100億円以下の小型株をザラ場にツイッターで勧めているヤツは100%煽り屋ですし
ツイート
●●株がオススメだぞ
それをリツイートしているのは、100%自分も儲けたいイナゴたちなんですよ。
RT
しかし変ですね。ヤマ川運輸は、寄付《よりつき》の1300円からすでに1380円にまで上がっていて、便乗して買ったフォックス松田親子の資産はアップしているのに、
¥11,260,000
¥10,000,000
VS
フォックス松田親子
イヌ隊長の資産は動いていないんですよ。イヌ隊長、注目と言っただけで、ヤマ川運輸株を買ってはいないんですよ!
おかしい…イヌ隊長ヤマ川運輸を買っていない
ママ、ヤマ川運輸の株主構成がわかったよ
筆頭株主は横取インキュベーターか
筆頭株主表
インキュベーター
新規上場直後に株を売ることが多い評判の悪い*ベンチャーキャピタルだわ
*ベンチャーキャピタル=未上場のベンチャー企業に投資して、その資金で会社を成長させ、上場したら株を売って儲ける投資会社のこと。
ヤマ川運輸1440円まで上がってる
ヤマ川運輸
1440円…
たしかヤマ川運輸の*ロックアップは1.5倍のはず
*ロックアップ=新規上場株の大口株主が、上場と同時に株を売って値崩れすることがないよう、一定期間を過ぎるか株価が一定額に達するまで売却できないとする契約制度のこと。
ヤマ川運輸株が1500円に達したら、ロックアップがはずれ、横取インキュベーターが売りに出る

そこに便乗して信用売りを浴びせれば、大儲けだ
ククク
よし1500円を超えた！ヤマ川運輸、売りだ！
ヤマ川運輸
売 値段 買
32500 1507
16800 1503
15000 1501
1500 45000
1499 32000
1498 15000
1496 64000
イヌ隊長
ツイート
横取インキュベーターのロックアップがはずれました
ロックアップがはずれたぞ
●×証券
▲▲証券
ロロ証券
横取インキュベーターが売りに走った
タワーが崩壊する〜
ドドドドド
ヤマ川運輸
ヤマ川運輸
ガクッ
ヤマ川運輸の株価がわずか数分で1300円まで急落しました！
それに便乗してイヌ隊長が、信用売りしたようですよ
マトモな大企業なら、発行済み株式のうち8割程度は安定株主が持っているものですが、不安定な企業の安定株主の比率はせいぜい3〜4割です。
ぷるん
ぷるん
8割
3〜4割
ヤマ川運輸のように時価総額が小さければ、浮動株比率が高くても株価が動きやすいんです。
べちょ
8割
3〜4割
浮動株比率は、既存の企業なら『会社四季報』を見ればわかりますし、新規上場企業なら目論見書を見ればわかります。
会社四季報
目論見書
イヌ隊長は事前にヤマ川運輸の目論見書を調べ尽くしたはずです
だから、ヤマ川運輸の激しい動きを予測できたのでしょう

でも、ヤマ川運輸株は、*貸借銘柄ではないので、信用売りはできないのでは?
*貸借銘柄=株を日本証券金融から借りて信用売りができる銘柄のこと。
たしかに、新興市場の銘柄の多くは貸借銘柄ではないので制度信用で空売りはできませんが、
お借しできません
日証券
証券会社によっては、デイトレード用に、その日のうちに決済すれば信用売りを認める*一日信用という制度を設けていて、短期の値下がりを期待する投資家がよく利用するんですよ。
1日だけだったらいいよ
○×証券
日証券
*一日信用=松井証券、楽天証券、SBI証券などが設けている制度。この制度でも、新規上場株は上場初日は信用買いしかできないが、最短で2日目以降は売りも可能。
イヌ隊長はそれを使ったんです
ヤマ川運輸
1500
1300
1200
1200円まで下がったかよしここらで買い戻しだ!
¥15,940,000
イヌ隊長
クククフォックス松田親子、だいぶ損しただろう
なんだあの余裕
フッ
しまった
¥13,570,000
フフン
藤山さん、フォックス松田親子は値下がりする直前の1490円で売り抜けていたようですね
さすがです
よ～し、今度は全額を突っ込んでヤマ川運輸買いだ
パシッ
勝負はここからですよ
と言うと?
この値下がりは、ある種のふるい落としだからです
ふるい落とし?
フォックス
デイトレード対決!

仕手戦を仕掛ける者にとって、イナゴはその株を買ってくれる瞬間は味方ですが、買った後は売り圧力に転じ、敵になります。
味方
買う買う
敵
さあいつ売ろっかな〜
そのため、仕手を仕掛ける者が爆弾を落とす、つまり、一度意図的に大量売りをして株価を下げ、イナゴをふるい落とすことがあるんです。
大量売り！
今回はイヌ隊長が、横取インキュベーターの売りに乗る形で爆弾を落としたわけです。
BOMB
イナゴをふるい落とすとなにかいいことがあるんですか？
株価が一旦下がった底、つまり押し目*で買った人は、目標が高いので簡単には売りに出ず、売り圧力にはなりません。
まだ売れん！
押し目
*押し目＝上昇していた株が一旦下がって、下げ止まったところ。
そのため、上値が軽くなって、前より値が上がる場合が多いんです
見ていてください。ヤマ川運輸はストップ高まで行きますよ
1200円が押し目だったようね
ヤマ川運輸
1500
1300
1200
私たちも買いよ！
パシッ
ヤマ川運輸再び急上昇しています
ヤマ川運輸
フォンフォン
くそっフォックス松田親子のヤツら、ピッタリ追尾して来やがる！

VOL. 21 デイトレ勝負、ついに決着!? 憶測が飛び交う株主総会

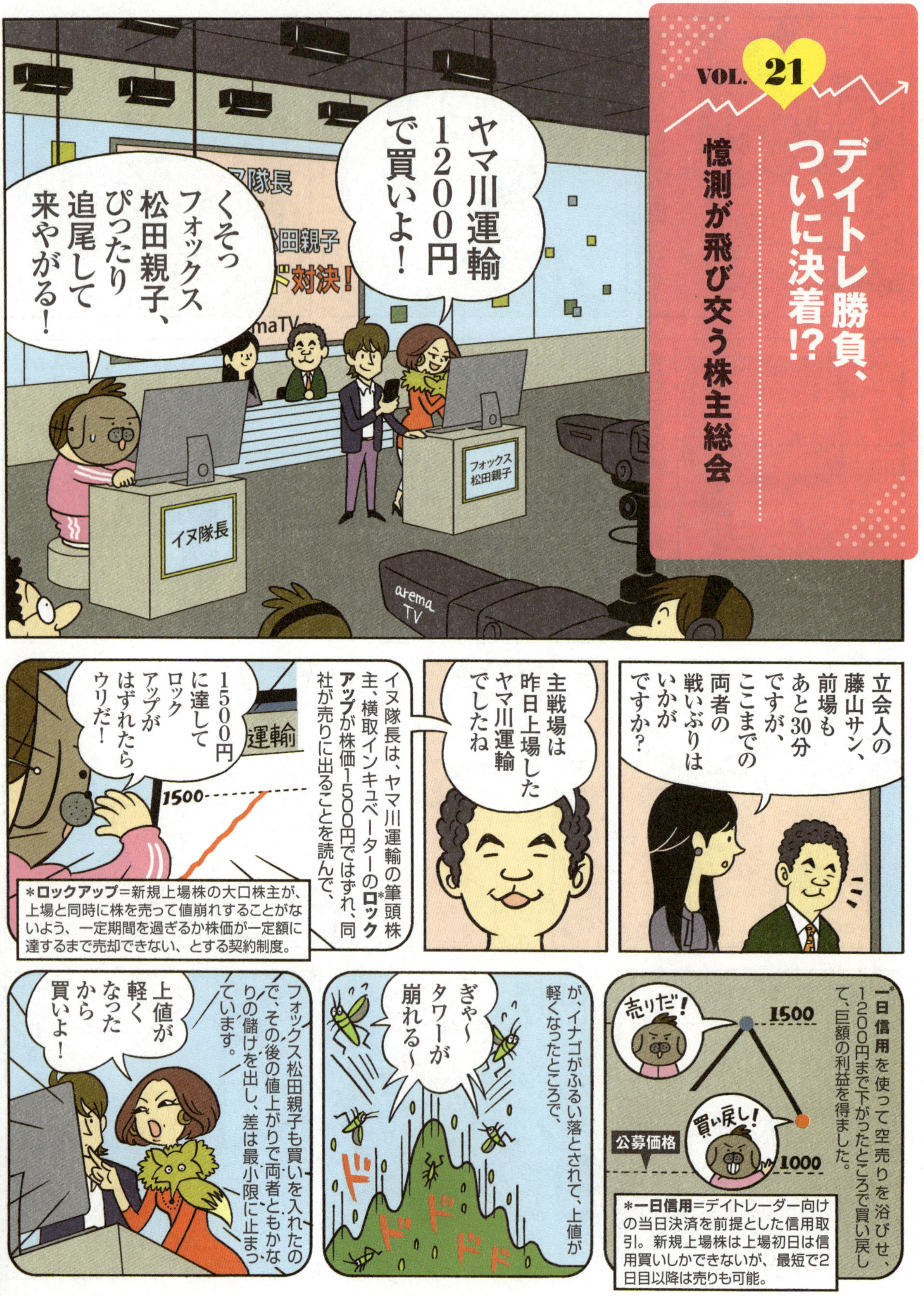
ヤマ川運輸1200円で買いよ!
くそっフォックス松田親子、ぴったり追尾して来やがる!
フォックス松田親子
イヌ隊長
arema TV
立会人の藤山サン、前場もあと30分ですが、ここまでの両者の戦いぶりはいかがですか?
主戦場は昨日上場したヤマ川運輸でしたね
イヌ隊長は、ヤマ川運輸の筆頭株主、横取インキュベーターの*ロックアップが株価1500円ではずれ、同社が売りに出ることを読んで、
1500円に達してロックアップがはずれたらウリだ!
運輸
1500
*ロックアップ=新規上場株の大口株主が、上場と同時に株を売って値崩れすることがないよう、一定期間を過ぎるか株価が一定額に達するまで売却できない、とする契約制度。
*一日信用を使って空売りを浴びせ、1200円まで下がったところで買い戻して、巨額の利益を得ました。
売りだ!
1500
買い戻し!
公募価格
1000
*一日信用=デイトレーダー向けの当日決済を前提とした信用取引。新規上場株は上場初日は信用買いしかできないが、最短で2日目以降は売りも可能。
が、イナゴがふるい落とされて、上値が軽くなったところで、
ぎゃ〜タワーが崩れる〜
ドドドド
フォックス松田親子も買いを入れたので、その後の値上がりで両者ともかなりの儲けを出し、差は最小限に止まっています。
上値が軽くなったから買いよ!

イヌ隊長は差をもっと広げたかったでしょうね
ヤマ川運輸の昨日の終値は1300円だから、1600円まで上がれば*ストップ高よ
*ストップ高＝株価の動き過ぎを抑えるため、前日の終値が1000～1500円の株は、翌日は上下300円以内、1500～2000円は400円、2000～3000円は500円と決められている。
イヌ隊長の儲けもそこが上限ね
いつ、ピーマップに乗り換えるの?
現在のピーマップの株価は?
昨日までに2700円まで上げ、今日も前場で100円上げてるよ
ピーマップの個人投資家向け説明会は、13時からだったわね
そろそろ準備を始めましょう
フォックス松田
私の注目は、今日の午後、株主説明会を開くシステム会社のピーマップ株!
藤山サン、今度はフォックス松田が「ピーマップに注目」と呟きましたよ
ピーマップは、今年の秋に、作詞家・冬元康と組んでアイドルを使った情報サービスを開始すると発表してから、株価を上げてきています
新サービス始めます!!
そのピーマップが、今日の午後に開く個人投資家向けの説明会で、サービスに起用するアイドルの名前を明らかにすると噂されていて、
ピーマップ説明会
ざわ ざわ
人気No.1の暗闇坂46のセンター平石麻梨奈の名前が取りざたされています。そこを見越してイナゴが群がってるんですよ。
平石麻梨奈か!?
ドドドドド…
今日も、寄り付きの2700円からジワジワ値を上げて、今は2850円に達しています。
2900円
2800円
2700円

もしも説明会で平石麻梨奈の名前が出たら、さらに凄いことになるでしょう。
ドオオオオ
フォックス松田はそこに注目したんですね
なるほど
ママ、ピーマップの説明会でどんなアイドルの名前が出るか、どうやって確認するつもりなの？
会場にスパイを送り込んであるのよ
スパイって誰？
私の娘、つまりあなたの異父妹よ
えっ!? ボクに妹がいたの？
あの女狐、ピーマップを煽ってやがる
株価がかなり上がってるな
ピーマップ
たしか、あの会社は今日の午後、個人投資家向けの説明会を開く予定だったはず
Bar
スナック夢
夢
逆張のオフクロが、「狙いはピーマップだ」って呟いてるぞ
ピーマップって、何の会社だっけ？
ポロロン
LINE
約定澄太
華衣ちゃん、急で悪いけど、午後１時から日経兜町別館で開かれる、ピーマップという会社の投資家向け説明会に行って、内容を知らせてくれ

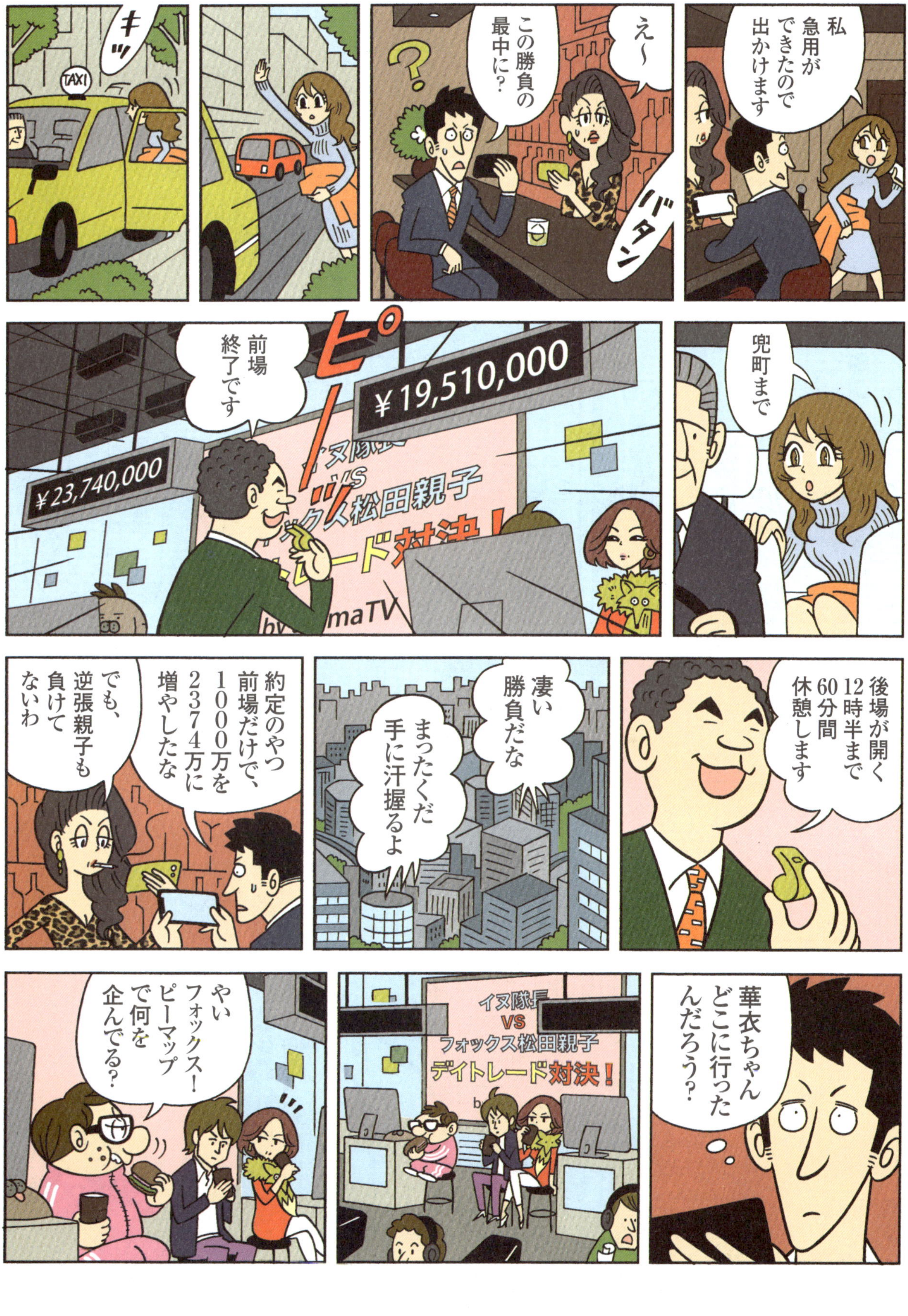
私
急用ができたので出かけます
え〜
この勝負の最中に?
バタン
?
キッ
TAXI
兜町まで
前場終了です
ピー
¥19,510,000
¥23,740,000
後場が開く12時半まで60分間休憩します
凄い勝負だな
まったくだ手に汗握るよ
約定のやつ前場だけで、1000万を2374万に増やしたな
でも、逆張親子も負けてないわ
華衣ちゃんどこに行ったんだろう?
イヌ隊長
VS
フォックス松田親子
デイトレード対決!
やいフォックス!ピーマップで何を企んでる?

日経兜町別館
キッ
TAXI
ボクに妹がいたんだ
チッ
COFFEE
さあ何のことかしら
COFFEE
人が大勢集まってる…
ピーマップ個人投資家向け説明会会場
あれ？トイレから出てきた娘、どこかで見たことあるな…
あ、そうだ！
押目華衣
説明会の会場に着きました。暗闇坂46の平石麻梨奈が来ています。周りは投資家のオッサンばかりで、誰も気づいていません
こりゃ大変な情報を掴んだぞ！
カチッ
さあ、勝負再開です
¥23,740,000
¥19,510,000
デイトレ
対決！
イヌ隊長
フォックス松田親子

ヤマ川運輸全額売ってピーマップ買いだ!
パシッ
ピーマップ 個人投資家向け説明会
ざわ…
ざわ…
おい後ろにいるの平石麻梨奈じゃないか?
周りはオッサンばかりで気づいてないからいいようなものの
今日はオフのはずですが
何しに来たんだろう?
おまえ、発表の内容あの娘に話してないだろうな
まさか
インサイダー取引を疑われるとヤバいのでメンバーには何も教えていませんよ
だよな
冬元さんそろそろ時間です
ただ今より説明会を開始します
ピーマップ 個人投資家向け説明会
ご紹介します!弊社特別顧問の冬元康です
パチパチパチパチ
ボクに妹がいたなんて
ボー
摺三ちゃんボケッとしてちゃダメでしょ!
母さん、なんで妹のこと教えてくれなかったんだよ

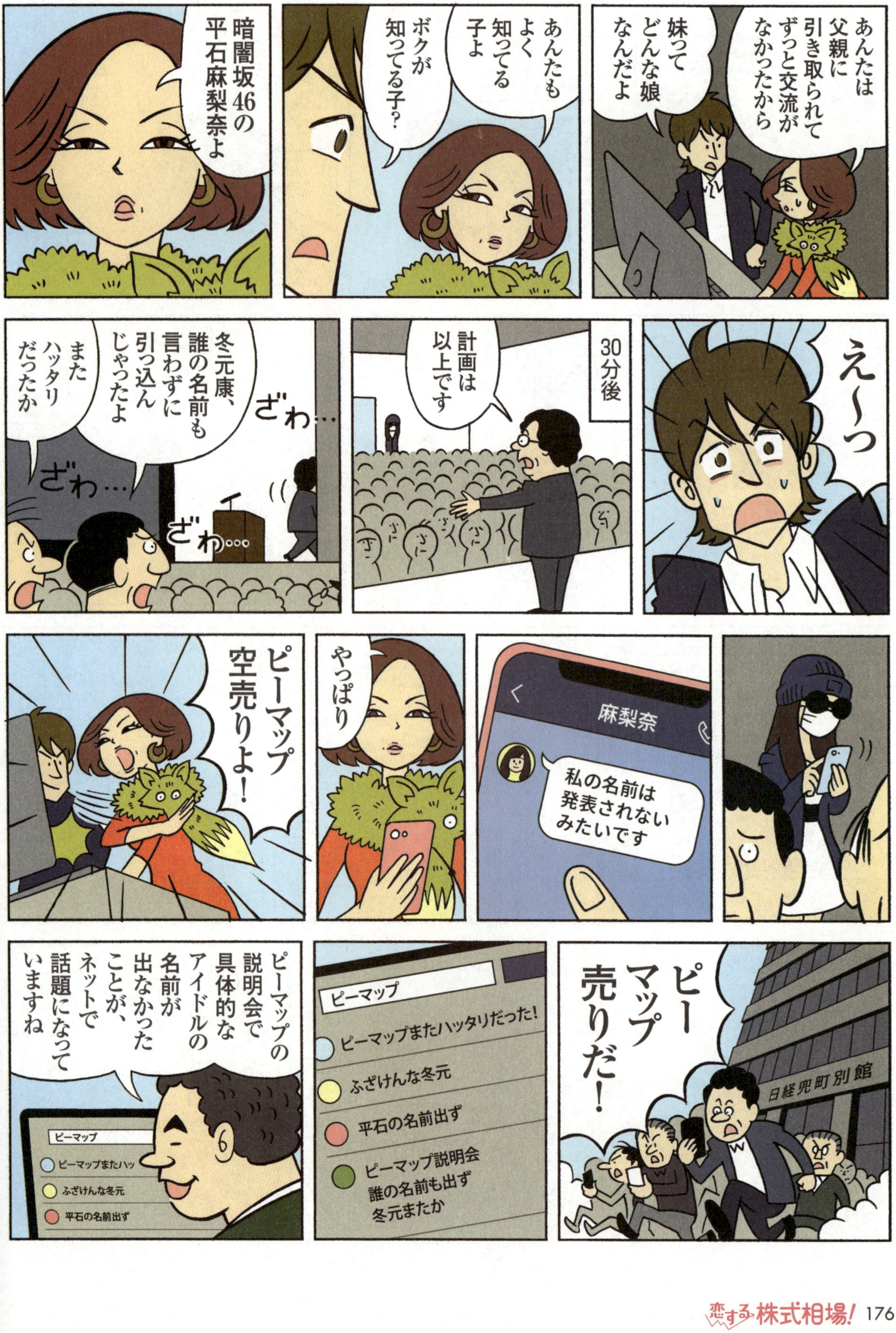

あんたは父親に引き取られてずっと交流がなかったから
妹ってどんな娘なんだよ
あんたもよく知ってる子よ
ボクが知ってる子？
暗闇坂46の平石麻梨奈よ
えーっ
30分後
計画は以上です
ざわ…
ざわ…
ざわ…
冬元康、誰の名前も言わずに引っ込んじゃったよ
またハッタリだったか
麻梨奈
私の名前は発表されないみたいです
やっぱり
ピーマップ空売りよ！
日経兜町別館
ピーマップ売りだ！
ピーマップ
ピーマップまたハッタリだった！
ふざけんな冬元
平石の名前出ず
ピーマップ説明会 誰の名前も出ず 冬元またか
ピーマップの説明会で具体的なアイドルの名前が出なかったことが、ネットで話題になっていますね
ピーマップ
ピーマップまたハッ
ふざけんな冬元
平石の名前出ず

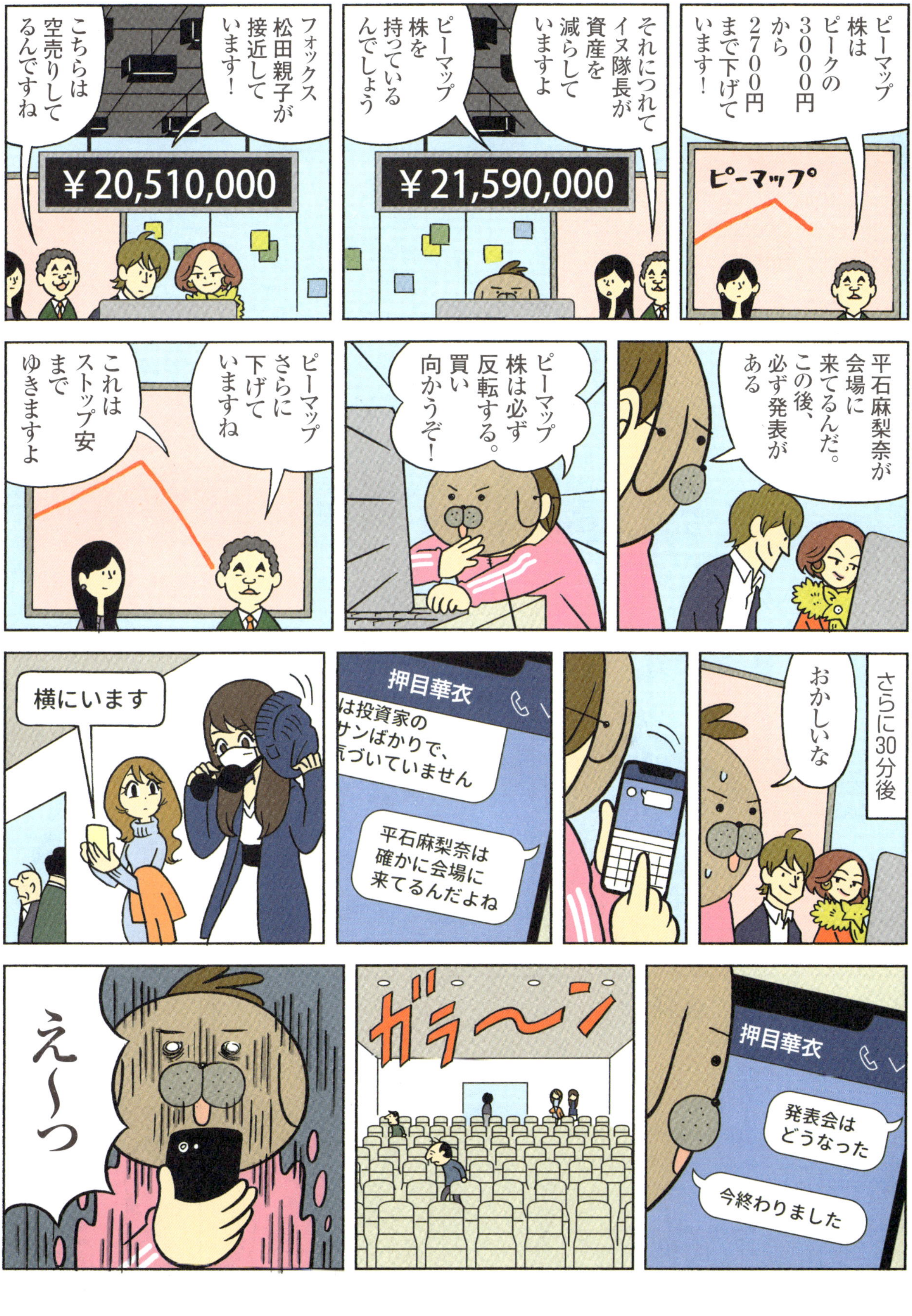
ピーマップ株はピークの3000円から2700円まで下げています！
それにつれてイヌ隊長が資産を減らしていますよ
ピーマップ株を持っているんでしょう
¥21,590,000
フォックス松田親子が接近しています！
こちらは空売りしてるんですね
¥20,510,000
ピーマップ
平石麻梨奈が会場に来てるんだ。この後、必ず発表がある
ピーマップ株は必ず反転する。買い向かうぞ！
ピーマップさらに下げていますね
これはストップ安までゆきますよ
さらに30分後
おかしいな
押目華衣
は投資家のサンばかりで、気づいていません
平石麻梨奈は確かに会場に来てるんだよね
横にいます
押目華衣
発表会はどうなった
今終わりました
ガラ〜ン
え〜っ

VOL. 22

億り人を続出した仮想通貨とは?

仮想通貨の仕組み

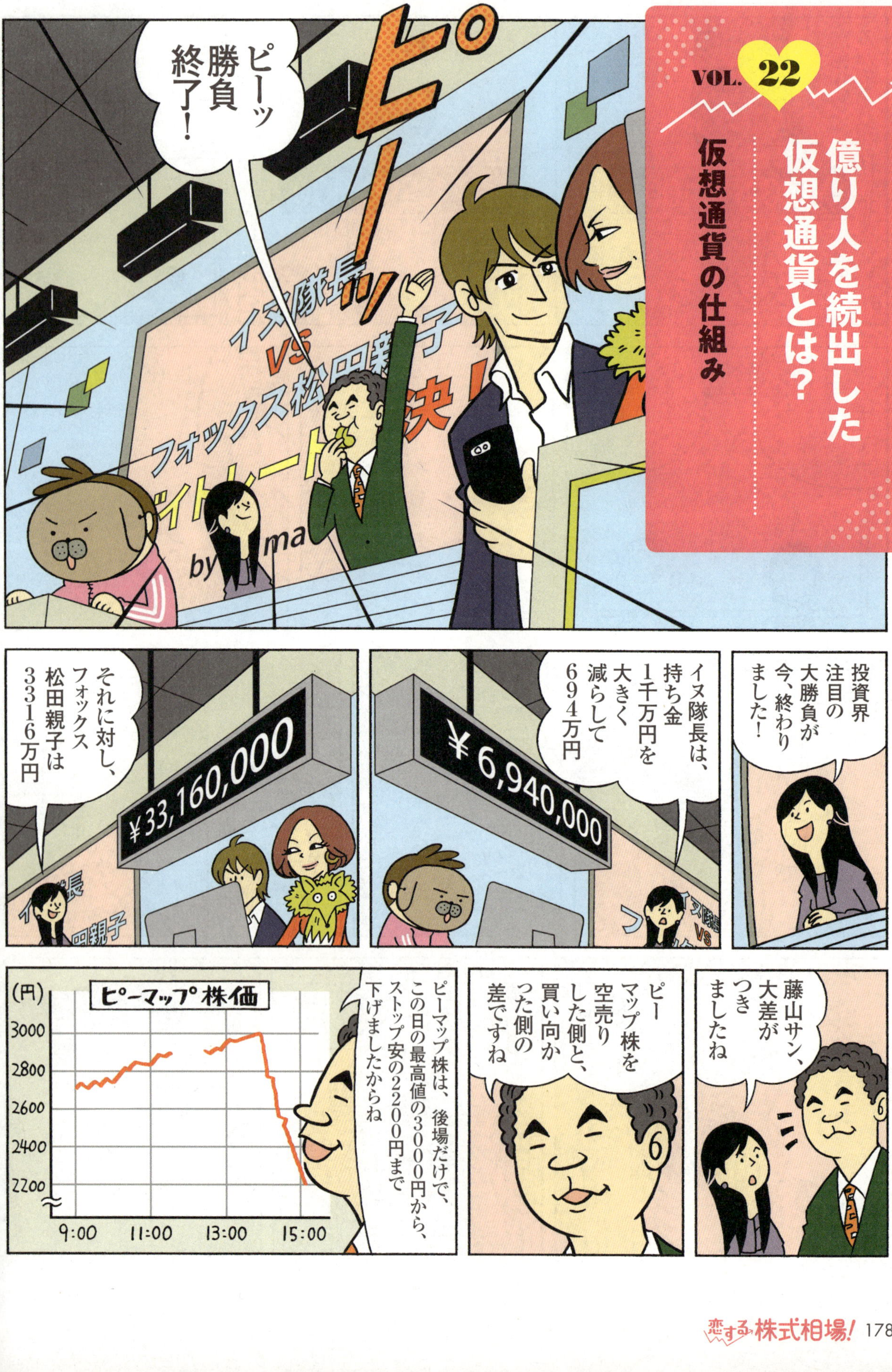

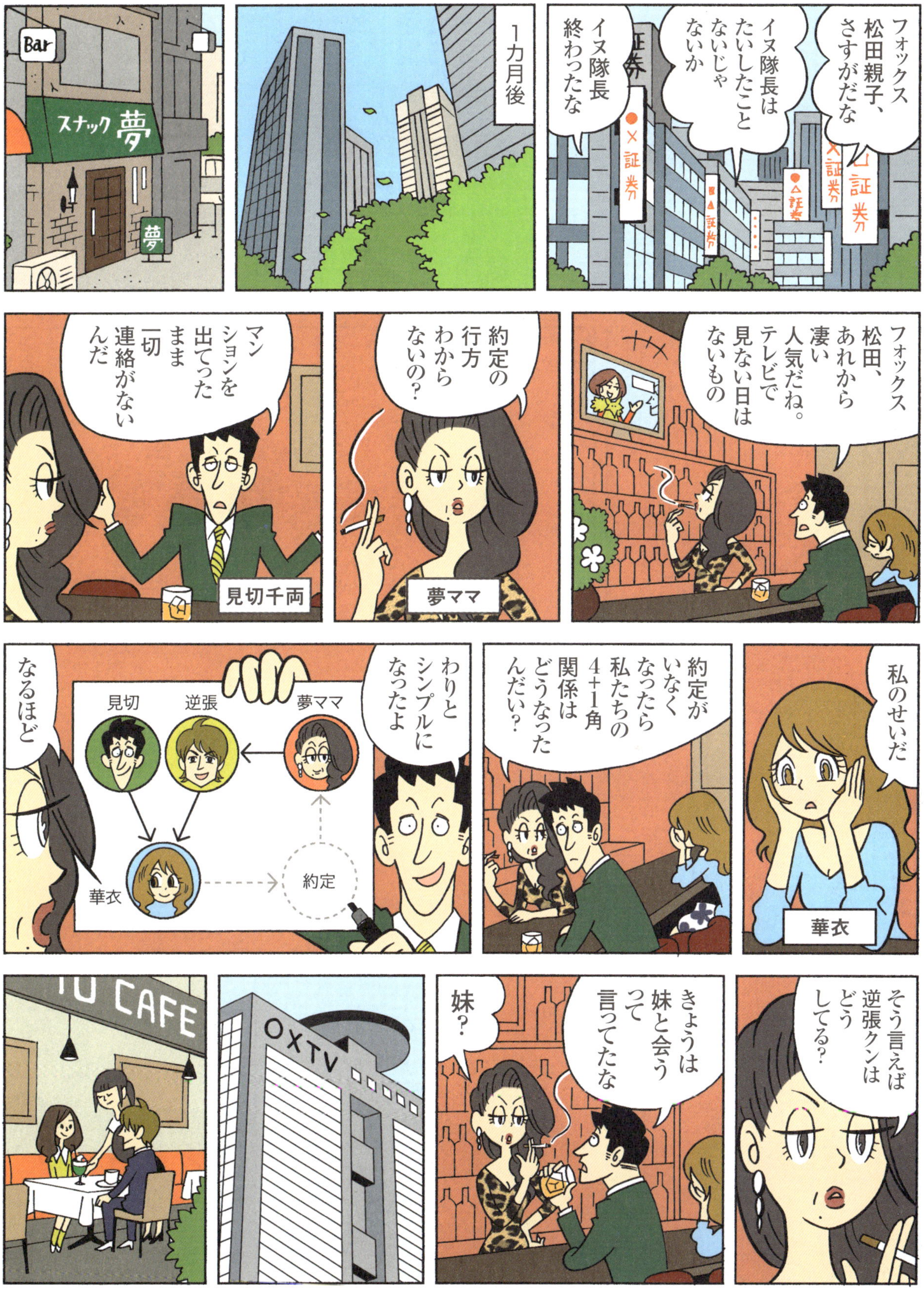
フォックス松田親子、さすがだな
イヌ隊長はたいしたことないじゃないか
イヌ隊長終わったな
1カ月後
Bar
スナック夢
夢
フォックス松田、あれから凄い人気だね。テレビで見ないはないもの
約定の行方わからないの？
夢ママ
マンションを出てったまま一切連絡がないんだ
見切千両
私のせいだ
華衣
約定がいなくなったら私たちの4+1角関係はどうなったんだい？
わりとシンプルになったよ
夢ママ
逆張
見切
華衣
約定
なるほど
そう言えば逆張クンはどうしてる？
きょうは妹と会うって言ってたな
妹？
OXTV
CAFE

自分の妹が人気アイドルだったなんてビックリだよ
私もお兄ちゃんがいたなんてビックリ
ママと暮らしてるの?
事務所が用意してくれたマンション
ギャラはどうしてる?ママに預けてるの?
自分で運用してるわ
血は争えないな。投資は何に?
仮想通貨よ
17年の4月、ビットコインが12万円だったときに買って、大晦日まで持ってたの。
ビットコイン／日本円チャート
全期間
大晦日に152万円で売り!
4月に12万円で買い
300万(円)
250万
200万
150万
100万
50万
0
2017年1月
7月
18年1月
7月
19年1月
7月
ホントは12月8日に200万円を超えたところで売るべきだったんだけど、躊躇してる間に31日に152万円まで下げちゃって、そこで売ったのよ。
それでもレバレッジを5倍かけてたから2千万円が12億円になったわ
＊チャート画像はフィスコ仮想通貨取引所のもの。
12億!?
お兄ちゃんだって、株をやってるんでしょ
株でもそこまではなかなか行かないよ
そうだ、今度ボクにビットコインのことを教えてくれないか?
株には詳しいけど、仮想通貨はさっぱりでね
いいわよ

土曜の午後、時間があるから、ママのマンションで講義してあげる
ママもビットコインの講義、受けるの？
実は私、チンプンカンプンなの今さら人に聞けないし
エヘン、
それでは講義を始めます
それ暗闇坂46の衣装だろ
この後、収録ですぐに出なきゃならないから
エヘ
なんかヘンな感じだな
で、ビットコインって早い話、何なのよ
実物はこれです
ええっ！これがビットコイン？
冗談です。これはAmazonで1枚90円で売られているなんちゃってビットコイン
だよね

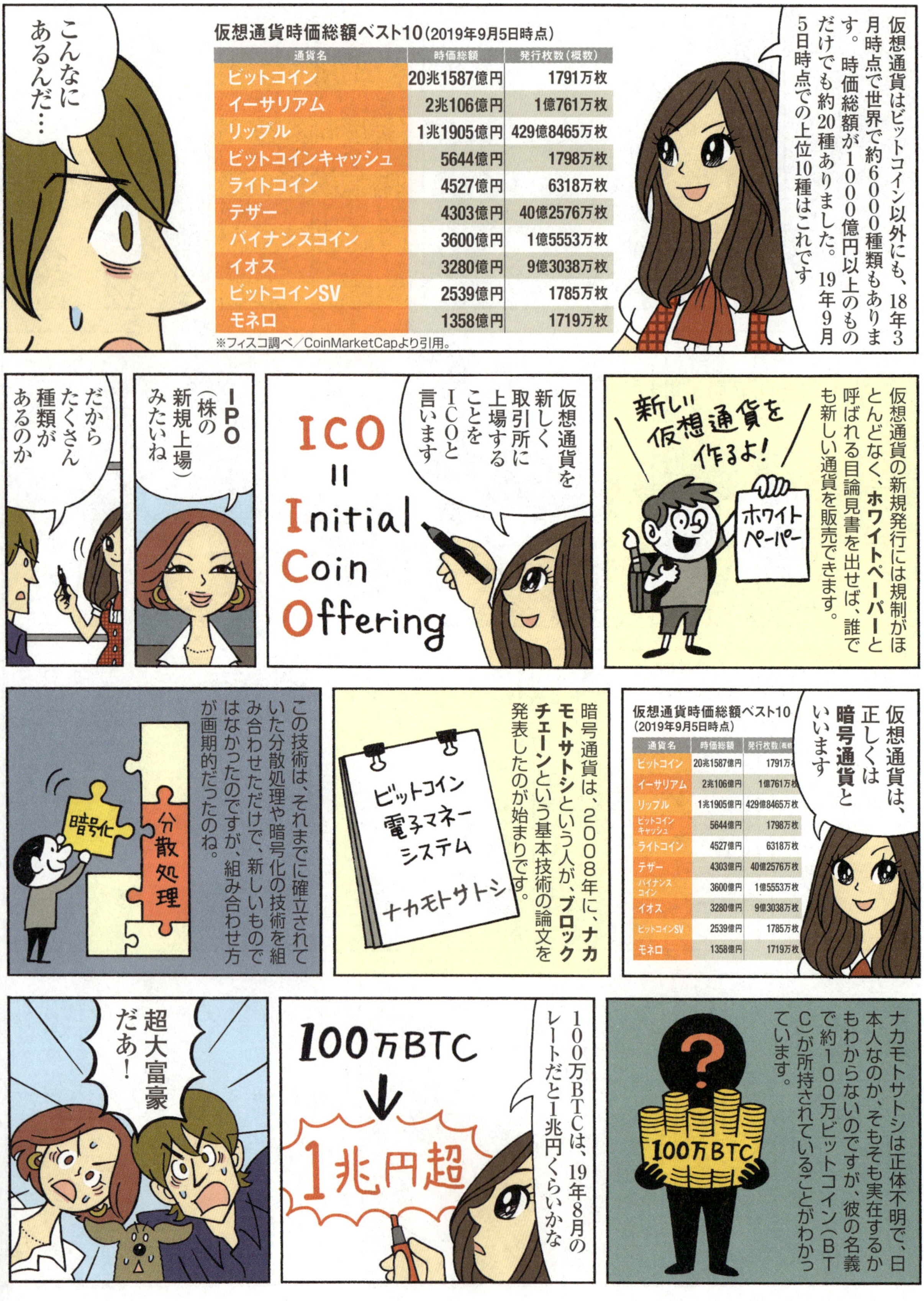
仮想通貨はビットコイン以外にも、18年3月時点で世界で約6000種類もあります。時価総額が1000億円以上のものだけでも約20種ありました。19年9月5日時点での上位10種はこれです
仮想通貨時価総額ベスト10（2019年9月5日時点）
※フィスコ調べ／CoinMarketCapより引用。
こんなにあるんだ…
仮想通貨の新規発行には規制がほとんどなく、ホワイトペーパーと呼ばれる目論見書を出せば、誰でも新しい通貨を販売できます。
新しい仮想通貨を作るよ！
ホワイトペーパー
仮想通貨を新しく取引所に上場することをICOと言います
ICO
＝
Initial
Coin
Offering
IPO（株の新規上場）みたいね
だからたくさん種類があるのか
仮想通貨は、正しくは暗号通貨といいます
暗号通貨は、2008年に、ナカモトサトシという人が、ブロックチェーンという基本技術の論文を発表したのが始まりです。
ビットコイン電子マネーシステム
ナカモトサトシ
この技術は、それまでに確立されていた分散処理や暗号化の技術を組み合わせただけで、新しいものではなかったのですが、組み合わせ方が画期的だったのね。
暗号化
分散処理
ナカモトサトシは正体不明で、日本人なのか、そもそも実在するかもわからないのですが、彼の名義で約100万ビットコイン（BTC）が所持されていることがわかっています。
？
100万BTC
100万BTCは、19年8月のレートだと1兆円くらいかな
100万BTC
↓
1兆円超
超大富豪だあ！

仮想通貨時価総額ベスト10（2019年9月5日時点）

通貨名	時価総額	発行枚数（概数）
ビットコイン	20兆1587億円	1791万枚
イーサリアム	2兆106億円	1億761万枚
リップル	1兆1905億円	429億8465万枚
ビットコインキャッシュ	5644億円	1798万枚
ライトコイン	4527億円	6318万枚
テザー	4303億円	40億2576万枚
バイナンスコイン	3600億円	1億5553万枚
イオス	3280億円	9億3038万枚
ビットコインSV	2539億円	1785万枚
モネロ	1358億円	1719万枚

※フィスコ調べ／CoinMarketCapより引用。

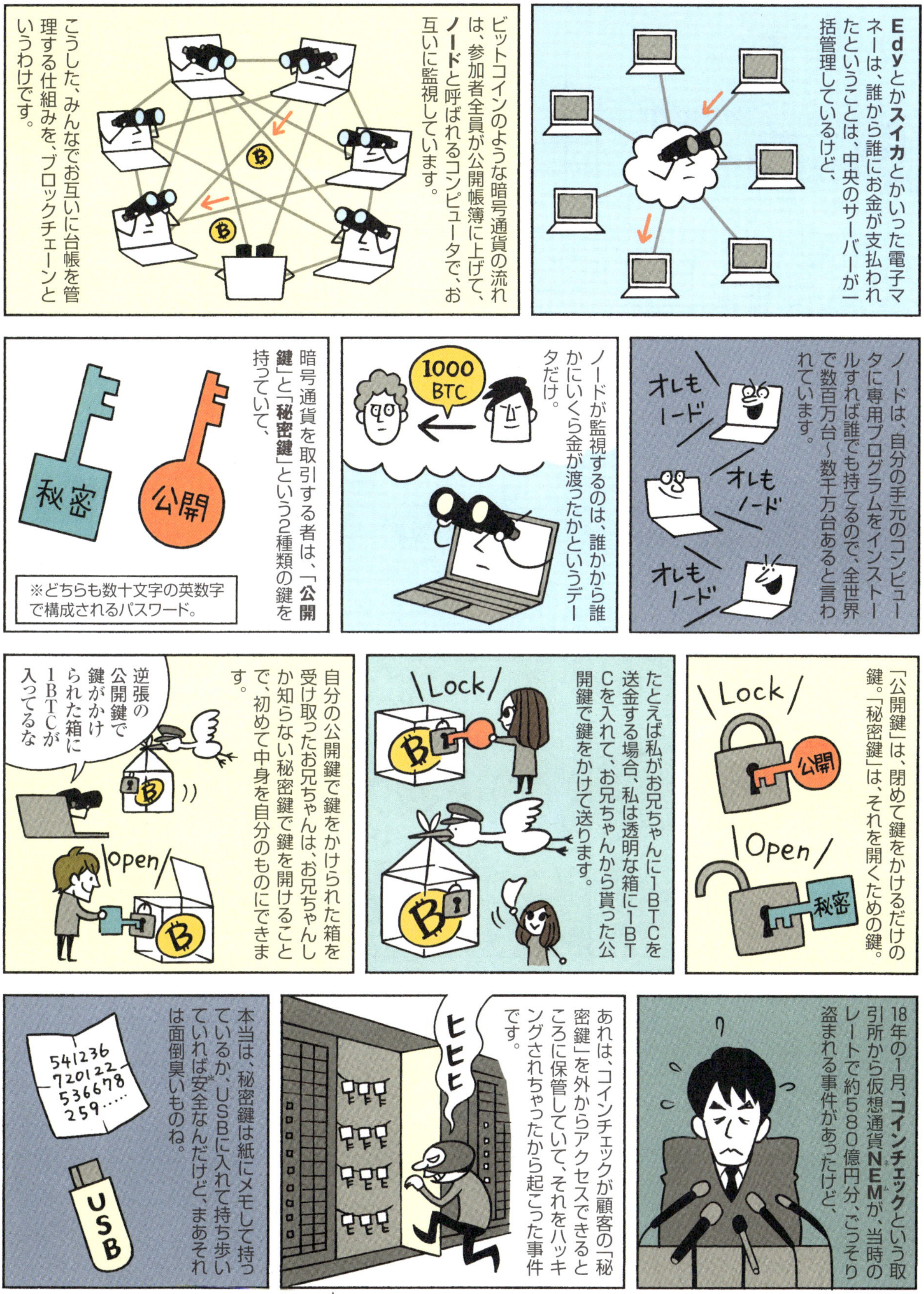
Edyとかスイカとかいった電子マネーは、誰から誰にお金が支払われたということは、中央のサーバーが一括管理しているけど、
ビットコインのような暗号通貨の流れは、参加者全員が公開帳簿に上げて、ノードと呼ばれるコンピュータで、お互いに監視しています。
こうした、みんなでお互いに台帳を管理する仕組みを、ブロックチェーンというわけです。
ノードは、自分の手元のコンピュータに専用プログラムをインストールすれば誰でも持てるので、全世界で数百万台～数千万台あると言われています。
オレもノード
オレもノード
オレもノード
ノードが監視するのは、誰かから誰かにいくら金が渡ったかというデータだけ。
1000 BTC
暗号通貨を取引する者は、「公開鍵」と「秘密鍵」という2種類の鍵を持っていて、
秘密
公開
※どちらも数十文字の英数字で構成されるパスワード。
「公開鍵」は、閉めて鍵をかけるだけの鍵。「秘密鍵」は、それを開くための鍵。
Lock
公開
Open
秘密
たとえば私がお兄ちゃんに1BTCを送金する場合、私は透明な箱に1BTCを入れて、お兄ちゃんから貰った公開鍵で鍵をかけて送ります。
Lock
自分の公開鍵で鍵をかけられた箱を受け取ったお兄ちゃんは、お兄ちゃんしか知らない秘密鍵で鍵を開けることで、初めて中身を自分のものにできます。
逆張の公開鍵で鍵がかけられた箱に1BTCが入ってるな
open
18年の1月、コインチェックという取引所から仮想通貨NEM《ネム》が、当時のレートで約580億円分、ごっそり盗まれる事件があったけど、
あれは、コインチェックが顧客の「秘密鍵」を外からアクセスできるところに保管していて、それをハッキングされちゃったから起こった事件です。
ヒヒヒ
本当は、秘密鍵は紙にメモして持っているか、USBに入れて持ち歩いていれば安全*なんだけど、まあそれは面倒臭いものね。
541236
720122
536678
259……
USB

＊ただし紛失や破損のリスクは残る。

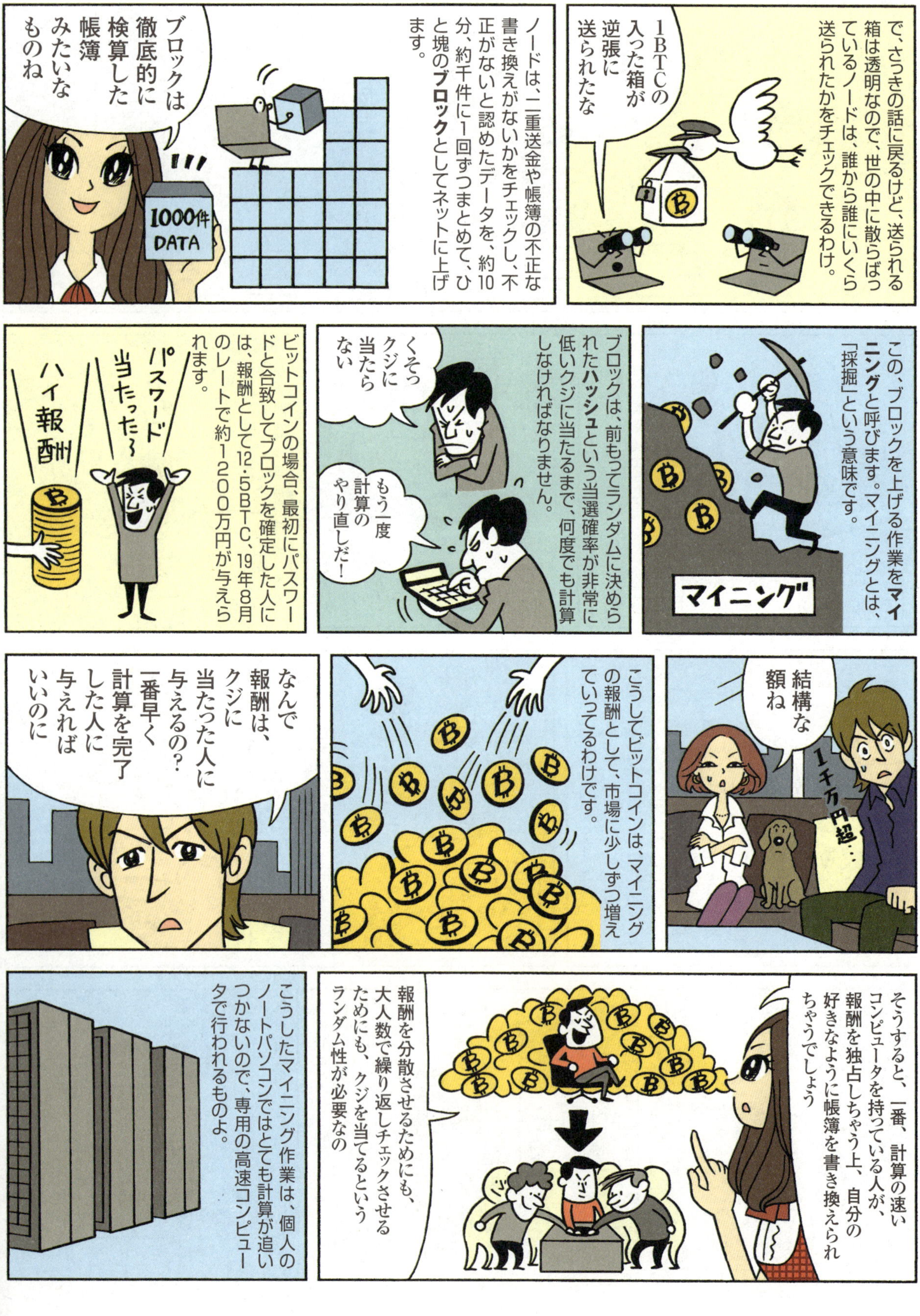

で、さっきの話に戻るけど、送られる箱は透明なので、世の中に散らばっているノードは、誰から誰にいくら送られたかをチェックできるわけ。
1BTCの入った箱が逆張に送られたな
ノードは、二重送金や帳簿の不正な書き換えがないかをチェックし、不正がないと認めたデータを、約10分、約千件に1回ずつまとめて、ひと塊のブロックとしてネットに上げます。
1000件 DATA
ブロックは徹底的に検算した帳簿みたいなものね
この、ブロックを上げる作業をマイニングと呼びます。マイニングとは、「採掘」という意味です。
マイニング
ブロックは、前もってランダムに決められたハッシュという当選確率が非常に低いクジに当たるまで、何度でも計算しなければなりません。
くそっクジに当たらない
もう一度計算のやり直しだ!
ビットコインの場合、最初にパスワードと合致してブロックを確定した人には、報酬として12・5BTC、19年8月のレートで約1200万円が与えられます。
パスワード当たった~
ハイ報酬
結構な額ね
1千万円超…
こうしてビットコインは、マイニングの報酬として、市場に少しずつ増えていってるわけです。
なんで報酬は、クジに当たった人に与えるの? 一番早く計算を完了した人に与えればいいのに
そうすると、一番、計算の速いコンピュータを持っている人が、報酬を独占しちゃう上、自分の好きなように帳簿を書き換えられちゃうでしょう
報酬を分散させるためにも、大人数で繰り返しチェックさせるためにも、クジを当てるというランダム性が必要なの
こうしたマイニング作業は、個人のノートパソコンではとても計算が追いつかないので、専用の高速コンピュータで行われるものよ。

今、世界中で、報酬目当てに、高速コンピュータを使ったビットコインのマイニング競争が行われています。
ガリガリガリ
ガリガリガリ
でも、この作業にはムチャクチャ電力が必要だし、コンピュータは熱を持ってしまうので、
ボッ
マイニングは、シベリアとかアイスランドとか中国の奥地とか、電力の安い、しかも極寒の地で行われています。
あ～すずしい～
環境保護団体が聞いたら、許しちゃおかない話だな
マイニングが進んだら、流通量が無制限に増えて、インフレにならないの？
それを防止するために、ビットコインは、総発行枚数が最初から2100万BTCまで、と決められています。総発行枚数が限られているから、価値が上がってゆくんですよ。
2100万BTC
今までに、どれくらい発行されているの？
18年の8月時点で1718万BTC。19年の8月時点で1785万BTC。
1718万BTC
1785万BTC
2018年8月
2019年8月
1年で67万BTC増えたってことは、あと5年足らずで2100万に達しちゃうってこと？
このままなら確かにそうだけど、マイニングの報酬は4年毎に半減する決まりなので2100万に達するのは約120年後とされています
2024年 1958万BTC
2032年
前の 1/2
1/4
1/8
1/16
2100万BTC
ひとつ前の半減期 2016年 約1564万BTC
次の半減期 2020年 1827万BTC
2028年
2036年
報酬が半分になったら、みんなマイニングを止めちゃわない？
その分、4年で倍くらいに価格が上がっていることが見込まれるので、大丈夫です
価格
なるほど、よくできたシステムだなぁ

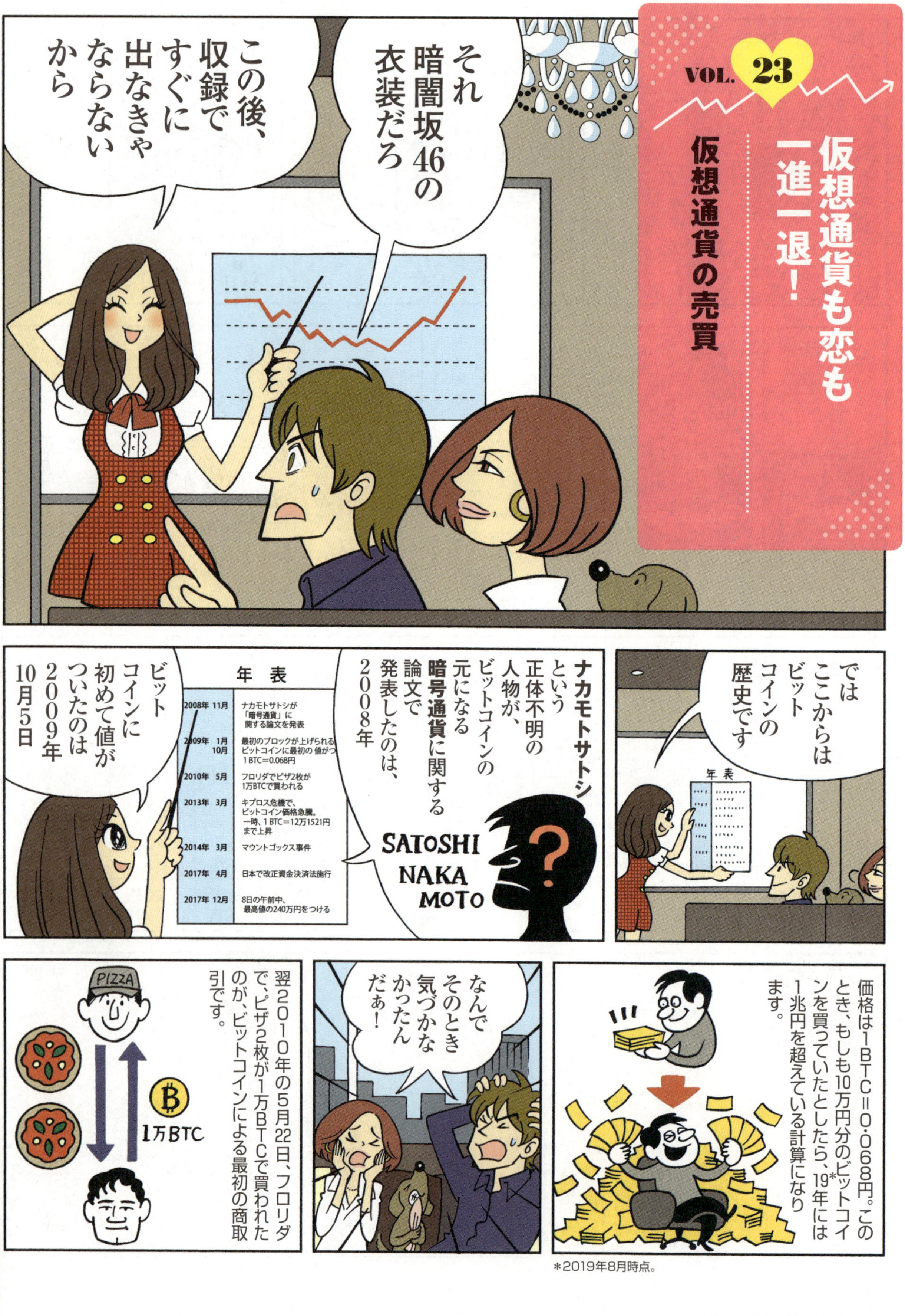
VOL. 23
仮想通貨も恋も一進一退!
仮想通貨の売買
それ暗闇坂46の衣装だろ
この後、収録ですぐに出なきゃならないから
ではここからはビットコインの歴史です
年表
ナカモトサトシという正体不明の人物が、ビットコインの元になる暗号通貨に関する論文で発表したのは、2008年
SATOSHI NAKAMOTO
ビットコインに初めて値がついたのは2009年10月5日
年表
2008年 11月 ナカモトサトシが「暗号通貨」に関する論文を発表
2009年 1月 最初のブロックが上げられる
10月 ビットコインに最初の 値がつ
1 BTC＝0.068円
2010年 5月 フロリダでピザ2枚が1万BTCで買われる
2013年 3月 キプロス危機で、ビットコイン価格急騰。一時、1 BTC＝12万1521円まで上昇
2014年 3月 マウントゴックス事件
2017年 4月 日本で改正資金決済法施行
2017年 12月 8日の午前中、最高値の240万円をつける
価格は1BTC＝0.068円。このとき、もしも10万円分のビットコインを買っていたとしたら、19年*には1兆円を超えている計算になります。
なんでそのとき気づかなかったんだぁ!
翌2010年の5月22日、フロリダで、ピザ2枚が1万BTCで買われたのが、ビットコインによる最初の商取引です。
PIZZA
1万BTC

*2019年8月時点。

1万BTCっていうと19年のレートで101億円か
ピザ1枚が51億円
51億円
そのままとっておいたら凄いことになってるね
このビットコインに最初に注目したのは、既存の政府とか銀行にコントロールされることを嫌う無政府主義者たちでした。
「分散型」とかでっかく書かれたTシャツ。全体にヒッピーっぽい雰囲気
Decentralized
にっそくも見ておこう
師匠がいるわけじゃないので「日足」(ひあし)を「にっそく」と読んじゃう
TREZOR
cnirch
パソコンには仮想通貨のマークのシール
彼らが伝道師となって、ビットコインを広めたんです。
あなた方は銀行に搾取されています！
Decentralized
だいたいこういうことを言う
ビットコインは、銀行のように口座番号が個人とヒモづけられておらず、自分のコンピュータから直接口座を作ることも可能なので、送金に足がつきにくく、
ロサンゼルス
ベネズエラ
そのため、犯罪者が注目し、麻薬取引の支払いやマネーロンダリングに使うようになります。
足はつかねぇし送金手数料も取られねぇしビットコインは最高だぜ
Bitcoin
ビットコイン価格
200万（円）
150万
100万
50万
0
2009年 10年 11年 12年 13年 14年 15年 16年 17年 18年
それでもご覧の通り最初の3年間は値はほとんど上がらなかったんですが…
2013年3月、高金利・低税率を売りにロシアの富豪から多額の資金を集めていたキプロスの銀行が、不良債権を掴んで身動きがとれなくなる、いわゆる**キプロス危機**が起こったとき、
ギャーッ
トルコ
キプロス
エジプト
直前に資産をビットコインに移した資産家が、取り付け騒ぎに巻き込まれることなく、資金を移すことができ、
銀行取引が停止されてもビットコインはやすやすと現金化できます
BANK
Bitcoin ATM
金返せー
そのことでビットコインはさらに注目され、価格が1BTC＝266ドル（＝当時で2万5千円）まで一気に跳ね上がりました
60万（円）
50万
40万
30万
20万
10万
0
2009年 10年 11年 12年 13年 14年 15年
その後も価格は上がり続け、2013年の暮れには、12万1521円までいったんです

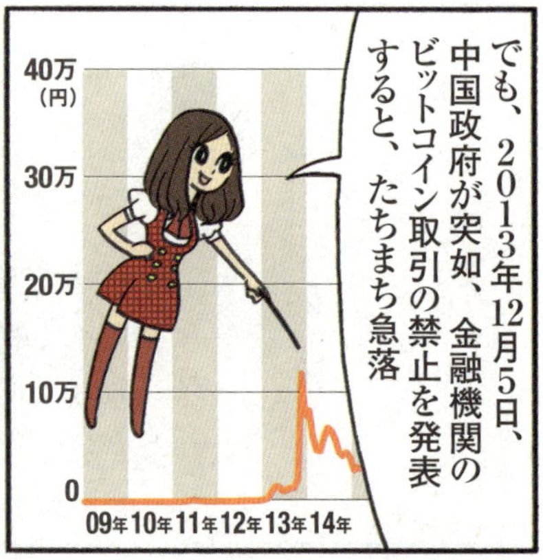
でも、2013年12月5日、中国政府が突如、金融機関のビットコイン取引の禁止を発表すると、たちまち急落
40万
(円)
30万
20万
10万
0
09年10年11年12年13年14年

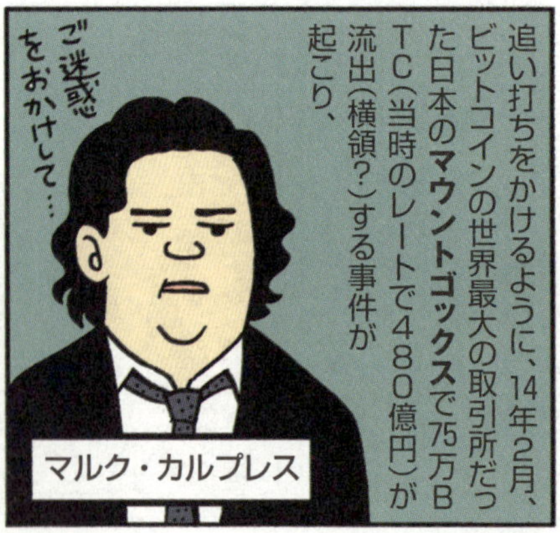
追い打ちをかけるように、14年2月、ビットコインの世界最大の取引所だった日本の**マウントゴックス**で75万BTC（当時のレートで480億円）が流出（横領？）する事件が起こり、
ご迷惑をおかけして…
マルク・カルプレス

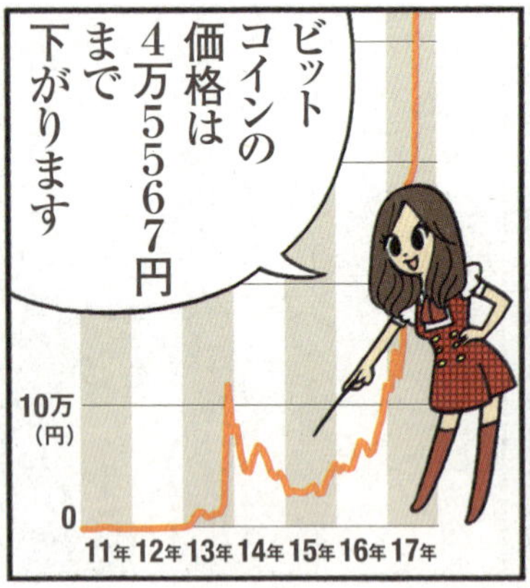
ビットコインの価格は4万5567円まで下がります
10万
(円)
0
11年12年13年14年15年16年17年

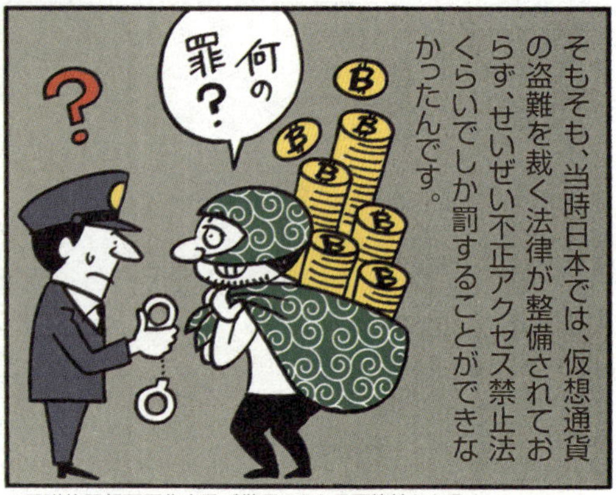
そもそも、当時日本では、仮想通貨の盗難を裁く法律が整備されておらず、せいぜい不正アクセス禁止法くらいでしか罰することができなかったんです。
何の罪？
？

※電磁的記録不正作出及び供用にあたる可能性もある。

マウントゴックス事件に懲りて、日本は珍しく世界に先駆けて仮想通貨に関する「**改正資金決済法**」という法律を作って、2017年4月から施行しました。

改正資金決済法で登録された11社

社名	社名
マネーパートナーズ	ビットトレード＊2
QUOINE	BTCボックス
bitFlyer	ビットポイントジャパン
ビットバンク	フィスコ仮想通貨取引所
SBIバーチャル・カレンシーズ＊1	テックビューロ
GMOコイン	

選ばれた11社が金融庁に登録され、国のお墨つきが与えられたわけです。（19年8月時点では19社）

＊1 現SBI VC トレード。 ＊2 現Huobi。

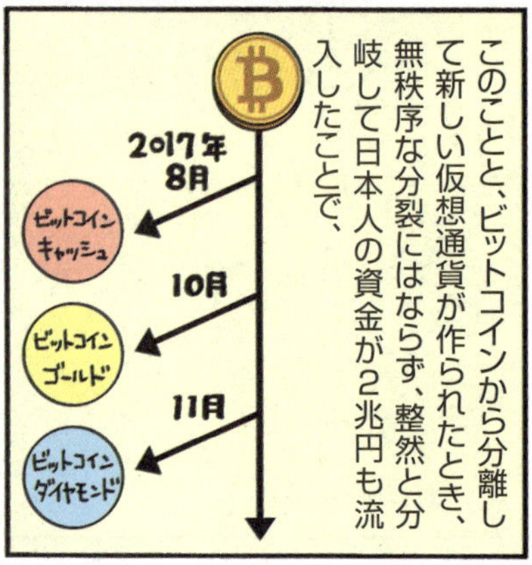
このことと、ビットコインから分離して新しい仮想通貨が作られたとき、無秩序な分裂にはならず、整然と分岐して日本人の資金が2兆円も流入したことで、
2017年8月
ビットコインキャッシュ
10月
ビットコインゴールド
11月
ビットコインダイヤモンド

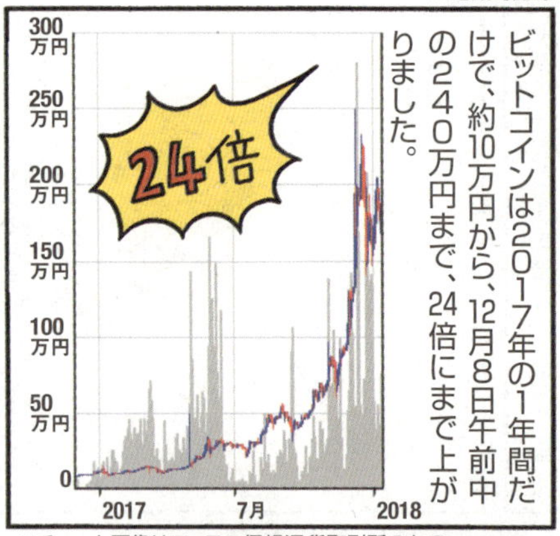
ビットコインは2017年の1年間だけで、約10万円から、12月8日午前中の240万円まで、24倍にまで上がりました。
24倍
300万円
250万円
200万円
150万円
100万円
50万円
0
2017
7月
2018

※チャート画像はフィスコ仮想通貨取引所のもの。

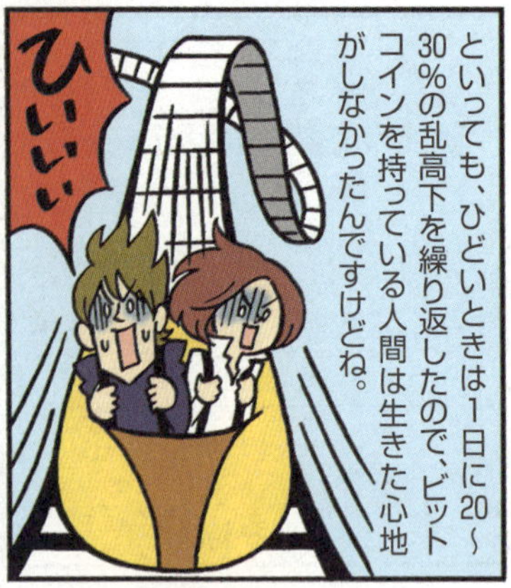
といっても、ひどいときは1日に20〜30%の乱高下を繰り返したので、ビットコインを持っている人間は生きた心地がしなかったんですけどね。
ひぃぃぃ

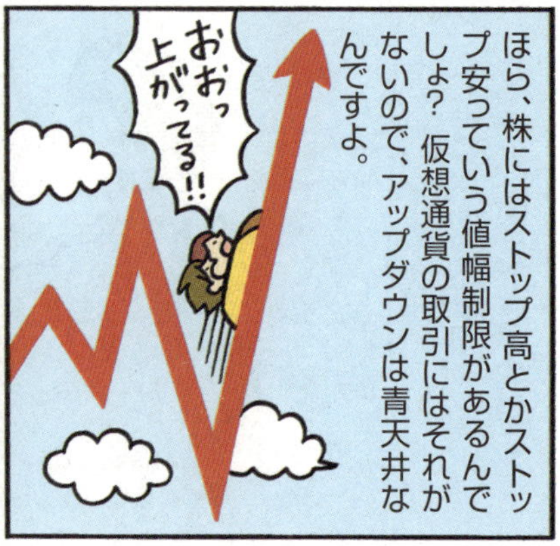
ほら、株にはストップ高とかストップ安っていう値幅制限があるんでしょ？ 仮想通貨の取引にはそれがないので、アップダウンは青天井なんですよ。
おおっ上がってる!!

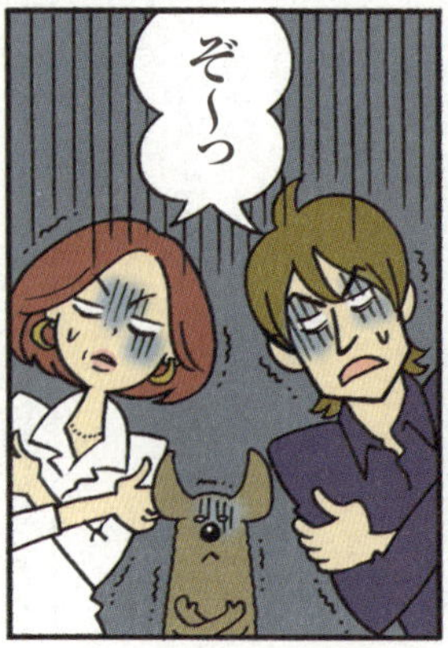
ぞ〜っ

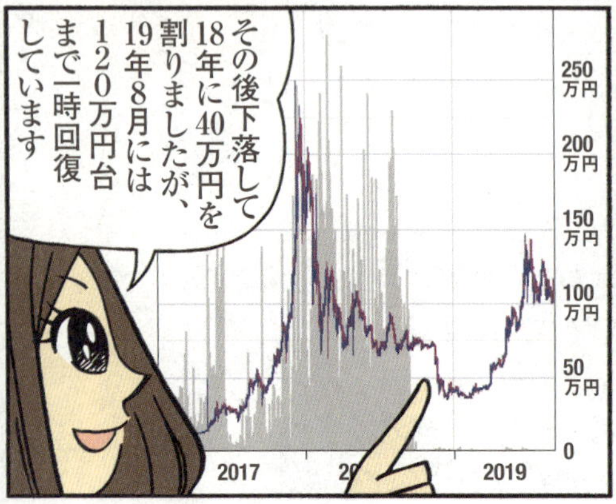
その後下落して18年に40万円を割りましたが、19年8月には120万円台まで一時回復しています
250万円
200万円
150万円
100万円
50万円
0
2017
2019

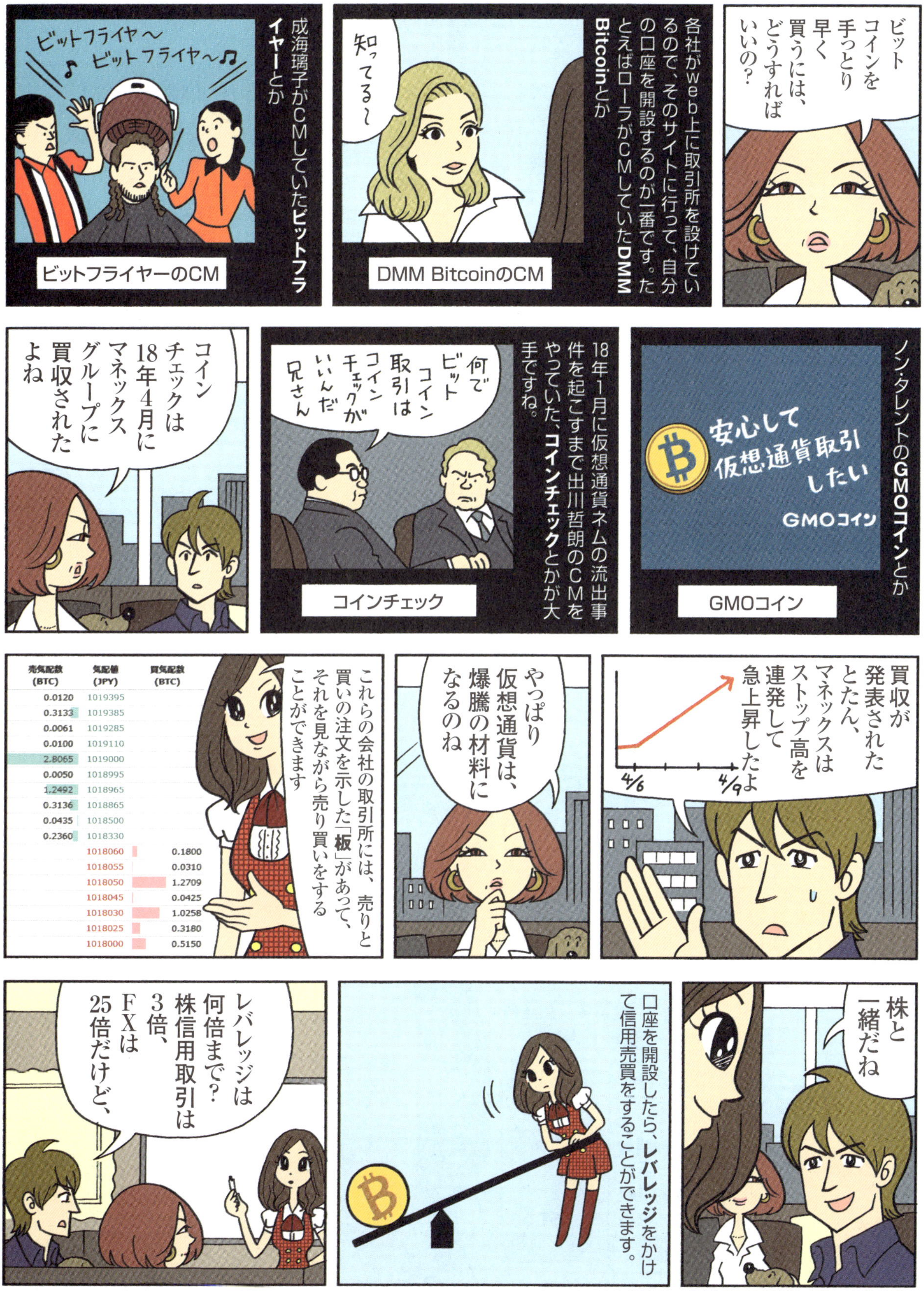

ビットコインを手っとり早く買うには、どうすればいいの？
各社がweb上に取引所を設けているので、そのサイトに行って、自分の口座を開設するのが一番です。たとえばローラがCMしていたDMM Bitcoinとか
知ってる〜
DMM BitcoinのCM
成海璃子がCMしていたビットフライヤーとか
ビットフライヤ〜 ビットフライヤ〜♪
ビットフライヤーのCM
ノン・タレントのGMOコインとか
安心して仮想通貨取引したい
GMOコイン
GMOコイン
18年1月に仮想通貨ネムの流出事件を起こすまで出川哲朗のCMをやっていた、コインチェックとかが大手ですね。
何でビットコイン取引はコインチェックがいいんだ兄さん
コインチェック
コインチェックは18年4月にマネックスグループに買収されたよね
買収が発表されたとたん、マネックスはストップ高を連発して急上昇したよ
4/6
4/9
やっぱり仮想通貨は、爆騰の材料になるのね
これらの会社の取引所には、売りと買いの注文を示した「板」があって、それを見ながら売り買いをすることができます
売気配数 (BTC)
気配値 (JPY)
買気配数 (BTC)
0.0120 1019395
0.3133 1019385
0.0061 1019285
0.0100 1019110
2.8065 1019000
0.0050 1018995
1.2492 1018965
0.3136 1018865
0.0435 1018500
0.2360 1018330
1018060 0.1800
1018055 0.0310
1018050 1.2709
1018045 0.0425
1018030 1.0258
1018025 0.3180
1018000 0.5150
株と一緒だね
口座を開設したら、レバレッジをかけて信用売買をすることができます。
レバレッジは何倍まで？株信用取引は3倍、FXは25倍だけど、

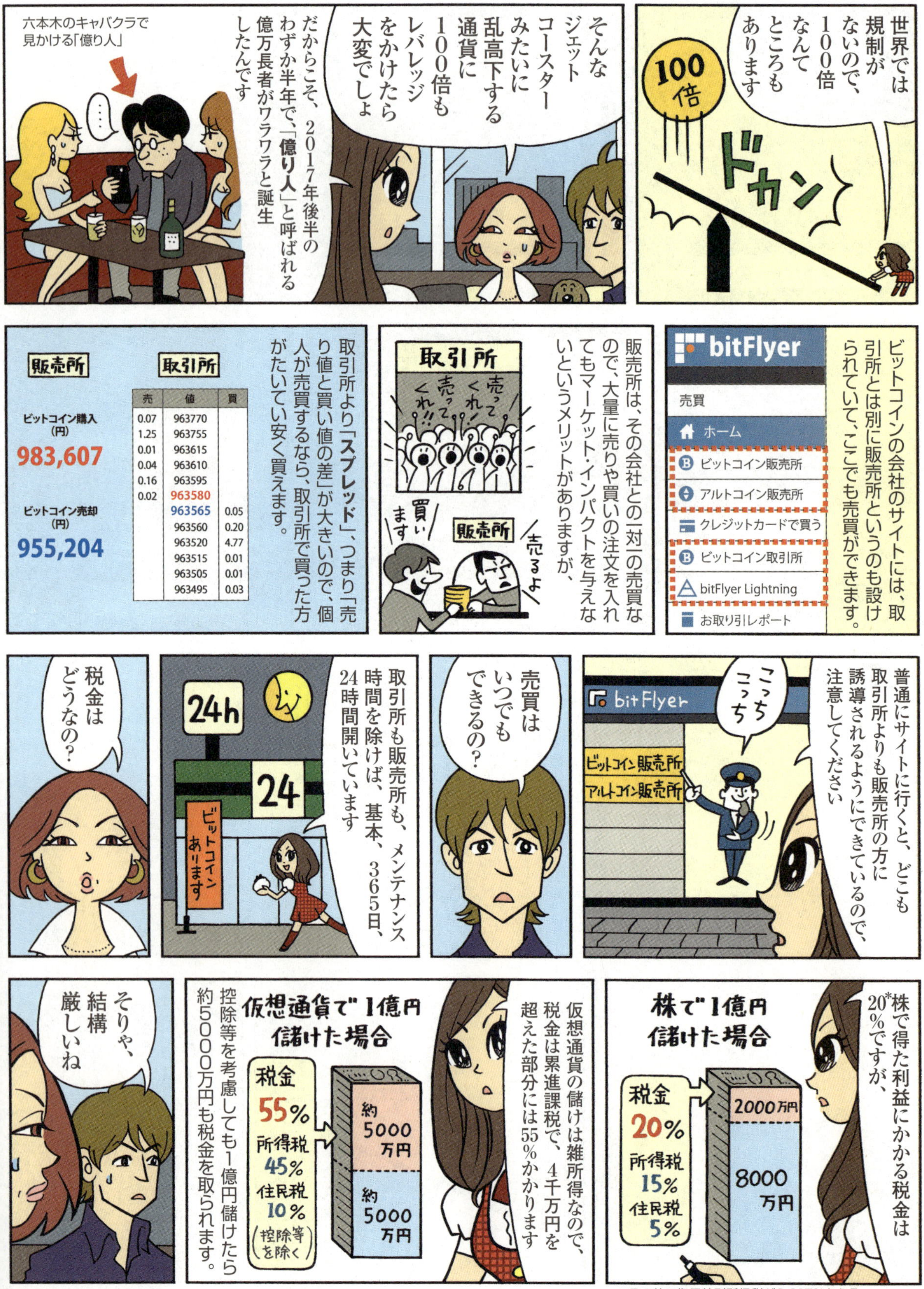

世界では規制がないので、100倍なんてところもあります
100倍
ドカン
そんなジェットコースターみたいに乱高下する通貨に100倍もレバレッジをかけたら大変でしょ
だからこそ、2017年後半のわずか半年で、「億り人」と呼ばれる億万長者がワラワラと誕生したんです
六本木のキャバクラで見かける「億り人」
・・・
ビットコインの会社のサイトには、取引所とは別に販売所というのも設けられていて、ここでも売買ができます。
bitFlyer
売買
ホーム
ビットコイン販売所
アルトコイン販売所
クレジットカードで買う
ビットコイン取引所
bitFlyer Lightning
お取り引レポート
販売所は、その会社との一対一の売買なので、大量に売りや買いの注文を入れてもマーケット・インパクトを与えないというメリットがありますが、
取引所
売ってくれ
売ってくれ!!
販売所
買います
売るよ
取引所より「スプレッド」、つまり「売り値と買い値の差」が大きいので、個人が売買するなら、取引所で買った方がたいてい安く買えます。
販売所
ビットコイン購入（円） 983,607
ビットコイン売却（円） 955,204
取引所
売 値 買
0.07 963770
1.25 963755
0.01 963615
0.04 963610
0.16 963595
0.02 963580
963565 0.05
963560 0.20
963520 4.77
963515 0.01
963505 0.01
963495 0.03
普通にサイトに行くと、どこも取引所よりも販売所の方に誘導されるようにできているので、注意してください
こっちこっち
bitFlyer
ビットコイン販売所
アルトコイン販売所
売買はいつでもできるの?
取引所も販売所も、メンテナンス時間を除けば、基本、365日、24時間開いています
24h
24
ビットコインあります
税金はどうなの?
株で得た利益にかかる税金は20%*ですが、
株で1億円儲けた場合
税金 20%
所得税 15%
住民税 5%
2000万円
8000万円
仮想通貨の儲けは雑所得なので、税金は累進課税で、4千万円を超えた部分には55%かかります
仮想通貨で1億円儲けた場合
税金 55%
所得税 45%
住民税 10%
（控除等を除く）
約5000万円
約5000万円
控除等を考慮しても1億円儲けたら約5000万円も税金を取られます。
そりゃ、結構厳しいね

＊その他に復興特別所得税が0.315%かかる。

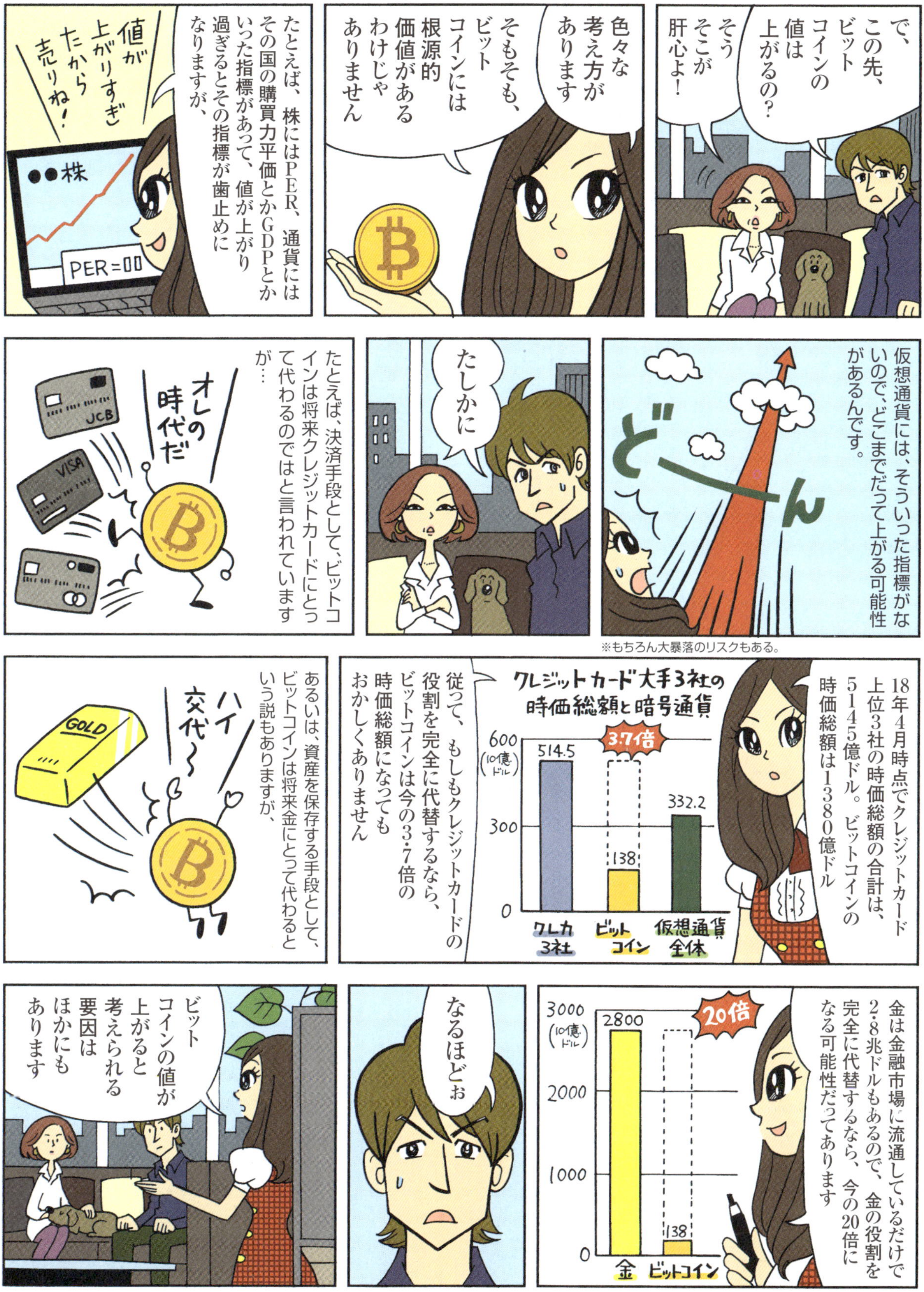

で、この先、ビットコインの値は上がるの？
そう そこが肝心よ！
色々な考え方があります
そもそも、ビットコインには根源的価値があるわけじゃありません
たとえば、株にはPER、通貨にはその国の購買力平価とかGDPとかいった指標があって、値が上がり過ぎるとその指標が歯止めになりますが、
値が上がりすぎたから売りね！
●●株
PER=□□
仮想通貨には、そういった指標がないので、どこまでだって上がる可能性があるんです。
ど——ん
たしかに
たとえば、決済手段として、ビットコインは将来クレジットカードにとって代わるのではと言われていますが…
オレの時代だ
JCB
VISA
※もちろん大暴落のリスクもある。
18年4月時点でクレジットカード上位3社の時価総額の合計は、5145億ドル。ビットコインの時価総額は1380億ドル
クレジットカード大手3社の時価総額と暗号通貨
600 (10億ドル)
300
0
514.5
3.7倍
138
332.2
クレカ3社
ビットコイン
仮想通貨全体
従って、もしもクレジットカードの役割を完全に代替するなら、ビットコインは今の3・7倍の時価総額になってもおかしくありません
あるいは、資産を保存する手段として、ビットコインは将来金にとって代わるという説もありますが、
ハイ交代～
GOLD
金は金融市場に流通しているだけで2・8兆ドルもあるので、金の役割を完全に代替するなら、今の20倍になる可能性だってあります
3000 (10億ドル)
2000
1000
0
2800
20倍
138
金
ビットコイン
なるほどぉ
ビットコインの値が上がると考えられる要因はほかにもあります

さっきも言った通り、ビットコインは信用での売買も可能で、「買い」だけじゃなく「売り」から入ることもできるのですが、
売るよ～
買い戻し
返します
ビットコインは、18年4月にさらなる*セリクラの大波が来ると噂されていたので、
もうビットコインは終わりだ!!!
売り!!
売り!!
ザバーーン
*セリクラ(Selling Climax)＝投資家が相場について総悲観になったときに全員が投げ打つこと。
短期的で仮想通貨に投資する人はみんな、そのセリクラで儲けようと、2月、3月は「売り」から入ったんです。
いつか買い戻さなきゃ…
売りだ
売りだ
2018 1月
2月
3月
4月
5月
おかげで市場は、いつかは買い戻さなければならない「売り」がパンパンに貯まった状態になりました。
結局、4月にセリクラは来ず、「売り」から入った投資家は、ビットコインの値が少しでも上がると怖くなって買いに走るので、値は下がらないんですよ
250万 (円)
200万
150万
100万
50万
0
18年1月
2月
3月
4月
株の信用取引とまったく同じだ
「買い」から入った場合、10万円の株が0円になっても損は10万円で済むけど、「売り」から入った場合、値上がりは際限がないので損失はハンパないからね。
(損切り)
買
ひぃぃぃ
-190万円
200万円
売
10万円
買
(損切り)
売
-10万円
一方で、値上がりを阻んでいた要素もあります
さっき話した14年のマウントゴックス事件で破産管財人カルプレスの手元に残った20万BTCが18年には2000億円になっていて、
売りまーす
こいつの代理人
破産管財人
マウントゴックス
マウントゴックスの破産管財人が、その20万BTCを少しずつ売って弁済に充てているので、売り圧力になっていたといわれています。
それと、私はチャートのことはよくわかりませんが、4月に入って、50日の移動平均線が200日の移動平均線を下に突き抜けるデスクロスというのが起こって、
50日移動平均線
200日移動平均線
デスクロス
2017/11
2018/01
2018/04

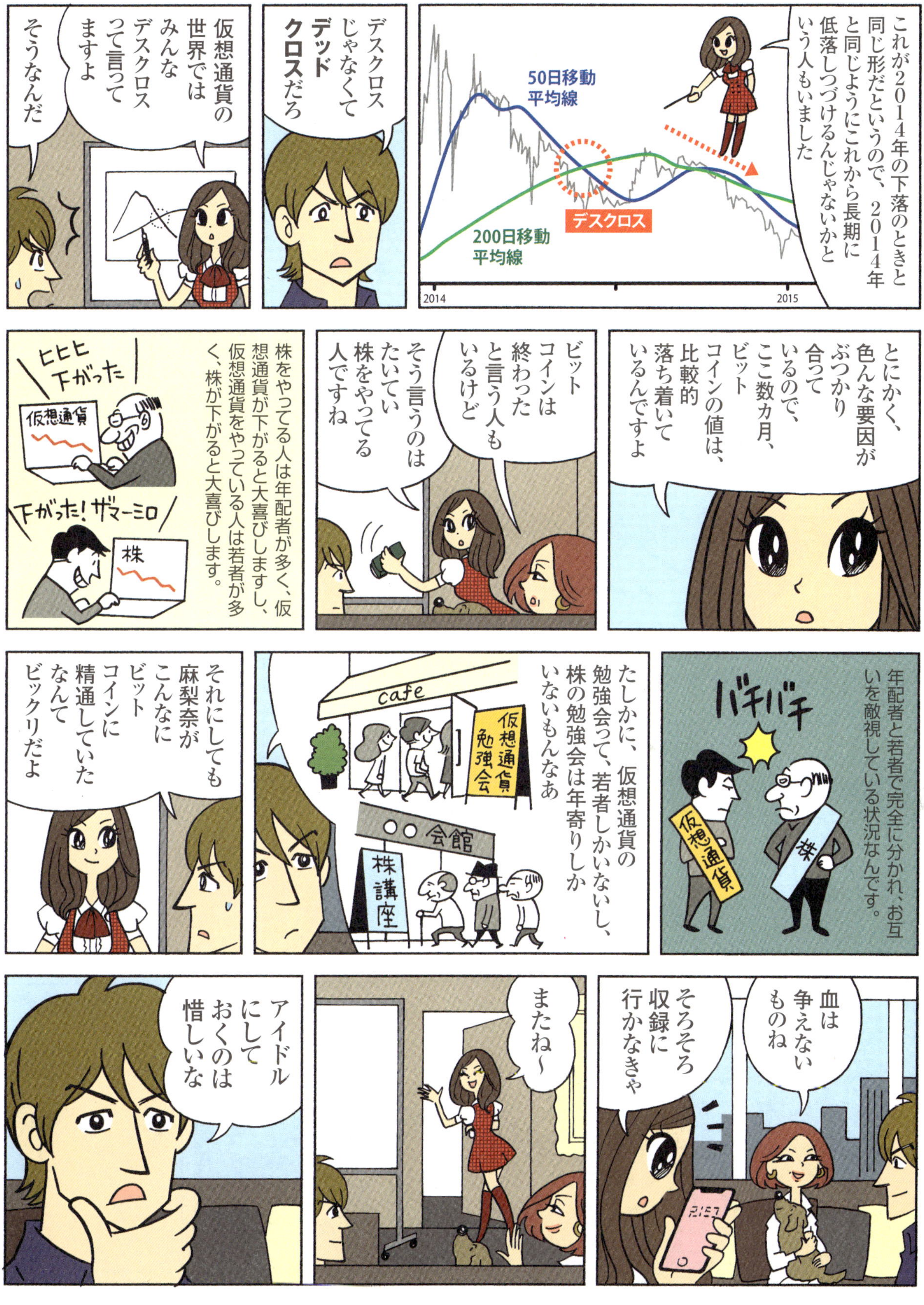

これが2014年の下落のときと同じ形だというので、2014年と同じようにこれから長期に低落しつづけるんじゃないかという人もいました
50日移動平均線
デスクロス
200日移動平均線
2014
2015
デスクロスじゃなくて**デッドクロス**だろ
仮想通貨の世界ではみんなデスクロスって言ってますよ
そうなんだ
とにかく、色んな要因がぶつかり合っているので、ここ数カ月、ビットコインの値は、比較的落ち着いているんですよ
ビットコインは終わったと言う人もいるけど
そう言うのはたいてい株をやってる人ですね
株をやってる人は年配者が多く、仮想通貨が下がると大喜びしますし、仮想通貨をやっている人は若者が多く、株が下がると大喜びします。
ヒヒヒ下がった
仮想通貨
下がった！ザマーミロ
株
年配者と若者で完全に分かれ、お互いを敵視している状況なんです。
バチバチ
仮想通貨
株
たしかに、仮想通貨の勉強会って、若者しかいないし、株の勉強会は年寄りしかいないもんなあ
cafe
仮想通貨勉強会
○○会館
株講座
それにしても麻梨奈がこんなにビットコインに精通していたなんてビックリだよ
血は争えないものね
そろそろ収録に行かなきゃ
またね～
アイドルにしておくのは惜しいな

VOL. 24

銀座の女は金が好き！

世界で通用する資産「金」

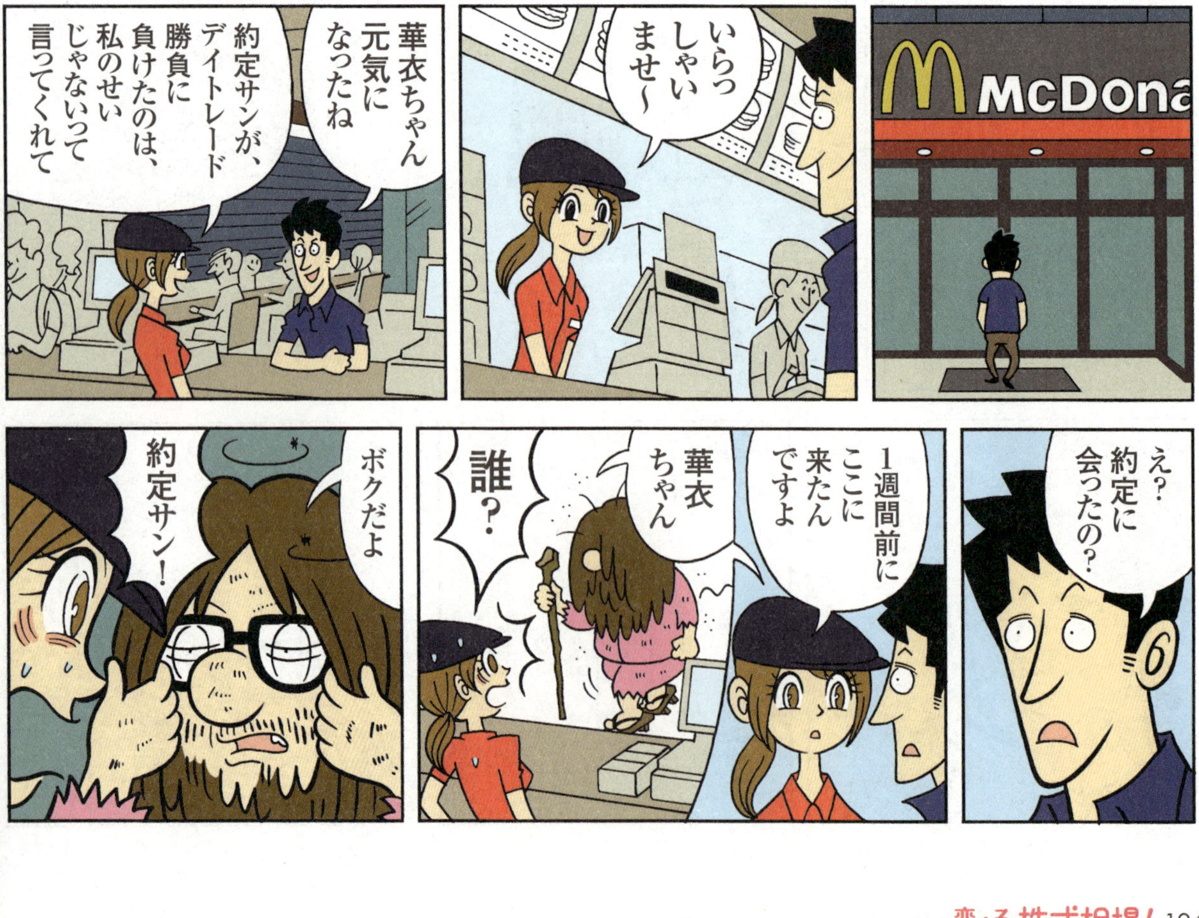

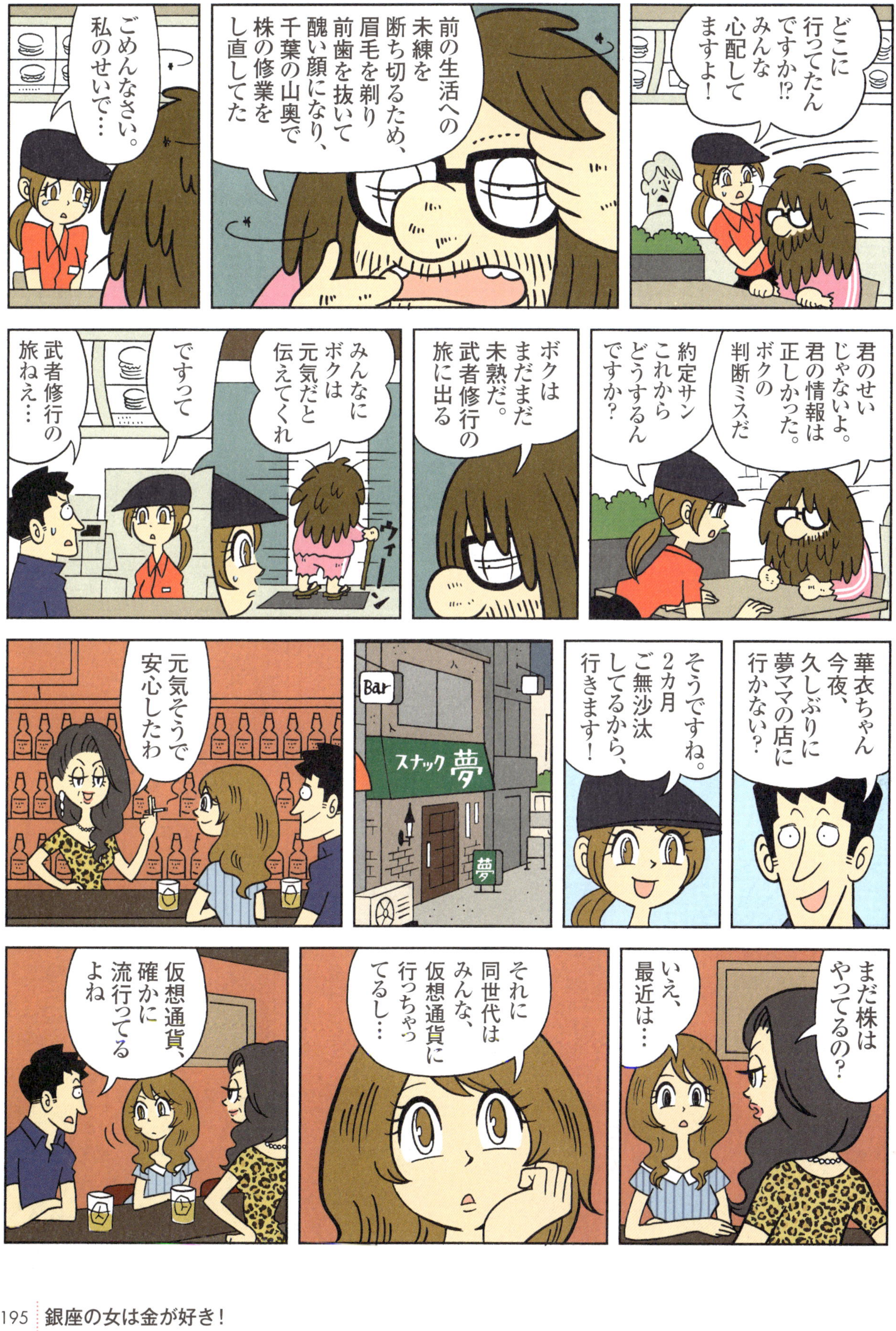
どこに行ってたんですか!? みんな心配してますよ!
前の生活への未練を断ち切るため、眉毛を剃り前歯を抜いて醜い顔になり、千葉の山奥で株の修業をし直してた
ごめんなさい。私のせいで…
君のせいじゃないよ。君の情報は正しかった。ボクの判断ミスだ
約定サンこれからどうするんですか?
ボクはまだまだ未熟だ。武者修行の旅に出る
みんなにボクは元気だと伝えてくれ
ウィーーン
ですって
武者修行の旅ねえ…
華衣ちゃん今夜、久しぶりに夢ママの店に行かない?
そうですね。2カ月ご無沙汰してるから、行きます!
Bar
スナック 夢
夢
元気そうで安心したわ
まだ株はやってるの?
いえ、最近は…
それに同世代はみんな、仮想通貨に行っちゃってるし…
仮想通貨、確かに流行ってるよね

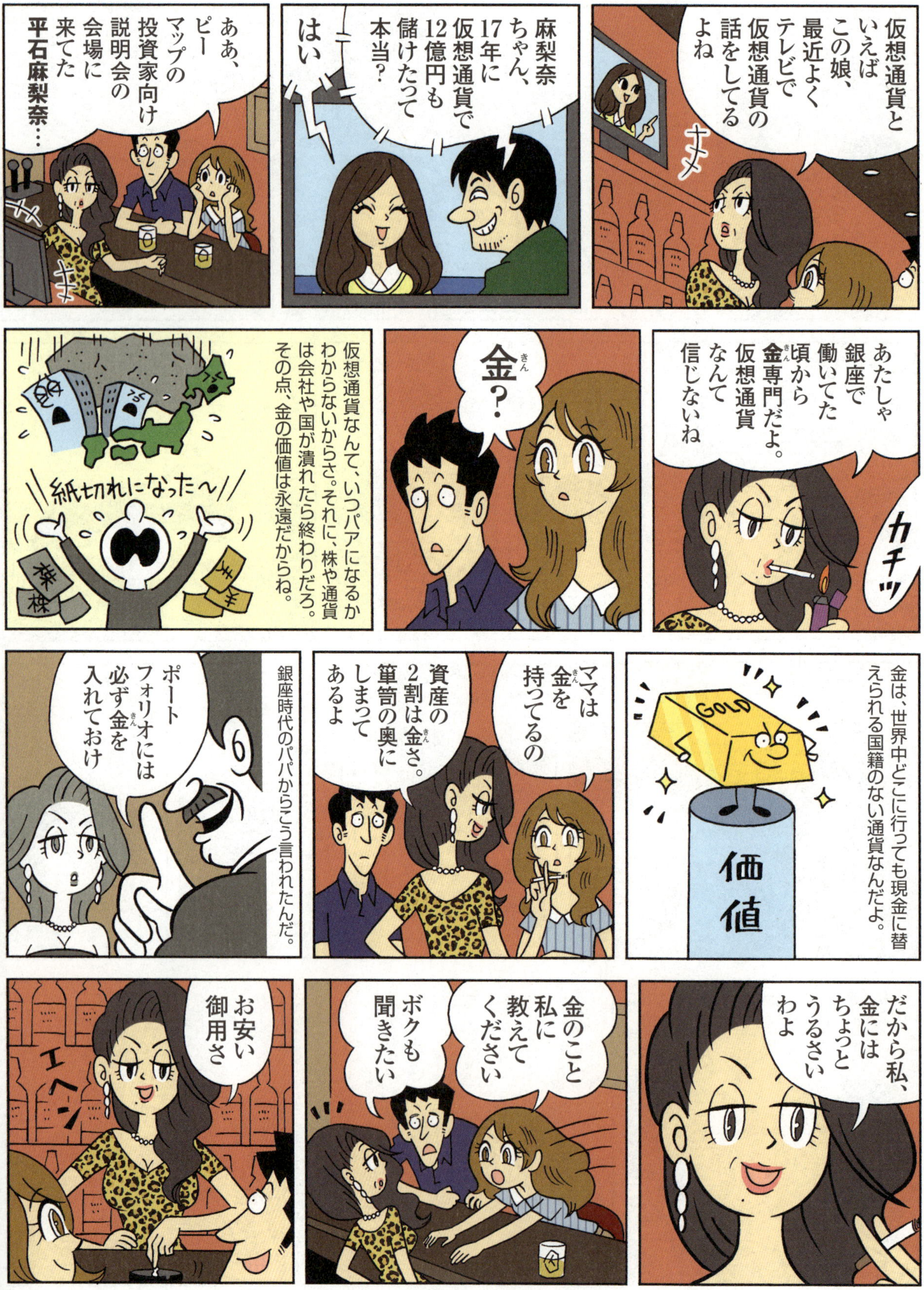

仮想通貨といえばこの娘、最近よくテレビで仮想通貨の話をしてるよね
麻梨奈ちゃん、17年に仮想通貨で12億円も儲けたって本当?
はい
ああ、ピーマップの投資家向け説明会の会場に来てた平石麻梨奈…
あたしゃ銀座で働いてた頃から金《きん》専門だよ。仮想通貨なんて信じないね
カチッ
金《きん》?
仮想通貨なんて、いつパアになるかわからないからさ。それに、株や通貨は会社や国が潰れたら終わりだろ。その点、金の価値は永遠だからね。
紙切れになった〜
株
株
金は、世界中どこに行っても現金に替えられる国籍のない通貨なんだよ。
GOLD
価値
ママは金《きん》を持ってるの
資産の2割は金《きん》さ。箪笥の奥にしまってあるよ
銀座時代のパパからこう言われたんだ。
ポートフォリオには必ず金《きん》を入れておけ
だから私、金にはちょっとうるさいわよ
金のこと私に教えてください
ボクも聞きたい
お安い御用さ
エヘン

まず、金属としての金の話だ。金の比重は19・32。地球上でこれより重い金属は、この3つだけだよ
イリジウム(Ir) 22.56
プラチナ(Pt) 21.37
プルトニウム(Pu) 19.82
金は、最も安定した元素といわれ、その最大の特徴は変色したり錆びたりしないこと。
Au
鉄や銅は、何万年も経つと酸化して土に還っちゃうけど、金は永遠に変わらない。
Cu Fe
黄色の光をはね返してピカピカするし、金属としては柔らかいから、伸ばして貨幣や装飾品にしやすいし。
よいしょ よいしょ
なのに、発掘量は極めて少ないんだ。人類が金を初めて手にした6000年前から、今日までに採掘された金は、重さにして17万トン。50mプール3杯分しかないんだよ。
プール3杯分!!
え〜
そんなに少ないの？
だから、財産として価値があるんだよ
16世紀には、スペインやポルトガルが、南米のエルドラドや極東のジパングの黄金を求めて、世界中に船を送ったし、
金〜
1849年のアメリカでは、カリフォルニアで砂金が発見され、一山当てるために東海岸から西海岸に人が押し寄せるゴールドラッシュが起こった。
金〜!!
ドドドドド
いつの時代も人類は金を求めて冒険し続けてきたんだよ
金〜
金〜
特に金を好むのは、中国人とインド人だね。インドの寺院とインドの女性だけで、世界の金の7分の1を保有しているそうだよ。
すごいな

それに、100万円の札束の大きさは約120㎤だけど、金はiPhone(約65㎤)の大きさで650万円もするんだ。
100万円
650万円
※重さもスマホは約300gだが同じサイズで純金は約1kg。
つまり、保管する場合、容積は8分の1で済むわけだよ。
ぎっしり
すっきり
金は今も採掘され続けてるんだろ?
毎年、3~4000トンずつ採掘されてるよ。
ビットコインのマイニングと同じだな
金は錆びたり腐ったりしないから、掘れば掘るだけ、世の中の金の量は増えてゆくんだよね?
そうだよ
ピッ ピッ
毎年3000トン採掘されてるってことは、年に1.8%ずつ増えてるわけだから、20年で36%増える計算になるね
0.36
それだけ増えたら、金は将来的に値下がりするんじゃないの?
そうはならないんだよ。世界の経済は毎年平均4%ずつ成長していて、20年でほぼ2倍になるから、36%増えたくらいじゃ足りないんだ
2倍
つまり、金の値段はどんどん上がって行く方が自然なんだ
実際金の価格は上がってるの?
よくぞ聞いてくれたね

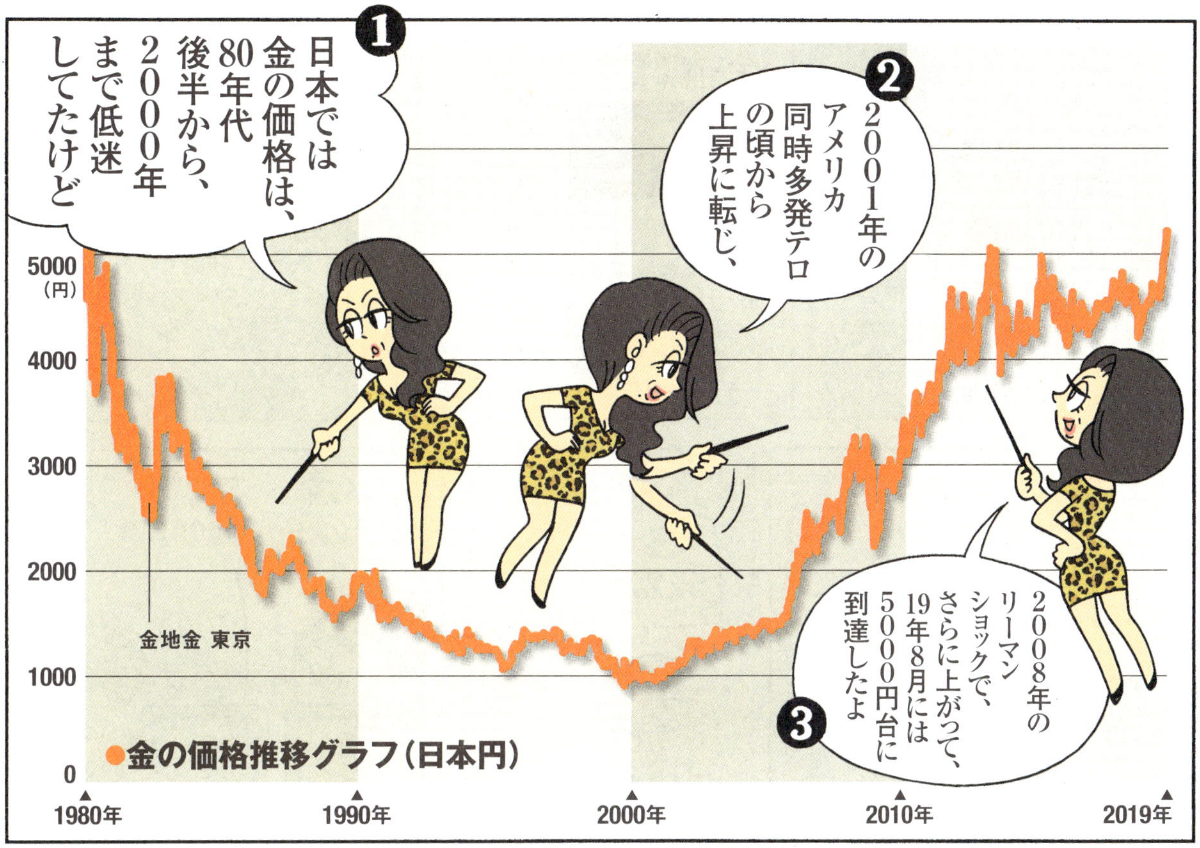

1
日本では金の価格は、80年代後半から、2000年まで低迷してたけど
2
2001年のアメリカ同時多発テロの頃から上昇に転じ、
3
2008年のリーマンショックで、さらに上がって、19年8月には5000円台に到達したよ
5000
(円)
4000
3000
2000
1000
0
金地金 東京
●金の価格推移グラフ（日本円）
1980年
1990年
2000年
2010年
2019年

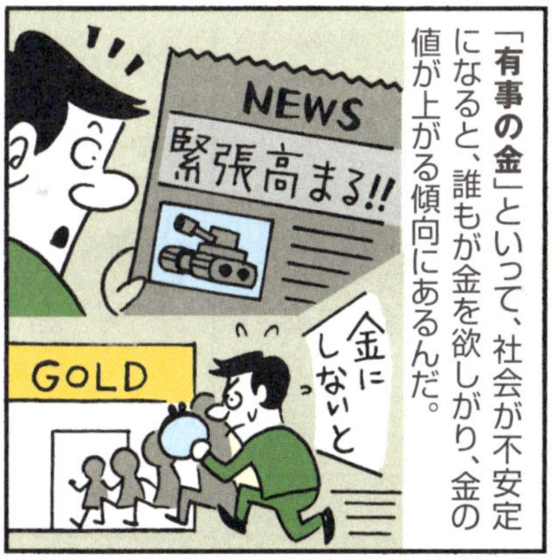

「有事の金」といって、社会が不安定になると、誰もが金を欲しがり、金の値が上がる傾向にあるんだ。
NEWS
緊張高まる!!
GOLD
金にしないと

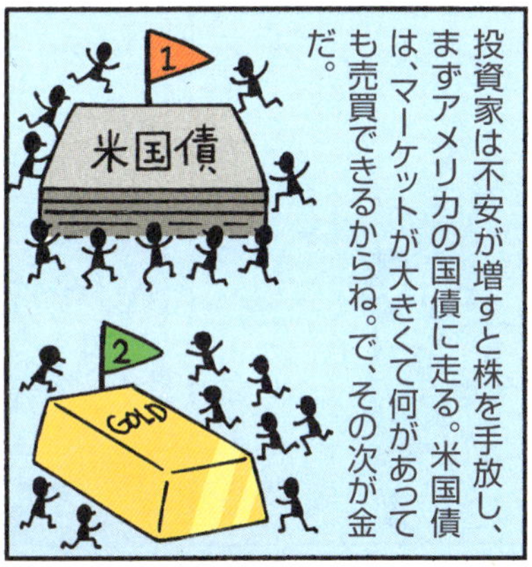

投資家は不安が増すと株を手放し、まずアメリカの国債に走る。米国債は、マーケットが大きくて何があっても売買できるからね。で、その次が金だ。
1
米国債
2
GOLD

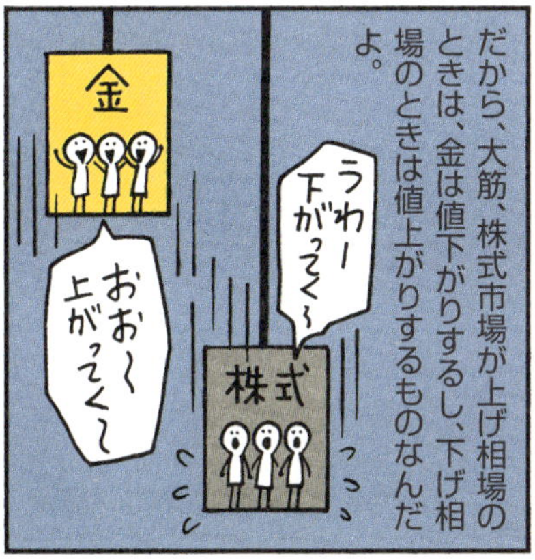

だから、大筋、株式市場が上げ相場のときは、金は値下がりするし、下げ相場のときは値上がりするものなんだよ。
金
うわー下がってく～
おお～上がってく～
株式

でも、ここ数年は世界的に株価は上がってるのに、金の価格は下がってないよね
そうなんだよ

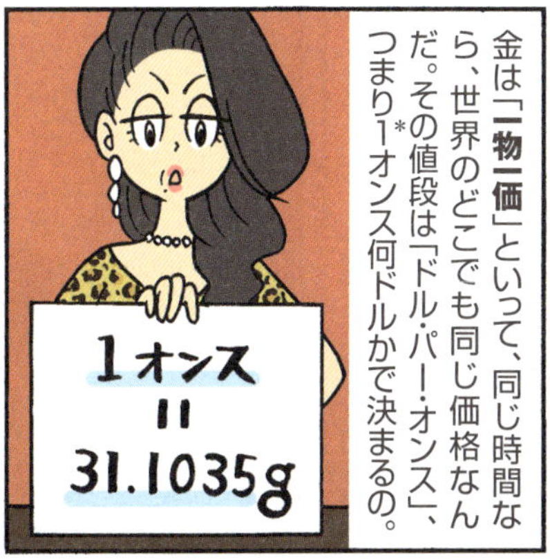

金は「一物一価」といって、同じ時間なら、世界のどこでも同じ価格なんだ。その値段は「ドル・パー・オンス」*、つまり1オンス何ドルかで決まるの。
1オンス
＝
31.1035g

だから円建ての金価格はドルに対して日本円が安くなれば、金は高くなり、円が高くなれば金は安くなる。
金
￥

＊2019年は1オンス＝1500ドル程度。

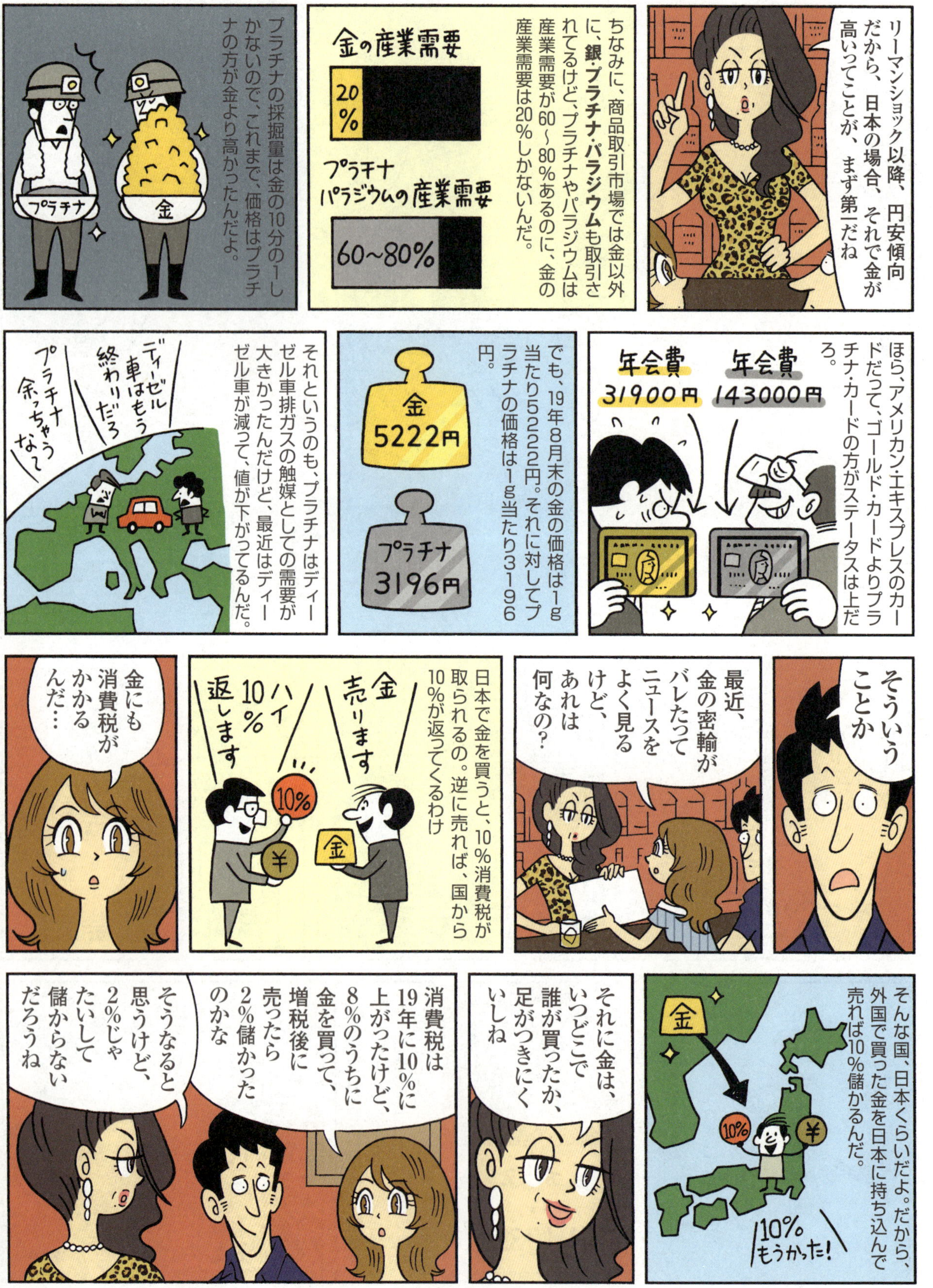

リーマンショック以降、円安傾向だから、日本の場合、それで金が高いってことが、まず第一だね
ちなみに、商品取引市場では金以外に、**銀・プラチナ・パラジウム**も取引されてるけど、プラチナやパラジウムは産業需要が60～80％あるのに、金の産業需要は20％しかないんだ。
金の産業需要
20%
プラチナ パラジウムの産業需要
60～80%
プラチナの採掘量は金の10分の1しかないので、これまで、価格はプラチナの方が金より高かったんだよ。
プラチナ
金
ほら、アメリカン・エキスプレスのカードだって、ゴールド・カードよりプラチナ・カードの方がステータスは上だろ。
年会費 143000円
年会費 31900円
でも、19年8月末の金の価格は1g当たり5222円。それに対してプラチナの価格は1g当たり3196円。
金 5222円
プラチナ 3196円
それというのも、プラチナはディーゼル車排ガスの触媒としての需要が大きかったんだけど、最近はディーゼル車が減って、値が下がってるんだ。
ディーゼル車はもう終わりだろ
プラチナ余っちゃうなぁ
そういうことか
最近、金の密輸がバレたってニュースをよく見るけど、あれは何なの？
日本で金を買うと、10％消費税が取られるの。逆に売れば、国から10％が返ってくるわけ
金売ります
ハイ10％返します
10%
金
￥
金にも消費税がかかるんだ…
そんな国、日本くらいだよ。だから、外国で買った金を日本に持ち込んで売れば10％儲かるんだ。
金
10%
￥
10%もうかった!
それに金は、いつどこで誰が買ったか、足がつきにくいしね
消費税は19年に10％に上がったけど、8％のうちに金を買って、増税後に売ったら2％儲かったのかな
そうなると思うけど、2％じゃたいして儲からないだろうね

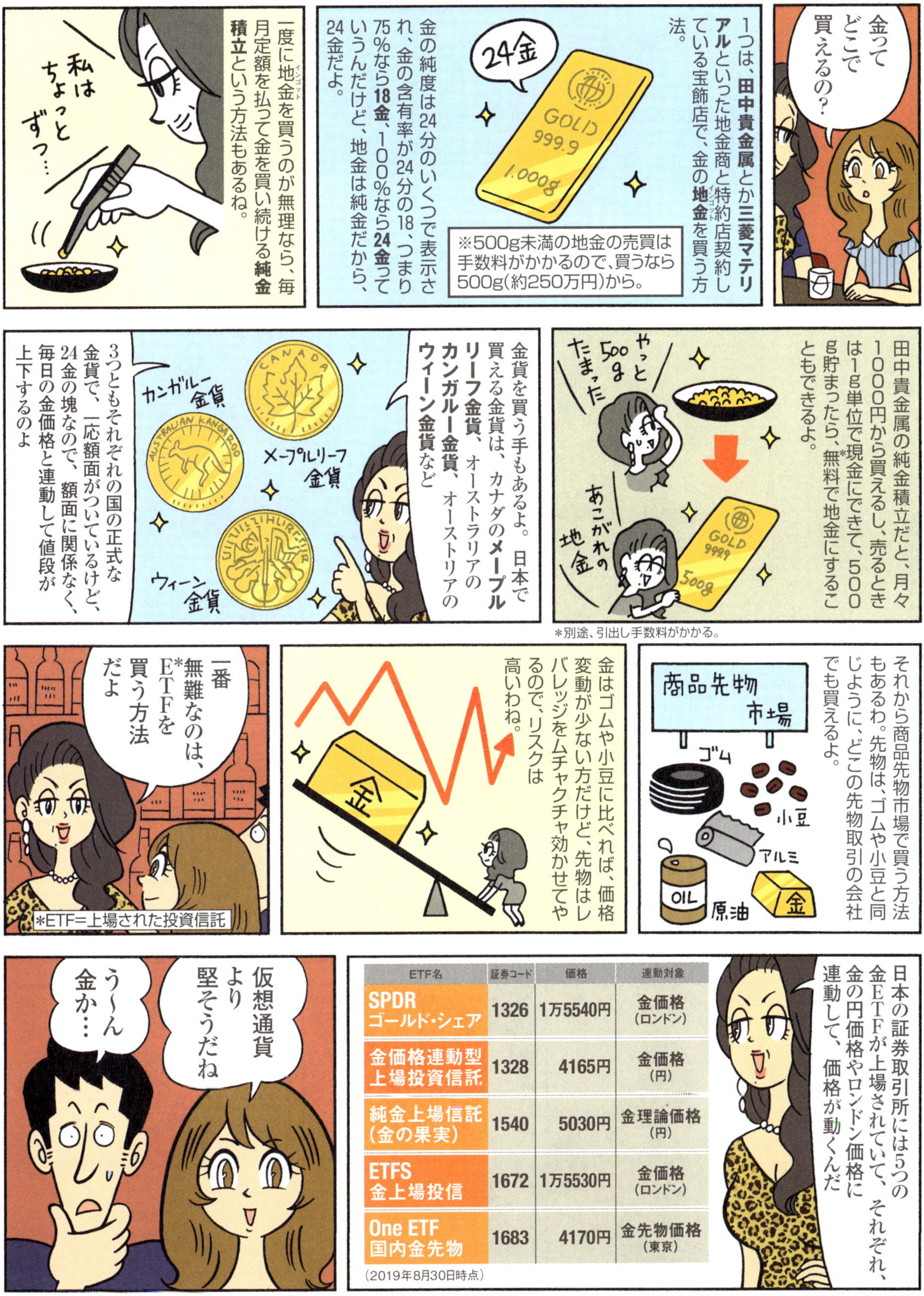

金ってどこで買えるの？
1つは、**田中貴金属**とか**三菱マテリアル**といった地金商と特約店契約している宝飾店で、金の**地金**《インゴット》を買う方法。
24金
GOLD 999.9 1,000g
※500g未満の地金の売買は手数料がかかるので、買うなら500g(約250万円)から。
金の純度は24分のいくつで表示され、金の含有率が24分の18、つまり75%なら**18金**、100%なら**24金**っていうんだけど、地金は純金だから、24金だよ。
私はちょっとずつ…
一度に地金《インゴット》を買うのが無理なら、毎月定額を払って金を買い続ける**純金積立**という方法もあるね。
田中貴金属の純金積立だと、月々1000円から買えるし、売るときは1g単位で現金にできて、500g貯まったら、無料*で地金にすることもできるよ。
やっと500gたまった
あこがれの地金
GOLD 9999 500g
＊別途、引出し手数料がかかる。
金貨を買う手もあるよ。日本で買える金貨は、カナダの**メープルリーフ金貨**、オーストラリアの**カンガルー金貨**、オーストリアの**ウィーン金貨**など
CANADA
メープルリーフ金貨
AUSTRALIAN KANGAROO
カンガルー金貨
ウィーン金貨
3つともそれぞれの国の正式な金貨で、一応額面がついているけど、24金の塊なので、額面に関係なく、毎日の金価格と連動して値段が上下するのよ
それから商品先物市場で買う方法もあるわ。先物は、ゴムや小豆と同じように、どこの先物取引の会社でも買えるよ。
商品先物市場
ゴム
小豆
アルミ
OIL
原油
金
金はゴムや小豆に比べれば、価格変動が少ない方だけど、先物はレバレッジをムチャクチャ効かせてやるので、リスクは高いわね。
金
一番無難なのは、ETF*を買う方法だよ
＊ETF=上場された投資信託
日本の証券取引所には5つの金ETFが上場されていて、それぞれ、金の円価格やロンドン価格に連動して、価格が動くんだ
仮想通貨より堅そうだね
う〜ん金か…

ETF名	証券コード	価格	連動対象
SPDR ゴールド・シェア	1326	1万5540円	金価格(ロンドン)
金価格連動型上場投資信託	1328	4165円	金価格(円)
純金上場信託(金の果実)	1540	5030円	金理論価格(円)
ETFS 金上場投信	1672	1万5530円	金価格(ロンドン)
One ETF 国内金先物	1683	4170円	金先物価格(東京)

(2019年8月30日時点)

VOL.25 初心者こそ米国株を買え!
成長株と景気循環株

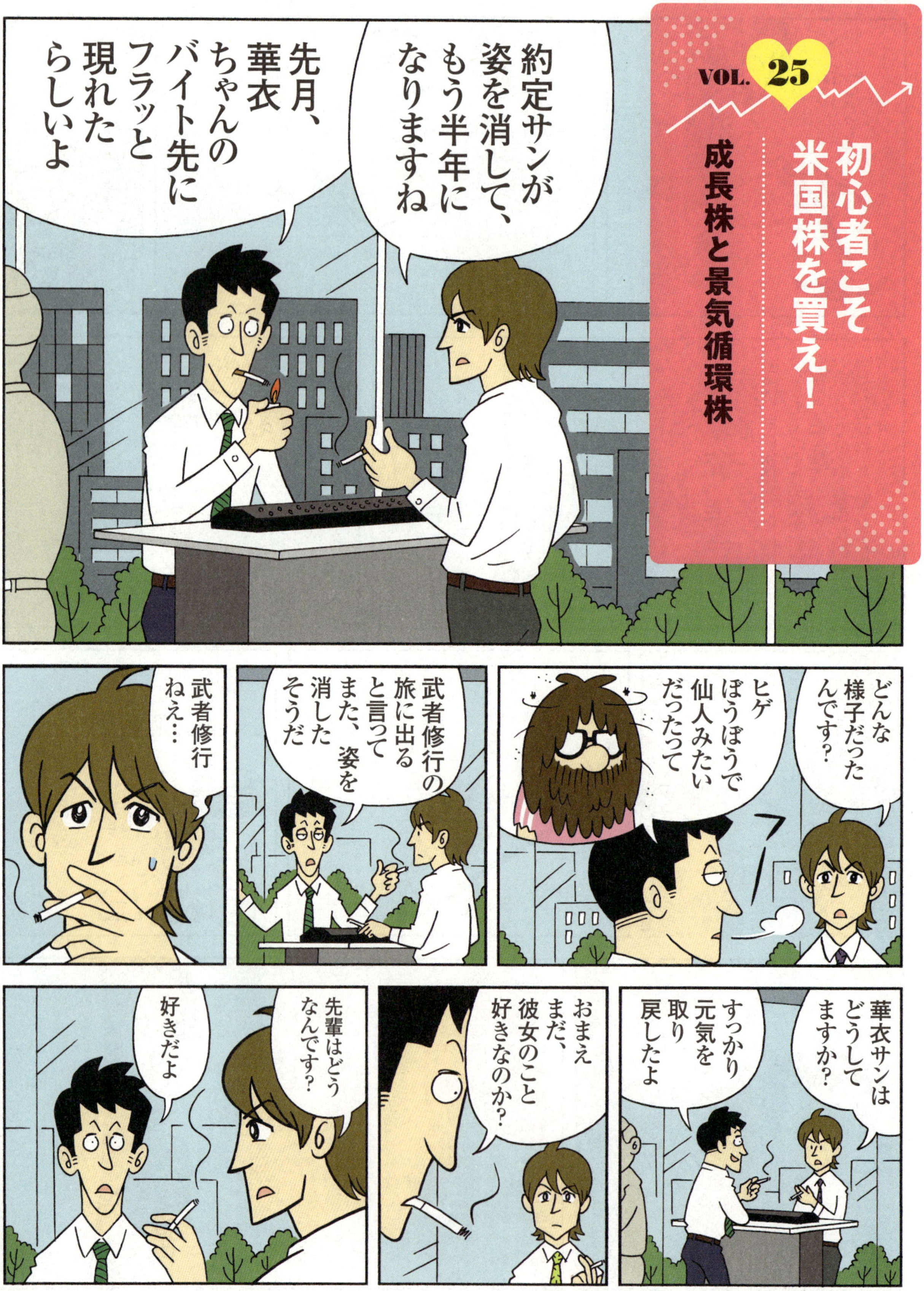
約定サンが姿を消して、もう半年になりますね
先月、華衣ちゃんのバイト先にフラッと現れたらしいよ
どんな様子だったんです?
ヒゲぼうぼうで仙人みたいだったって
武者修行の旅に出ると言ってまた、姿を消したそうだ
武者修行ねえ…
華衣サンはどうしてますか?
すっかり元気を取り戻したよ
おまえまだ、彼女のこと好きなのか?
先輩はどうなんです?
好きだよ

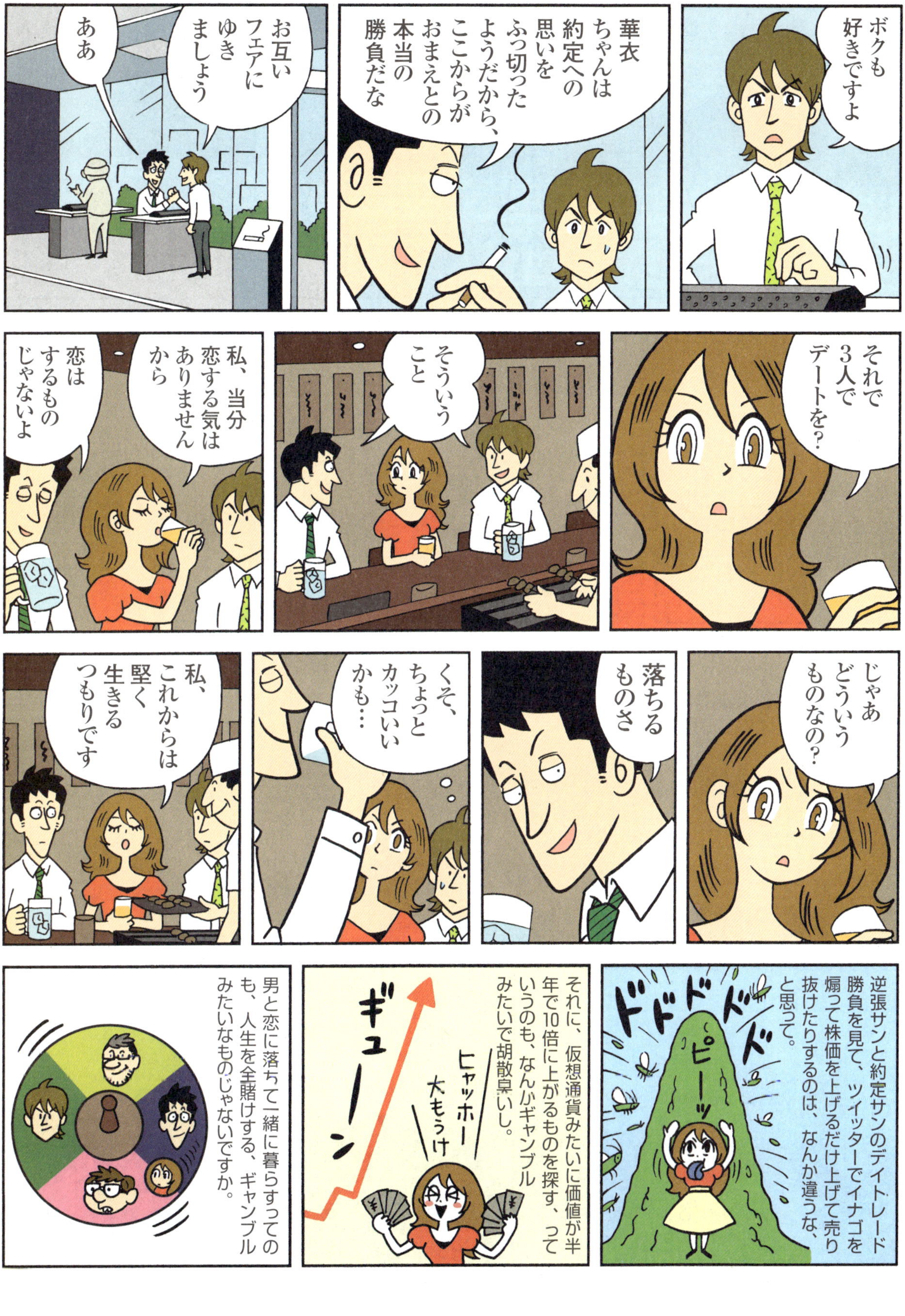
ボクも好きですよ
華衣ちゃんは約定への思いをふっ切ったようだから、ここからがおまえとの本当の勝負だな
お互いフェアにゆきましょう
ああ
それで3人でデートを?
そういうこと
私、当分恋する気はありませんから
恋はするものじゃないよ
じゃあどういうものなの?
落ちるものさ
くそ、ちょっとカッコいいかも…
私、これからは堅く生きるつもりです
逆張サンと約定サンのデイトレード勝負を見て、ツイッターでイナゴを煽って株価を上げるだけ上げて売り抜けたりするのは、なんか違うな、と思って。
ドドドド
ピーッ
それに、仮想通貨みたいに価値が半年で10倍に上がるものを探す、っていうのも、なんかギャンブルみたいで胡散臭いし。
ヒャッホー
大もうけ
ギューン
男と恋に落ちて一緒に暮らすってのも、人生を全賭けする、ギャンブルみたいなものじゃないですか。

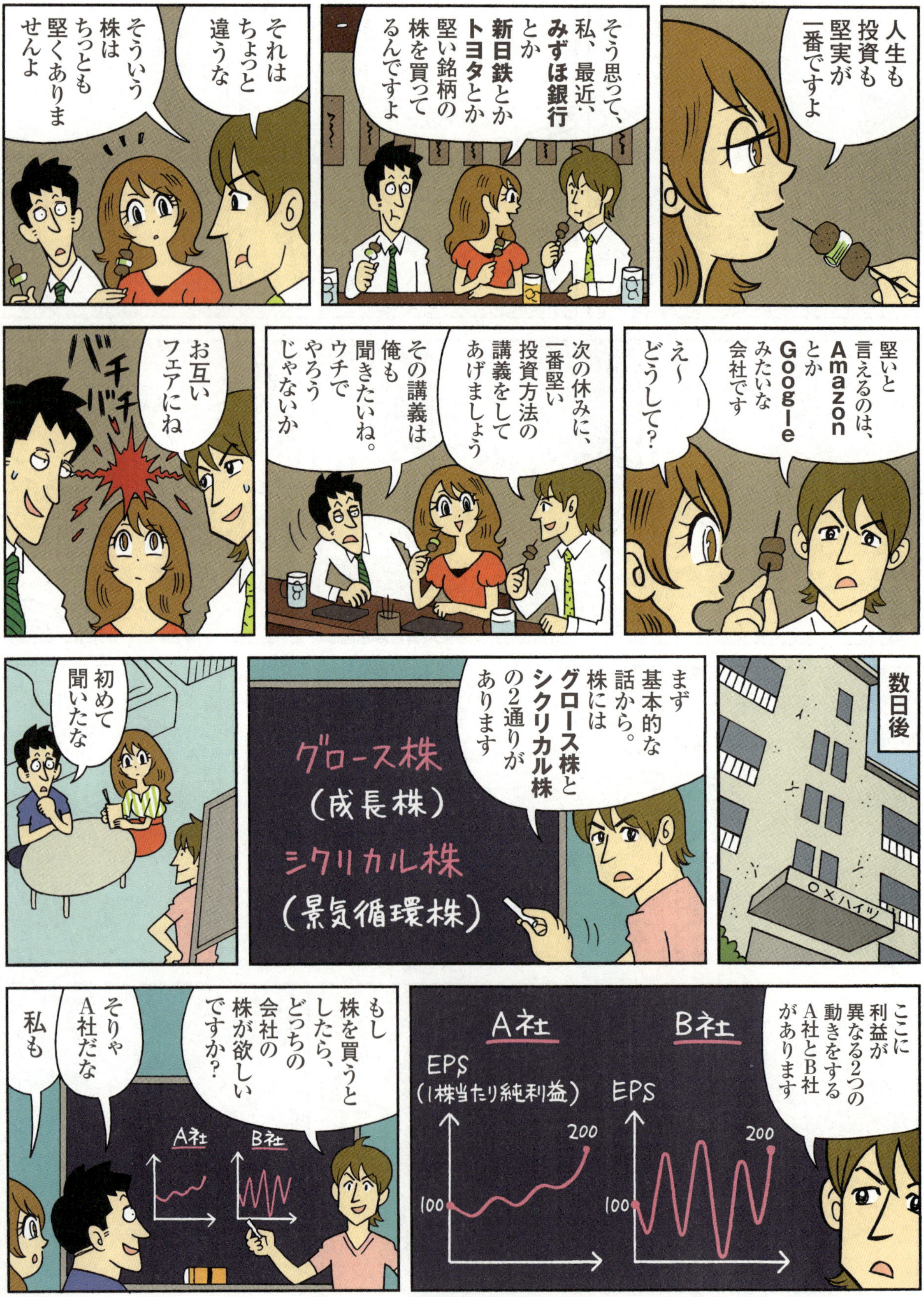
人生も投資も堅実が一番ですよ
そう思って、私、最近、みずほ銀行とか新日鉄とかトヨタとか堅い銘柄の株を買ってるんですよ
それはちょっと違うな
そういう株はちっとも堅くありませんよ
堅いと言えるのは、AmazonとかGoogleみたいな会社です
え〜どうして?
次の休みに、一番堅い投資方法の講義をしてあげましょう
その講義は俺も聞きたいね。ウチでやろうじゃないか
お互いフェアにね
バチバチ
数日後
○×ハイツ
まず基本的な話から。株にはグロース株とシクリカル株の2通りがあります
グロース株
(成長株)
シクリカル株
(景気循環株)
初めて聞いたな
ここに利益が異なる2つの動きをするA社とB社があります
A社
B社
EPS
(1株当たり純利益)
100
200
EPS
100
200
もし株を買うとしたら、どっちの会社の株が欲しいですか?
そりゃA社だな
私も
A社
B社

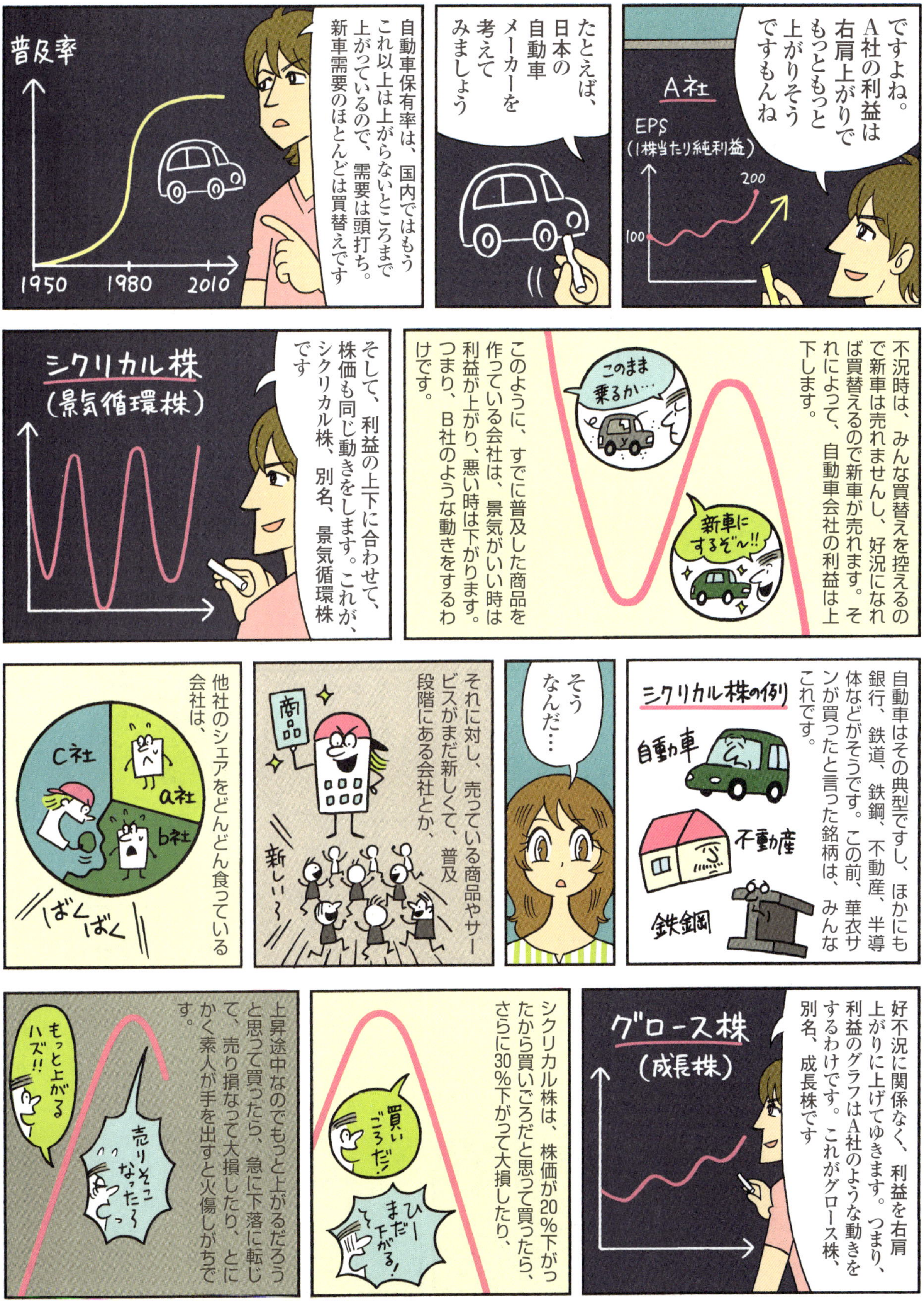
ですよね。A社の利益は右肩上がりでもっともっと上がりそうですもんね
A社
EPS
(1株当たり純利益)
200
100
たとえば、日本の自動車メーカーを考えてみましょう
自動車保有率は、国内ではもうこれ以上は上がらないところまで上がっているので、需要は頭打ち。新車需要のほとんどは買替えです
普及率
1950
1980
2010
不況時は、みんな買替えを控えるので新車は売れませんし、好況になれば買替えるので新車が売れます。それによって、自動車会社の利益は上下します。
このまま乗るか…
新車にするぞ〜!!
このように、すでに普及した商品を作っている会社は、景気がいい時は利益が上がり、悪い時は下がります。つまり、B社のような動きをするわけです。
シクリカル株
(景気循環株)
そして、利益の上下に合わせて、株価も同じ動きをします。これが、シクリカル株、別名、景気循環株です
自動車はその典型ですし、ほかにも銀行、鉄道、鉄鋼、不動産、半導体などがそうです。この前、華衣サンが買ったと言った銘柄は、みんなこれです。
シクリカル株の例
自動車
不動産
鉄鋼
そうなんだ…
それに対し、売っている商品やサービスがまだ新しくて、普及段階にある会社とか、
商品
新しい〜
他社のシェアをどんどん食っている会社は、
C社
a社
b社
ばくばく
好不況に関係なく、利益を右肩上がりに上げてゆきます。つまり、利益のグラフはA社のような動きをするわけです。これがグロース株、別名、成長株です
グロース株
(成長株)
シクリカル株は、株価が20%下がったから買いごろだと思って買ったら、さらに30%下がって大損したり、
買いごろだ!
ひーまだ下がる!
上昇途中なのでもっと上がるだろうと思って買ったら、急に下落に転じて、売り損なって大損したり、とにかく素人が手を出すと火傷しがちです。
もっと上がるハズ!!
売りそこなったっ

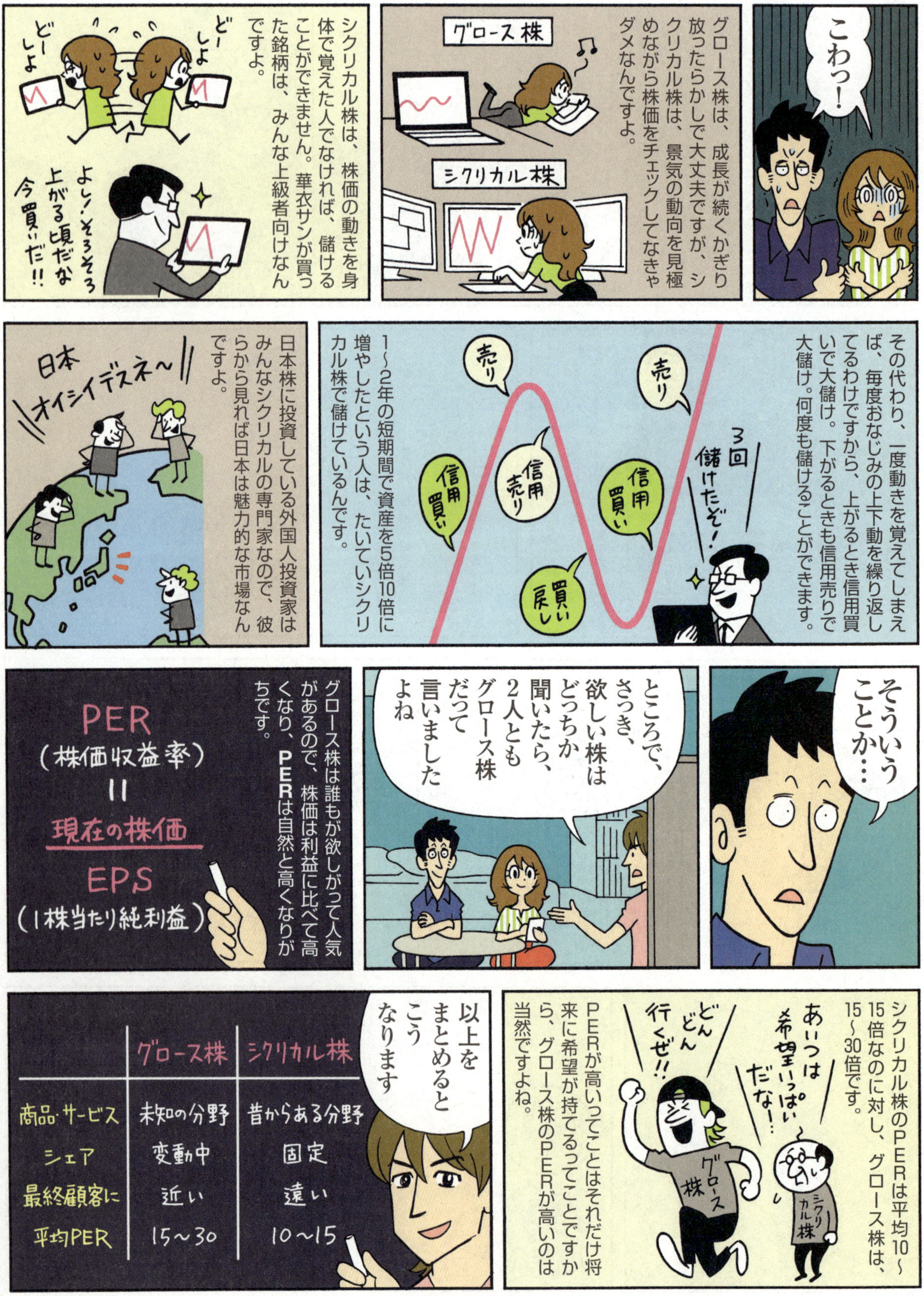
こわっ!
グロース株は、成長が続くかぎり放ったらかしで大丈夫ですが、シクリカル株は、景気の動向を見極めながら株価をチェックしてなきゃダメなんですよ。
グロース株
シクリカル株
シクリカル株は、株価の動きを身体で覚えた人でなければ、儲けることができません。華衣サンが買った銘柄は、みんな上級者向けなんですよ。
どーしよ
どーしよ
よし!そろそろ上がる頃だな 今買いだ!!
その代わり、一度動きを覚えてしまえば、毎度おなじみの上下動を繰り返してるわけですから、上がるとき信用買いで大儲け。下がるときも信用売りで大儲け。何度も儲けることができます。
3回儲けたぞ!
売り
信用買い
買い戻し
信用売り
売り
信用買い
1~2年の短期間で資産を5倍10倍に増やしたという人は、たいていシクリカル株で儲けているんです。
日本株に投資している外国人投資家はみんなシクリカルの専門家なので、彼らから見れば日本は魅力的な市場なんですよ。
日本オイシイデスネ~
そういうことか…
ところで、さっき、欲しい株はどっちか聞いたら、2人ともグロース株だって言いましたよね
グロース株は誰もが欲しがって人気があるので、株価は利益に比べて高くなり、PERは自然と高くなりがちです。
PER(株価収益率)=現在の株価/EPS(1株当たり純利益)
シクリカル株のPERは平均10~15倍なのに対し、グロース株は、15~30倍です。
あいつは希望いっぱいだな!
どんどん行くぜ!!
グロース株
シクリカル株
PERが高いってことはそれだけ将来に希望が持てるってことですから、グロース株のPERが高いのは当然ですよね。
以上をまとめるとこうなります

	グロース株	シクリカル株
商品・サービス	未知の分野	昔からある分野
シェア	変動中	固定
最終顧客に	近い	遠い
平均PER	15~30	10~15

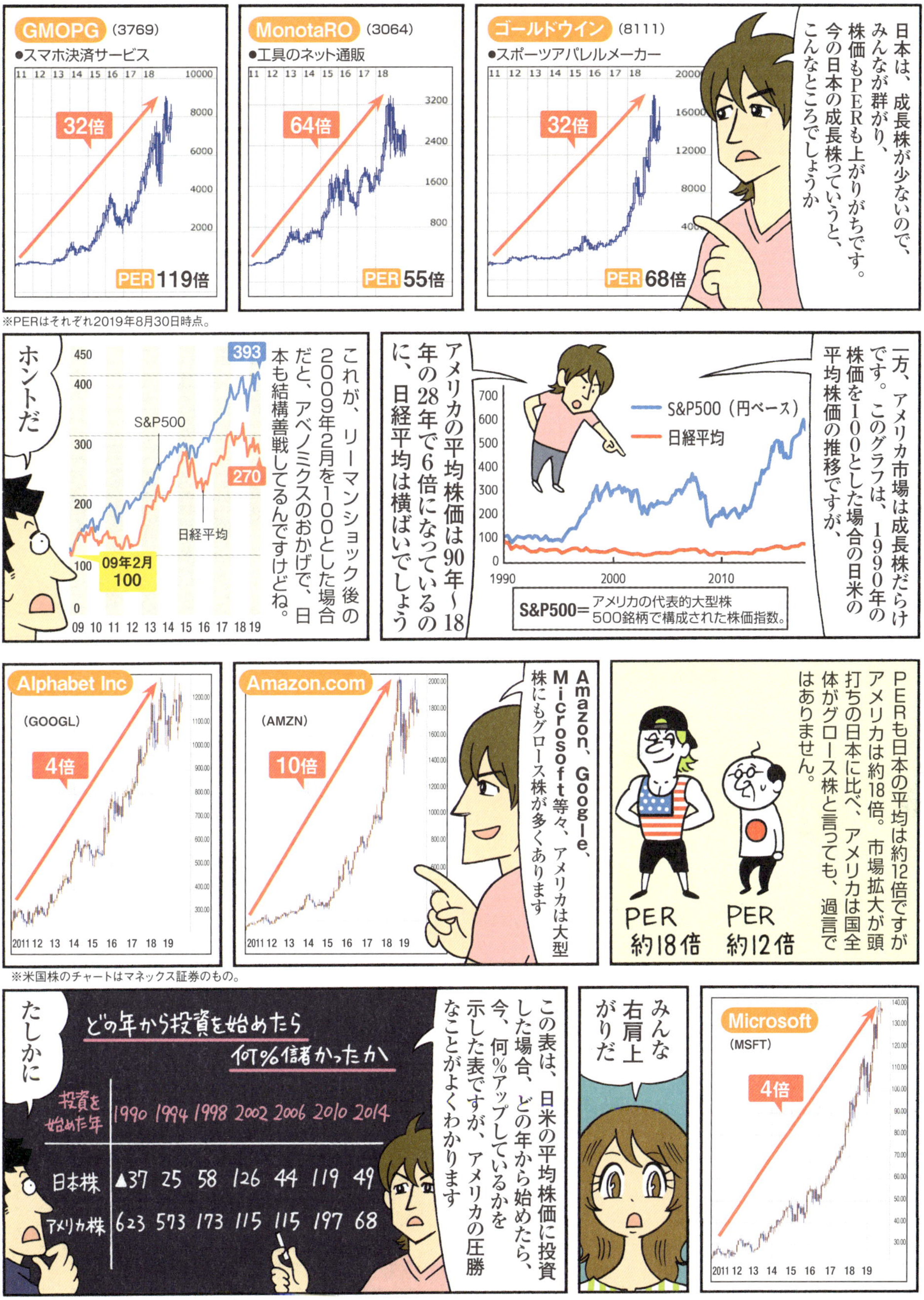
日本は、成長株が少ないので、みんなが群がり、株価もPERも上がりがちです。今の日本の成長株っていうと、こんなところでしょうか
ゴールドウイン（8111）
●スポーツアパレルメーカー
32倍
PER68倍
MonotaRO（3064）
●工具のネット通販
64倍
PER55倍
GMOPG（3769）
●スマホ決済サービス
32倍
PER119倍
※PERはそれぞれ2019年8月30日時点。
一方、アメリカ市場は成長株だらけです。このグラフは、1990年の株価を100とした場合の日米の平均株価の推移ですが、
S&P500（円ベース）
日経平均
S&P500＝アメリカの代表的大型株500銘柄で構成された株価指数。
アメリカの平均株価は90年〜18年の28年で6倍になっているのに、日経平均は横ばいでしょう
これが、リーマンショック後の2009年2月を100とした場合だと、アベノミクスのおかげで、日本も結構善戦してるんですけどね。
393
S&P500
270
日経平均
09年2月 100
ホントだ
PERも日本の平均は約12倍ですがアメリカは約18倍。市場拡大が頭打ちの日本に比べ、アメリカは国全体がグロース株と言っても、過言ではありません。
PER 約18倍
PER 約12倍
Amazon、Google、Microsoft等々、アメリカは大型株にもグロース株が多くあります
Amazon.com（AMZN）
10倍
Alphabet Inc（GOOGL）
4倍
※米国株のチャートはマネックス証券のもの。
Microsoft（MSFT）
4倍
みんな右肩上がりだ
この表は、日米の平均株価に投資した場合、どの年から始めたら、今、何％アップしているかを示した表ですが、アメリカの圧勝なことがよくわかります
どの年から投資を始めたら何％儲かったか
投資を始めた年 1990 1994 1998 2002 2006 2010 2014
日本株 ▲37 25 58 126 44 119 49
アメリカ株 623 573 173 115 115 197 68
たしかに

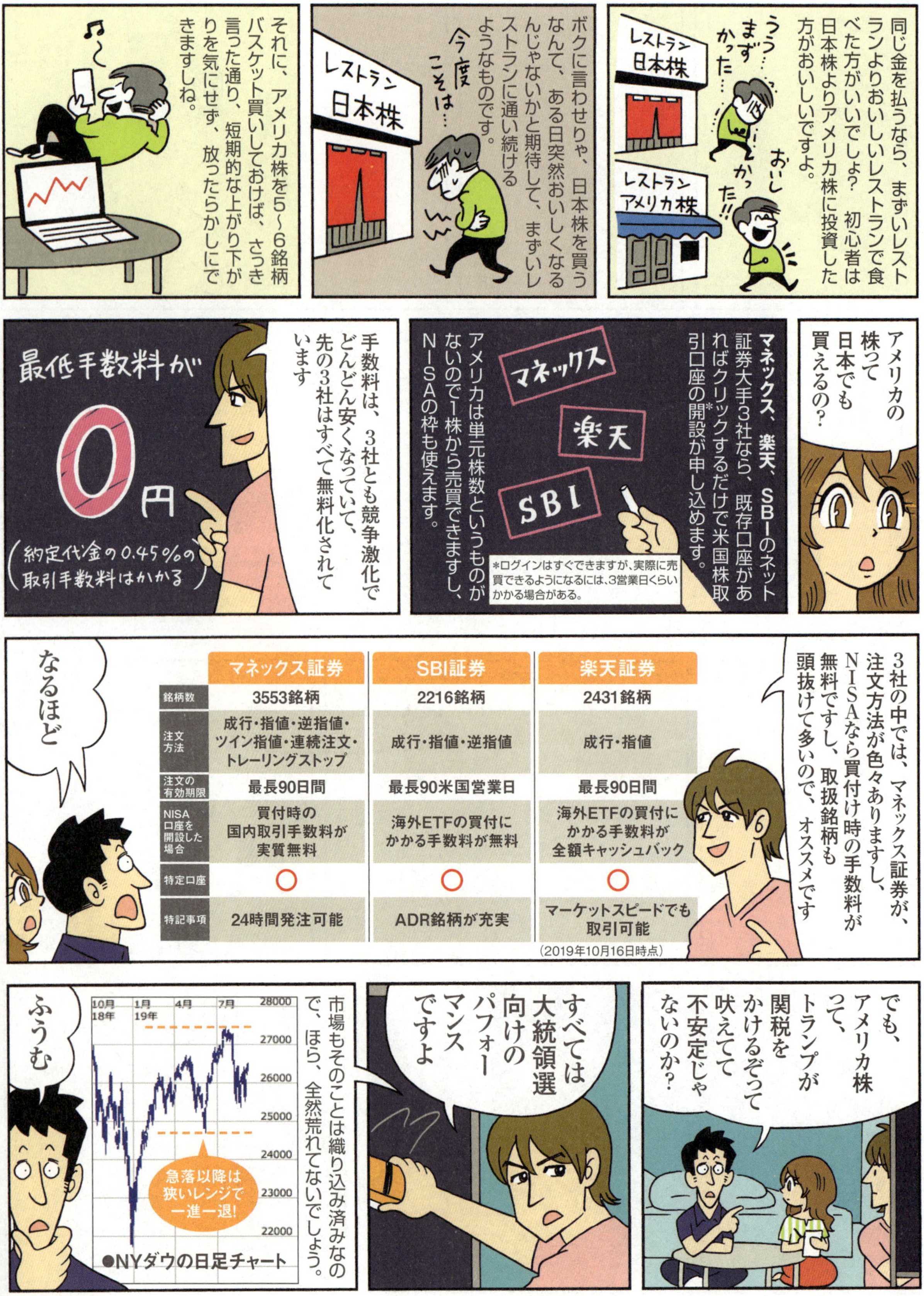

同じ金を払うなら、まずいレストランよりおいしいレストランで食べた方がいいでしょ? 初心者は日本株よりアメリカ株に投資した方がおいしいですよ。
レストラン日本株
うう…まずかった…
レストランアメリカ株
おいしかった!!
ボクに言わせりゃ、日本株を買うなんて、ある日突然おいしくなるんじゃないかと期待して、まずいレストランに通い続けるようなものです。
今度こそは…
レストラン日本株
それに、アメリカ株を5~6銘柄バスケット買いしておけば、さっき言った通り、短期的な上がり下がりを気にせず、放ったらかしにできますしね。
アメリカの株って日本でも買えるの?
マネックス、楽天、SBIのネット証券大手3社なら、既存口座があればクリックするだけで米国株取引口座の開設*が申し込めます。
アメリカは単元株数というものがないので1株から売買できますし、NISAの枠も使えます。
マネックス
楽天
SBI
*ログインはすぐできますが、実際に売買できるようになるには、3営業日くらいかかる場合がある。
手数料は、3社とも競争激化でどんどん安くなっていて、先の3社はすべて無料化されています
最低手数料が
0円
(約定代金の0.45%の取引手数料はかかる)
3社の中では、マネックス証券が、注文方法が色々ありますし、NISAなら買付け時の手数料が無料ですし、取扱銘柄も頭抜けて多いので、オススメです
なるほど
でも、アメリカ株って、トランプが関税をかけるぞって吠えてて不安定じゃないのか?
すべては大統領選向けのパフォーマンスですよ
市場もそのことは織り込み済みなので、ほら、全然荒れてないでしょう。
10月 18年
1月 19年
4月
7月
28000
27000
26000
25000
24000
23000
22000
急落以降は狭いレンジで一進一退!
●NYダウの日足チャート
ふうむ

	マネックス証券	SBI証券	楽天証券
銘柄数	3553銘柄	2216銘柄	2431銘柄
注文方法	成行・指値・逆指値・ツイン指値・連続注文・トレーリングストップ	成行・指値・逆指値	成行・指値
注文の有効期限	最長90日間	最長90米国営業日	最長90日間
NISA口座を開設した場合	買付時の国内取引手数料が実質無料	海外ETFの買付にかかる手数料が無料	海外ETFの買付にかかる手数料が全額キャッシュバック
特定口座	○	○	○
特記事項	24時間発注可能	ADR銘柄が充実	マーケットスピードでも取引可能

(2019年10月16日時点)

そもそもアメリカ人は年金代わりに株を買ってるので、国として株価を下げるわけにいかないんですよ。だからトランプも法人税減税をしたりして、株価上昇に腐心してるんです。
下げてなるものか!!
株価
ぐぐ
日本だったら、株価を上げても内閣はたいして褒められないけど、アメリカじゃ票に直結するので、株価が上がりやすい環境にあるんですよ。
ブラボー
トランプブラボー
そういうことか
でも、18年7月にFacebookが1日で19%も株価を下げたでしょう
そうそう、たしか7月26日の1日で時価総額を13兆円も減らしたそうじゃないか
1日で19%も急落!
Facebook (FB)
180.00
170.00
160.00
May
Jun
Jul
そこまでは上がり続けていたので、1年間のスパンで見たら、1.8%のプラスではあるんですよ
+1.8%
え、そうなの?
それにさっき言ったように、複数の銘柄を買っておけば、ほかがこんなに上がっているんですから、1つくらい下がっても吸収できちゃいますよ
主要米国株の年間上昇率
Google …… 30.8%
Amazon …… 80.0%
Microsoft … 46.1%
Apple …… 28.6%
Intel …… 32.9%
Facebook … 1.8%
(2017年7月31日から2018年7月31日までの1年間)
たしかになあ
初心者はシクリカル株よりもグロース株を買う。それには日本株より米国株の方が手堅い
グロース株 > シクリカル株
米国株 > 日本株
それが堅実な投資ってことです
そういうことか
そのころ
はぁはぁはぁはぁ おのれ逆張、俺を投資界から追放しやがって。必ず復讐してやる

VOL. 26

会社員の武器「与信」を活かせ！

不動産投資でワンチャンスを掴め！

ピンポーン
こんな時間に誰だ？
プシュ

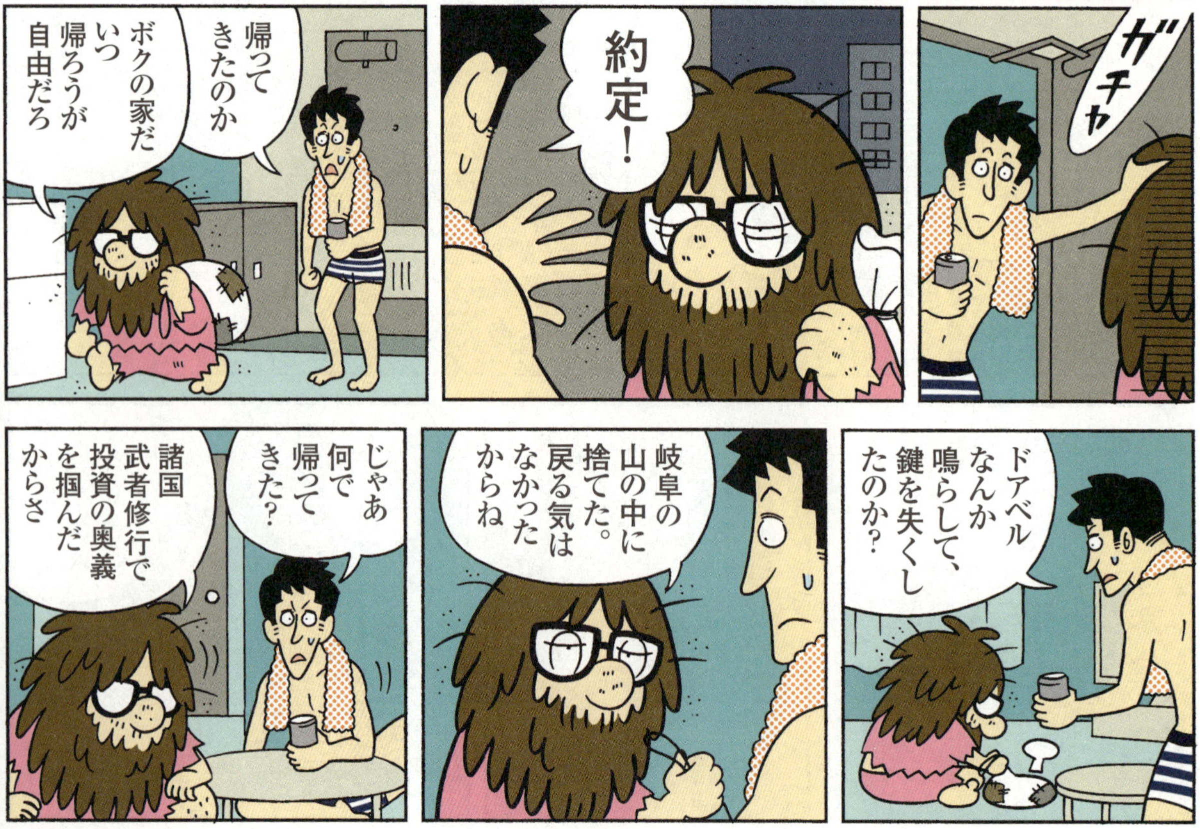
ガチャ
約定！
帰ってきたのか
ボクの家だいつ帰ろうが自由だろ
ドアベルなんか鳴らして、鍵を失くしたのか？
岐阜の山の中に捨てた。戻る気はなかったからね
じゃあ何で帰ってきた？
諸国武者修行で投資の奥義を掴んだからさ

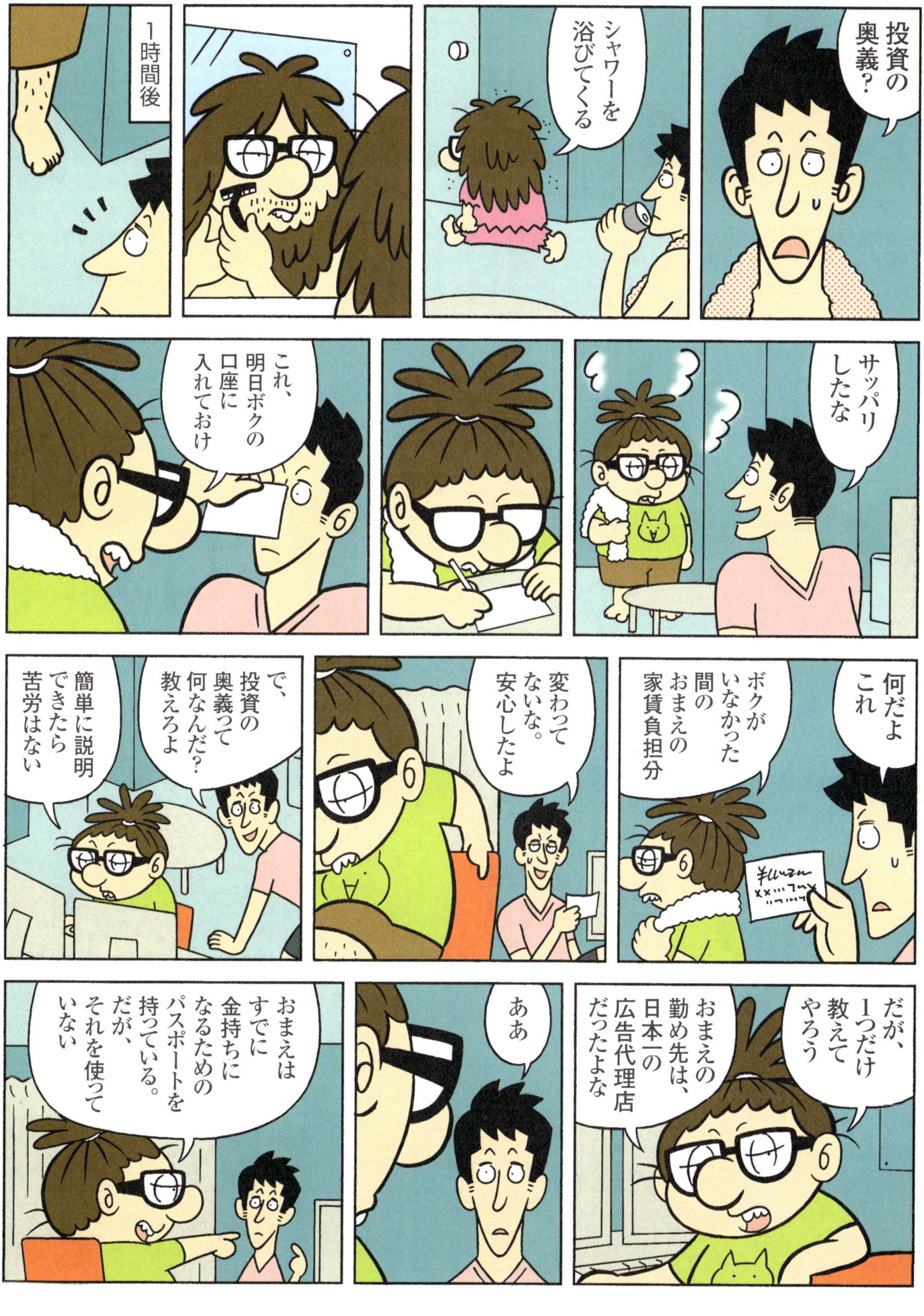
投資の奥義？
シャワーを浴びてくる
1時間後
サッパリしたな
これ、明日ボクの口座に入れておけ
何だよこれ
ボクがいなかった間のおまえの家賃負担分
変わってないな。安心したよ
で、投資の奥義って何なんだ？教えろよ
簡単に説明できたら苦労はない
だが、1つだけ教えてやろう
おまえの勤め先は、日本一の広告代理店だったよな
ああ
おまえはすでに金持ちになるためのパスポートを持っている。だが、それを使っていない

どういうこと?
腹が減った。この時間でも食えるところはないか?
大通りの幸楽苑なら開いてると思うけど
続きはそこで話そう
昭和二十九年創業
幸楽苑
幸楽苑
いいか、おまえのような一流企業に勤める会社員には与信《よしん》がある
与信
パスポートとはその与信のことだ
与信って何だよ
銀行がこいつなら金を貸しても大丈夫と思う、信用のことだよ
ただし、株を買うから貸してくれと言っても銀行はおいそれと金を貸してくれない。
株買うからお金貸して
No
BANKER
投資目的で比較的簡単に貸してもらえるのは、不動産を買う場合だけだ。不動産購入のためなら銀行も金を貸してくれる。
マンション買うからお金貸して
OK
少しは自己資金がなけりゃ、借りられないだろ
その通り
だが、たとえば、マンション価格の80%までしか貸してくれない銀行があるとして、その銀行から金を借りて8000万円のマンションを買うとするだろ。
8000万円
その場合、本来なら銀行から借りられるのは8000万円の80%の6400万円までで、自己資金が1600万円ないと買えない。
銀行借入(80%)
6400万円
自己資金(20%)
1600万円

※違法行為にあたる。

*自己資金が1600万円で、残りの6400万円を返済期間35年、金利1.9%で借りると年間返済額は約250万円。ちなみに金利2.5%だと約274万円になる。

*投資効率は抜群だが、超ハイリスク!

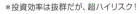

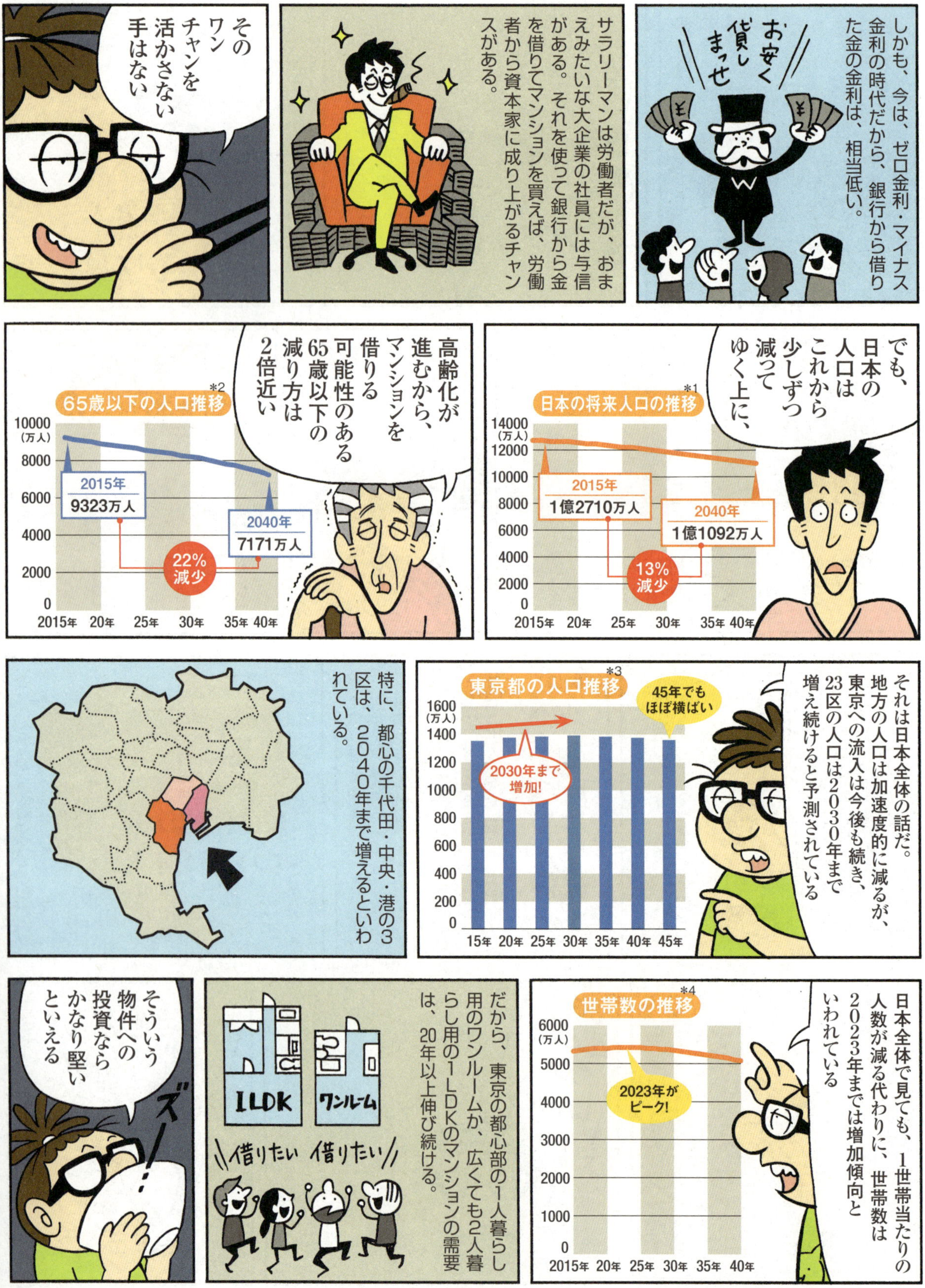

しかも、今は、ゼロ金利・マイナス金利の時代だから、銀行から借りた金の金利は、相当低い。
お安く貸しまっせ
サラリーマンは労働者だが、おまえみたいな大企業の社員には与信がある。それを使って銀行から金を借りてマンションを買えば、労働者から資本家に成り上がるチャンスがある。
そのワンチャンを活かさない手はない
でも、日本の人口はこれから少しずつ減ってゆく上に、
日本の将来人口の推移 *1
14000 (万人) 12000 10000 8000 6000 4000 2000 0
2015年 20年 25年 30年 35年 40年
2015年 1億2710万人
2040年 1億1092万人
13%減少
高齢化が進むから、マンションを借りる可能性のある65歳以下の減り方は2倍近い
65歳以下の人口推移 *2
10000 (万人) 8000 6000 4000 2000 0
2015年 20年 25年 30年 35年 40年
2015年 9323万人
2040年 7171万人
22%減少
それは日本全体の話だ。地方の人口は加速度的に減るが、東京への流入は今後も続き、23区の人口は2030年まで増え続けると予測されている
東京都の人口推移 *3
1600 (万人) 1400 1200 1000 800 600 400 200 0
15年 20年 25年 30年 35年 40年 45年
45年でもほぼ横ばい
2030年まで増加!
特に、都心の千代田・中央・港の3区は、2040年まで増えるといわれている。
日本全体で見ても、1世帯当たりの人数が減る代わりに、世帯数は2023年までは増加傾向といわれている
世帯数の推移 *4
6000 (万人) 5000 4000 3000 2000 1000 0
2015年 20年 25年 30年 35年 40年
2023年がピーク!
だから、東京の都心部の1人暮らし用のワンルームか、広くても2人暮らし用の1LDKのマンションの需要は、20年以上伸び続ける。
1LDK
ワンルーム
借りたい 借りたい
そういう物件への投資ならかなり堅いといえる
ズー…!

＊1、2、3、4とも出所：国立社会保障・人口問題研究所。

2040年なんてそれほど遠い未来じゃない。すぐに来ちゃうぞ
人口が減ってゆくことがわかってるのにマンションに投資するなんて、後ろからどんどん壊れてる橋を駆け抜けるようなものじゃないか。
ガラガラ
前にアメリカの経済学者のバートン・マルキールの言葉を教えただろ。
株を高値で買ったとしても、それ以上の高値で買うバカに売りつけられるならOK
バートン・マルキール
ああ、「よりバカ理論」ね
不動産も同じさ
要は、他人にババをどう押しつけて逃げ切るかだよ
ごちそうさま
勘定はおまえが払え。家賃負担分から引いておいてやる
あれ？ここの株主優待券持ってたんじゃなかったっけ？
それも岐阜の山の中に捨てた
このあたり昔はコインパーキングだらけだったのに、今はみんなマンションになってる…
これも歴史だな
歴史？
ドラマ「ハゲタカ」に描かれていたように、1990年代、バブル崩壊で銀行が抱えた不良債権の土地を、外資はバルクで買い漁っていった。
どんどん買うぞ！
2001年には、ビルを証券化して小口の買い手を集めるリートが日本にも導入され、不動産取得の資金はより集めやすくなった。
運用
収益
リート
投資
配当

2003~2007年には、外資が買い叩いた土地に、ダヴィンチ、アーバンといった新興不動産会社が、海外から調達した金で物件を次々に建てていった
流動化バブルと上場廃止
ダヴィンチ・アドバイザーズ
(円)
20000
16000
12000
8000
4000
0
2002年 03年 04年 05年 06年 07年 08年 09年 10年
50倍超に!
高値から99.95%下落!
上場廃止時は102円
アーバンコーポレイション
(円)
2500
2000
1500
1000
500
0
2001年 02年 03年 04年 05年 06年 07年 08年
50倍に!
1年で2245円➡1円に
上場廃止
活性化した不動産会社はセクターごと株価が軒並み上昇した。いわゆる流動化バブルってやつだ。
ひゃっほ~
そこにリーマンショックが訪れ、地価は急降下。海外のプレーヤーは日本から撤退し、新興不動産会社の株価も軒並み急落し、およそ半分が倒産した。
ギャーッ
おかげで減っていた都心のコインパーキングが再び目立つようになったのさ
なるほど
その後に登場したのがアベノミクスだ
アベノミクスのおかげで地価は再び上昇に転じた
だが、かつてのような数千億単位の大口の不動産融資というのは、銀行側もなかなか身がすくんでできない。
う～む
そこで、債務者の小口化*ということが盛んに行われるようになった。
分け分け
リートのこと?
そうじゃない
1つの不動産会社に1000億円貸す代わりに、与信のある2000人に5000万円ずつ貸すんだ。さっき言ったように、ワンチャン掴みたい会社員は大勢いるからね。
BANK
ハイ 5千万円
そこにつけ込んだのが、スマートデイズとスルガ銀行だ。
ヒッヒッヒッ

＊新興不動産への融資はノンリコース（非溯及型）であったが、小口の大家さんは個人の物件以外の収入も与信に組み込んでいるのでウィズリコース（物件を処分した残債は地の果てまで追っかけられる）という理由も。

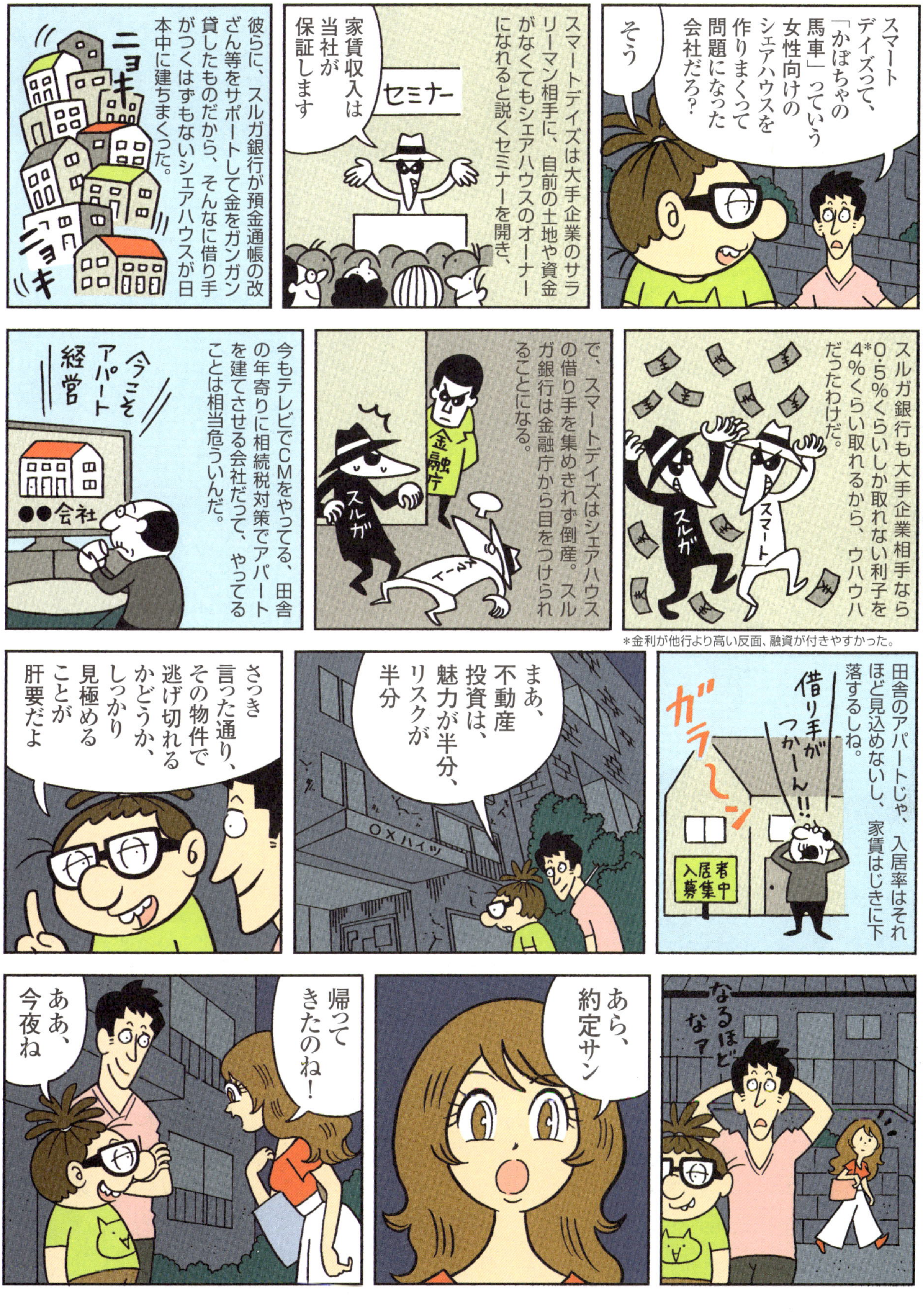
スマートデイズって、「かぼちゃの馬車」っていう女性向けのシェアハウスを作りまくって問題になった会社だろ?
そう
スマートデイズは大手企業のサラリーマン相手に、自前の土地や資金がなくてもシェアハウスのオーナーになれると説くセミナーを開き、
セミナー
家賃収入は当社が保証します
彼らに、スルガ銀行が預金通帳の改ざん等をサポートして金をガンガン貸したものだから、そんなに借り手がつくはずもないシェアハウスが日本中に建ちまくった。
ニョキ
ニョキ
ニョキ
スルガ銀行も大手企業相手なら0.5%くらいしか取れない利子を4%*くらい取れるから、ウハウハだったわけだ。
スルガ
スマート
で、スマートデイズはシェアハウスの借り手を集めきれず倒産。スルガ銀行は金融庁から目をつけられることになる。
金融庁
スルガ
スマート
今もテレビでCMをやってる、田舎の年寄りに相続税対策でアパートを建てさせる会社だって、やってることは相当危ういんだ。
今こそアパート経営
●●会社
田舎のアパートじゃ、入居率はそれほど見込めないし、家賃はじきに下落するしね。
借り手がつかーん!!
ガラ〜ン
入居者募集中
まあ、不動産投資は、魅力が半分、リスクが半分
○×ハイツ
さっき言った通り、その物件で逃げ切れるかどうか、しっかり見極めることが肝要だよ
なるほどなァ
あら、約定サン
帰ってきたのね!
ああ、今夜ね

*金利が他行より高い反面、融資が付きやすかった。

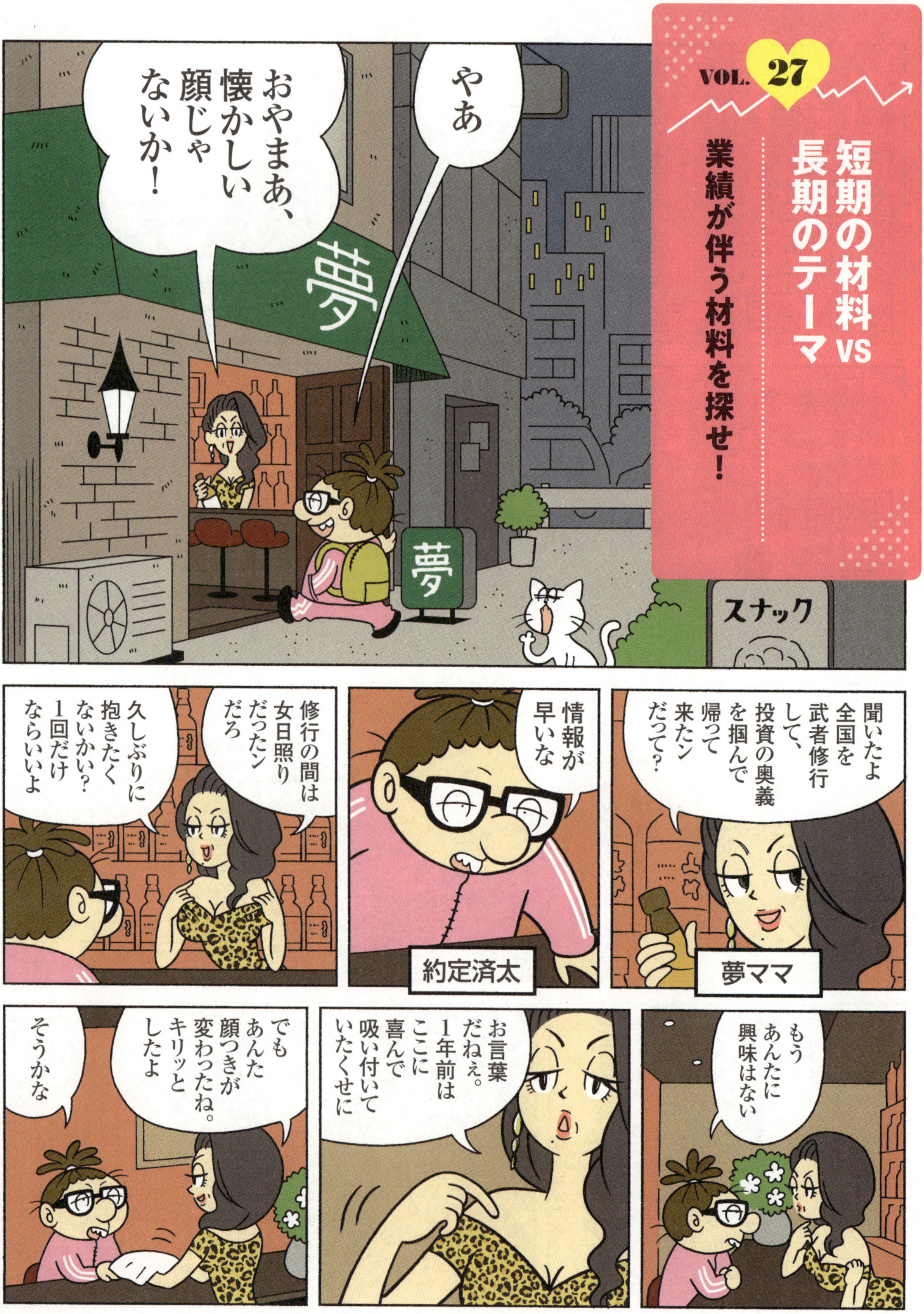
VOL. 27
短期の材料VS長期のテーマ
業績が伴う材料を探せ!
やあ
おやまあ、懐かしい顔じゃないか!
夢
夢
スナック
聞いたよ 全国を武者修行して、投資の奥義を掴んで帰って来たンだって?
夢ママ
情報が早いな
約定済太
修行の間は女日照りだったンだろ
久しぶりに抱きたくないかい? 1回だけならいいよ
もうあんたに興味はない
お言葉だねぇ。1年前はここに喜んで吸い付いていたくせに
でもあんた顔つきが変わったね。キリッとしたよ
そうかな

で、武者修行で掴んだ投資の奥義って何なんだい？
みんなが聞きたがるから、一度にまとめて話すことにした
カラン
こんばんは
久しぶりにみんなお揃いだね
確認しておくけどさ
ここと ここはもう色恋はないんだよね？
うん
押目華衣
ここはまだこっちに一方的に惚れてるんだろ
そう
見切千両
ママと約定サンはどうなの？
もう終わったよ
みんなの関係がずいぶんスッキリしたみたいね
約定、投資の奥義とやらを聞こうじゃないか
よし
君たちは材料株という言葉を聞いたことがあるか？
材料株？

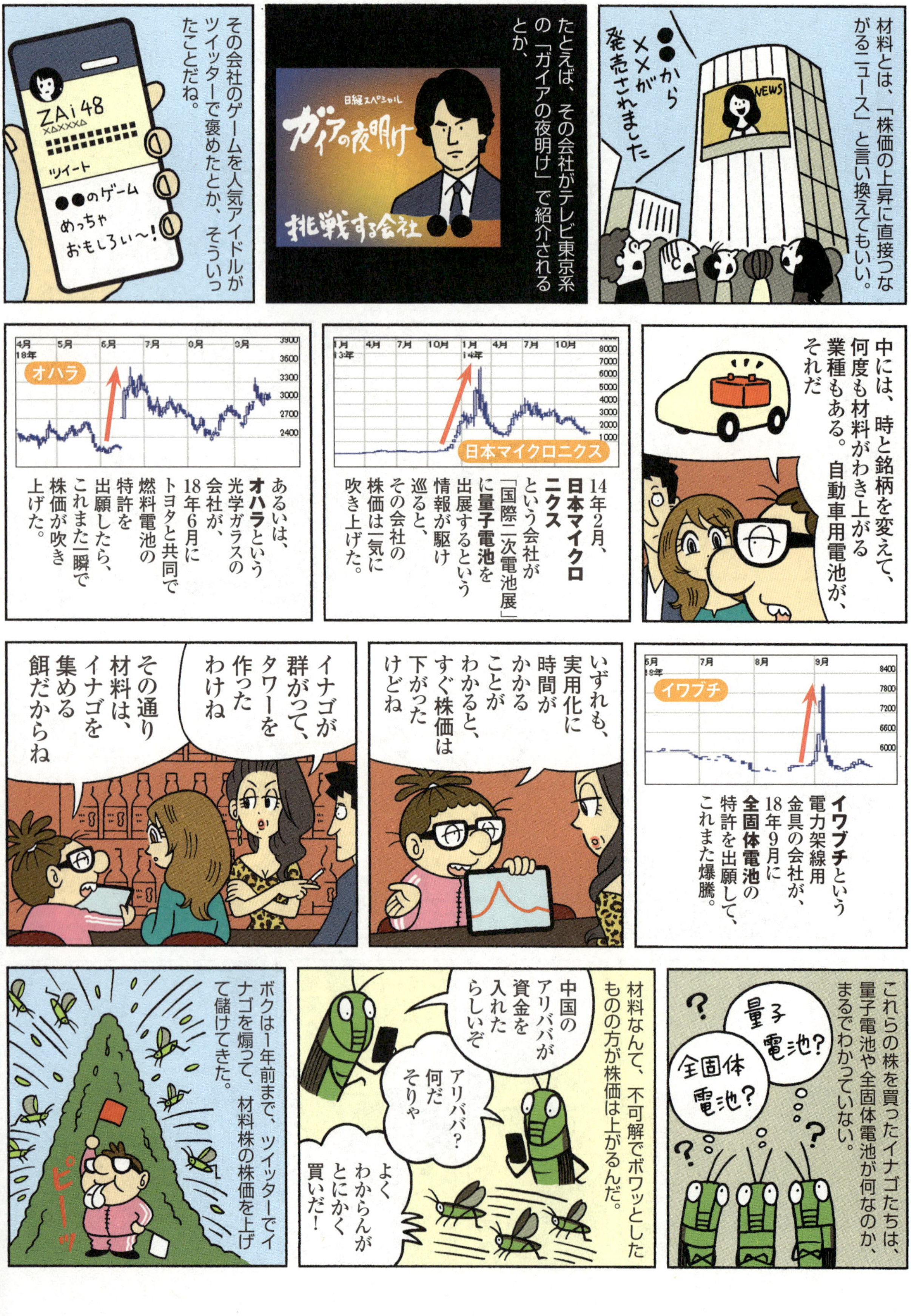

材料とは、「株価の上昇に直接つながるニュース」と言い換えてもいい。
●●から××が発売されました
NEWS
たとえば、その会社がテレビ東京系の「ガイアの夜明け」で紹介されるとか、
日経スペシャル
ガイアの夜明け
挑戦する会社
その会社のゲームを人気アイドルがツイッターで褒めたとか、そういったことだね。
ZAi 48
ツイート
●●のゲーム めっちゃ おもしろい〜!
中には、時と銘柄を変えて、何度も材料がわき上がる業種もある。自動車用電池が、それだ
14年2月、日本マイクロニクスという会社が「国際二次電池展」に量子電池を出展するという情報が駆け巡ると、その会社の株価は一気に吹き上げた。
日本マイクロニクス
あるいは、オハラという光学ガラスの会社が、18年6月にトヨタと共同で燃料電池の特許を出願したら、これまた一瞬で株価が吹き上げた。
オハラ
イワブチという電力架線用金具の会社が、18年9月に全固体電池の特許を出願して、これまた爆騰。
イワブチ
いずれも、実用化に時間がかかることがわかると、すぐ株価は下がったけどね
イナゴが群がって、タワーを作ったわけね
その通り 材料は、イナゴを集める餌だからね
これらの株を買ったイナゴたちは、量子電池や全固体電池が何なのか、まるでわかっていない。
量子電池?
全固体電池?
材料なんて、不可解でボワッとしたものの方が株価は上がるんだ。
中国のアリババが資金を入れたらしいぞ
アリババ?何だそりゃ
よくわからんがとにかく買いだ!
ボクは1年前まで、ツイッターでイナゴを煽って、材料株の株価を上げて儲けてきた。
ピーーッ

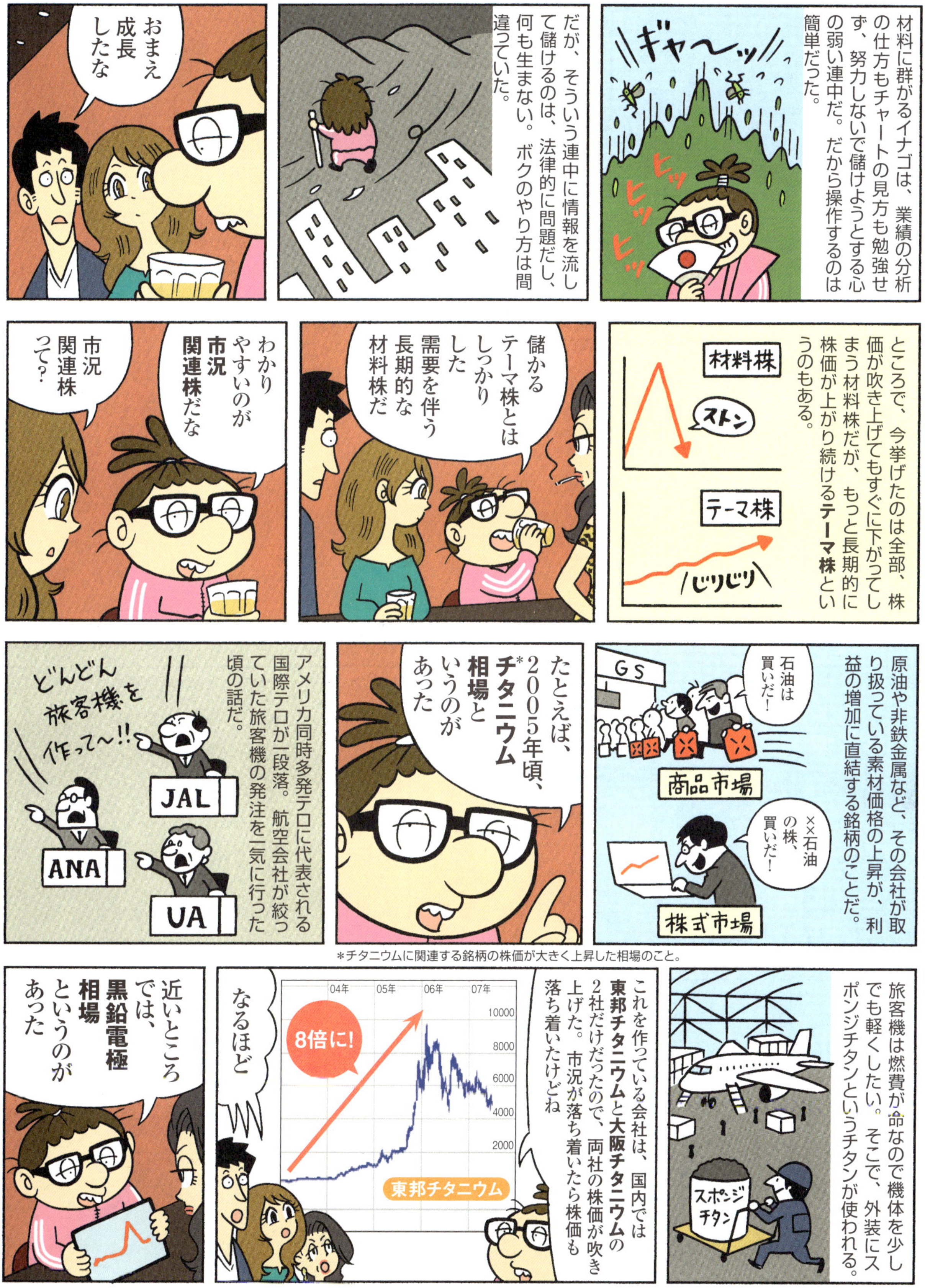
材料に群がるイナゴは、業績の分析の仕方もチャートの見方も勉強せず、努力しないで儲けようとする心の弱い連中だ。だから操作するのは簡単だった。
ギャ〜〜ッ
ヒッヒッヒッ
だが、そういう連中に情報を流して儲けるのは、法律的に問題だし、何も生まない。ボクのやり方は間違っていた。
おまえ成長したな
ところで、今挙げたのは全部、株価が吹き上げてもすぐに下がってしまう材料株だが、もっと長期的に株価が上がり続ける**テーマ株**というのもある。
材料株
ストン
テーマ株
じりじり
儲かるテーマ株とはしっかりした需要を伴う長期的な材料株だ
わかりやすいのが**市況関連株**だな
市況関連株って？
原油や非鉄金属など、その会社が取り扱っている素材価格の上昇が、利益の増加に直結する銘柄のことだ。
GS
石油は買いだ！
商品市場
××石油の株、買いだ！
株式市場
たとえば、2005年頃、***チタニウム相場**というのがあった
アメリカ同時多発テロに代表される国際テロが一段落。航空会社が絞っていた旅客機の発注を一気に行った頃の話だ。
どんどん旅客機を作って〜!!
JAL
ANA
UA
旅客機は燃費が命なので機体を少しでも軽くしたい。そこで、外装にスポンジチタンというチタンが使われる。
スポンジチタン
これを作っている会社は、国内では**東邦チタニウム**と**大阪チタニウム**の2社だけだったので、両社の株価が吹き上げた。市況が落ち着いたら株価も落ち着いたけどね
04年
05年
06年
07年
10000
8000
6000
4000
2000
8倍に!
東邦チタニウム
なるほど
近いところでは、**黒鉛電極相場**というのがあった

*チタニウムに関連する銘柄の株価が大きく上昇した相場のこと。

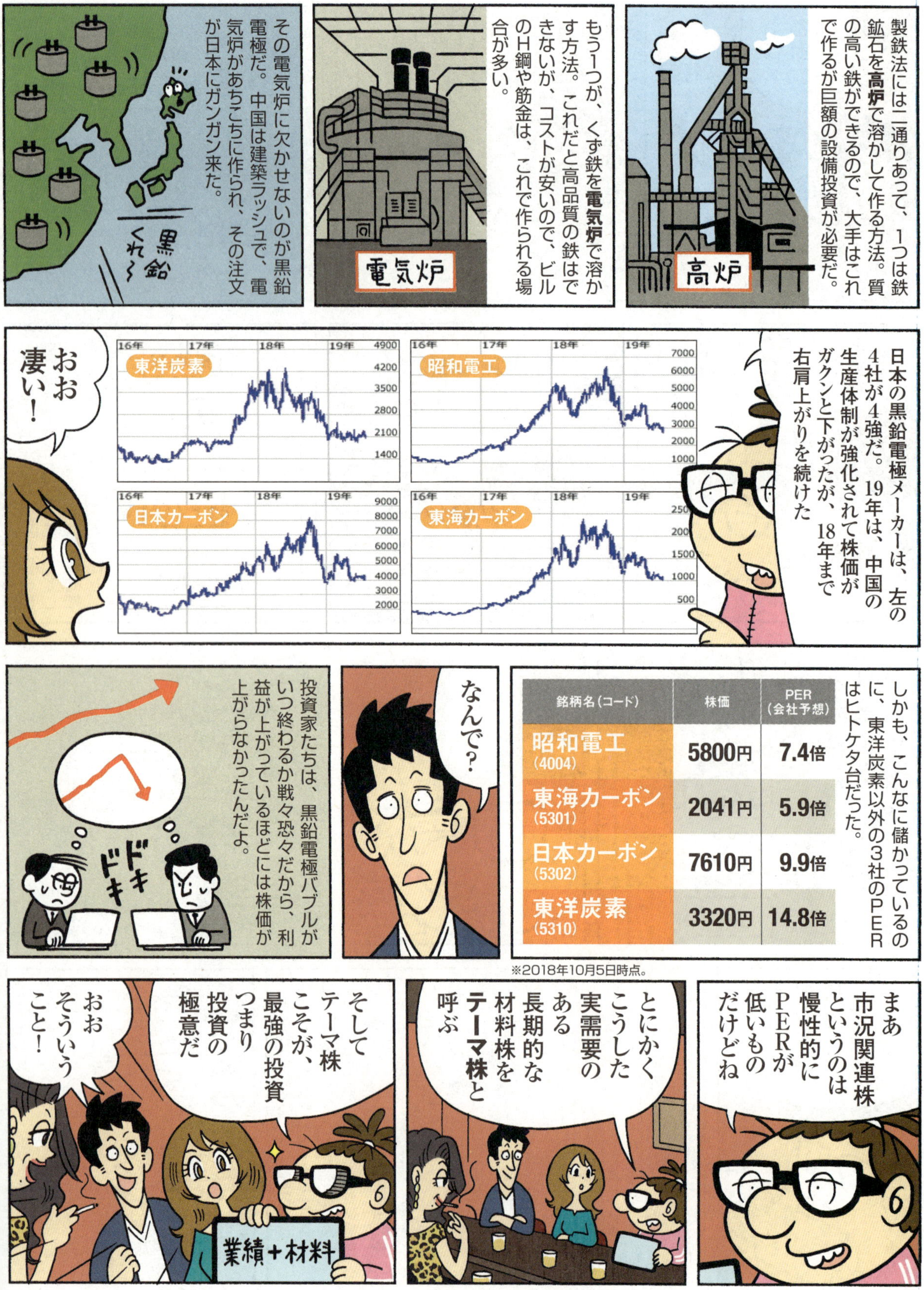

製鉄法には二通りあって、1つは鉄鉱石を高炉で溶かして作る方法。質の高い鉄ができるので、大手はこれで作るが巨額の設備投資が必要だ。
高炉
もう1つが、くず鉄を電気炉で溶かす方法。これだと高品質の鉄はできないが、コストが安いので、ビルのH鋼や筋金は、これで作られる場合が多い。
電気炉
その電気炉に欠かせないのが黒鉛電極だ。中国は建築ラッシュで、電気炉があちこちに作られ、その注文が日本にガンガン来た。
黒鉛くれ〜
日本の黒鉛電極メーカーは、左の4社が4強だ。19年は、中国の生産体制が強化されて株価がガクンと下がったが、18年まで右肩上がりを続けた
昭和電工
東洋炭素
東海カーボン
日本カーボン
16年 17年 18年 19年
おお凄い!
しかも、こんなに儲かっているのに、東洋炭素以外の3社のPERはヒトケタ台だった。

銘柄名（コード）	株価	PER（会社予想）
昭和電工（4004）	5800円	7.4倍
東海カーボン（5301）	2041円	5.9倍
日本カーボン（5302）	7610円	9.9倍
東洋炭素（5310）	3320円	14.8倍

※2018年10月5日時点。

なんで？
投資家たちは、黒鉛電極バブルがいつ終わるか戦々恐々だから、利益が上がっているほどには株価が上がらなかったんだよ。
ドキドキ
まあ市況関連株というのは慢性的にPERが低いものだけどね
とにかくこうした実需要のある長期的な材料株をテーマ株と呼ぶ
そしてテーマ株こそが、最強の投資つまり投資の極意だ
おおそういうこと!
業績＋材料

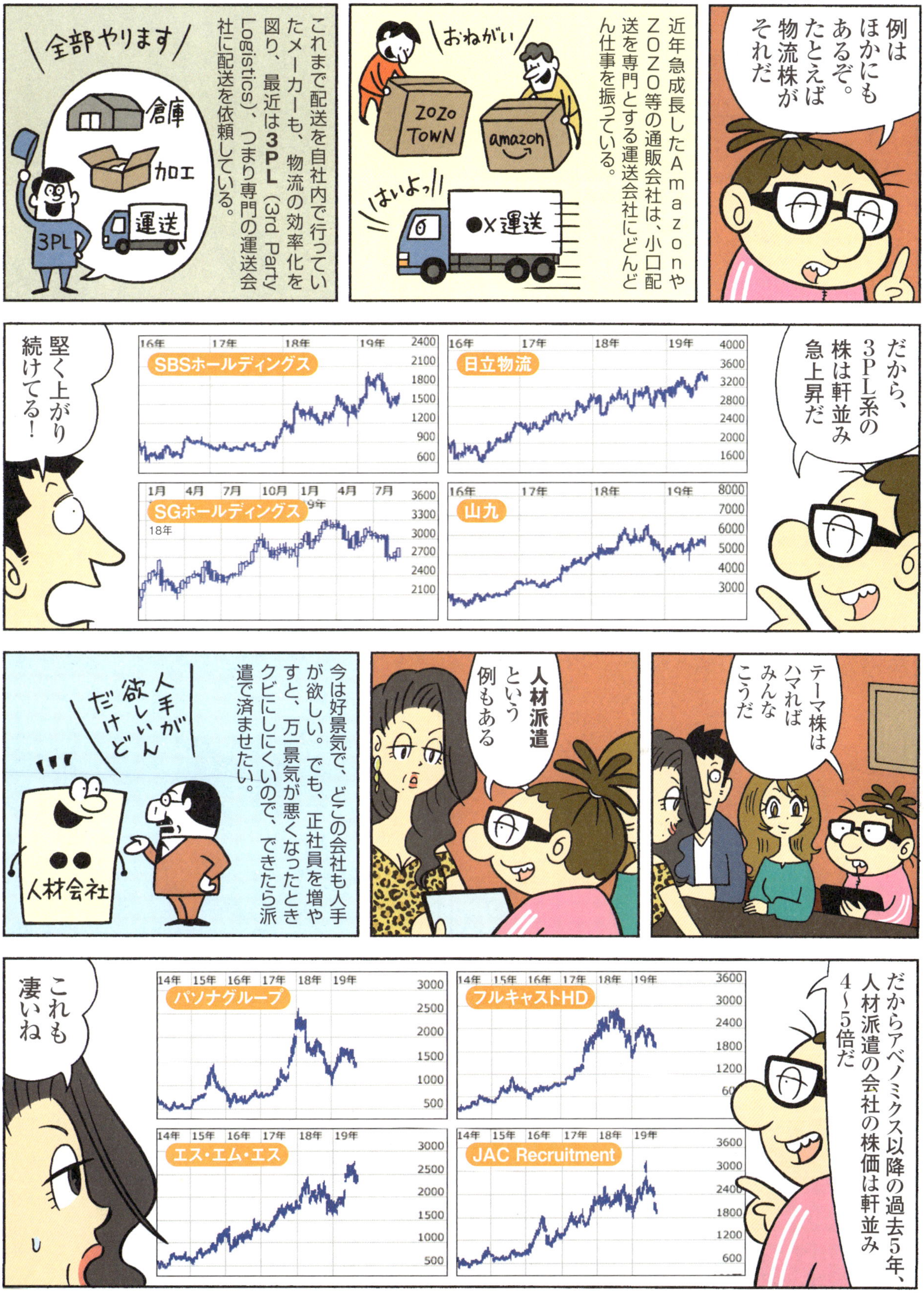

例はほかにもあるぞ。たとえば物流株がそれだ
近年急成長したAmazonやZOZO等の通販会社は、小口配送を専門とする運送会社にどんどん仕事を振っている。
おねがい
ZOZO TOWN
amazon
はいよっ
●×運送
これまで配送を自社内で行っていたメーカーも、物流の効率化を図り、最近は**3PL**（3rd Party Logistics）、つまり専門の運送会社に配送を依頼している。
全部やります
倉庫
加工
運送
3PL
だから、3PL系の株は軒並み急上昇だ
日立物流
SBSホールディングス
山九
SGホールディングス
堅く上がり続けてる！
テーマ株はハマればみんなこうだ
人材派遣という例もある
今は好景気で、どこの会社も人手が欲しい。でも、正社員を増やすと、万一景気が悪くなったときクビにしにくいので、できたら派遣で済ませたい。
人手が欲しいんだけど
●●人材会社
だからアベノミクス以降の過去5年、人材派遣の会社の株価は軒並み4〜5倍だ
フルキャストHD
パソナグループ
JAC Recruitment
エス・エム・エス
これも凄いね

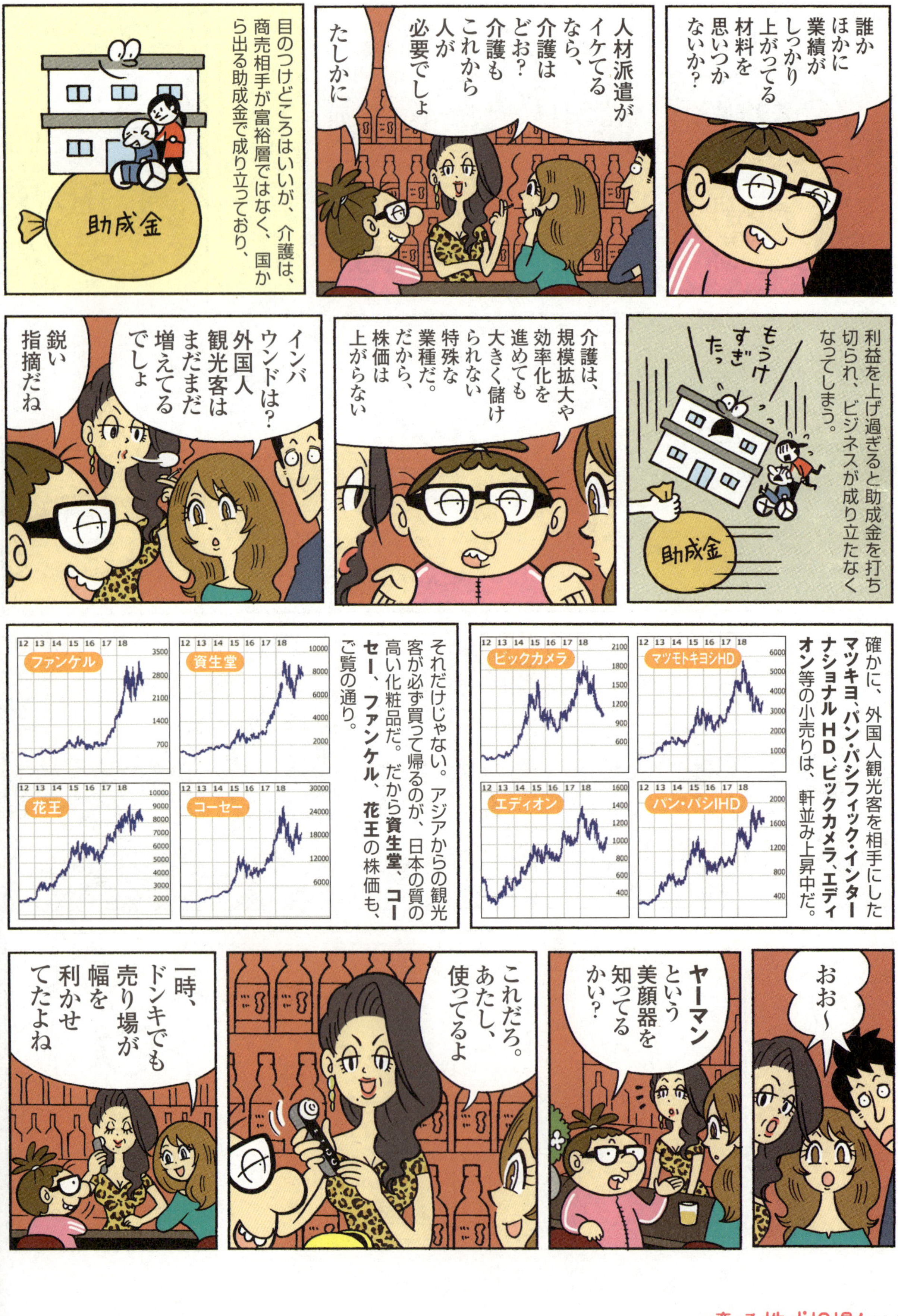

誰か ほかに 業績が しっかり 上がってる 材料を 思いつか ないか？
人材派遣が イケてる なら、介護は どお？ 介護も これから 人が 必要でしょ
たしかに
目のつけどころはいいが、介護は、商売相手が富裕層ではなく、国から出る助成金で成り立っており、
助成金
利益を上げ過ぎると助成金を打ち切られ、ビジネスが成り立たなくなってしまう。
もうけすぎたっ
助成金
介護は、規模拡大や効率化を進めても大きく儲けられない特殊な業種だ。だから、株価は上がらない
インバウンドは？ 外国人観光客は まだまだ 増えてる でしょ
鋭い 指摘だね
確かに、外国人観光客を相手にした**マツキヨ**、**パン・パシフィック・インターナショナルHD**、**ビックカメラ**、**エディオン**等の小売りは、軒並み上昇中だ。
ビックカメラ
マツモトキヨシHD
エディオン
パン・パシIHD
それだけじゃない。アジアからの観光客が必ず買って帰るのが、日本の質の高い化粧品だ。だから**資生堂**、**コーセー**、**ファンケル**、**花王**の株価も、ご覧の通り。
ファンケル
資生堂
花王
コーセー
おお～
ヤーマン という 美顔器を 知ってる かい？
これだろ。あたし、使ってるよ
一時、ドンキでも 売り場が 幅を 利かせ てたよね

そのヤーマンの株価は、こうだ。
2年で10倍に!
17
18
3000
2400
1800
1200
600
ヤーマン
おおっ2018年は2倍に上がってる
これならあたしも見つけられそう!
ESGってのはどうだ?
なに、それ?
おまえ難しい言葉を知ってるな
ESGとはEnvironment(環境)、Social(社会)、Governance(法令遵守)の略だ
Environment
環境、健康
Social
人権対応、地域貢献、寄附、女性・障がい者雇用
Governance
法令遵守、情報開示、社外取締役の独立性
これからの企業の長期的な成長にはこの3つの要素が不可欠。なぜなら06年に国連が、投資家は、ESGを守っている企業に投資すべきだという、**責任投資原則**を発表した。
ESG企業の株を買いなさーい!!
おかげで、**年金機構**(GPIF)のような大手の投資ファンドは、責任投資原則を守っていることをアピールするために、ESG企業の株を買いがちだ。
ESG企業株買い!
23兆ドル
GPIF
今や世界で23兆ドルという巨大マネーがESGに投資されている。
そんな巨額の金が注ぎ込まれてるってことはそれだけ株価が上がるってことだ
だからテーマ株だといえる
なるほど
どうだ。テーマ株こそが投資の奥義だという意味がわかっただろ
そこまで窮めたってことは約定、おまえ投資界に戻ってくるつもりだな
いや。だが、逆張親子には必ず復讐してやる…
クックックッ

VOL. 28

夢子ママ“値踏み”の極意

理論株価で見る適正株価

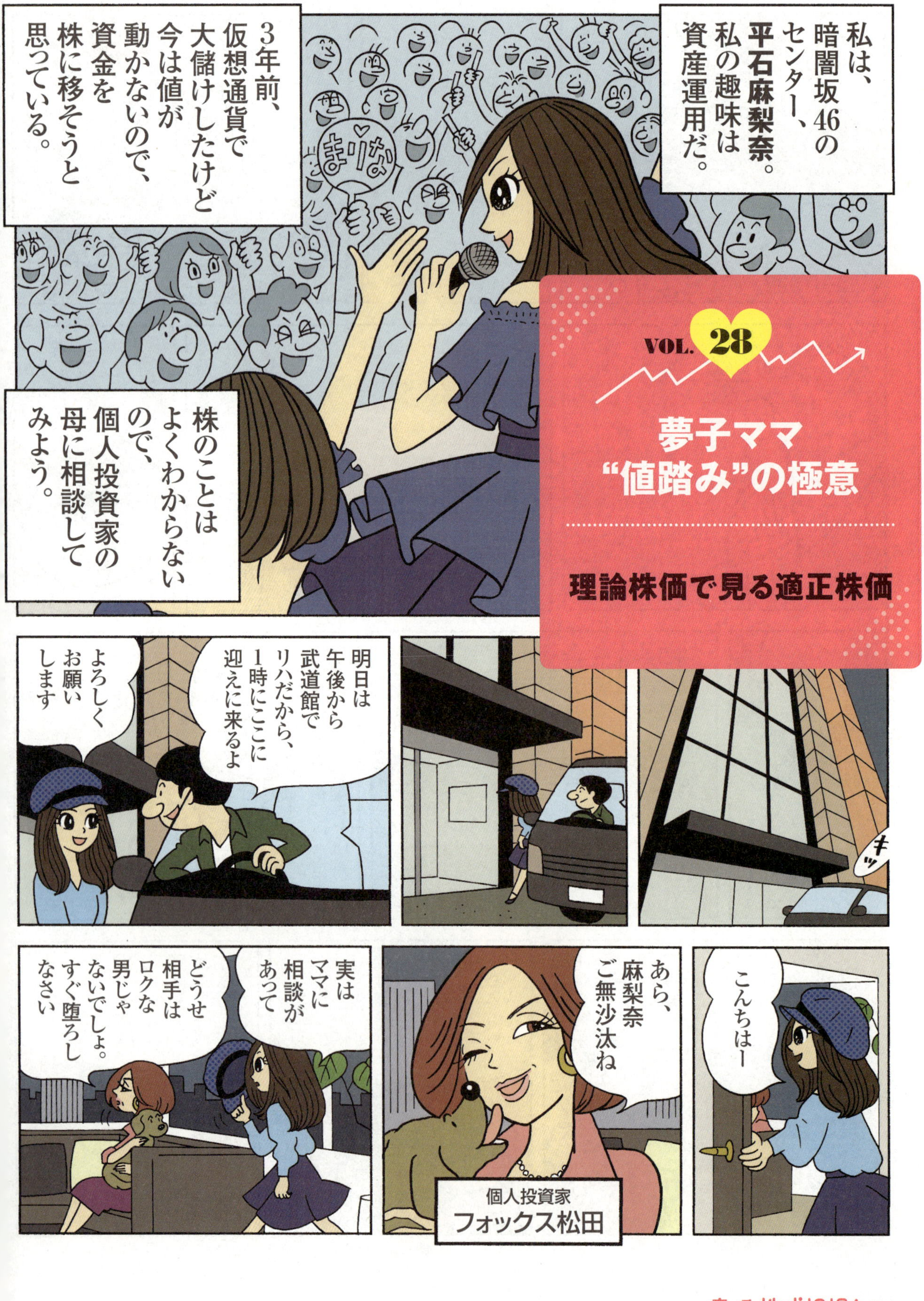

私は、暗闇坂46のセンター、平石麻梨奈。私の趣味は資産運用だ。
まりな
3年前、仮想通貨で大儲けしたけど今は値が動かないので、資金を株に移そうと思っている。
株のことはよくわからないので、個人投資家の母に相談してみよう。
キッ
明日は午後から武道館でリハだから、1時にここに迎えに来るよ
よろしくお願いします
こんちはー
あら、麻梨奈ご無沙汰ね
個人投資家
フォックス松田
実はママに相談があって
どうせ相手はロクな男じゃないでしょ。すぐ堕ろしなさい

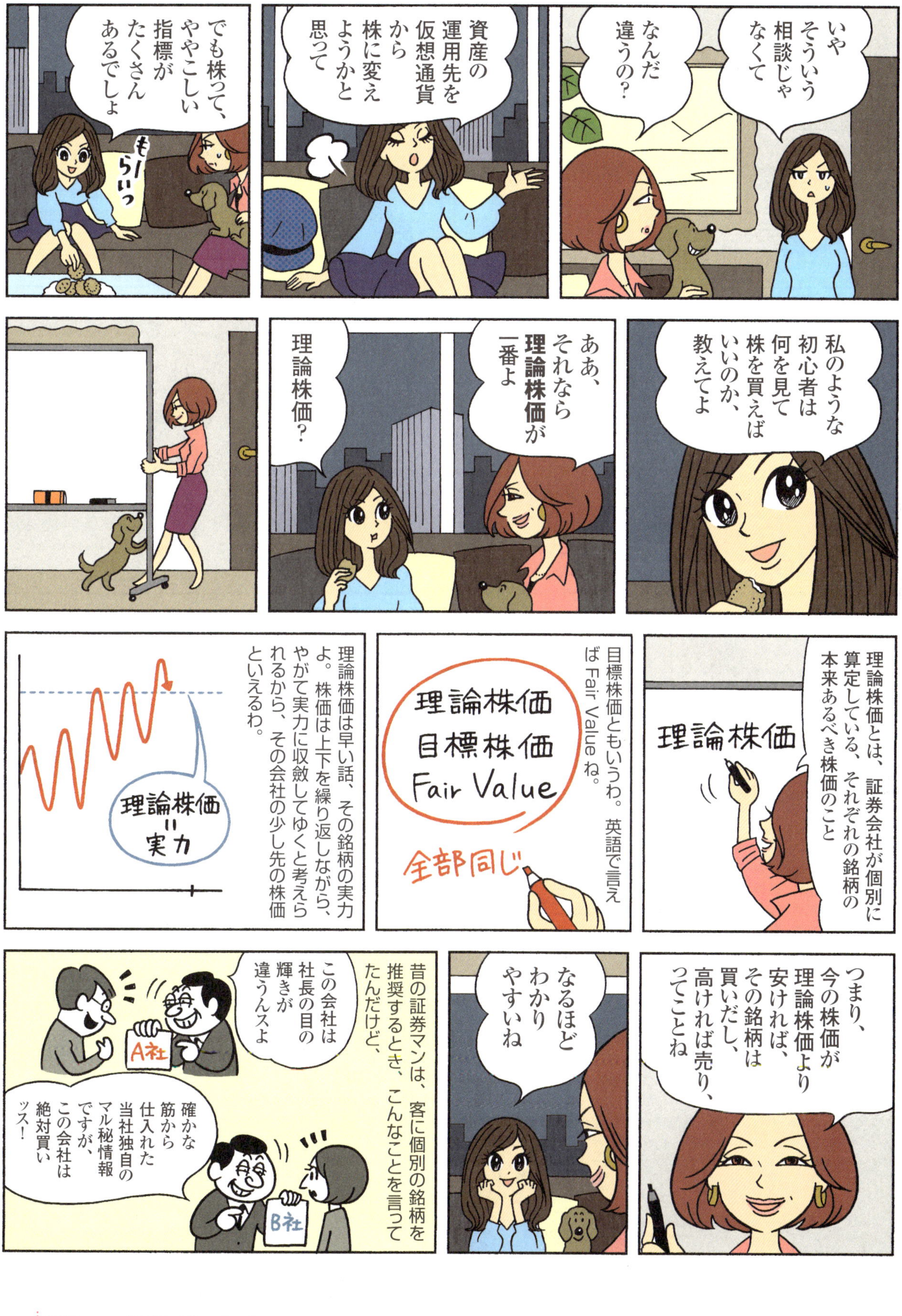
いや そういう 相談じゃ なくて
なんだ 違うの？
資産の 運用先を 仮想通貨 から 株に変え ようかと 思って
でも株って、 ややこしい 指標が たくさん あるでしょ
もーらいっ
私のような 初心者は 何を見て 株を買えば いいのか、 教えてよ
ああ、 それなら 理論株価が 一番よ
理論株価？
理論株価とは、証券会社が個別に算定している、それぞれの銘柄の本来あるべき株価のこと
理論株価
目標株価ともいうわ。英語で言えばFair Valueね。
理論株価
目標株価
Fair Value
全部同じ
理論株価は早い話、その銘柄の実力よ。株価は上下を繰り返しながら、やがて実力に収斂してゆくと考えられるから、その会社の少し先の株価といえるわ。
理論株価＝実力
つまり、 今の株価が 理論株価より 安ければ、 その銘柄は 買いだし、 高ければ売り、 ってことね
なるほど わかり やすいね
昔の証券マンは、客に個別の銘柄を推奨するとき、こんなことを言ってたんだけど、
この会社は 社長の目の 輝きが 違うんスよ
A社
確かな 筋から 仕入れた 当社独自の マル秘情報 ですが、 この会社は 絶対買い ッス！
B社

最近は、証券会社が銘柄を推奨するときは客観的なデータが必要になったので、大手はどこも独自の計算式《モデル》を使って理論株価を算出しているの。
データによれば…
なのでオススメです
フムフム
A社データ
20年前のITバブルの頃は、新興IT企業が発表する業績の数字はウソだらけだったので、どんな優れた計算式を編み出しても、正確な理論株価はなかなか出せなかったんだけど、
まテキトーでいいだろ
業績発表
IT企業
今はコンプライアンス重視で、公表されるデータが正確になっているから、理論株価も信頼性が増して、前より注目されるようになったってこともあるわ。
ちゃんとしたデータを出せ!
ハイ…
IT企業
国
ただ、一部の証券会社が出す理論株価は、今でも、担当証券マンが利益予想の数字を作為的に作っている部分が残っていて
鉛筆なめなめ
理論株価を低めに出すと、その会社からクレームが来たりするので、大筋、高めにバイアスがかかる傾向があるのよ。
なんでうちはこんなに低いんだっ
逆に言えば、理論株価が低いってことは、よほど確かな根拠があるってことになるわね。
A社の理論株価は●●円
おお…こりゃ低いな
株価下がるぞ
実はこの雑誌も3カ月に一度、上場企業の全銘柄の理論株価を載せているのよ
2019年
ダイヤモンド・ザイ
ZAi
株
500
『ザイ』?
たとえば、ロボット関連のファナックの理論株価は、『ZAi』が出しているのと、野村證券が出しているのとでは、こんなに差があるの
主要銘柄の野村證券と『ZAi』の理論株価比較
(『ZAi』は19年11月号、野村證券は19年9月4日時点)
ずいぶんな差ね
理論株価の基になる将来の利益予想の数字は、アナリストによって出し方が違うからね。
商品

銘柄名	ZAi	野村證券
ZOZO	709円	2700円
資生堂	2127円	7700円
オムロン	3275円	5700円
ファナック	7802円	15100円
朝日インテック	685円	3300円
バンダイナムコHD	3770円	7200円
SUBARU	4028円	3250円
ソフトバンク	2434円	1650円

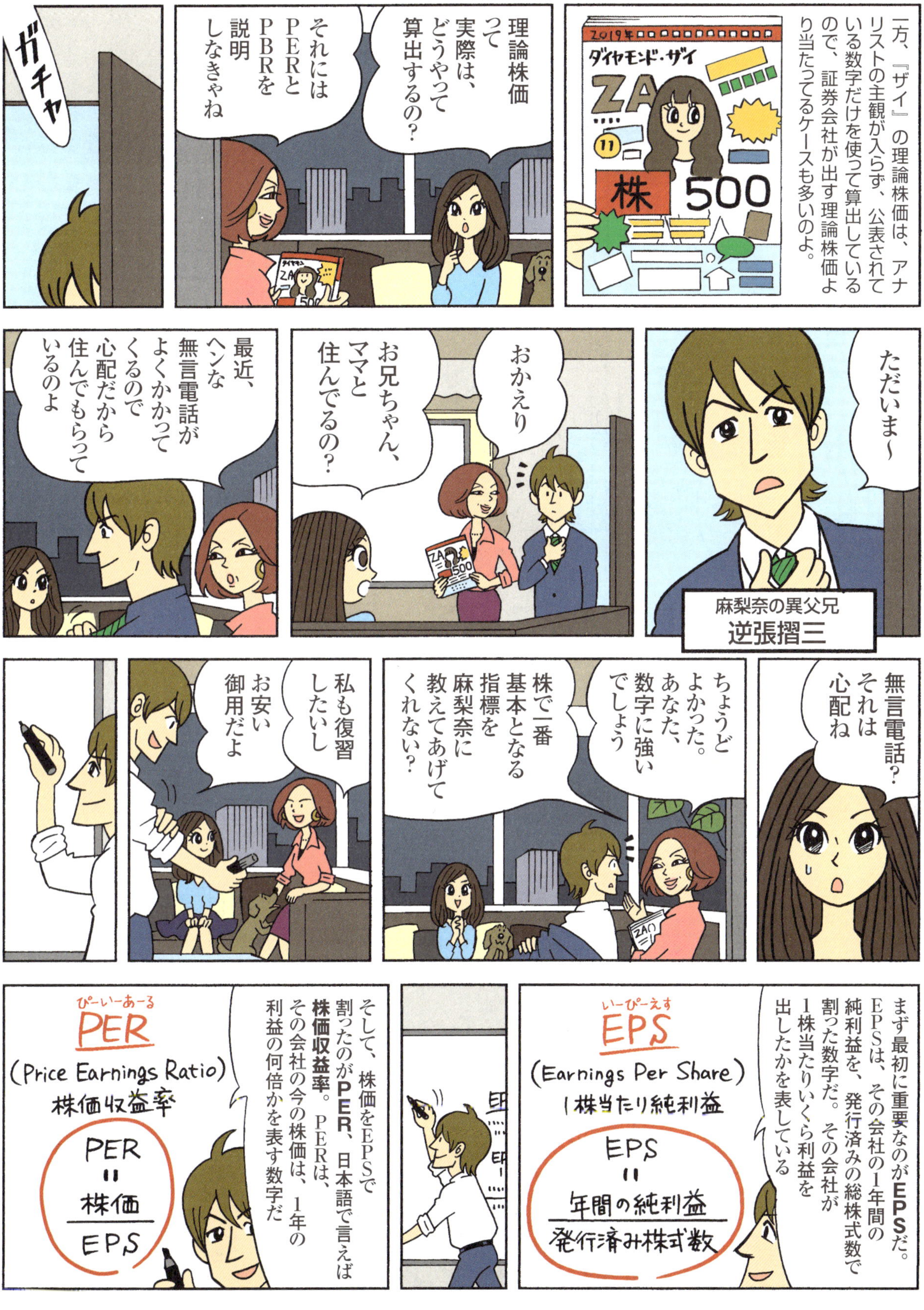
一方、『ザイ』の理論株価は、アナリストの主観が入らず、公表されている数字だけを使って算出しているので、証券会社が出す理論株価より当たってるケースも多いのよ。
2019年
ダイヤモンド・ザイ
ZAi
11
株
500
理論株価って実際は、どうやって算出するの？
それにはPERとPBRを説明しなきゃね
ガチャ
ただいま〜
麻梨奈の異父兄
逆張摺三
おかえり
お兄ちゃん、ママと住んでるの？
最近、ヘンな無言電話がよくかかってくるので心配だから住んでもらっているのよ
無言電話？それは心配ね
ちょうどよかった。あなた、数字に強いでしょう
株で一番基本となる指標を麻梨奈に教えてあげてくれない？
私も復習したいし
お安い御用だよ
まず最初に重要なのがEPSだ。EPSは、その会社の1年間の純利益を、発行済みの総株式数で割った数字だ。その会社が1株当たりいくら利益を出したかを表している
EPS《いーぴーえす》
(Earnings Per Share)
1株当たり純利益
EPS = 年間の純利益 / 発行済み株式数
そして、株価をEPSで割ったのがPER、日本語で言えば株価収益率。PERは、その会社の今の株価は、1年の利益の何倍かを表す数字だ
PER《ぴーいーあーる》
(Price Earnings Ratio)
株価収益率
PER = 株価 / EPS

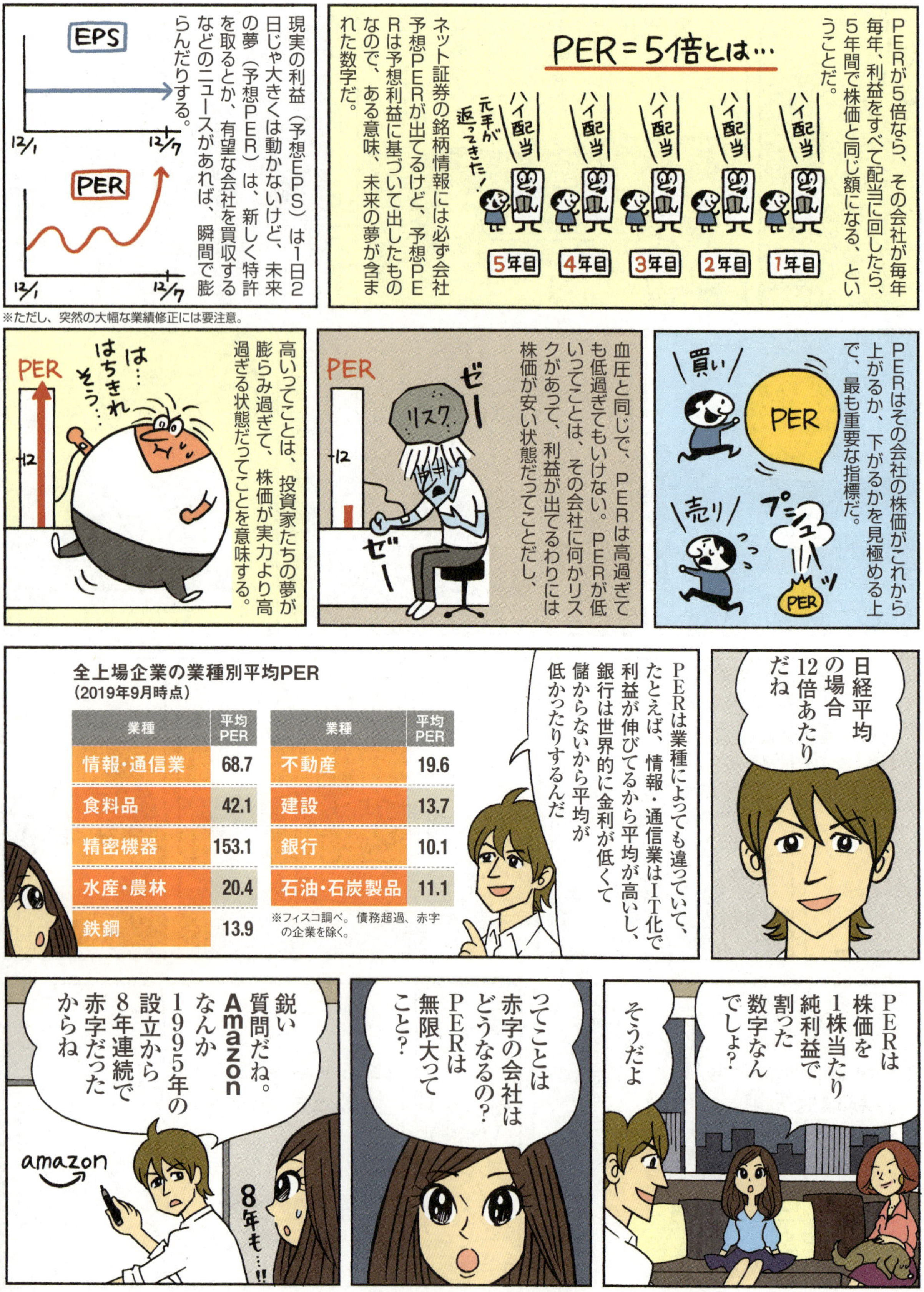
PERが5倍なら、その会社が毎年毎年、利益をすべて配当に回したら、5年間で株価と同じ額になる、ということだ。
PER＝5倍とは…
ハイ配当
ハイ配当
ハイ配当
ハイ配当
ハイ配当
元手が返ってきた！
1年目
2年目
3年目
4年目
5年目
ネット証券の銘柄情報には必ず会社予想PERが出てるけど、予想PERは予想利益に基づいて出したものなので、ある意味、未来の夢が含まれた数字だ。
現実の利益（予想EPS）は1日2日じゃ大きくは動かないけど、未来の夢（予想PER）は、新しく特許を取るとか、有望な会社を買収するなどのニュースがあれば、瞬間で膨らんだりする。
EPS
12/1
12/7
PER
12/1
12/7
※ただし、突然の大幅な業績修正には要注意。
PERはその会社の株価がこれから上がるか、下がるかを見極める上で、最も重要な指標だ。
買い
PER
売り
プシュ
ッ
PER
血圧と同じで、PERは高過ぎても低過ぎてもいけない。PERが低いってことは、その会社に何かリスクがあって、利益が出てるわりには株価が安い状態だってことだし、
PER
リスク
ゼー
12
ゼー
高いってことは、投資家たちの夢が膨らみ過ぎて、株価が実力より高過ぎる状態だってことを意味する。
PER
は…
はちきれそう…
12
日経平均の場合12倍あたりだね
PERは業種によっても違っていて、たとえば、情報・通信業はIT化で利益が伸びてるから平均が高いし、銀行は世界的に金利が低くて儲からないから平均が低かったりするんだ
全上場企業の業種別平均PER
（2019年9月時点）
※フィスコ調べ。債務超過、赤字の企業を除く。
PERは株価を1株当たり純利益で割った数字なんでしょ？
そうだよ
ってことは赤字の会社はどうなるの？PERは無限大ってこと？
鋭い質問だね。Amazonなんか1995年の設立から8年連続で赤字だったからね
amazon
8年も…!!

業種	平均PER
情報・通信業	68.7
食料品	42.1
精密機器	153.1
水産・農林	20.4
鉄鋼	13.9
不動産	19.6
建設	13.7
銀行	10.1
石油・石炭製品	11.1

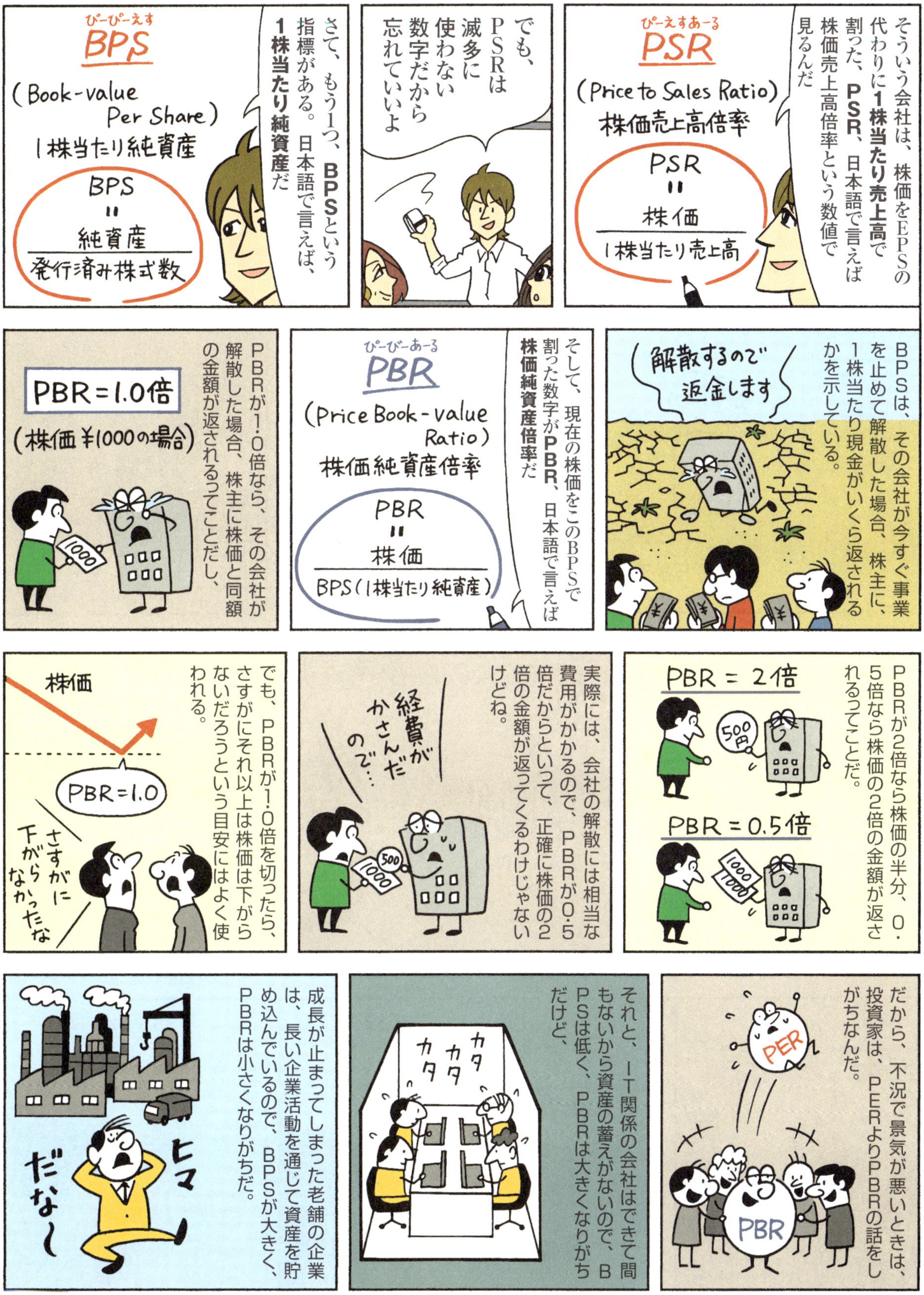
そういう会社は、株価をEPSの代わりに1株当たり売上高で割った、PSR、日本語で言えば株価売上高倍率という数値で見るんだ
PSR《ぴーえすあーる》
(Price to Sales Ratio)
株価売上高倍率
PSR = 株価 / 1株当たり売上高
でも、PSRは滅多に使わない数字だから忘れていいよ
さて、もう1つ、BPSという指標がある。日本語で言えば、1株当たり純資産だ
BPS《びーぴーえす》
(Book-value Per Share)
1株当たり純資産
BPS = 純資産 / 発行済み株式数
BPSは、その会社が今すぐ事業を止めて解散した場合、株主に、1株当たり現金がいくら返されるかを示している。
解散するので返金します
そして、現在の株価をこのBPSで割った数字がPBR、日本語で言えば株価純資産倍率だ
PBR《ぴーびーあーる》
(Price Book-value Ratio)
株価純資産倍率
PBR = 株価 / BPS(1株当たり純資産)
PBRが1.0倍なら、その会社が解散した場合、株主に株価と同額の金額が返されるってことだし、
PBR=1.0倍
(株価¥1000の場合)
1000
PBRが2倍なら株価の半分、0.5倍なら株価の2倍の金額が返されるってことだ。
PBR = 2倍
500円
PBR = 0.5倍
1000
1000
実際には、会社の解散には相当な費用がかかるので、PBRが0.5倍だからといって、正確に株価の2倍の金額が返ってくるわけじゃないけどね。
経費がかさんだので…
500
1000
でも、PBRが1.0倍を切ったら、さすがにそれ以上は株価は下がらないだろうという目安にはよく使われる。
株価
PBR=1.0
さすがに下がらなかったな
だから、不況で景気が悪いときは、投資家は、PERよりPBRの話をしがちなんだ。
PER
PBR
それと、IT関係の会社はできて間もないから資産の蓄えがないので、BPSは低く、PBRは大きくなりがちだけど、
カタカタカタ
成長が止まってしまった老舗の企業は、長い企業活動を通じて資産を貯め込んでいるので、BPSが大きく、PBRは小さくなりがちだ。
ヒマだなー

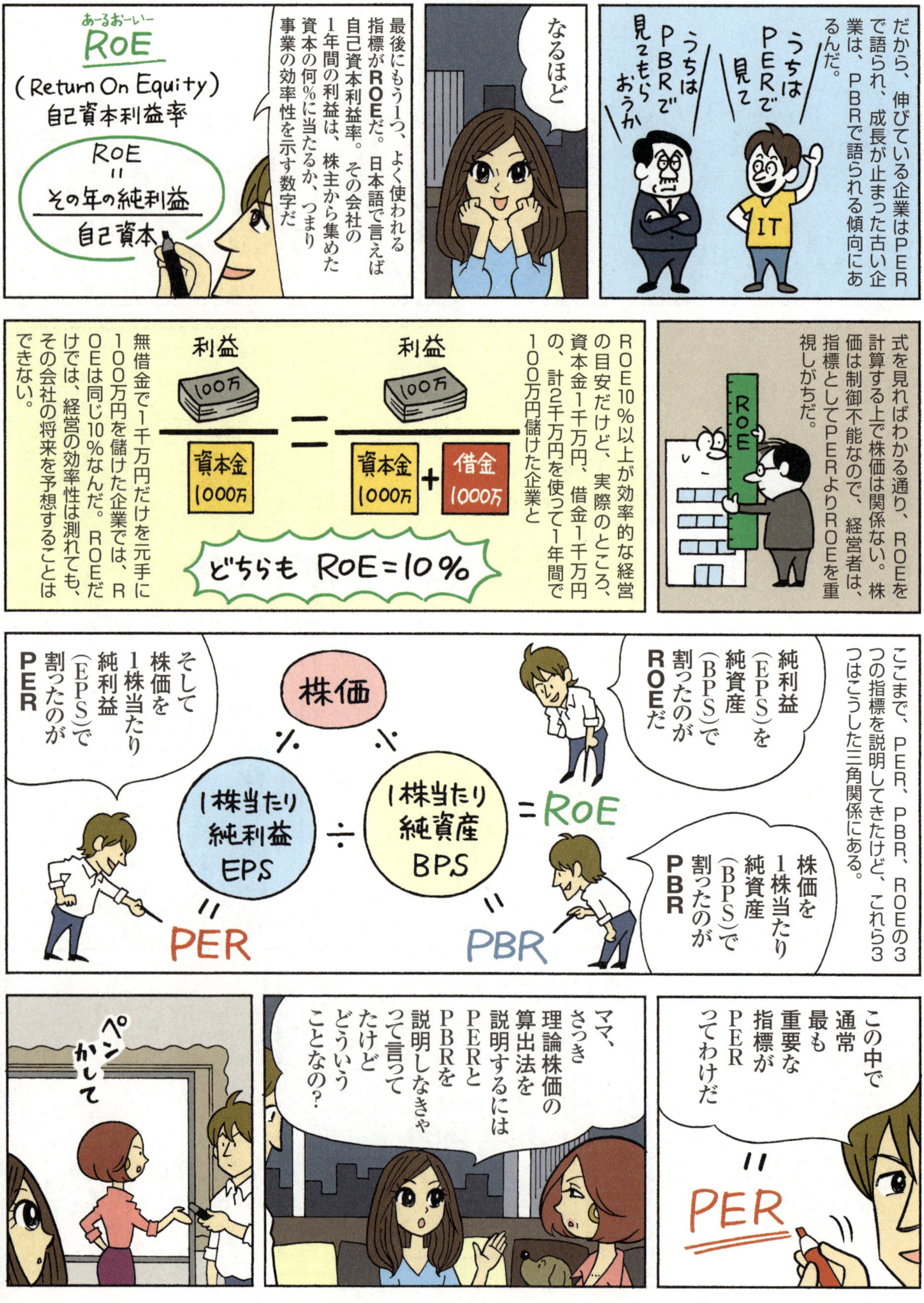

だから、伸びている企業はPERで語られ、成長が止まった古い企業は、PBRで語られる傾向にあるんだ。
うちはPERで見て
うちはPBRで見てもらおうか
IT
なるほど
最後にもう1つ、よく使われる指標がROEだ。日本語で言えば自己資本利益率。その会社の1年間の利益は、株主から集めた資本の何%に当たるか、つまり事業の効率性を示す数字だ
ROE《あーるおーいー》
(Return On Equity)
自己資本利益率
ROE = その年の純利益 / 自己資本
式を見ればわかる通り、ROEを計算する上で株価は関係ない。株価は制御不能なので、経営者は、指標としてPERよりROEを重視しがちだ。
ROE
ROE10%以上が効率的な経営の目安だけど、実際のところ、資本金1千万円、借金1千万円の、計2千万円を使って1年間で100万円儲けた企業と
利益 100万 / 資本金 1000万 + 借金 1000万 = 利益 100万 / 資本金 1000万
どちらも ROE=10%
無借金で1千万円だけを元手に100万円を儲けた企業では、ROEは同じ10%なんだ。ROEだけでは、経営の効率性は測れても、その会社の将来を予想することはできない。
ここまで、PER、PBR、ROEの3つの指標を説明してきたけど、これら3つはこうした三角関係にある。
純利益(EPS)を純資産(BPS)で割ったのがROEだ
株価
1株当たり純利益 EPS ÷ 1株当たり純資産 BPS = ROE
= PER
= PBR
株価を1株当たり純資産(BPS)で割ったのがPBR
そして株価を1株当たり純利益(EPS)で割ったのがPER
この中で通常最も重要な指標がPERってわけだ
= PER
ママ、さっき理論株価の算出法を説明するにはPERとPBRを説明しなきゃって言ってたけどどういうことなの?
ペンかして

理論株価は、基本、予想EPSにその業種の平均PERを掛けて出すことが多いのよ
理論株価
予想EPS × 業種の平均PER
さっき摺三ちゃんが言った通り、PERは業種によって平均が違うからね。
PER
PER
IT
EPSは、ある意味「現実」だし、PERはある意味「夢」だから、この式はこう書くこともできるわね
理論株価 ＝ 現実 × 夢
ただ、実際には理論株価はこれだけじゃなくて、たいていはこの式に、その会社の資産価値と成長価値という2つの要素を足し合わせて算出されるのよ
予想EPS × 平均PER ＋ 資産価値 ＋ 成長価値
資産価値はわかるけど成長価値って何？
成長価値
売上が毎年10％ずつ伸びている会社と、1％しか伸びていない会社では評価が違うでしょ。そういうことよ。
ぐんぐん
でも、予想EPS×平均PERという式には、そもそも成長に関する要素が含まれているわけでしょ。それだと未来の要素がダブることにならない？
その通り。理論株価は普通、3分の2が未来（成長）で、3分の1が現在（資産）なの。
2/3 成長
1/3 資産
これに対して、投資の神様**ウォーレン・バフェット**は、こう言って、未来3分の1、現在3分の2くらいを目安にした投資をしているわ。
将来のあやふやなことに期待するとケガをする
ウォーレン・バフェット
投資の考え方は人それぞれってことさ
理論株価面白そう！私、理論株価をもとに株を買ってみるわ
だったら最初は各社が公表している数字のみで算出した『ZAi』の理論株価を参考にしなさい
はーい！

VOL.29 年末高はサンタのプレゼント!?
理屈じゃない「アノマリー」

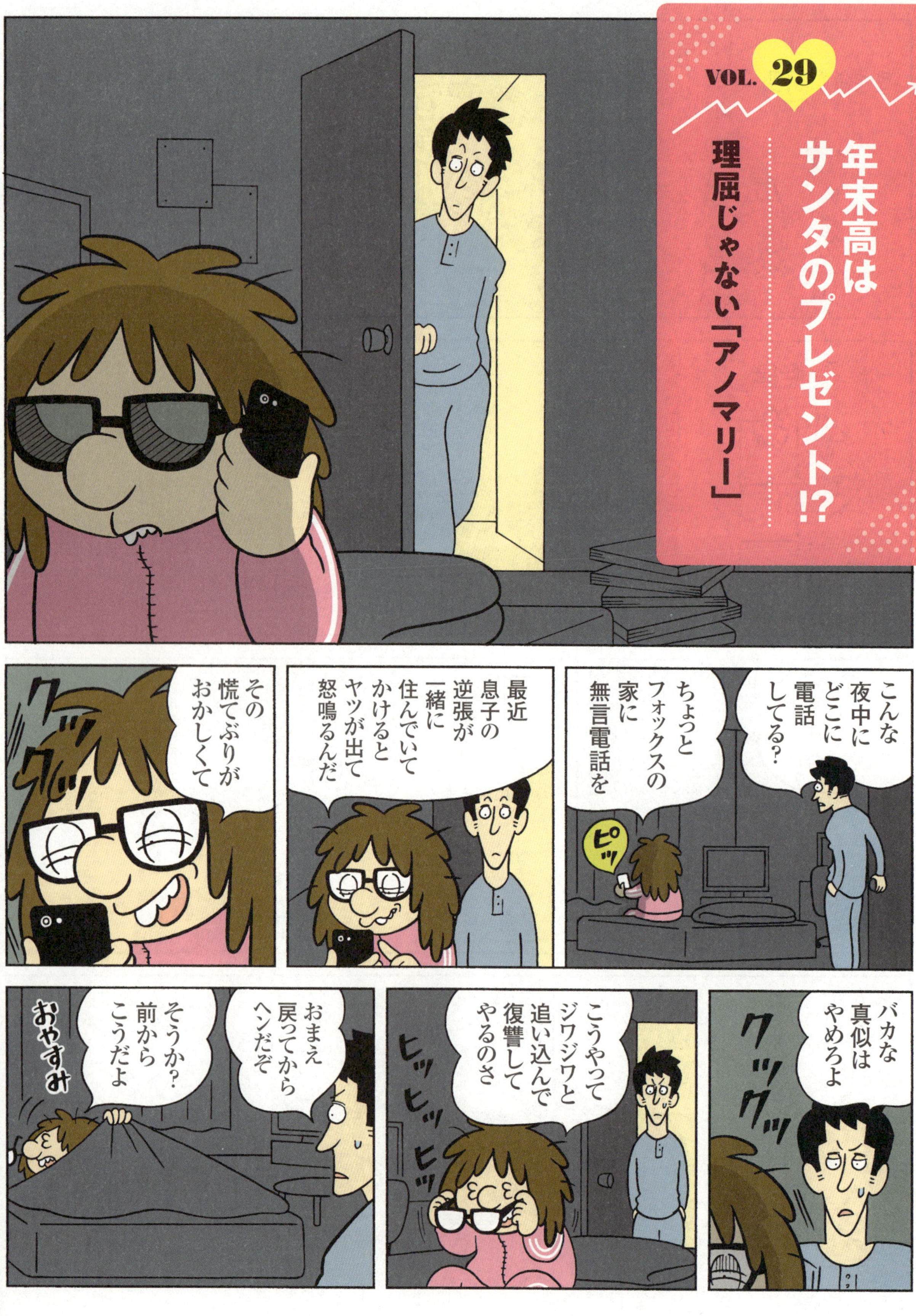

こんな夜中にどこに電話してる？
ちょっとフォックスの家に無言電話を
ピッ
最近息子の逆張りが一緒に住んでいてかけるとヤツが出て怒鳴るんだ
その慌てぶりがおかしくて
クッ クッ
バカな真似はやめろよ
クックッ
こうやってジワジワと追い込んで復讐してやるのさ
ヒッ ヒッ ヒッ
おまえ戻ってからヘンだぞ
そうか？前からこうだよ
おやすみ

話って何です？
最近おまえの家、よく無言電話がかかってくるだろ
はい
犯人は約定だよ
やっぱり…
復讐を狙ってるようだから気をつけろ
復讐？バカげてる
あいつは昔からバカげているから
ところで投資の方はどうなんだ？
日経平均は暴落してるみたいだけど…
ここから上がりますよ
株には昔から「10月に買って4月に売れ」という格言があります。これから春にかけて上がるはずですよ
まあ**アノマリー**の一種ですけど
なんだいアノマリーって？
「理屈では説明できないけど、経験的に必ずそうなる」という株価の迷信的な動きのことですよ
その話、面白そうだな。今夜詳しく聞かせろよ

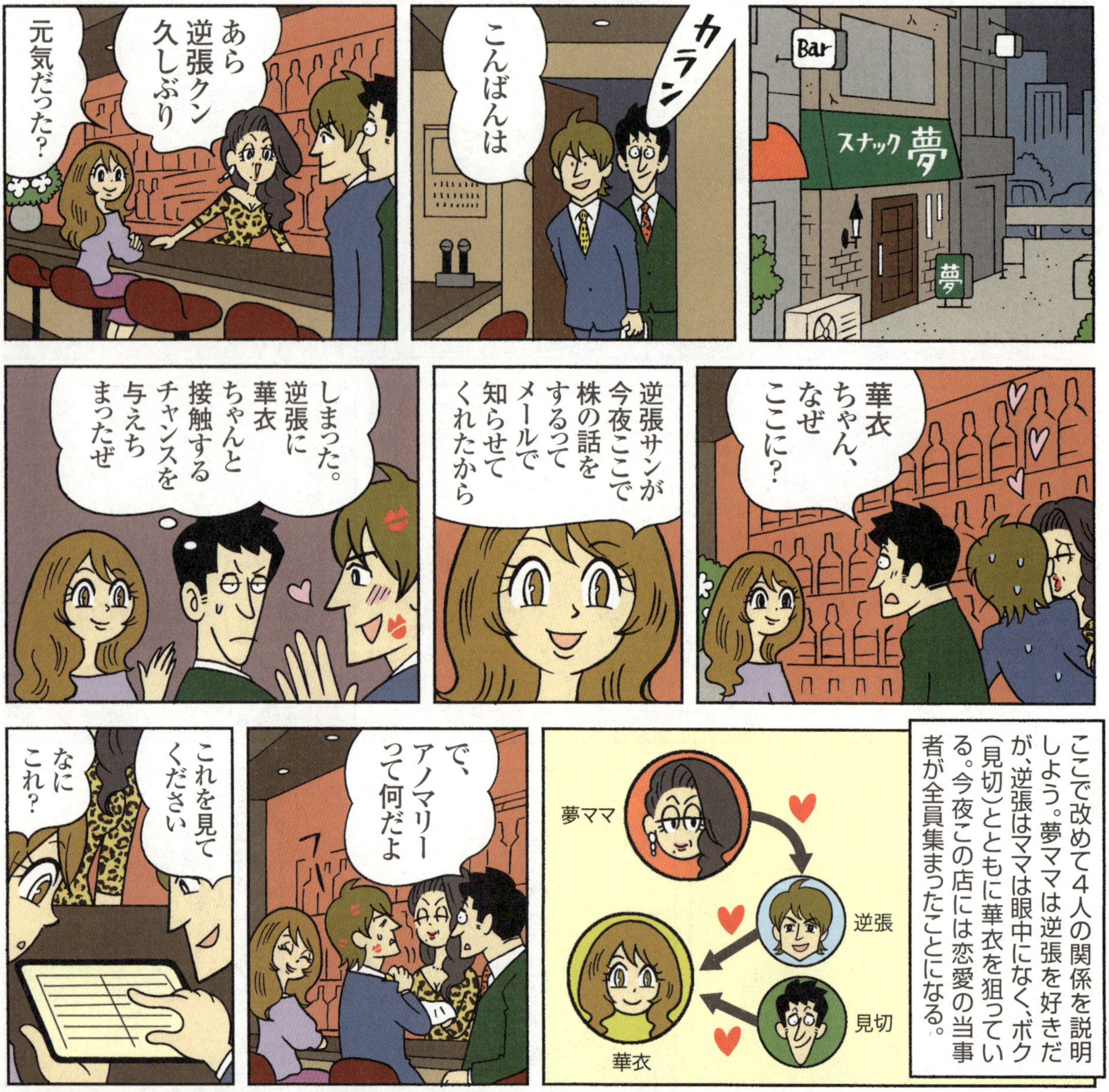

Bar
スナック夢
夢
カラン
こんばんは
あら逆張クン久しぶり
元気だった?
華衣ちゃん、なぜここに?
逆張サンが今夜ここで株の話をするってメールで知らせてくれたから
しまった。逆張に華衣ちゃんと接触するチャンスを与えちまったぜ
ここで改めて4人の関係を説明しよう。夢ママは逆張を好きだが、逆張はママは眼中になく、ボク(見切)とともに華衣を狙っている。今夜この店には恋愛の当事者が全員集まったことになる。
夢ママ
逆張
見切
華衣
で、アノマリーって何だよ
これを見てください
なにこれ?

共和党政権

任期	大統領	NYダウ前年比(%) 1年目	2年目	3年目	4年目
1953~56	アイゼンハワー	▲3.8	44.0	20.8	2.3
1957~60	アイゼンハワー	▲12.8	34.0	16.4	▲9.3
1969~72	ニクソン	▲15.2	4.8	6.1	14.6
1973~76	ニクソン、フォード	▲16.6	▲27.6	38.3	17.9
1981~84	レーガン	▲9.2	19.6	20.3	▲3.7
1985~88	レーガン	27.7	22.6	2.3	11.9
1989~92	ブッシュ(父)	27.0	▲4.3	20.3	4.2
2001~04	ブッシュ(子)	▲7.1	▲16.8	25.3	3.2
2005~08	ブッシュ(子)	▲0.6	16.3	6.4	▲33.8
	平均	▲1.2	10.3	17.4	0.8

民主党政権

任期	大統領	NYダウ前年比(%) 1年目	2年目	3年目	4年目
1949~52	トルーマン	12.9	17.6	14.4	8.4
1961~64	ケネディ、ジョンソン	18.7	▲10.8	17.0	14.6
1965~68	ジョンソン	10.9	▲18.9	15.2	4.3
1977~80	カーター	▲17.3	▲3.2	4.2	14.9
1993~96	クリントン	13.7	2.1	33.5	26.0
1997~00	クリントン	22.6	16.1	25.2	▲6.2
2009~12	オバマ	18.8	11.0	5.5	7.3
2013~16	オバマ	26.5	7.5	▲2.2	13.4
	平均	13.4	2.7	14.1	10.3

アメリカ大統領の任期とNYダウ平均の関係です。数字は前年比。▲がついているのが、前年よりダウンした年です

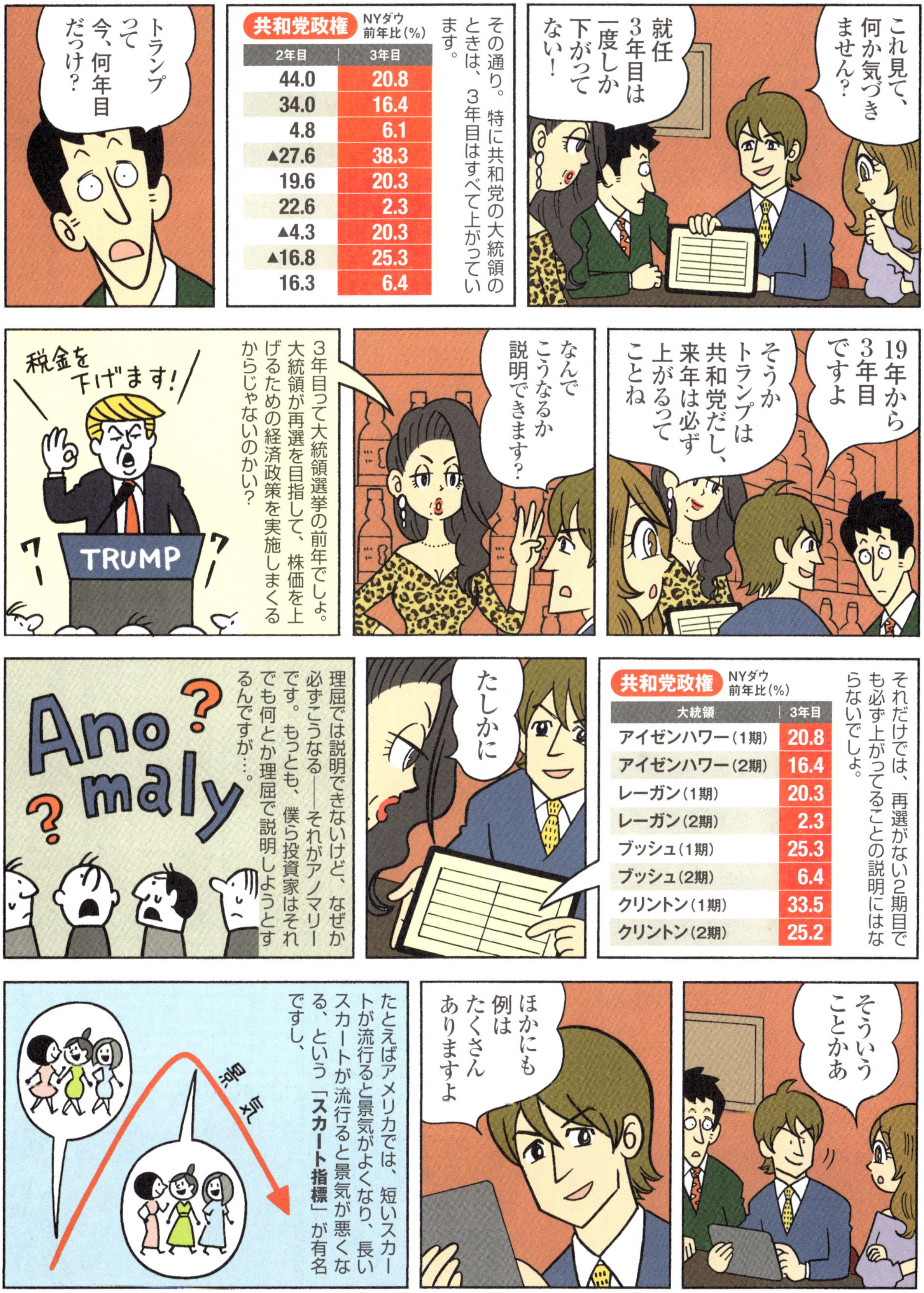
これ見て、何か気づきません？
就任3年目は一度しか下がってない！
その通り。特に共和党の大統領のときは、3年目はすべて上がっています。
共和党政権 NYダウ前年比（%）
トランプって今、何年目だっけ？
19年から3年目ですよ
そうかトランプは共和党だし、来年は必ず上がるってことね
なんでこうなるか説明できます？
3年目って大統領選挙の前年でしょ。大統領が再選を目指して、株価を上げるための経済政策を実施しまくるからじゃないのかい？
税金を下げます！
TRUMP
それだけでは、再選がない2期目でも必ず上がってることの説明にはならないでしょ。
共和党政権 NYダウ前年比（%）
たしかに
理屈では説明できないけど、なぜか必ずこうなる――それがアノマリーです。もっとも、僕ら投資家はそれでも何とか理屈で説明しようとするんですが…。
Ano maly
そういうことかあ
ほかにも例はたくさんありますよ
たとえばアメリカでは、短いスカートが流行ると景気がよくなり、長いスカートが流行ると景気が悪くなる、という「**スカート指標**」が有名ですし、
景気

共和党政権 NYダウ前年比（%）

2年目	3年目
44.0	20.8
34.0	16.4
4.8	6.1
▲27.6	38.3
19.6	20.3
22.6	2.3
▲4.3	20.3
▲16.8	25.3
16.3	6.4

共和党政権 NYダウ前年比（%）

大統領	3年目
アイゼンハワー（1期）	20.8
アイゼンハワー（2期）	16.4
レーガン（1期）	20.3
レーガン（2期）	2.3
ブッシュ（1期）	25.3
ブッシュ（2期）	6.4
クリントン（1期）	33.5
クリントン（2期）	25.2

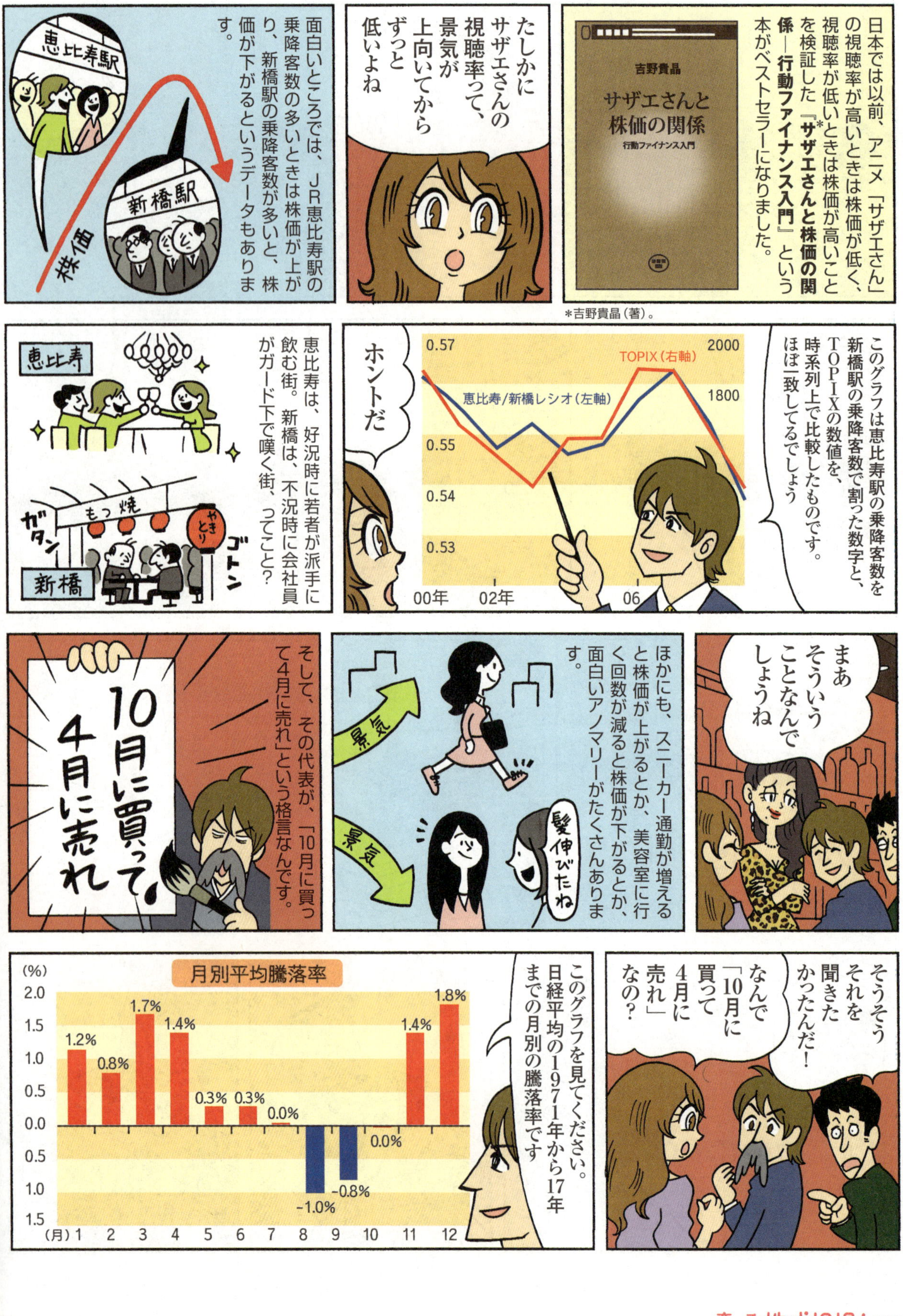

日本では以前、アニメ「サザエさん」の視聴率が高いときは株価が低く、視聴率が低いときは株価が高いことを検証した『サザエさんと株価の関係―行動ファイナンス入門』*という本がベストセラーになりました。
吉野貴晶
サザエさんと株価の関係
行動ファイナンス入門
たしかにサザエさんの視聴率って、景気が上向いてからずっと低いよね
面白いところでは、JR恵比寿駅の乗降客数の多いときは株価が上がり、新橋駅の乗降客数が多いと、株価が下がるというデータもあります。
恵比寿駅
新橋駅
株価
このグラフは恵比寿駅の乗降客数を新橋駅の乗降客数で割った数字と、TOPIXの数値を、時系列上で比較したものです。ほぼ一致してるでしょう
0.57
0.55
0.54
0.53
2000
1800
TOPIX（右軸）
恵比寿/新橋レシオ（左軸）
00年
02年
06
ホントだ
恵比寿は、好況時に若者が派手に飲む街。新橋は、不況時に会社員がガード下で嘆く街、ってこと？
恵比寿
新橋
もつ焼
やきとり
ガタン
ゴトン
まあそういうことなんでしょうね
ほかにも、スニーカー通勤が増えると株価が上がるとか、美容室に行く回数が減ると株価が下がるとか、面白いアノマリーがたくさんあります。
景気
景気
髪伸びたね
そして、その代表が、「10月に買って4月に売れ」という格言なんです。
10月に買って4月に売れ
そうそうそれを聞きたかったんだ！
なんで「10月に買って4月に売れ」なの？
このグラフを見てください。日経平均の1971年から17年までの月別の騰落率です
月別平均騰落率
(%)
2.0
1.5
1.0
0.5
0.0
0.5
1.0
1.5
1.2%
0.8%
1.7%
1.4%
0.3%
0.3%
0.0%
-1.0%
-0.8%
0.0%
1.4%
1.8%
(月) 1 2 3 4 5 6 7 8 9 10 11 12

＊吉野貴晶（著）。

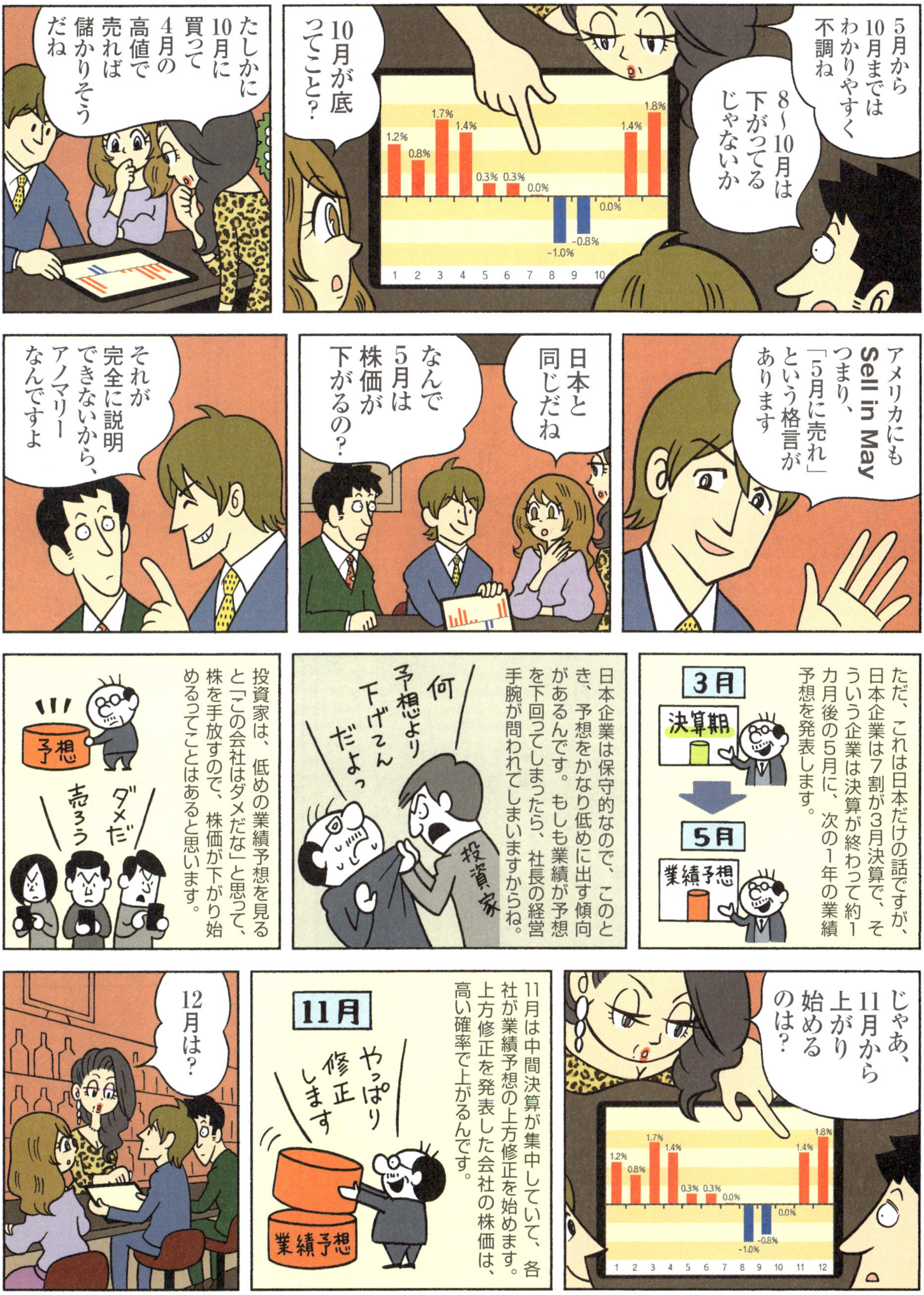

5月から10月まではわかりやすく不調ね
8～10月は下がってるじゃないか
1.2% 0.8% 1.7% 1.4% 0.3% 0.3% 0.0% -1.0% -0.8% 0.0% 1.4% 1.8%
1 2 3 4 5 6 7 8 9 10
10月が底ってこと？
たしかに10月に買って4月の高値で売れれば儲かりそうだね
アメリカにもSell in Mayつまり、「5月に売れ」という格言があります
日本と同じだね
なんで5月は株価が下がるの？
それが完全に説明できないから、アノマリーなんですよ
ただ、これは日本だけの話ですが、日本企業は7割が3月決算で、そういう企業は決算が終わって約1カ月後の5月に、次の1年の業績予想を発表します。
3月
決算期
5月
業績予想
日本企業は保守的なので、このとき、予想をかなり低めに出す傾向があるんです。もしも業績が予想を下回ってしまったら、社長の経営手腕が問われてしまいますからね。
何予想より下げてんだよっ
投資家
投資家は、低めの業績予想を見ると「この会社はダメだな」と思って、株を手放すので、株価が下がり始めるってことはあると思います。
予想
ダメだ
売ろう
じゃあ、11月から上がり始めるのは？
1.2% 0.8% 1.7% 1.4% 0.3% 0.3% 0.0% -1.0% -0.8% 0.0% 1.4% 1.8%
1 2 3 4 5 6 7 8 9 10 11 12
11月は中間決算が集中していて、各社が業績予想の上方修正を始めます。上方修正を発表した会社の株価は、高い確率で上がるんです。
11月
やっぱり修正します
業績予想
12月は？

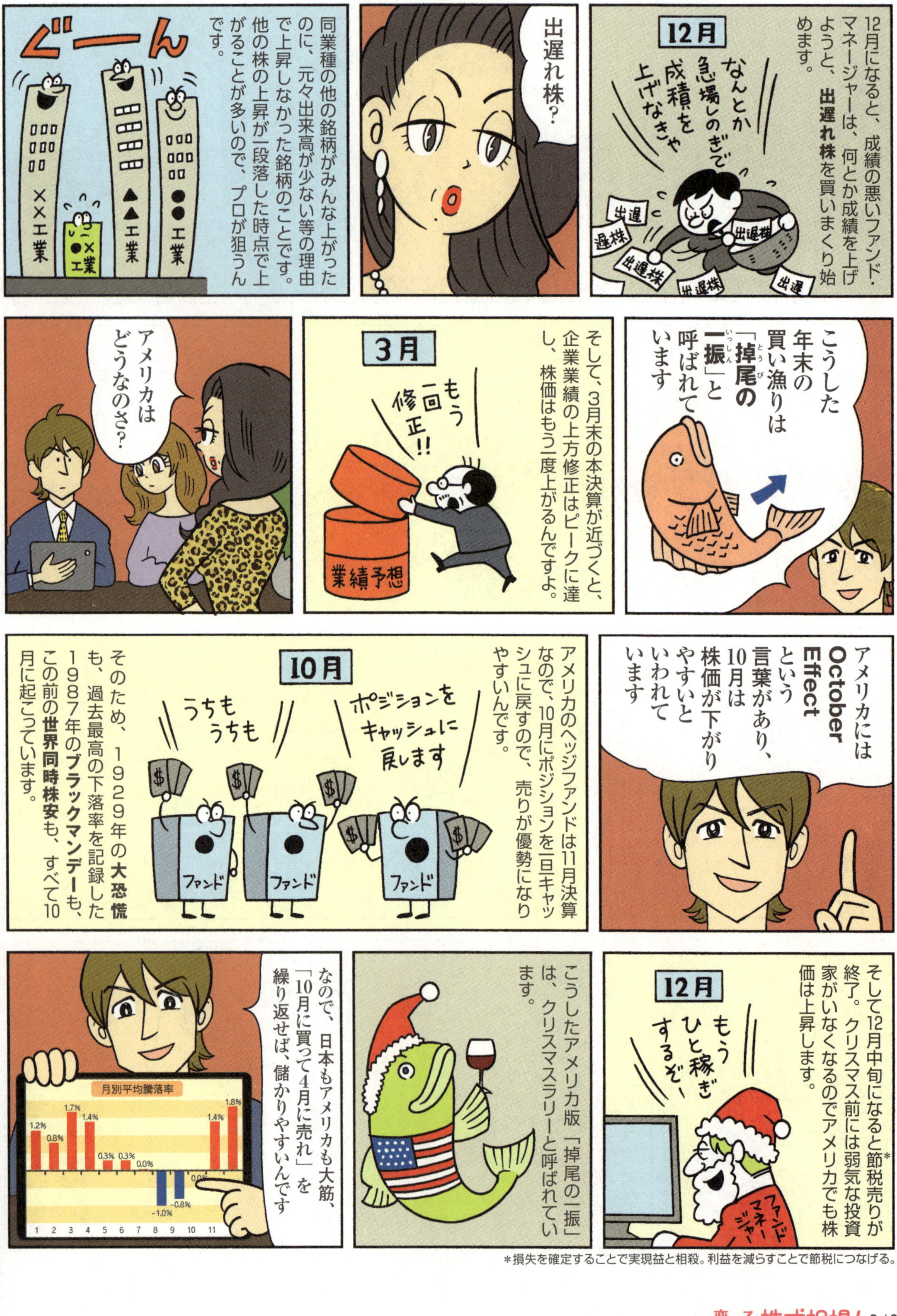
12月になると、成績の悪いファンド・マネージャーは、何とか成績を上げようと、出遅れ株を買いまくり始めます。
12月
なんとか急場しのぎで成績を上げなきゃ
出遅株
出遅れ株？
同業種の他の銘柄がみんな上がったのに、元々出来高が少ない等の理由で上昇しなかった銘柄のことです。他の株の上昇が一段落した時点で上がることが多いので、プロが狙うんです。
ぐーん
××工業
▲▲工業
●●工業
●×工業
こうした年末の買い漁りは「掉尾《とうび》の一振《いっしん》」と呼ばれています
3月
そして、3月末の本決算が近づくと、企業業績の上方修正はピークに達し、株価はもう一度上がるんですよ。
もう一回修正!!
業績予想
アメリカはどうなのさ？
アメリカにはOctober Effectという言葉があり、10月は株価が下がりやすいといわれています
10月
アメリカのヘッジファンドは11月決算なので、10月にポジションを一旦キャッシュに戻すので、売りが優勢になりやすいんです。
ポジションをキャッシュに戻します
うちも
うちも
ファンド
ファンド
ファンド
そのため、1929年の大恐慌も、過去最高の下落率を記録した1987年のブラックマンデーも、この前の世界同時株安も、すべて10月に起こっています。
12月
そして12月中旬になると節税売り*が終了。クリスマス前には弱気な投資家がいなくなるのでアメリカでも株価は上昇します。
もうひと稼ぎするぞー
ファンドマネージャー
こうしたアメリカ版「掉尾の一振」は、クリスマスラリーと呼ばれています。
なので、日本もアメリカも大筋、「10月に買って4月に売れ」を繰り返せば、儲かりやすいんです
月別平均騰落率
1.2% 0.8% 1.7% 1.4% 0.3% 0.3% 0.0% -1.0% -0.8% 0.0% 1.4% 1.8%
1 2 3 4 5 6 7 8 9 10 11

＊損失を確定することで実現益と相殺。利益を減らすことで節税につなげる。

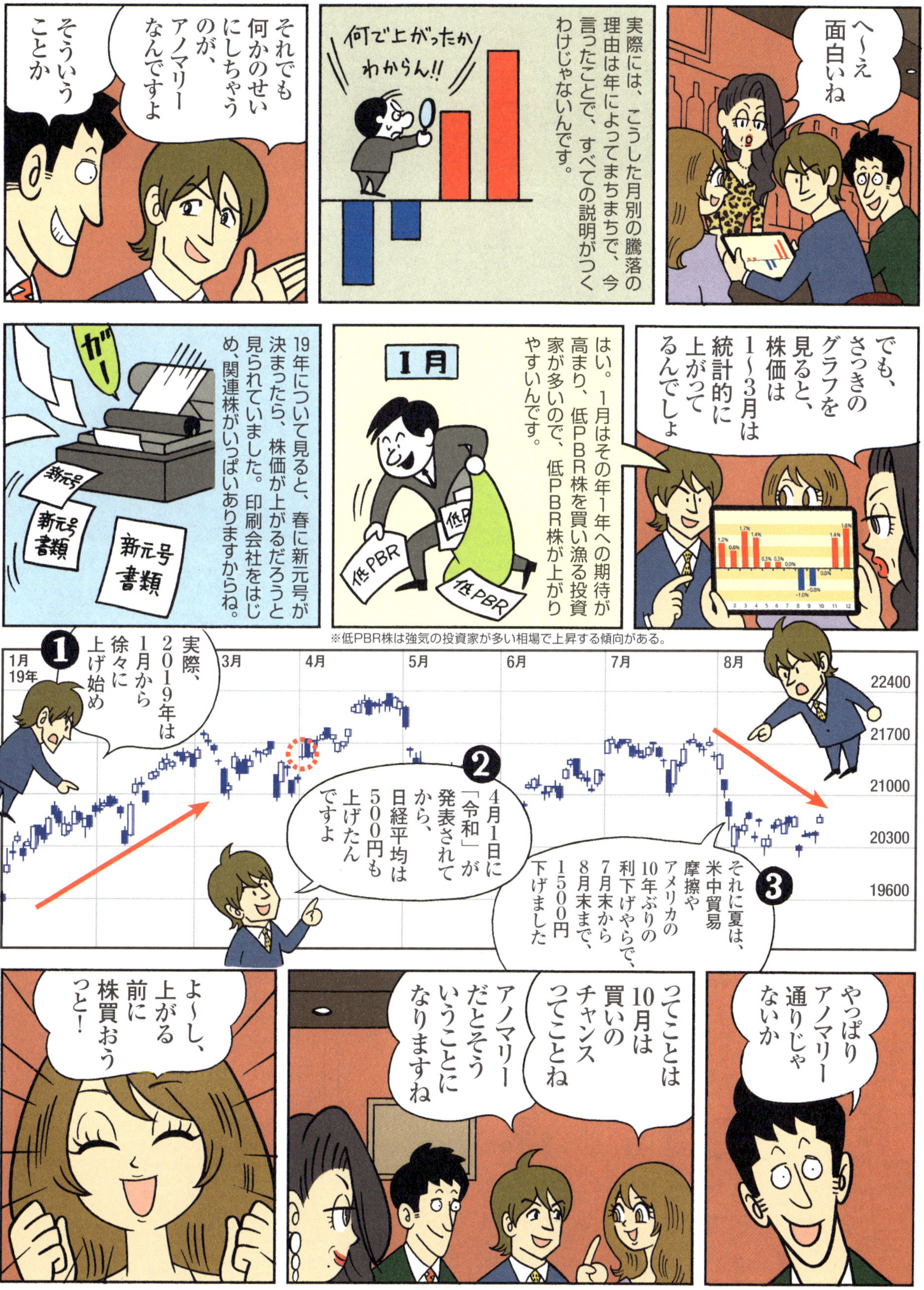
へ～え 面白いね
実際には、こうした月別の騰落の理由は年によってまちまちで、今言ったことで、すべての説明がつくわけじゃないんです。
何で上がったか わからん!!
それでも何かのせいにしちゃうのが、アノマリーなんですよ
そういうことか
でも、さっきのグラフを見ると、株価は1～3月は統計的に上がってるんでしょ
はい。1月はその年1年への期待が高まり、低PBR株を買い漁る投資家が多いので、低PBR株が上がりやすいんです。
1月
低PBR
低PBR
低PBR
19年について見ると、春に新元号が決まったら、株価が上がるだろうと見られていました。印刷会社をはじめ、関連株がいっぱいありますからね。
ガー
新元号
新元号書類
新元号書類
※低PBR株は強気の投資家が多い相場で上昇する傾向がある。
1月 19年
3月
4月
5月
6月
7月
8月
22400
21700
21000
20300
19600
① 実際、2019年は1月から徐々に上げ始め
② 4月1日に「令和」が発表されてから、日経平均は500円も上げたんですよ
③ それに夏は、米中貿易摩擦やアメリカの10年ぶりの利下げやらで、7月末から8月末まで、1500円下げました
やっぱりアノマリー通りじゃないか
ってことは10月は買いのチャンスってことね
アノマリーだとそういうことになりますね
よ～し、上がる前に株買おうっと!

VOL.30 恋も株も危険サインを見逃すな！

株と国債の関係性

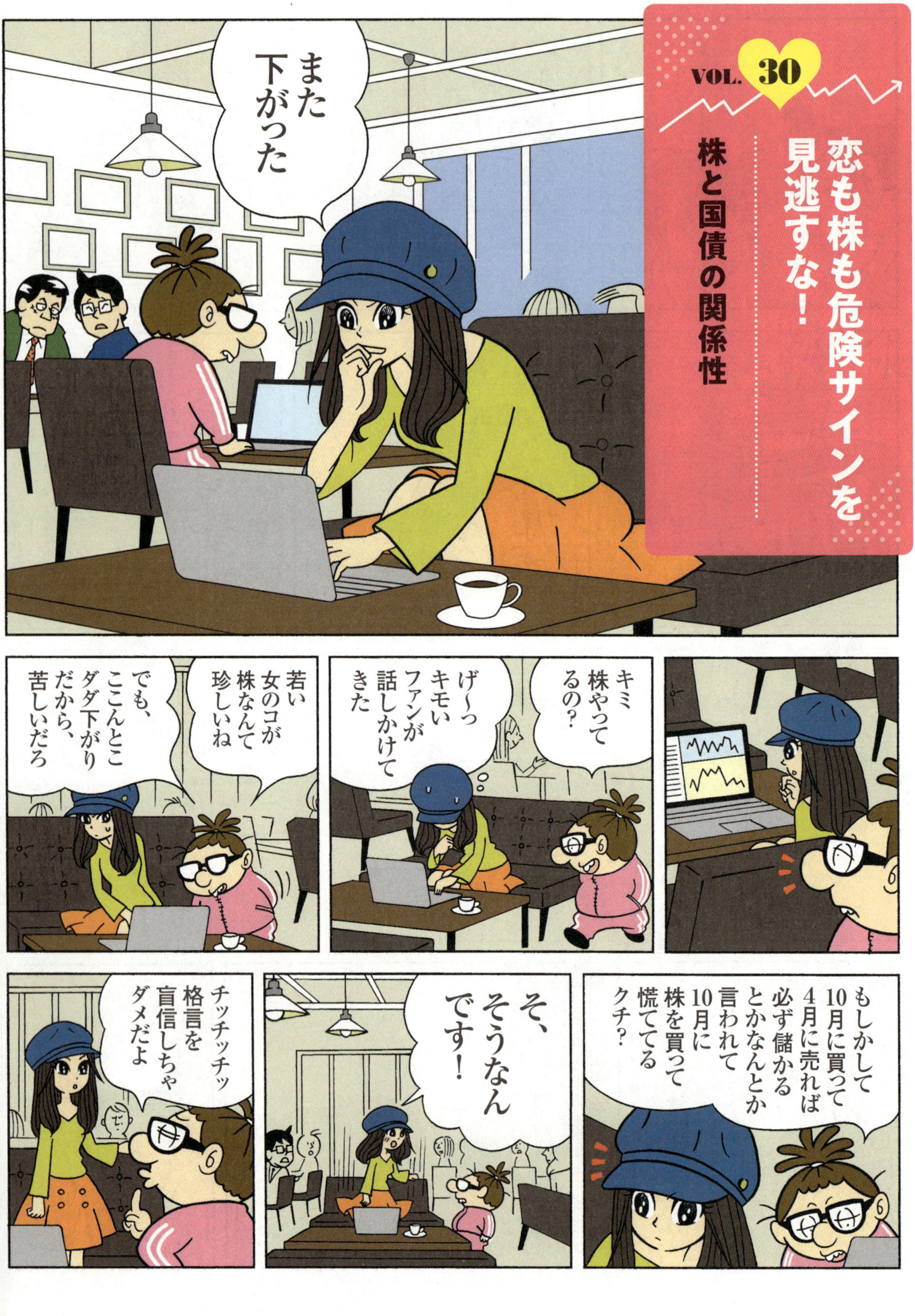

また下がった
キミ株やってるの？
げ～っキモいファンが話しかけてきた
若い女のコが株なんて珍しいね
でも、ここんとこダダ下がりだから、苦しいだろ
もしかして10月に買って4月に売れば必ず儲かるとかなんとか言われて10月に株を買って慌ててるクチ？
そ、そうなんです！
チッチッチッ格言を盲信しちゃダメだよ

いいかい、18年の年始の株価は2万3073円。年末の株価は2万14円
2万3073円
2万14円
株価チャートで、株価が下がったことを示す黒い帯を**陰線**っていうけど、年単位で陰線になったのは、2011年以来7年ぶり、安倍政権が発足して初めてのことなんだ。
日本株はこれまで高速道路を走ってたけど、去年、下のデコボコ道に下りたという人もいる。
アメリカだって、これまで株価が上がってたのは、トランプが法人税を35%から21%に下げたからだ。その分、アメリカ企業はもれなく利益が上乗せされて株価も上がった。
法人税を下げーる！
イエーーイ
でもこの先、業績がよくなる要素は見当たらないから、アメリカも厳しいだろうといわれてる。
・・・
次の手は？
株に詳しいんですね
昔ちょっとかじった程度さ
たまには、母や兄以外の人のセカンドオピニオンを聞いておいた方がいいかも…
教えてください！
株価が下がってるのはアメリカで**逆イールド**が起こったからだって聞いたけど、どういう意味ですか？
逆イールドかあ。キミ、いいとこを突くねえ
ここまでボーッと読んできた君のために、もう一度2人の関係を説明しておこう。麻梨奈の母・**フォックス松田**と兄・**逆張摺三**は、約定をデイトレード勝負で破り投資界から追放した宿敵である。
約定
フォックス松田
追放
親子
息子
娘
逆張
麻梨奈
そして麻梨奈は、約定がデイトレード勝負に敗れる直接の原因になった娘である。
投資家向け説明会に平石麻梨奈が来てる！約定サンに知らせなきゃ
ピーマップ説明会
もしも約定が、今目の前にいる娘が平石麻梨奈だと知ったら大暴れするはずだが、約定は芸能界にうとい上、放浪の旅に出ていたので、気づいていない。

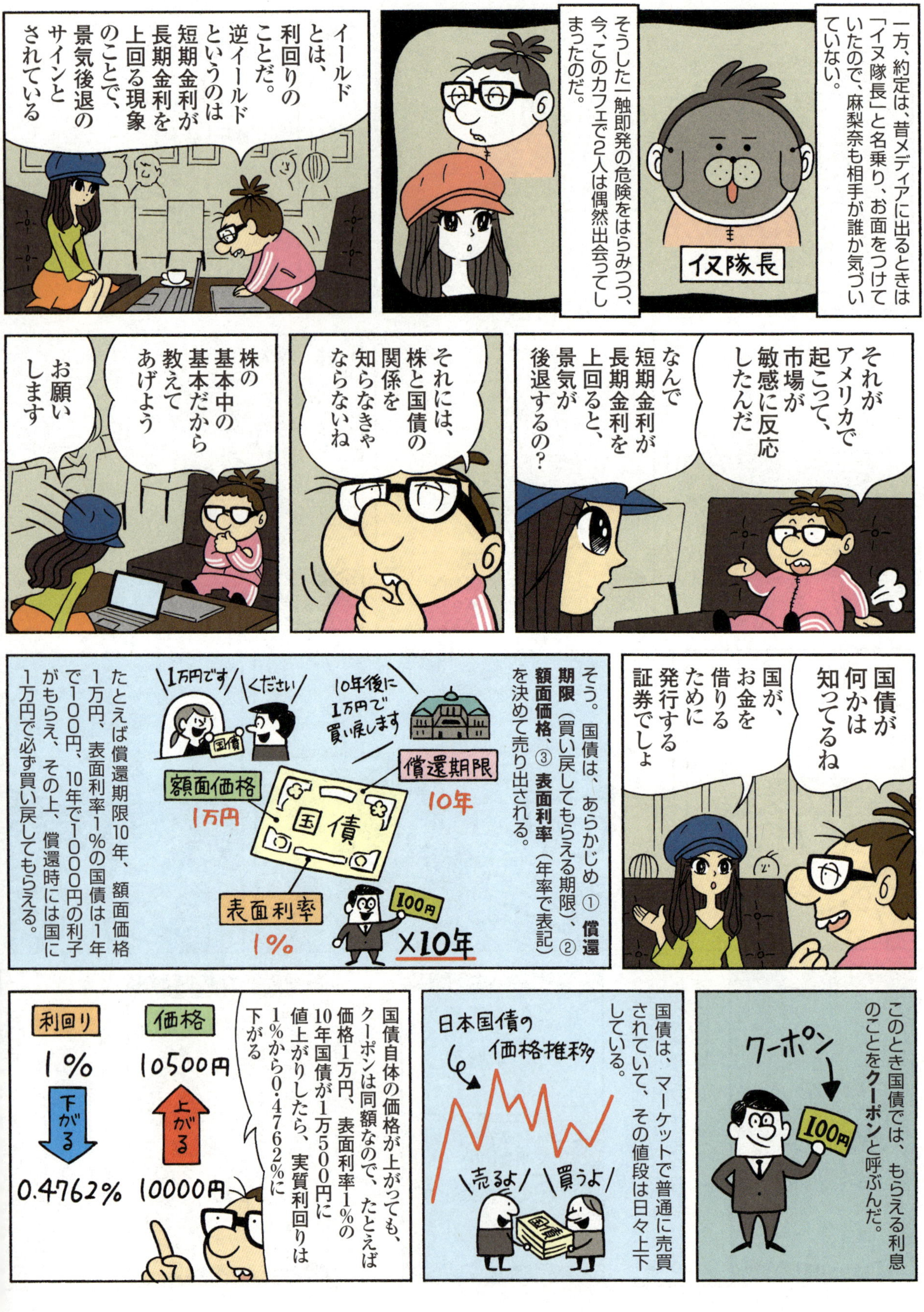

一方、約定は、昔メディアに出るときは「イヌ隊長」と名乗り、お面をつけていたので、麻梨奈も相手が誰か気づいていない。
イヌ隊長
そうした一触即発の危険をはらみつつ、今、このカフェで2人は偶然出会ってしまったのだ。
イールドとは、利回りのことだ。逆イールドというのは短期金利が長期金利を上回る現象のことで、景気後退のサインとされている
それがアメリカで起こって、市場が敏感に反応したんだ
なんで短期金利が長期金利を上回ると、景気が後退するの？
それには、株と国債の関係を知らなきゃならないね
株の基本中の基本だから教えてあげよう
お願いします
国債が何かは知ってるね
国が、お金を借りるために発行する証券でしょ
そう。国債は、あらかじめ①償還期限（買い戻してもらえる期限）、②額面価格、③表面利率（年率で表記）を決めて売り出される。
10年後に1万円で買い戻します
1万円です
ください
国債
償還期限
10年
額面価格
1万円
国債
表面利率
1%
100円
×10年
たとえば償還期限10年、額面価格1万円、表面利率1%の国債は1年で100円、10年で1000円の利子がもらえ、その上、償還時には国に1万円で必ず買い戻してもらえる。
このとき国債では、もらえる利息のことをクーポンと呼ぶんだ。
クーポン
100円
国債は、マーケットで普通に売買されていて、その値段は日々上下している。
日本国債の価格推移
売るよ
買うよ
国債
国債自体の価格が上がっても、クーポンは同額なので、たとえば価格1万円、表面利率1%の10年国債が1万500円に値上がりしたら、実質利回りは1%から0.4762%に下がる
価格
10500円
上がる
10000円
利回り
1%
下がる
0.4762%

それって100円÷1万500円で、0.9524%じゃないの?0.4762%なんて、下がり過ぎでしょ
100÷10500
クーポン 価格
=0.009524
利回り
いや、1万500円で購入したのに1万円で償還されちゃうので500円分の**償還差損**が出て、0.4762%なんだよ
(100 − 500(差損)/10(年))÷10500
クーポン 価格
=0.004762
利回り
そういうことか…
償還期限が10年の国債の実質利回りを**長期金利**と呼ぶ。長期金利は、国債の価格が上がれば下がるし、価格が下がれば上がる。国債の市場価格で決まるもので、政府が決めるものじゃない。
10年国債の利回り
＝長期金利
長期金利
国債の価格
だが、リーマンショック以後、**日銀**がそうしてきたように、国が国債を買いまくって価格を高く維持することで、長期金利を低めに誘導することはできる。
国債を買いまくるぞ
国債の価格
下がる
上がる
長期金利
国債は、原理的にはその国の通貨でしか買えないので、日本の長期金利が上がれば、海外の投資家が日本の国債を買おうとして円を買うので円高になるし、長期金利が下がれば、*円安になる。円安になれば、輸出に頼っている日本企業の株が上がり、日経平均も上がるってわけさ。
日本国債がほしい
円くれ! 円買う!
円高
面白～い
ところで、キミは今話に出た日銀ってどういう所か、言えるかい?

*ただし、日本の国債は外国人の保有比率が低く直接的に為替を動かす要因になりにくい。

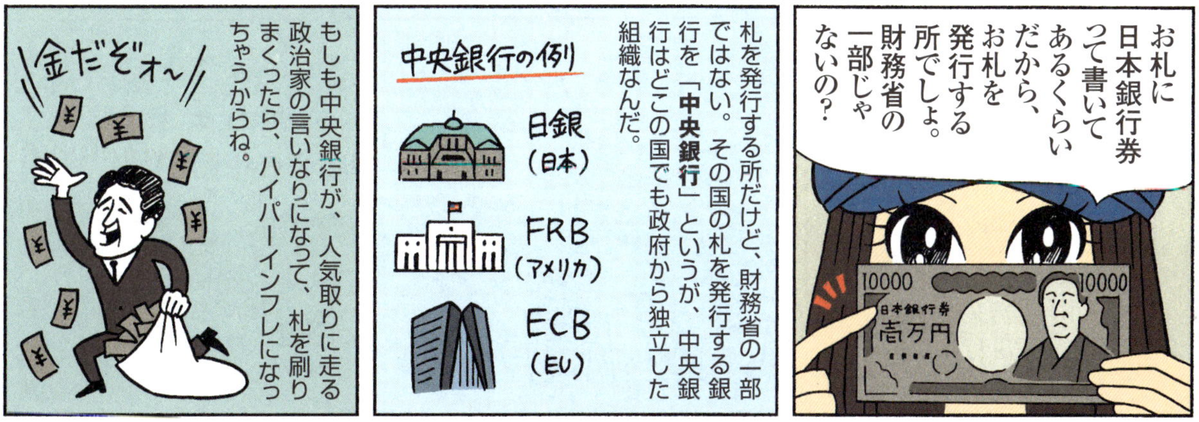
お札に日本銀行券って書いてあるくらいだから、お札を発行する所でしょ。財務省の一部じゃないの?
10000 日本銀行券 壱万円 10000
札を発行する所だけど、財務省の一部ではない。その国の札を発行する銀行を「**中央銀行**」というが、中央銀行はどこの国でも政府から独立した組織なんだ。
中央銀行の例
日銀(日本)
FRB(アメリカ)
ECB(EU)
もしも中央銀行が、人気取りに走る政治家の言いなりになって、札を刷りまくったら、ハイパーインフレになっちゃうからね。
金だぞォ～

※日本銀行のHPを参考に作成。

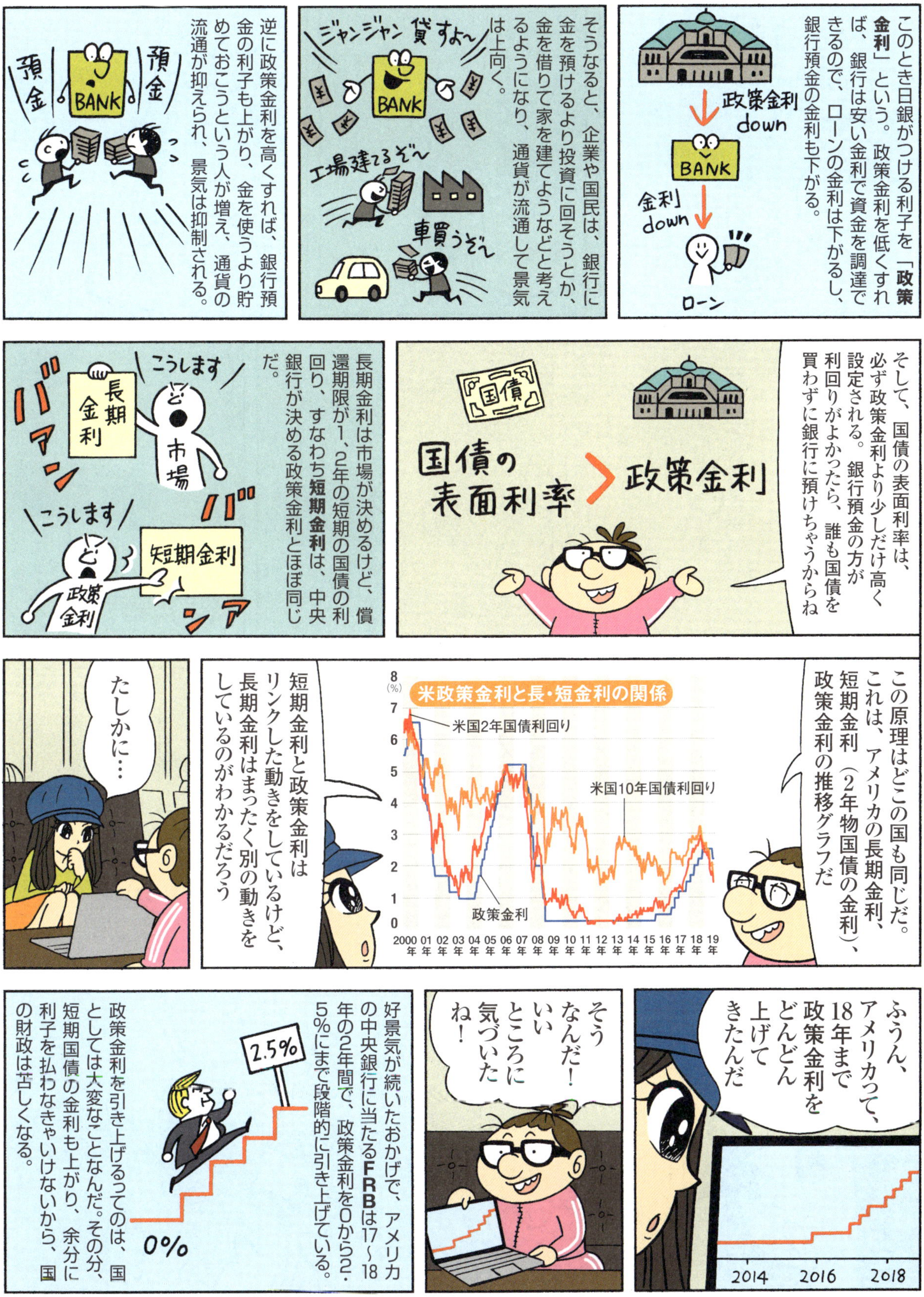

このとき日銀がつける利子を「**政策金利**」という。政策金利を低くすれば、銀行は安い金利で資金を調達できるので、ローンの金利は下がるし、銀行預金の金利も下がる。
政策金利 down
BANK
金利 down
ローン
そうなると、企業や国民は、銀行に金を預けるより投資に回そうとか、金を借りて家を建てようなどと考えるようになり、通貨が流通して景気は上向く。
ジャンジャン貸すよ〜
BANK
工場建てるぞ〜
車買うぞ〜
逆に政策金利を高くすれば、銀行預金の利子も上がり、金を使うより貯めておこうという人が増え、通貨の流通が抑えられ、景気は抑制される。
預金
BANK
預金
そして、国債の表面利率は、必ず政策金利より少しだけ高く設定される。銀行預金の方が利回りがよかったら、誰も国債を買わずに銀行に預けちゃうからね
国債
国債の表面利率 ＞ 政策金利
長期金利は市場が決めるけど、償還期限が1、2年の短期の国債の利回り、すなわち**短期金利**は、中央銀行が決める政策金利とほぼ同じだ。
こうします
長期金利
市場
バァン
こうします
短期金利
政策金利
この原理はどこの国も同じだ。これは、アメリカの長期金利、短期金利（2年物国債の金利）、政策金利の推移グラフだ
米政策金利と長・短金利の関係
(%)
8
7
6
5
4
3
2
1
0
米国2年国債利回り
米国10年国債利回り
政策金利
2000年 01年 02年 03年 04年 05年 06年 07年 08年 09年 10年 11年 12年 13年 14年 15年 16年 17年 18年 19年
短期金利と政策金利はリンクした動きをしているけど、長期金利はまったく別の動きをしているのがわかるだろう
たしかに…
ふうん、アメリカって、18年まで政策金利をどんどん上げてきたんだ
2014
2016
2018
そうなんだ！いいところに気づいたね！
好景気が続いたおかげで、アメリカの中央銀行に当たる**FRB**は17〜18年の2年間で、政策金利を0から2.5%にまで段階的に引き上げている。
2.5%
0%
政策金利を引き上げるってのは、国としては大変なことなんだ。その分、短期国債の金利も上がり、余分に利子を払わなきゃいけないから、国の財政は苦しくなる。

国は国債の金利を上げたときのために、常に予算として「**利払い費**」を確保している。
いつ利上げするかわからないからな…
予算
○×予算
利払い費
利上げしなければ「利払い費」はそのまま補正予算に回すことができる。埋蔵金の1つといってもいい。
利上げしなかった!
利払い費
補正予算
そして、金利引き上げは景気が悪くなる前にやらないと効果がない。上げておけば、19年8月に行ったように、後で景気が悪くなったとき、再び金利を下げる、という手が打てるからね。
景気の調子が悪くて…
利下げ
日本の金利はずっと0のままで、心肺停止状態だけどね。
もはや手の施しようがありません
ピー
0
ところで、国債というものは、普通、償還期限が長ければ長いほど、途中何が起こるかわからないリスクが高まるので、利回りは高いものだ。
10年後
5年後
2年後
横軸に国債の償還期限、縦軸に利回りをとったグラフを、**イールド・カーブ**というのだが、普通イールド・カーブはこのように右肩上がりになる
3%
2.5%
2%
1.5%
2Y 3Y 5Y 7Y 10Y
ところが、18年の暮れ、アメリカで、3年物国債より5年物の利回りの方が低い、という逆転現象が起こった。これが**逆イールド**だ
3%
2.5%
2%
1.5%
2Y 3Y 5Y 7Y
これは、市場が、アメリカは景気が悪くなって5年以内に利下げするだろうと予測しているか、
5年後
利下げします!
あるいは、今は短期国債の金利をムリヤリ上げなければならないほど国債が売れなくてヤバい状態だ、ということを意味している。
金利上げるんで買ってください
いらねーよ
国債
そしてこのアメリカ国債の逆イールド現象は、テレビのニュースにもなり、悲観論者が大騒ぎして、世界的に株価が急降下したってわけさ。
ヤバイよヤバイよ逆イールドだよ!!
本来、逆イールドってのは、2年物国債と10年物国債の利回りを比べるもので、3年物と5年物じゃ、心配ないんだけどね。
2Y
10Y
なあんだじゃあ安心していいのね

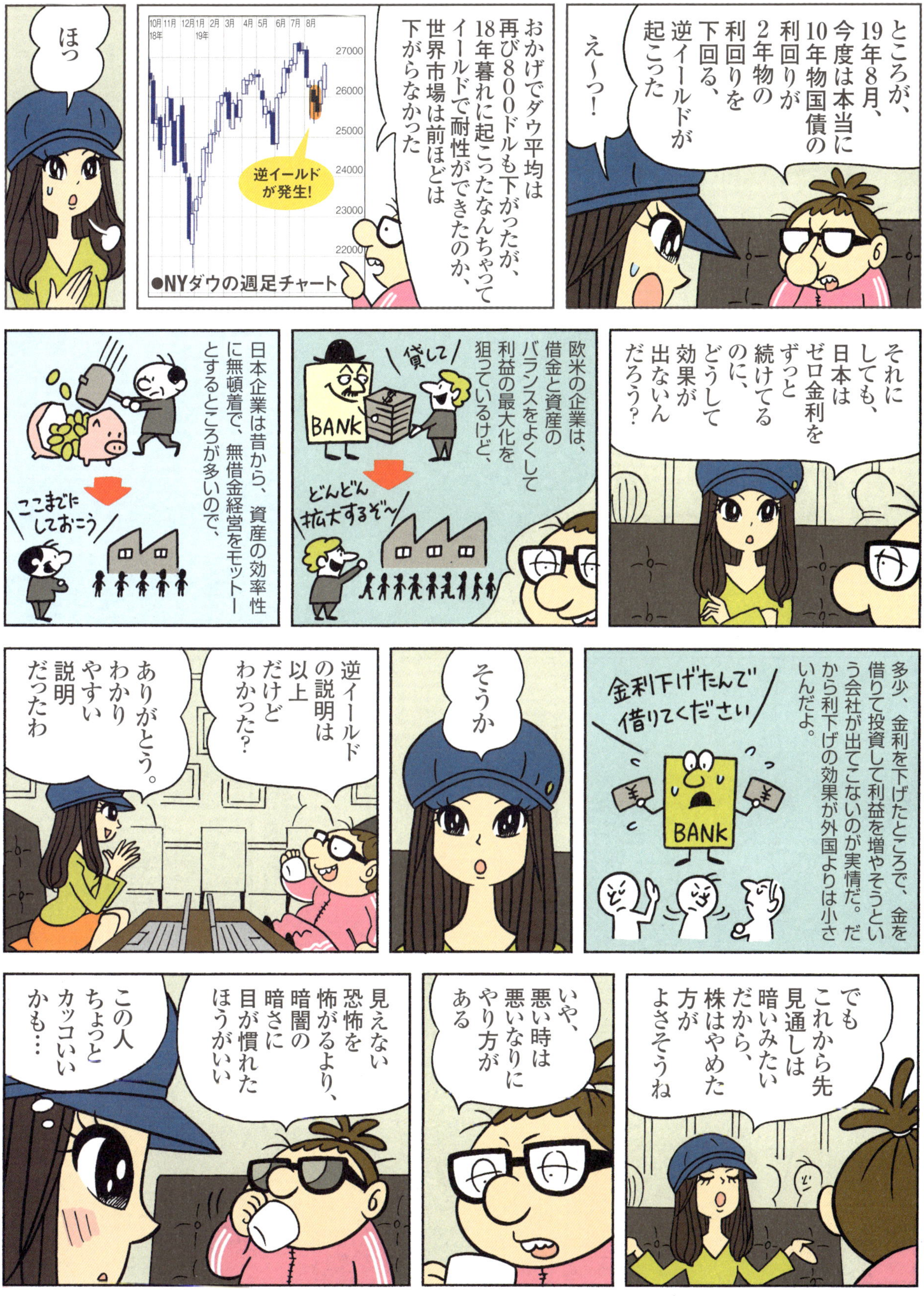
ところが、19年8月、今度は本当に10年物国債の利回りが2年物の利回りを下回る、逆イールドが起こった
え〜っ!
おかげでダウ平均は再び800ドルも下がったが、18年暮れに起こったなんちゃってイールドで耐性ができたのか、世界市場は前ほどは下がらなかった
10月 11月 12月 1月 2月 3月 4月 5月 6月 7月 8月
18年 19年
27000 26000 25000 24000 23000 22000
逆イールドが発生!
●NYダウの週足チャート
ほっ
それにしても、日本はゼロ金利をずっと続けてるのに、どうして効果が出ないんだろう?
欧米の企業は、借金と資産のバランスをよくして利益の最大化を狙っているけど、
貸して
BANK
どんどん拡大するぞ〜
日本企業は昔から、資産の効率性に無頓着で、無借金経営をモットーとするところが多いので、
ここまでにしておこう
多少、金利を下げたところで、金を借りて投資して利益を増やそうという会社が出てこないのが実情だ。だから利下げの効果が外国よりは小さいんだよ。
金利下げたんで借りてください
BANK
そうか
逆イールドの説明は以上だけどわかった?
ありがとう。わかりやすい説明だったわ
でもこれから先見通しは暗いみたいだから、株はやめた方がよさそうね
いや、悪い時は悪いなりにやり方がある
見えない恐怖を怖がるより、暗闇の暗さに目が慣れたほうがいい
この人ちょっとカッコいいかも…

VOL. 31 高収入より配当長者を目指せ！

高配当株の2つの魅力

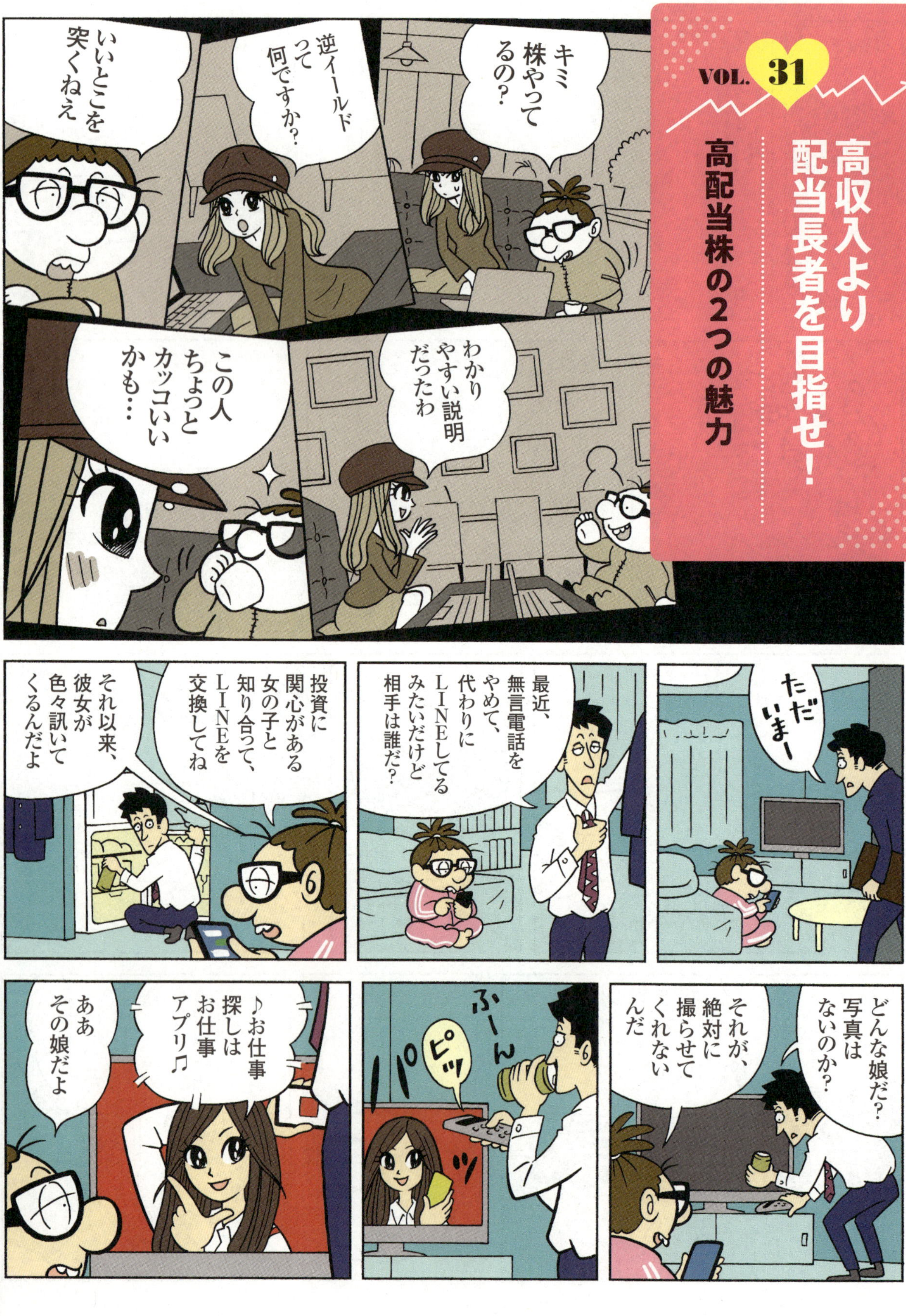

キミ株やってるの？
逆イールドって何ですか？
いいとこを突くねえ
わかりやすい説明だったわ
この人ちょっとカッコいいかも…
ただいまー
最近、無言電話をやめて、代わりにLINEしてるみたいだけど相手は誰だ？
投資に関心がある女の子と知り合って、LINEを交換してね
それ以来、彼女が色々訊いてくるんだよ
どんな娘だ？写真はないのか？
それが、絶対に撮らせてくれないんだ
ふーん
ピッ
パ
ッ
♪お仕事探しはお仕事アプリ♪
ああその娘だよ

その娘って？
LINEの相手さ。彼女、タレントだったのか
おいおい、その娘は暗闇坂46で人気No.1の**平石麻梨奈**だぞ！
平石麻梨奈だって⁉
それって、ボクがデイトレード勝負に負ける直接の原因になった娘じゃないか！
顔、知らないのか？
テレビは見ないんでね
その娘を逆恨みするなよ！
わかってる
彼女がピーマップの投資家向け説明会場に来たのを知って、ボクが早合点しただけさ
憎むべきは早合点を仕向けたフォックス松田だ
数日後
キミって暗闇坂46の平石麻梨奈だったんだね
シ～ッ大きな声で言わないで！
失礼
で、今日の質問は何だい？
配当についてよ
ああ配当ね
株で儲けるには、買った株が値上がりした時に売るか、配当をもらうかの二通りしかない。今みたいに株価が下がってる時に配当に注目するのは、大正解だよ。
売り!! 儲かった！
ハイ配当
日本企業の配当金って、ここんとこ増え続けてるんでしょ

このグラフの通り、2009年を底に上がり続けて、9年間で倍以上になってるね
配当総額の推移
90（億円）
60
30
0
過去最高を更新中
05年 06年 07年 08年 09年 10年 11年 12年 13年 14年 15年 16年 17年 18年 19年
配当利回りランキングを見ても、約2年前は、上位は4～5％台だったのに、今は10位まですべて6％台だ

配当利回りランキングの2017年と2019年の比較表

	2017年5月 社名	配当利回り	2019年9月5日 社名	配当利回り
①	アールビバン	5.33%	マクセルホールディングス	19.04%
②	藤商事	5.29%	明和産業	9.18%
③	KG情報	5.24%	JT	6.94%
④	三晃金属工業	4.76%	新明和工業	6.82%
⑤	アーバネットコーポレーション	4.74%	ペリテ	6.43%
⑥	マックハウス	4.70%	アーバネットコーポレーション	6.42%
⑦	ハウスフリーダム	4.66%	あおぞら銀行	6.39%
⑧	奥村組	4.65%	日本ピストンリング	6.16%
⑨	西菱電機	4.65%	日工	6.13%
⑩	京都きもの友禅	4.65%	日産自動車	6.08%

※ただし、業績悪化で高利回りになっているケースもあるので注意しよう。
※東証1部上場かつ3月期決算企業を対象にザイ編集部が作成。

なんで？
企業が利益を配当として吐き出すよう、政府が働きかけたこともあるけど、それより、企業の内部留保が行くとこまで行っちゃったことが大きいかもね。
企業は利益を賃上げや配当に回すように
それでなんだ…
日本人は借金が嫌いで、万一のとき借金をしなくてすむよう、企業も、利益を貯めまくる傾向にあることは、この前教えたよね。
ためこめ ためこめ
1000
内部留保
ええ
キミはROEという指標を知ってるかい？
もちろん！ 会社の利益を自己資本で割った数字でしょ。事業の効率性を見る指標で、最近はすごく重視されているのよね
ROE (Return On Equity) ＝ 当期利益 / 自己資本
その通り。ROEは、その会社の経営者が、1年間で、株主から預かった資本の何％の利益を得たかを示した指標だ
企業が利益を内部留保し続けていると、分母の自己資本がどんどん大きくなって、ROEが低くなっちゃうんだ。
ためこめ ためこめ
内部留保
自己資本
アベノミクス以降、日本企業は業績がよくなって、得た利益を貯め込むだけ貯め込み、ROEが低くなりかけたので、配当として吐き出しているんだよ。
配当です 配当です
なるほど

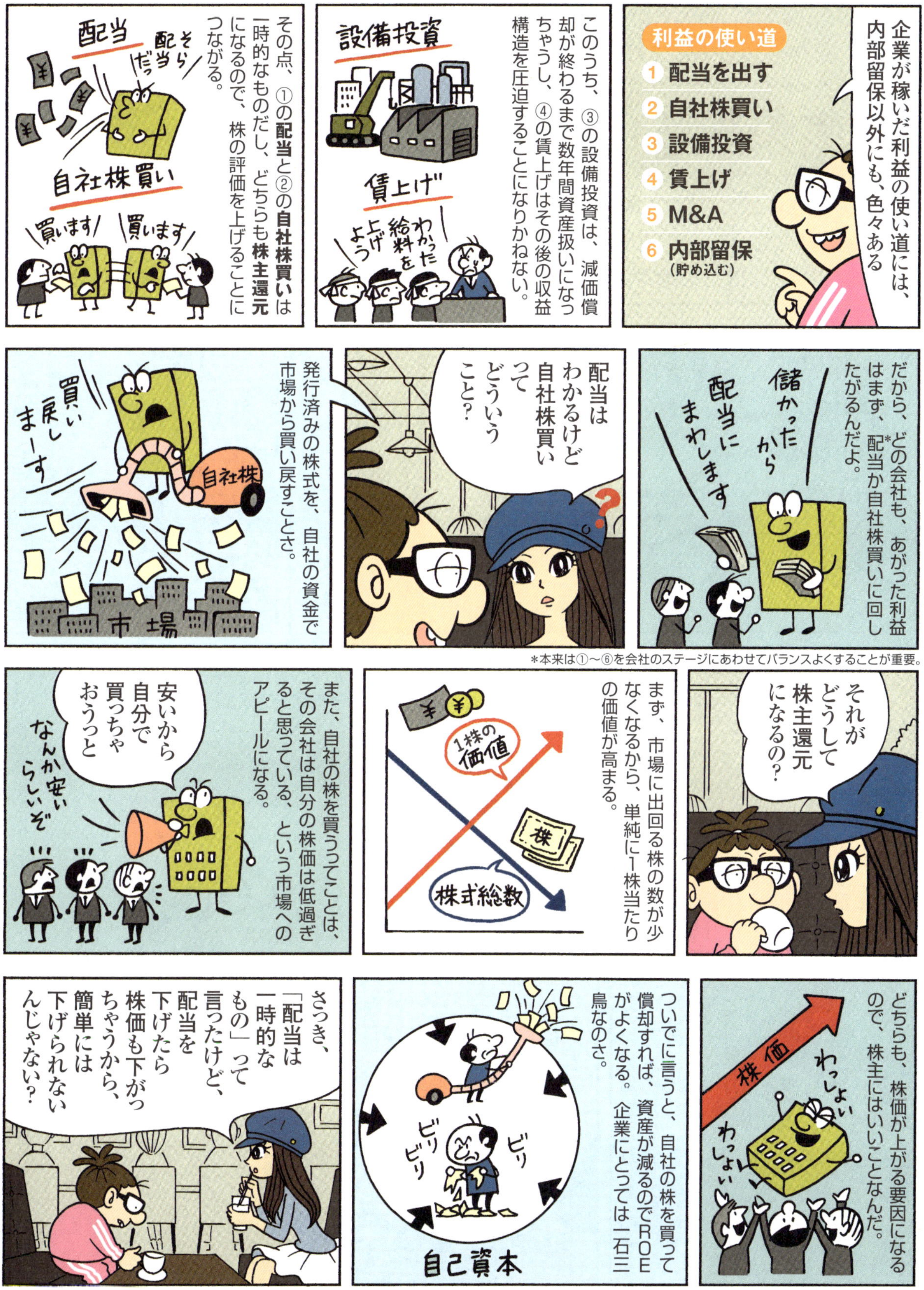

企業が稼いだ利益の使い道には、内部留保以外にも、色々ある
利益の使い道
1 配当を出す
2 自社株買い
3 設備投資
4 賃上げ
5 M&A
6 内部留保（貯め込む）
このうち、③の設備投資は、減価償却が終わるまで数年間資産扱いになっちゃうし、④の賃上げはその後の収益構造を圧迫することになりかねない。
設備投資
賃上げ
給料を上げよう
わかった
その点、①の配当と②の自社株買いは一時的なものだし、どちらも株主還元になるので、株の評価を上げることにつながる。
配当
そら配当だっ
自社株買い
買います！
買います
だから、どの会社も、あがった利益はまず、＊配当か自社株買いに回したがるんだよ。
儲かったから配当にまわします
配当はわかるけど自社株買いってどういうこと？
発行済みの株式を、市場から買い戻すことさ。
買い戻しまーす
自社株
市場
＊本来は①～⑥を会社のステージにあわせてバランスよくすることが重要。
それがどうして株主還元になるの？
まず、市場に出回る株の数が少なくなるから、単純に1株当たりの価値が高まる。
¥
1株の価値
株
株式総数
また、自社の株を買うってことは、その会社は自分の株価は低過ぎると思っている、という市場へのアピールになる。
安いから自分で買っちゃおうっと
なんか安いらしいぞ
どちらも、株価が上がる要因になるので、株主にはいいことなんだ。
株価
わっしょい
わっしょい
ついでに言うと、自社の株を買って償却すれば、資産が減るのでROEがよくなる。企業にとっては一石三鳥なのさ。
ビリ
ビリビリ
自己資本
さっき、「配当は一時的なもの」って言ったけど、配当を下げたら株価も下がっちゃうから、簡単には下げられないんじゃない？

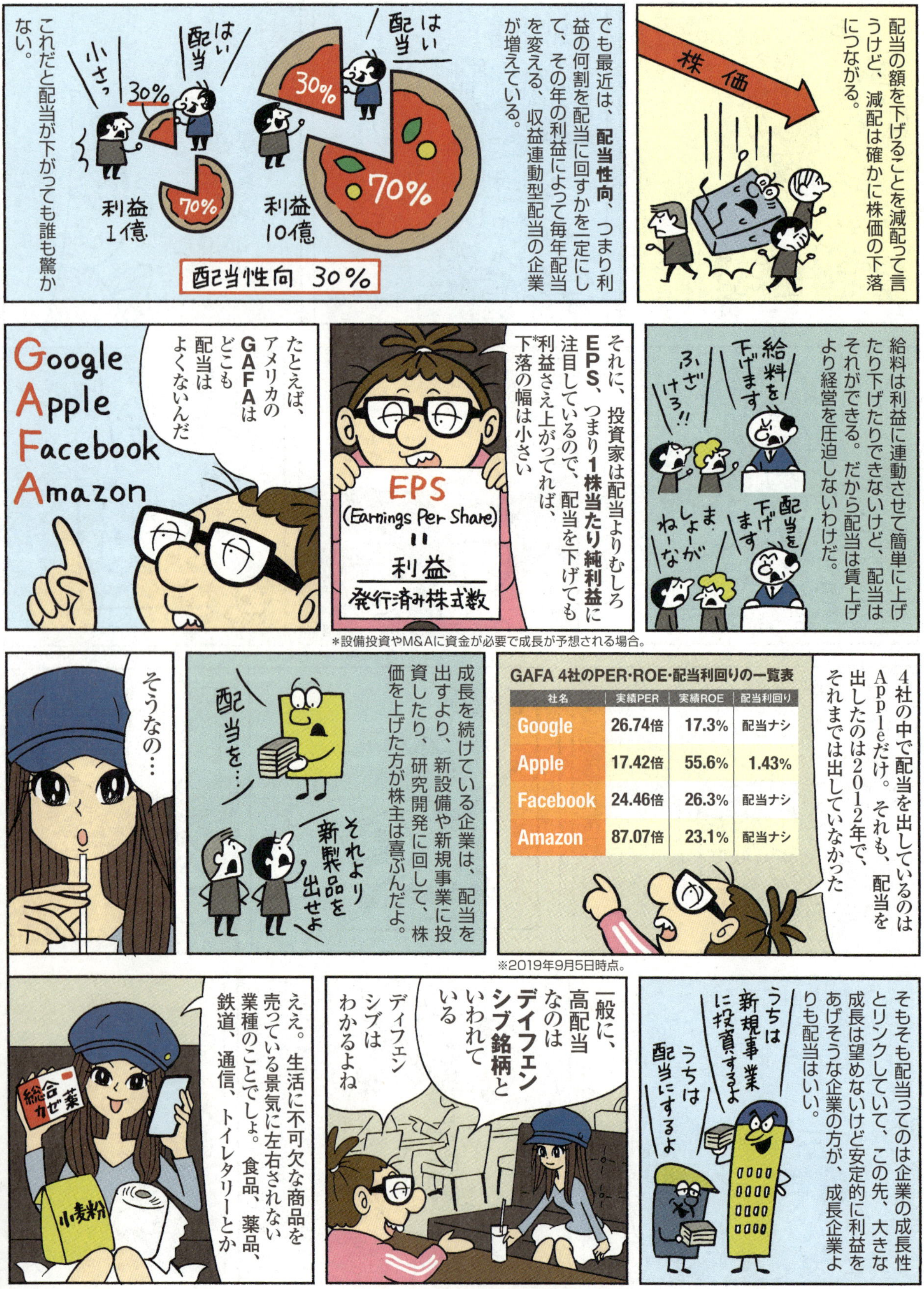
配当の額を下げることを減配って言うけど、減配は確かに株価の下落につながる。
株価
でも最近は、**配当性向**、つまり利益の何割を配当に回すかを一定にして、その年の利益によって毎年配当を変える、収益連動型配当の企業が増えている。
はい 配当
30%
70%
利益10億
小さっ
はい 配当
30%
70%
利益1億
配当性向 30%
これだと配当が下がっても誰も驚かない。
給料は利益に連動させて簡単に上げたり下げたりできないけど、配当はそれができる。だから配当は賃上げより経営を圧迫しないわけだ。
給料を下げます
ふざけろ!!
配当を下げます
しょーがねーな
それに、投資家は配当よりむしろ**EPS**、つまり**1株当たり純利益**に注目しているので、配当を下げても*利益さえ上がってれば、下落の幅は小さい
EPS (Earnings Per Share) = 利益 / 発行済み株式数
たとえば、アメリカの**GAFA**はどこも配当はよくないんだ
Google
Apple
Facebook
Amazon
4社の中で配当を出しているのはAppleだけ。それも、配当を出したのは2012年で、それまでは出していなかった
GAFA 4社のPER・ROE・配当利回りの一覧表
成長を続けている企業は、配当を出すより、新設備や新規事業に投資したり、研究開発に回して、株価を上げた方が株主は喜ぶんだよ。
配当を…
それより新製品を出せよ
そうなの…
そもそも配当ってのは企業の成長性とリンクしていて、この先、大きな成長は望めないけど安定的に利益をあげそうな企業の方が、成長企業よりも配当はいい。
うちは新規事業に投資するよ
うちは配当にするよ
一般に、高配当なのは**ディフェンシブ銘柄**といわれている
ディフェンシブはわかるよね
ええ。生活に不可欠な商品を売っている景気に左右されない業種のことでしょ。食品、薬品、鉄道、通信、トイレタリーとか
総合かぜ薬
小麦粉

GAFA 4社のPER・ROE・配当利回りの一覧表

社名	実績PER	実績ROE	配当利回り
Google	26.74倍	17.3%	配当ナシ
Apple	17.42倍	55.6%	1.43%
Facebook	24.46倍	26.3%	配当ナシ
Amazon	87.07倍	23.1%	配当ナシ

＊設備投資やM&Aに資金が必要で成長が予想される場合。

※2019年9月5日時点。

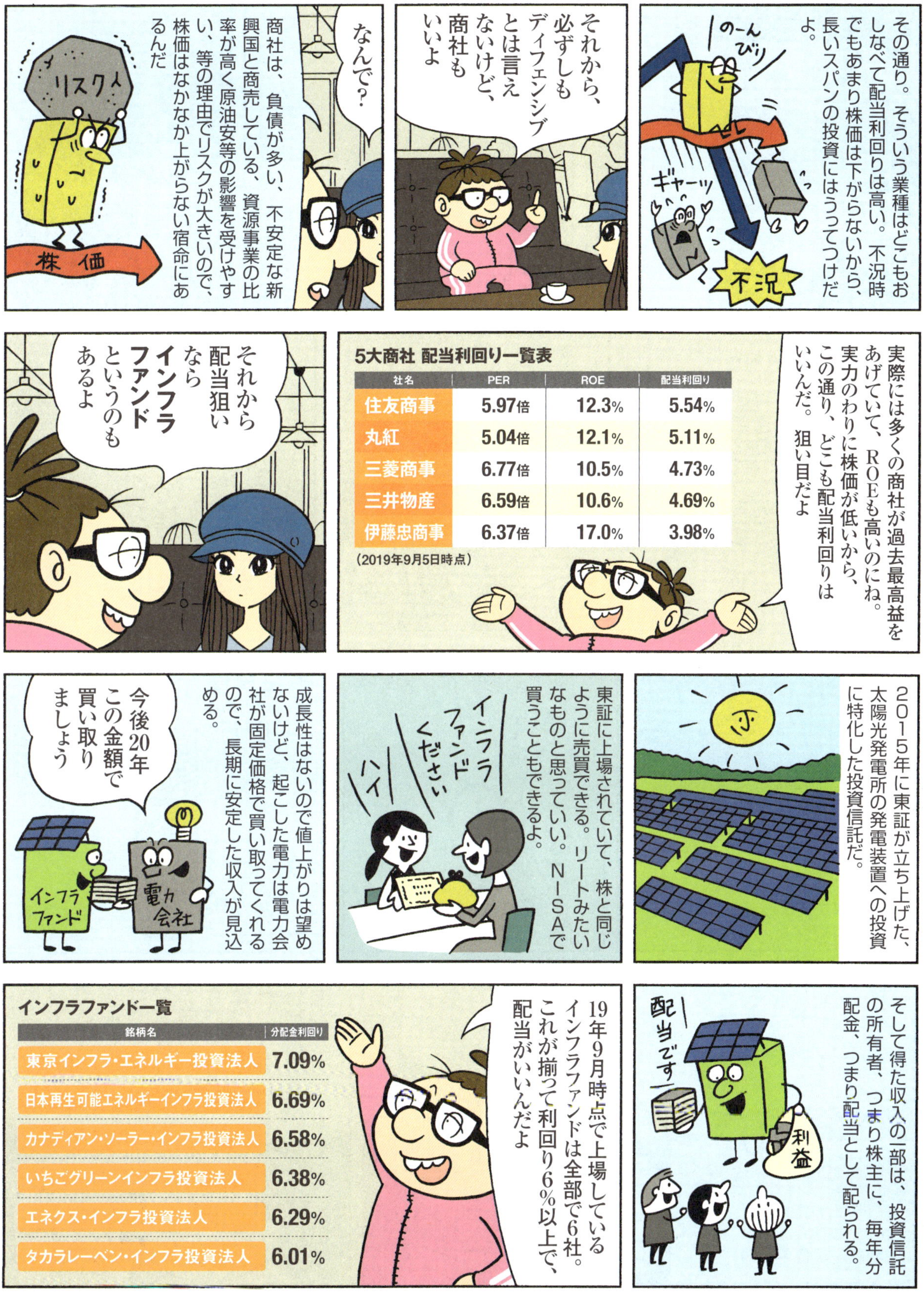
その通り。そういう業種はどこもおしなべて配当利回りは高い。不況時でもあまり株価は下がらないから、長いスパンの投資にはうってつけだよ。
のーんびり
ギャーッ
不況
それから、必ずしもディフェンシブとは言えないけど、商社もいいよ
なんで？
商社は、負債が多い、不安定な新興国と商売している、資源事業の比率が高く原油安等の影響を受けやすい、等の理由でリスクが大きいので、株価はなかなか上がらない宿命にあるんだ
リスク
株価
実際には多くの商社が過去最高益をあげていて、ROEも高いのにね。実力のわりに株価が低いから、この通り、どこも配当利回りはいいんだ。狙い目だよ
それから配当狙いならインフラファンドというのもあるよ
2015年に東証が立ち上げた、太陽光発電所の発電装置への投資に特化した投資信託だ。
東証に上場されていて、株と同じように売買できる。リートみたいなものと思っていい。NISAで買うこともできるよ。
インフラファンドください
ハイ
成長性はないので値上がりは望めないけど、起こした電力は電力会社が固定価格で買い取ってくれるので、長期に安定した収入が見込める。
今後20年この金額で買い取りましょう
インフラファンド
電力会社
そして得た収入の一部は、投資信託の所有者、つまり株主に、毎年分配金、つまり配当として配られる。
配当です
利益
19年9月時点で上場しているインフラファンドは全部で6社。これが揃って利回り6％以上で、配当がいいんだよ

5大商社 配当利回り一覧表

社名	PER	ROE	配当利回り
住友商事	5.97倍	12.3%	5.54%
丸紅	5.04倍	12.1%	5.11%
三菱商事	6.77倍	10.5%	4.73%
三井物産	6.59倍	10.6%	4.69%
伊藤忠商事	6.37倍	17.0%	3.98%

（2019年9月5日時点）

インフラファンド一覧

銘柄名	分配金利回り
東京インフラ・エネルギー投資法人	7.09%
日本再生可能エネルギーインフラ投資法人	6.69%
カナディアン・ソーラー・インフラ投資法人	6.58%
いちごグリーンインフラ投資法人	6.38%
エネクス・インフラ投資法人	6.29%
タカラレーベン・インフラ投資法人	6.01%

たしかに
それから、たとえばルノーに株の40％以上を握られている日産みたいな会社は、親会社が現金を必要としているので、配当がやたらいい。
金よこせ
配当利回り約6％
18年暮れに上場したソフトバンクグループの携帯専門の子会社、ソフトバンクも、1300円前後の株価なら、19年度の配当は、5％を超える水準になるはずだ。
JPX
祝上場 SoftBank
親会社のソフトバンクグループが負債返済のために常に現金を必要としているので、配当性向が高いんだよ。
配当上げました
面白い!
それと、配当にはもう1つ大きな意味がある
日本では、個人への株の配当にかかる税金は、どんなに所得が多い人でも、20・315％の分離課税が適用される。
配当2000万円の税金
税金 406.3万円
20.315%
一方、日本の所得税は年間所得が900万円を超えると、税率が33％と急に上がるので、金持ちの中には、株を買って配当を収入源としている人も多いんだ。
課税所得2000万円の場合
税金 約700万円
35%
だったら孫正義とか柳井正とか前澤友作とかいった、大株主の創業社長は、給料より株の配当を貰った方が有利ってことね!
配当をもらって節税だ!!
いや、株の保有比率が3％を超えた大株主への配当は分離課税は適用されない。孫正義、柳井正、前澤友作はみんな20％以上持っているから、それはないよ。
なーんだ

※ZOZOの前澤元社長は2019年9月に持ち株のほとんどをヤフーに売却することを発表。

でも君は収入も大きいだろうから、保有比率が3％を超えない範囲内で高配当株を買っておくのは資産形成上、有利だよ
やっぱそうか…
そもそも高配当株は、バリュー株的側面が強く、投資家はあまり成長を期待していないってことの裏返しだ
バリュー株
＝市場からの期待が低く、株価が本来の企業価値より安い銘柄。別名「割安株」。

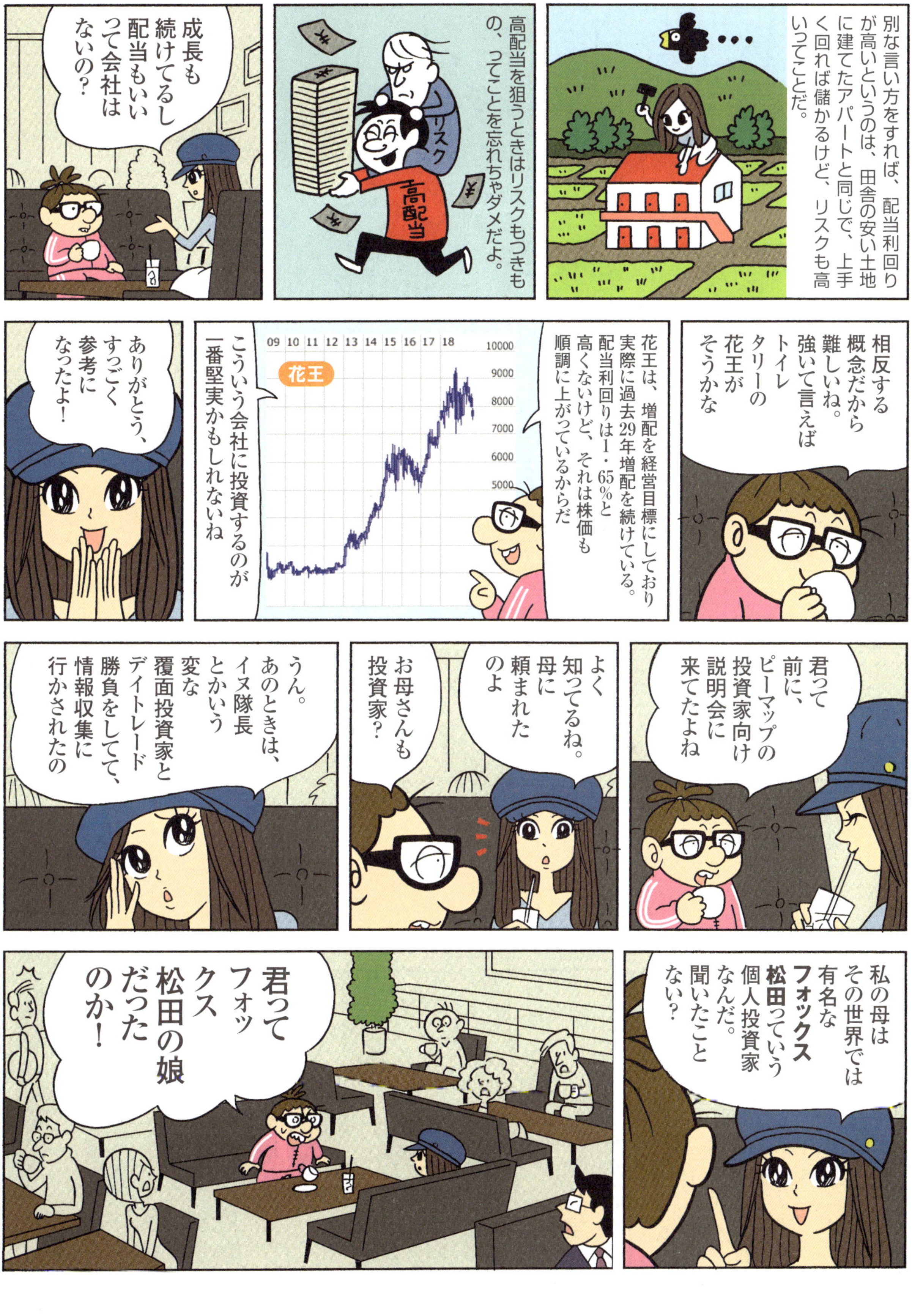
別な言い方をすれば、配当利回りが高いというのは、田舎の安い土地に建てたアパートと同じで、上手く回れば儲かるけど、リスクも高いってことだ。
高配当を狙うときはリスクもつきもの、ってことを忘れちゃダメだよ。
リスク
高配当
成長も続けてるし配当もいいって会社はないの？
相反する概念だから難しいね。強いて言えばトイレタリーの花王がそうかな
花王は、増配を経営目標にしており実際に過去29年増配を続けている。配当利回りは1・65%と高くないけど、それは株価も順調に上がっているからだ
花王
09 10 11 12 13 14 15 16 17 18
10000 9000 8000 7000 6000 5000
こういう会社に投資するのが一番堅実かもしれないね
ありがとう、すっごく参考になったよ！
君って前に、ピーマップの投資家向け説明会に来てたよね
よく知ってるね。母に頼まれたのよ
お母さんも投資家？
うん。あのときは、イヌ隊長とかいう変な覆面投資家とデイトレード勝負をしてて、情報収集に行かされたの
私の母はその世界では有名なフォックス松田っていう個人投資家なんだ。聞いたことない？
君ってフォックス松田の娘だったのか！

VOL. 32

恋も需給もバランスが大事！

景気の動向を察知せよ

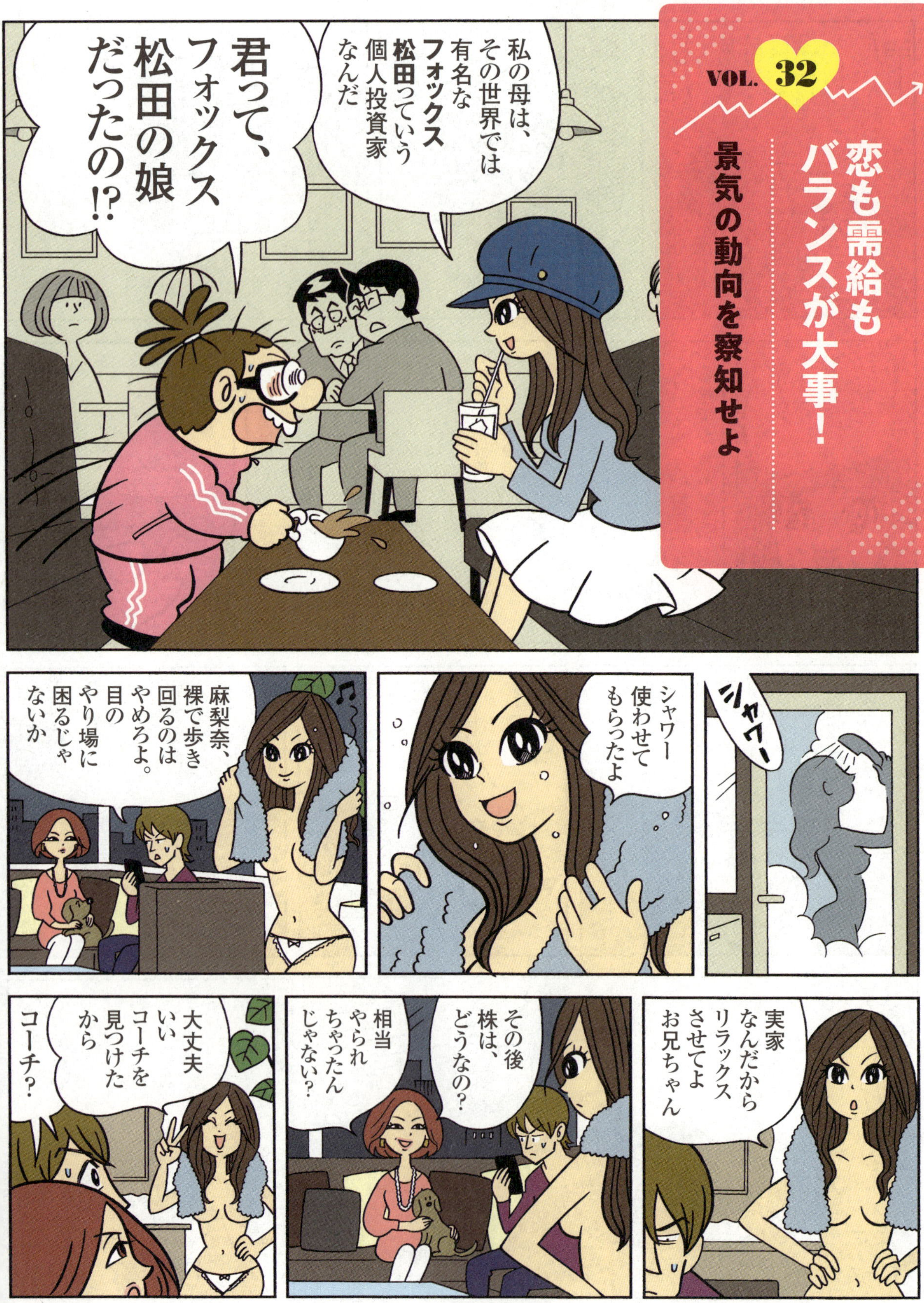
私の母は、その世界では有名なフォックス松田っていう個人投資家なんだ
君って、フォックス松田の娘だったの!?
シャワー
シャワー使わせてもらったよ
麻梨奈、裸で歩き回るのはやめろよ。目のやり場に困るじゃないか
実家なんだからリラックスさせてよお兄ちゃん
その後株は、どうなの？
相当やられちゃったんじゃない？
大丈夫いいコーチを見つけたから
コーチ？

○×ハイツ
ただいま〜
この娘、フォックス松田の娘だった…
暗闇坂46の平石麻梨奈じゃないか!?
この娘が、母親とグルになってボクを投資界から追放したんだ
幸い彼女は、俺の正体に気づいていない
この娘を使ってフォックスに復讐してやる
えらいことになったな
クックックッ
翌日
逆張話がある
喫煙室に行きますか
大事な話だ。今夜スナック夢に来い
スナック夢
こんばんは
暗闇坂46の平石麻梨奈が、おまえの妹だって、本当か？
……
どうして隠してた？

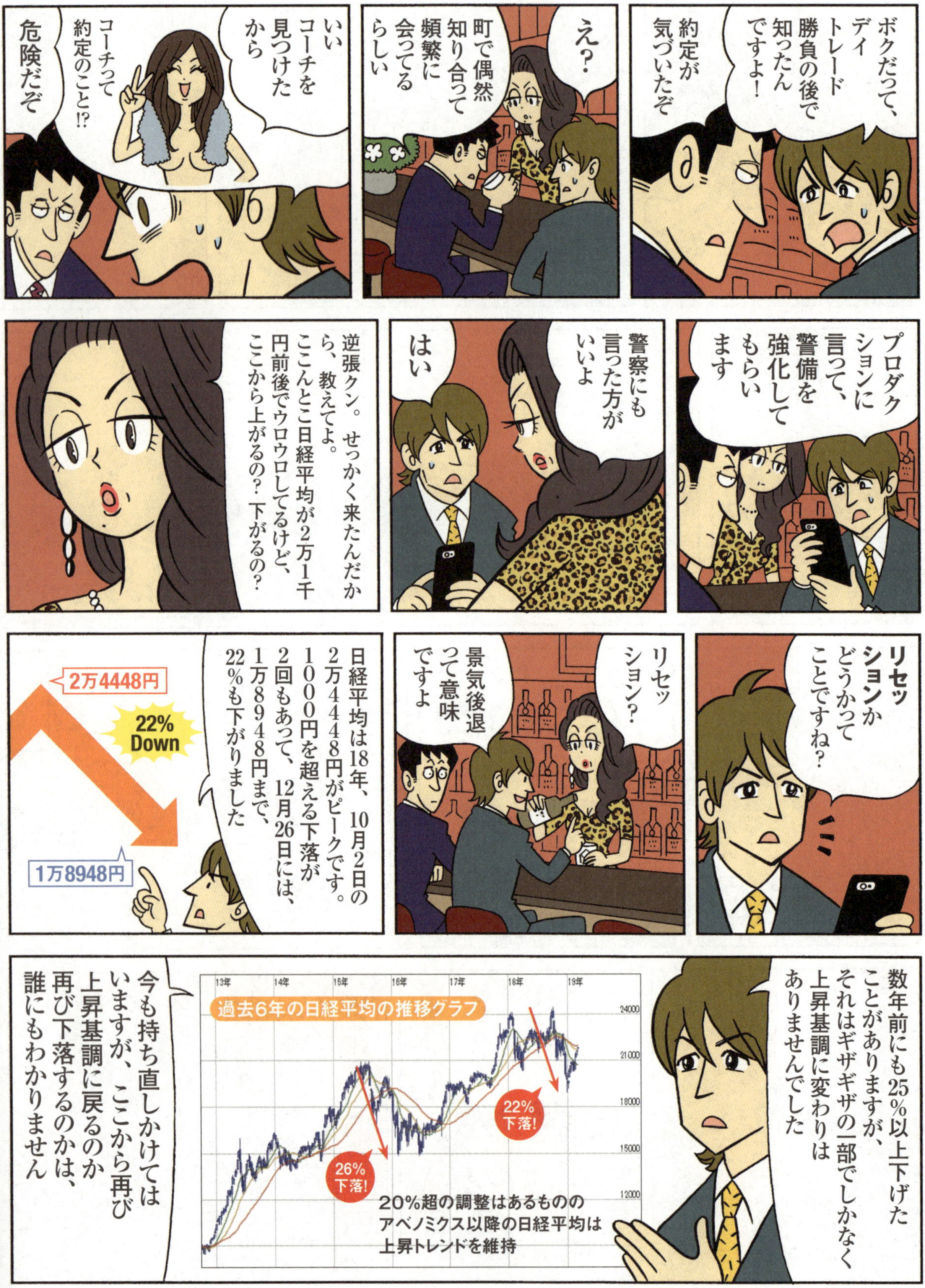

ボクだって、デイトレード勝負の後で知ったんですよ！
約定が気づいたぞ
え？
町で偶然知り合って頻繁に会ってるらしい
いいコーチを見つけたから
コーチって約定のこと!?
危険だぞ
プロダクションに言って、警備を強化してもらいます
警察にも言った方がいいよ
はい
逆張クン。せっかく来たんだから、教えてよ。ここんとこ日経平均が2万1千円前後でウロウロしてるけど、ここから上がるの？ 下がるの？
リセッションかどうかってことですね？
リセッション？
景気後退って意味ですよ
日経平均は18年、10月2日の2万4448円がピークです。1000円を超える下落が2回もあって、12月26日には、1万8948円まで、22%も下がりました
2万4448円
22% Down
1万8948円
数年前にも25%以上下げたことがありますが、それはギザギザの一部でしかなく上昇基調に変わりはありませんでした
過去6年の日経平均の推移グラフ
13年
14年
15年
16年
17年
18年
19年
24000
21000
18000
15000
12000
26% 下落!
22% 下落!
20%超の調整はあるもののアベノミクス以降の日経平均は上昇トレンドを維持
今も持ち直しかけてはいますが、ここから再び上昇基調に戻るのか再び下落するのかは、誰にもわかりません

何か先を察知する手がかりはないの？
そうですねえ。たとえば、内閣府が毎月発表している、企業の業績や消費のよしあしを見る景気動向指数というのがあります
今月の景気動向指数です
50
内閣府
ああニュースで聞いたことがある！
景気には、大きく分けて、①遅行、②一致、③先行と、3つの種類があります
1 遅行
2 一致
3 先行
①の遅行は、景気の動向を受けて後から動く指数のことで、たとえば消費者物価や設備投資とかがあります。
消費者物価
アレもコレも買うぞ
コレでどんどん建てて
建てる建てる
BANK
設備投資
景気がよくなれば、需要が増えるので消費者物価は上がるし、設備投資も積極的に行われるので銀行の貸付残高も増えますからね。
②の一致は、現在の景気とほぼ一致して動く指数で、企業の販売額、所定外労働、有効求人倍率などがそれに当たります。
販売額
給与
所定外労働
有効求人倍率
でも、重要なのは、③の先行です。先行は、これから景気が上向くか、それとも下がるのか、流れ（＝モメンタム）を予測するための指標です。
よし！上向きの風だ!!
代表的なのがPMIです
PMI
＝
Purchasing
Manager's
Index
PMIは、製造業の会社の購買担当役員にこのようなアンケート用紙を毎月配り、
「全国企業短期経済観測調査」（短観）調査表ー日本銀行
1. 判断項目
2. 年度計画
その会社の業績や資金繰り、在庫等の状況について「よい・さほどよくない・悪い」を答えてもらうもので、
アンケート答えるの面倒臭いなあ
でも義務ですから
世界中で同種の調査が行われており、日本では「日銀短観*」と呼ばれています。
日本経済新聞
日銀短観悪化！
やけに感覚的な調査ね
モメンタムなんて感覚的なものですよ

*正確には全国企業短期経済観測調査。日銀が発表。

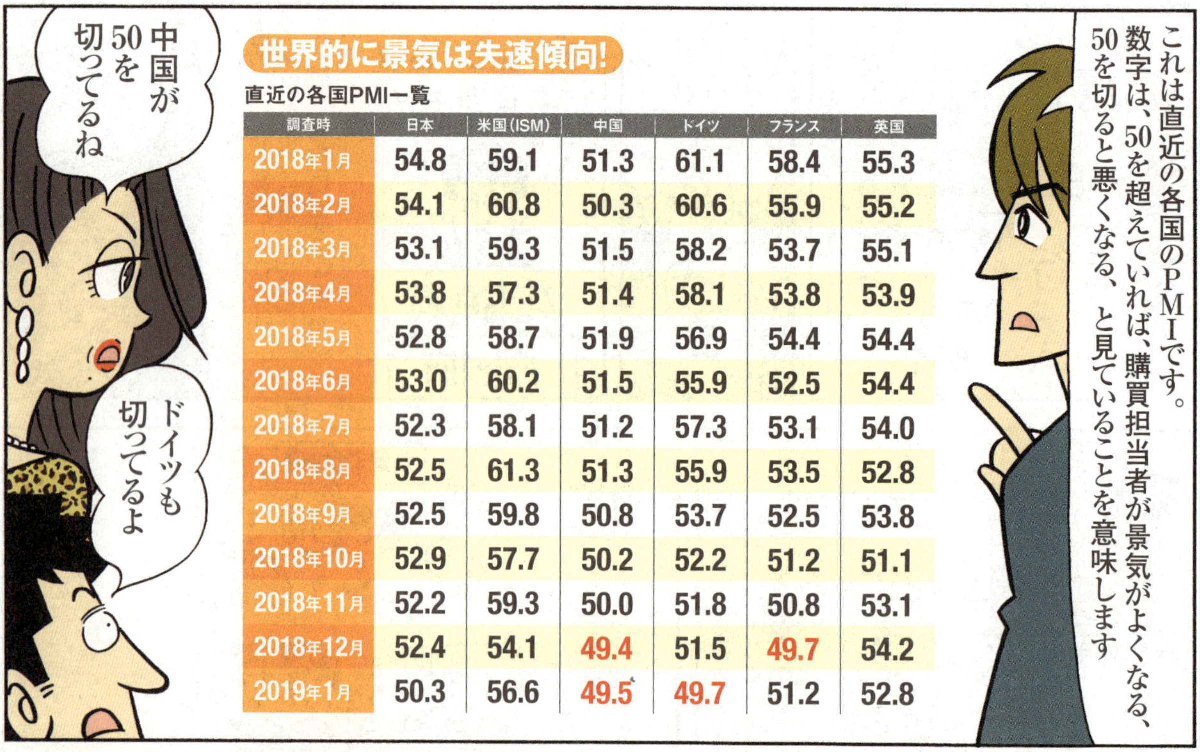
これは直近の各国のPMIです。数字は、50を超えていれば、購買担当者が景気がよくなる、50を切ると悪くなる、と見ていることを意味します
中国が50を切ってるね
ドイツも切ってるよ
世界的に景気は失速傾向!

直近の各国PMI一覧

調査時	日本	米国（ISM）	中国	ドイツ	フランス	英国
2018年1月	54.8	59.1	51.3	61.1	58.4	55.3
2018年2月	54.1	60.8	50.3	60.6	55.9	55.2
2018年3月	53.1	59.3	51.5	58.2	53.7	55.1
2018年4月	53.8	57.3	51.4	58.1	53.8	53.9
2018年5月	52.8	58.7	51.9	56.9	54.4	54.4
2018年6月	53.0	60.2	51.5	55.9	52.5	54.4
2018年7月	52.3	58.1	51.2	57.3	53.1	54.0
2018年8月	52.5	61.3	51.3	55.9	53.5	52.8
2018年9月	52.5	59.8	50.8	53.7	52.5	53.8
2018年10月	52.9	57.7	50.2	52.2	51.2	51.1
2018年11月	52.2	59.3	50.0	51.8	50.8	53.1
2018年12月	52.4	54.1	49.4	51.5	49.7	54.2
2019年1月	50.3	56.6	49.5	49.7	51.2	52.8

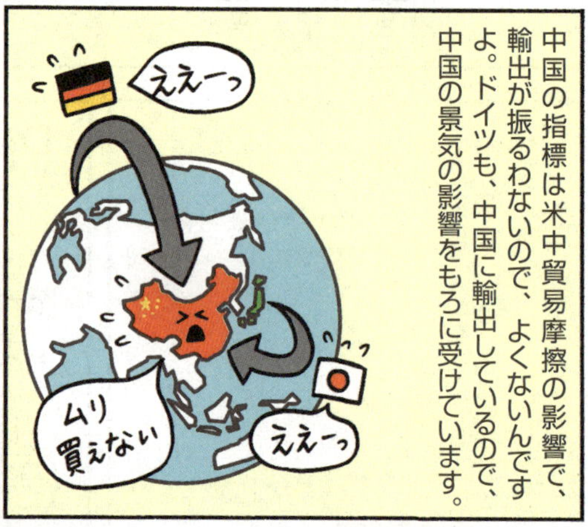
中国の指標は米中貿易摩擦の影響で、輸出が振るわないので、よくないんですよ。ドイツも、中国に輸出しているので、中国の景気の影響をもろに受けています。
ええーっ
ムリ 買えない
ええーっ

アメリカは関係ないみたいね

アメリカの対中国貿易は、輸出より輸入が圧倒的に多いので、中国の景気が悪化しても直接的な影響はあまりないんですよ。
ヤダネ
買ってくれよ～

そういうことか…

このほかにも、先行指標には、景気ウォッチャー調査というのがあります。
先行指標
日銀短観
景気ウォッチャー

これは、内閣府が、景気の影響を受けやすいタクシー運転手、コンビニ店主、スナックのママといった、景気に敏感な職種の人たちにインタビューし、
で、最近、同伴の方はどうなの？
ボチボチかなあ
内閣府

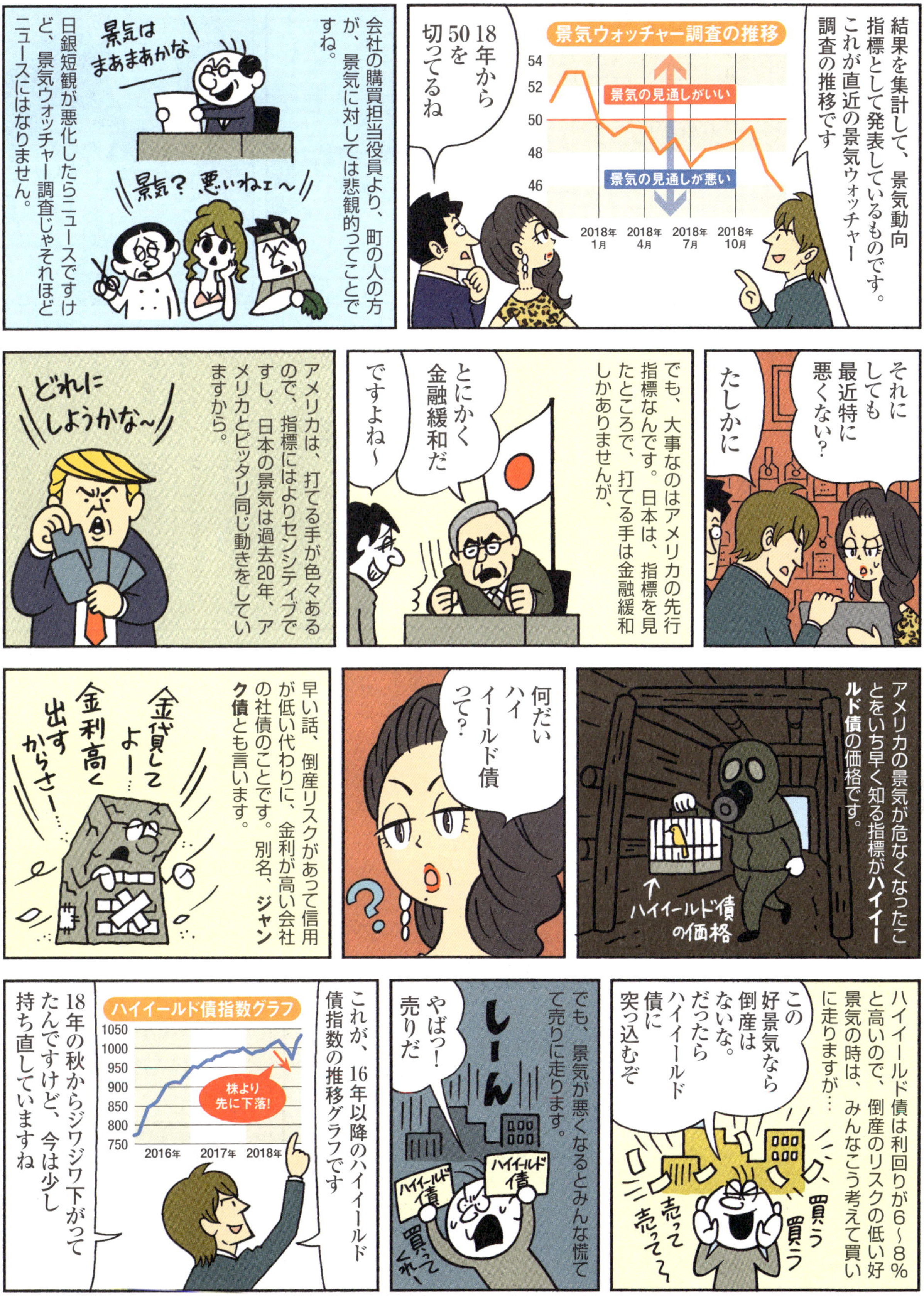

結果を集計して、景気動向指標として発表しているものです。これが直近の景気ウォッチャー調査の推移です
景気ウォッチャー調査の推移
54
52
50
48
46
景気の見通しがいい
景気の見通しが悪い
2018年1月
2018年4月
2018年7月
2018年10月
18年から50を切ってるね
会社の購買担当役員より、町の人の方が、景気に対しては悲観的ってことですね。
景気はまあまあかな
景気？悪いねェ～
日銀短観が悪化したらニュースですけど、景気ウォッチャー調査じゃそれほどニュースにはなりません。
それにしても最近特に悪くない？
たしかに
でも、大事なのはアメリカの先行指標なんです。日本は、指標を見たところで、打てる手は金融緩和しかありませんが、
とにかく金融緩和だ
ですよね～
アメリカは、打てる手が色々あるので、指標にはよりセンシティブですし、日本の景気は過去20年、アメリカとピッタリ同じ動きをしていますから。
どれにしようかな～
アメリカの景気が危なくなったことをいち早く知る指標が**ハイイールド債**の価格です。
ハイイールド債の価格
何だいハイイールド債って？
早い話、倒産リスクがあって信用が低い代わりに、金利が高い会社の社債のことです。別名、**ジャンク債**とも言います。
金貸してよー…
金利高く出すからさー…
ハイイールド債は利回りが6～8％と高いので、倒産のリスクの低い好景気の時は、みんなこう考えて買いに走りますが…
この好景気なら倒産はないな。だったらハイイールド債に突っ込むぞ
買う
買う
売って売って～
でも、景気が悪くなるとみんな慌てて売りに走ります。
しーん
やばっ！売りだ
ハイイールド債
ハイイールド債
買ってくれ～
これが、16年以降のハイイールド債指数の推移グラフです
ハイイールド債指数グラフ
1050
1000
950
900
850
800
750
2016年
2017年
2018年
株より先に下落！
18年の秋からジワジワ下がってたんですけど、今は少し持ち直していますね

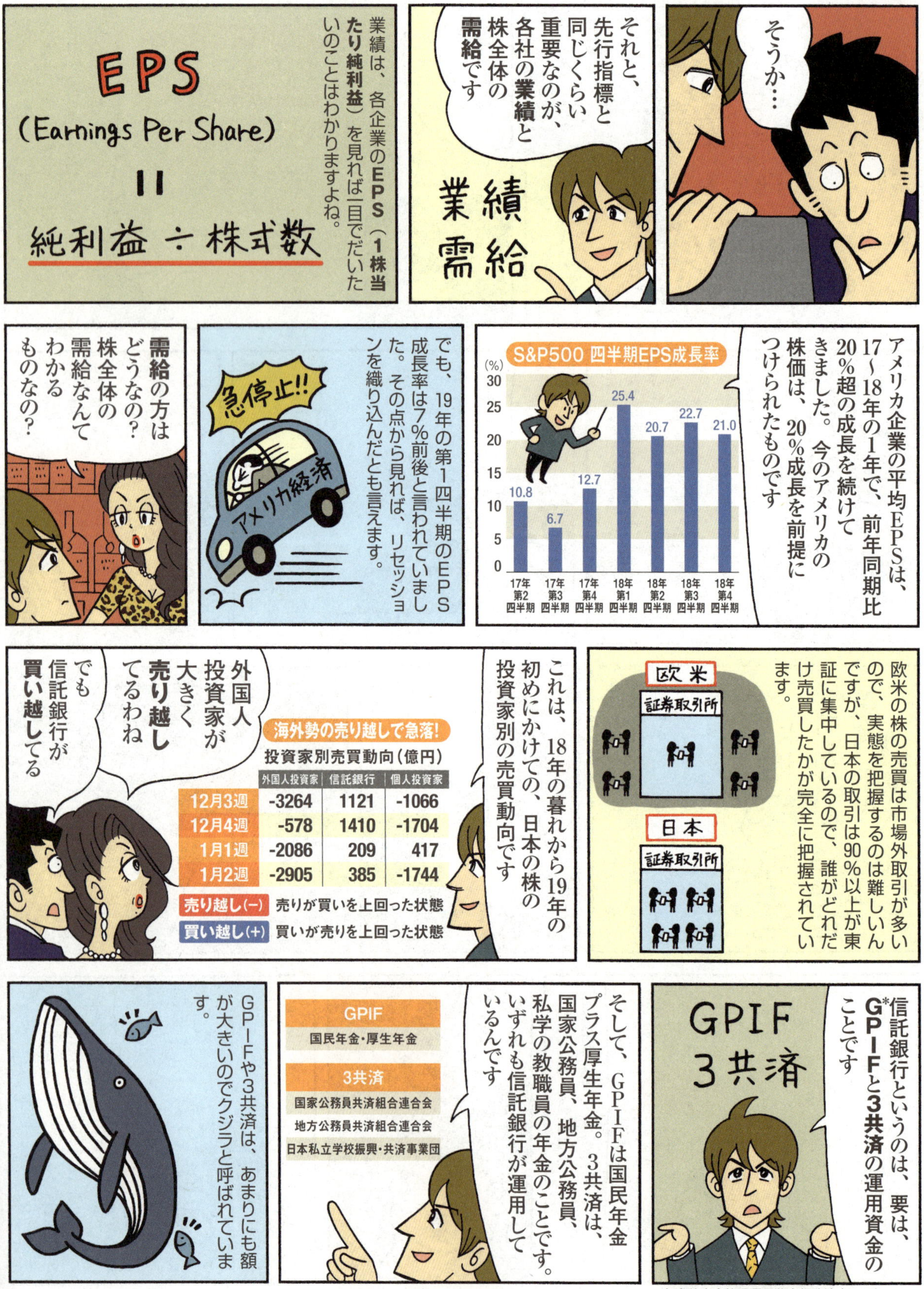
そうか…
それと、先行指標と同じくらい重要なのが、各社の**業績**と株全体の**需給**です
業績
需給
業績は、各企業の**EPS**（**1株当たり純利益**）を見れば一目でだいたいのことはわかりますよね。
EPS
(Earnings Per Share)
=
純利益÷株式数
アメリカ企業の平均EPSは、17～18年の1年で、前年同期比20％超の成長を続けてきました。今のアメリカの株価は、20％成長を前提につけられたものです
S&P500 四半期EPS成長率
(%)
30
25
20
15
10
5
0
10.8
6.7
12.7
25.4
20.7
22.7
21.0
17年第2四半期
17年第3四半期
17年第4四半期
18年第1四半期
18年第2四半期
18年第3四半期
18年第4四半期
でも、19年の第1四半期のEPS成長率は7％前後と言われていました。その点から見れば、リセッションを織り込んだとも言えます。
急停止!!
アメリカ経済
需給の方はどうなの？株全体の需給なんてわかるものなの？
欧米の株の売買は市場外取引が多いので、実態を把握するのは難しいんですが、日本の取引は90％以上が東証に集中しているので、誰がどれだけ売買したかが完全に把握されています。
欧米
証券取引所
日本
証券取引所
これは、18年の暮れから19年の初めにかけての、日本の株の投資家別の売買動向です
海外勢の売り越しで急落!
投資家別売買動向（億円）
外国人投資家 信託銀行 個人投資家
12月3週 -3264 1121 -1066
12月4週 -578 1410 -1704
1月1週 -2086 209 417
1月2週 -2905 385 -1744
売り越し(−) 売りが買いを上回った状態
買い越し(+) 買いが売りを上回った状態
外国人投資家が大きく**売り越し**てるわね
でも信託銀行が**買い越し**してる
*信託銀行というのは、要は、**GPIF**と**3共済**の運用資金のことです
GPIF
3共済
そして、GPIFは国民年金プラス厚生年金。3共済は、国家公務員、地方公務員、私学の教職員の年金のことです。いずれも信託銀行が運用しているんです
GPIF
国民年金・厚生年金
3共済
国家公務員共済組合連合会
地方公務員共済組合連合会
日本私立学校振興・共済事業団
GPIFや3共済は、あまりにも額が大きいのでクジラと呼ばれています。

＊年金積立金管理運用独立行政法人のこと。

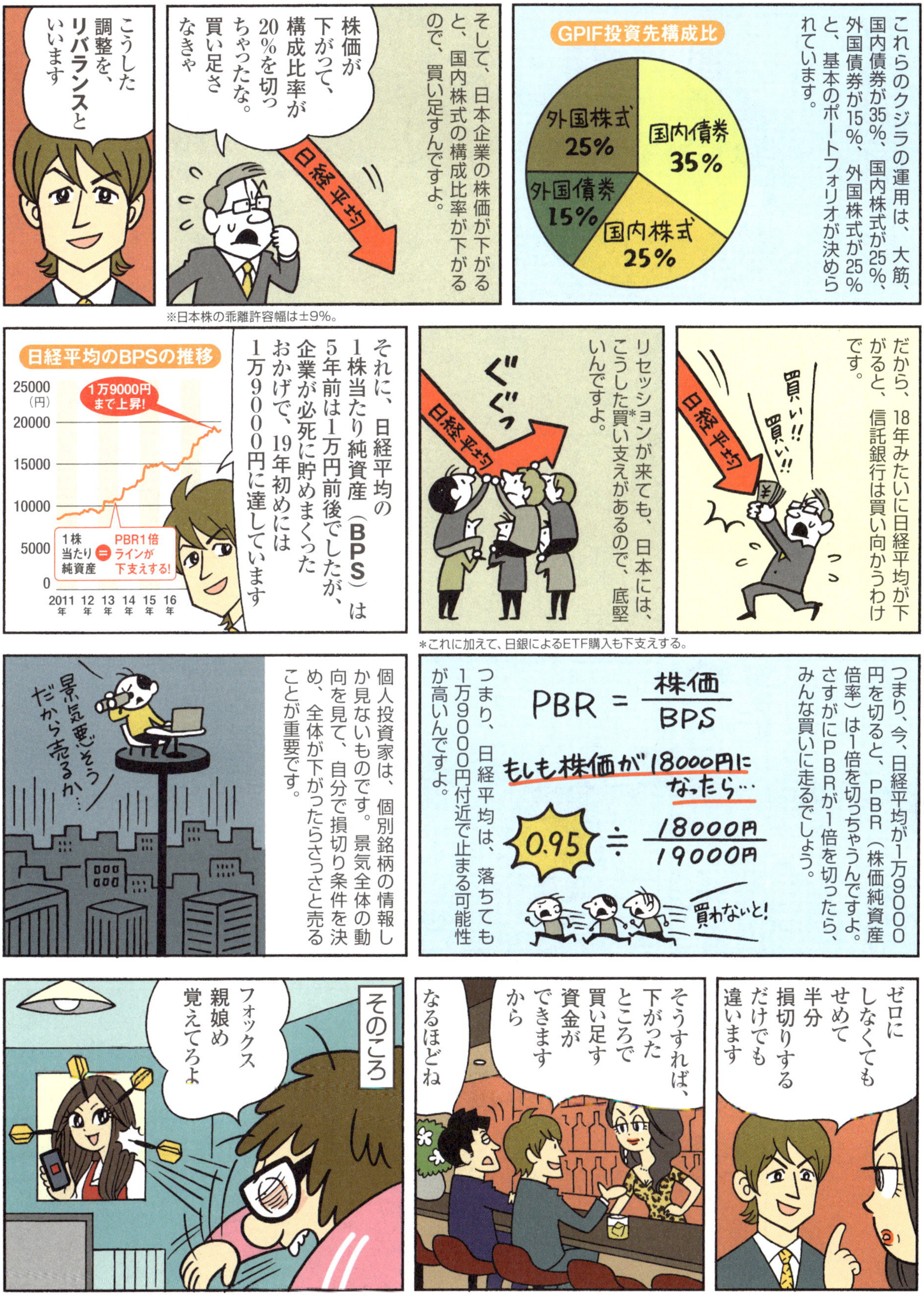
これらのクジラの運用は、大筋、国内債券が35%、国内株式が25%、外国債券が15%、外国株式が25%と、基本のポートフォリオが決められています。
GPIF投資先構成比
国内債券 35%
国内株式 25%
外国債券 15%
外国株式 25%
そして、日本企業の株価が下がると、国内株式の構成比率が下がるので、買い足すんですよ。
株価が下がって、構成比率が20%を切っちゃったな。買い足さなきゃ
日経平均
こうした調整を、**リバランス**といいます
だから、18年みたいに日経平均が下がると、信託銀行は買い向かうわけです。
日経平均
買い!! 買い!!
リセッションが来ても、日本には、こうした買い支え*があるので、底堅いんですよ。
日経平均
ぐぐっ
それに、日経平均の1株当たり純資産（**BPS**）は5年前は1万円前後でしたが、企業が必死に貯めまくったおかげで、19年初めには1万9000円に達しています
日経平均のBPSの推移
25000（円） 20000 15000 10000 5000 0
2011年 12年 13年 14年 15年 16年
1万9000円まで上昇!
1株当たり純資産 = PBR1倍ラインが下支えする!
つまり、今、日経平均が1万9000円を切ると、PBR（株価純資産倍率）は1倍を切っちゃうんですよ。さすがにPBRが1倍を切ったら、みんな買いに走るでしょう。
PBR = 株価 / BPS
もしも株価が18000円になったら…
0.95 ≒ 18000円 / 19000円
買わないと!
つまり、日経平均は、落ちても1万9000円付近で止まる可能性が高いんですよ。
個人投資家は、個別銘柄の情報しか見ないものです。景気全体の動向を見て、自分で損切り条件を決め、全体が下がったらさっさと売ることが重要です。
景気悪そうだから売るか…
ゼロにしなくてもせめて半分損切りするだけでも違います
そうすれば、下がったところで買い足す資金ができますから
なるほどね
そのころ
フォックス親娘め覚えてろよ

※日本株の乖離許容幅は±9%。

＊これに加えて、日銀によるETF購入も下支えする。

VOL. 33

ときめく株だけ長期で持て！

短期投資と長期投資

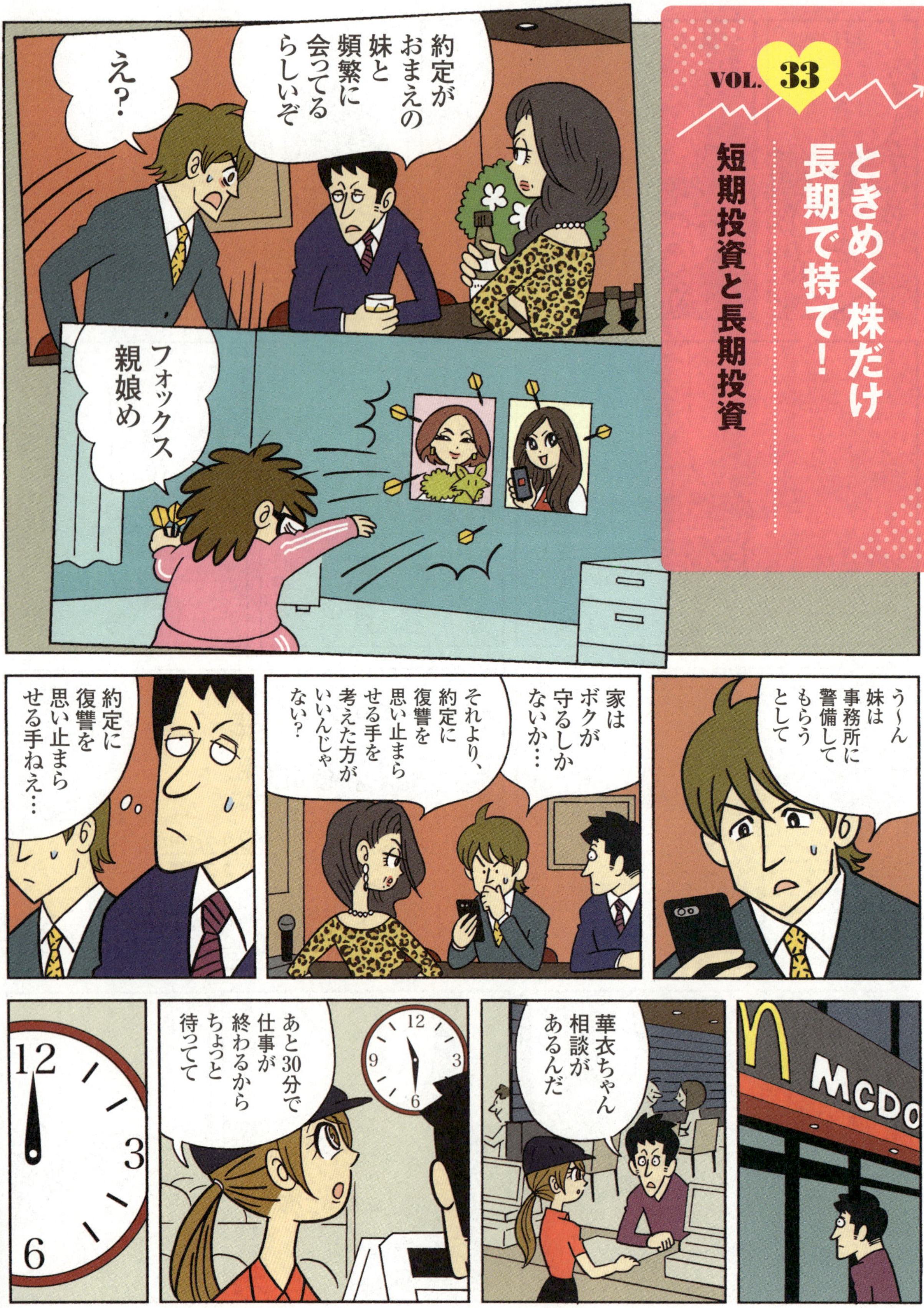
約定がおまえの妹と頻繁に会ってるらしいぞ
え？
フォックス親娘め
う〜ん妹は事務所に警備してもらうとして
家はボクが守るしかないか…
それより、約定に復讐を思い止まらせる手を考えた方がいいんじゃない？
約定に復讐を思い止まらせる手ねえ…
MCDO
華衣ちゃん相談があるんだ
あと30分で仕事が終わるからちょっと待ってて

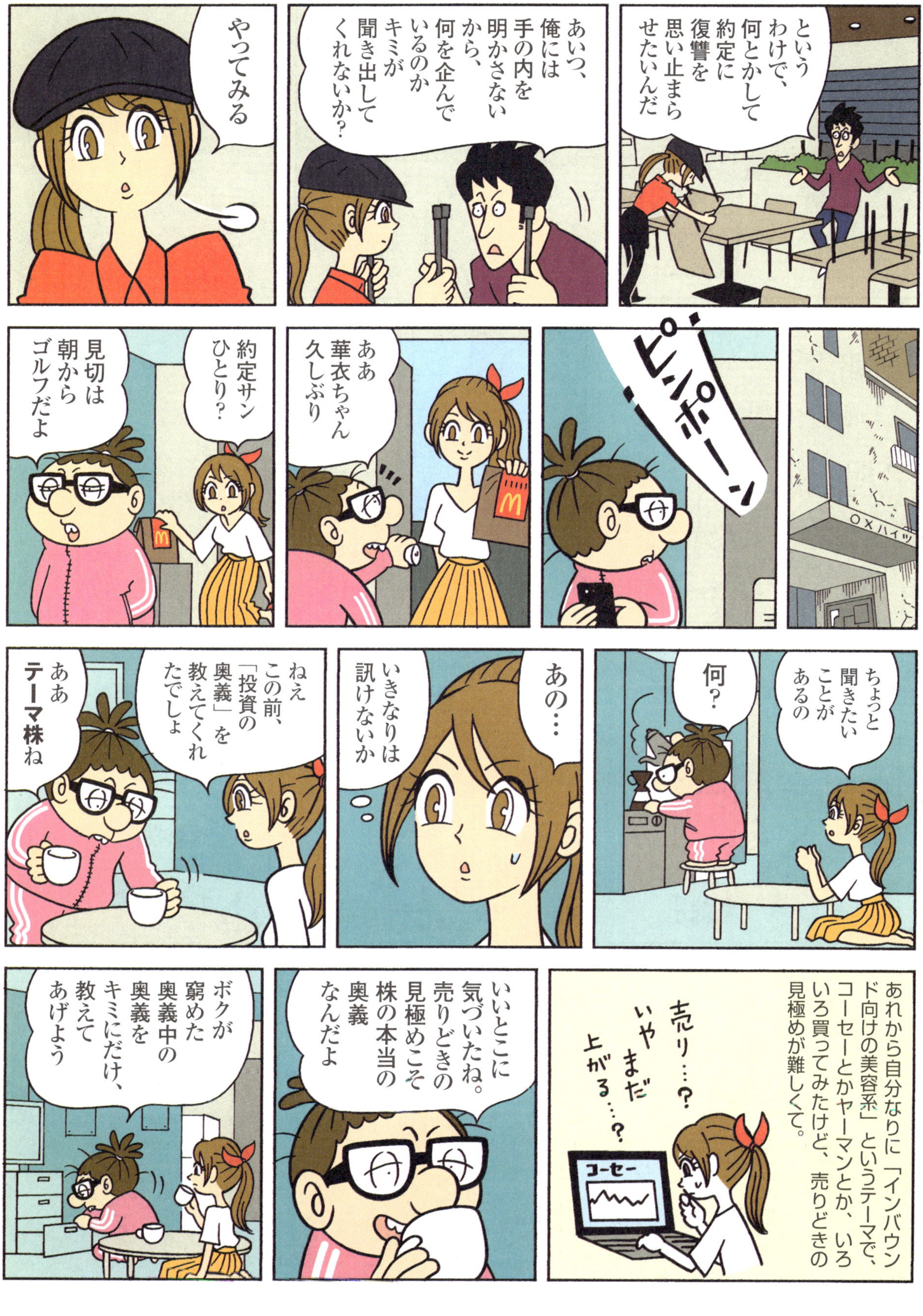
というわけで、何とかして約定に復讐を思い止まらせたいんだ
あいつ、俺には手の内を明かさないから、何を企んでいるのかキミが聞き出してくれないか？
やってみる
○×ハイツ
ピンポーン
ああ華衣ちゃん久しぶり
約定サンひとり？
見切は朝からゴルフだよ
ちょっと聞きたいことがあるの
何？
あの…
いきなりは訊けないか
ねえこの前、「投資の奥義」を教えてくれたでしょ
ああテーマ株ね
あれから自分なりに「インバウンド向けの美容系」というテーマで、コーセーとかヤーマンとか、いろいろ買ってみたけど、売りどきの見極めが難しくて。
売り…？
いやまだ上がる…？
コーセー
いいとこに気づいたね。売りどきの見極めこそ株の本当の奥義なんだよ
ボクが窮めた奥義中の奥義をキミにだけ、教えてあげよう

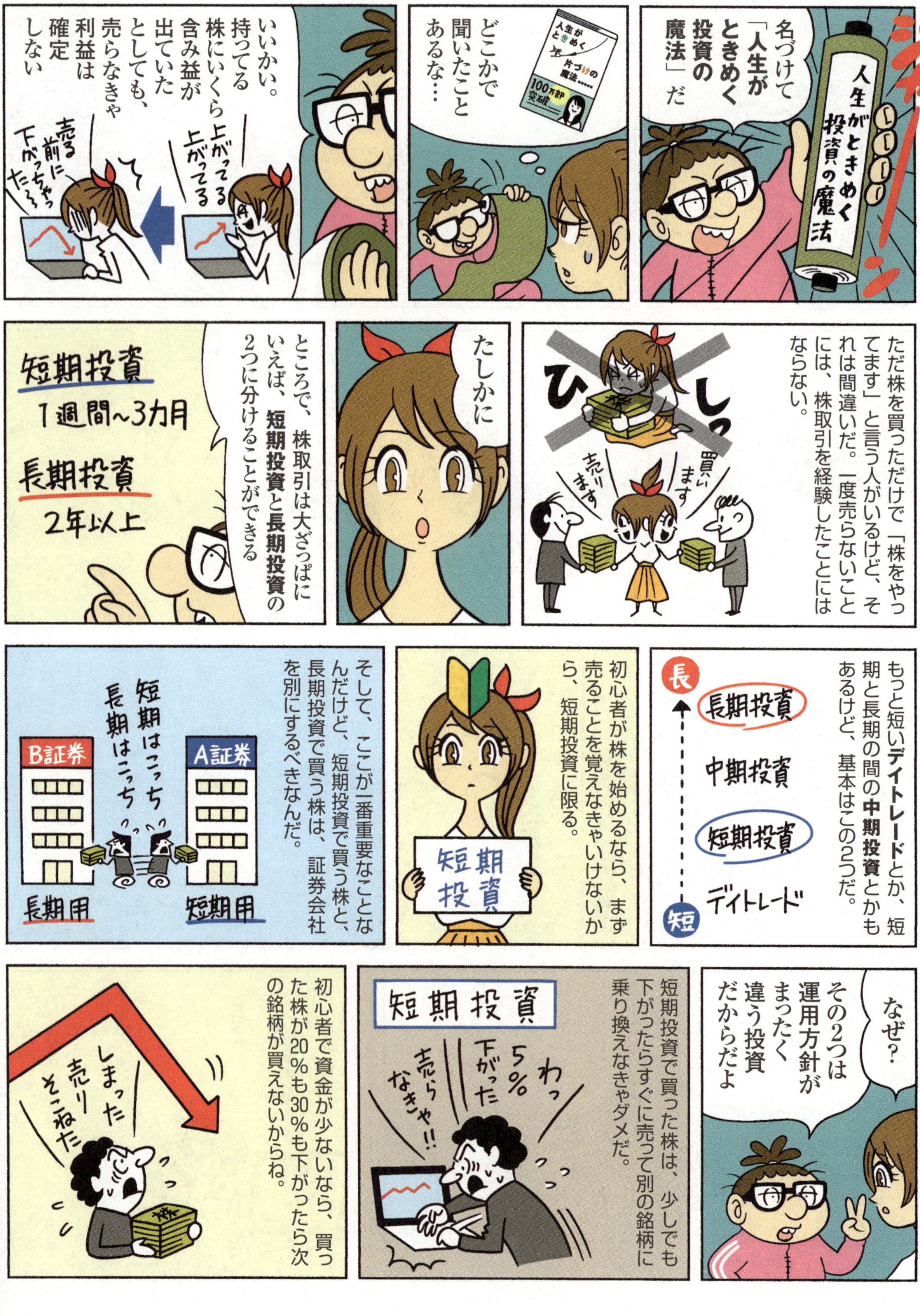
ジャーン
人生がときめく投資の魔法
名づけて「人生がときめく投資の魔法」だ
人生がときめく 片づけの魔法 100万部突破
どこかで聞いたことあるな…
いいかい。持ってる株にいくら含み益が出ていたとしても、売らなきゃ利益は確定しない
上がってる上がってる
売る前に下がっちゃった〜
ただ株を買っただけで「株をやってます」と言う人がいるけど、それは間違いだ。一度売らないことには、株取引を経験したことにはならない。
ひしっ
売ります
買います
たしかに
ところで、株取引は大ざっぱにいえば、短期投資と長期投資の2つに分けることができる
短期投資
1週間〜3カ月
長期投資
2年以上
もっと短いデイトレードとか、短期と長期の間の中期投資とかもあるけど、基本はこの2つだ。
長
長期投資
中期投資
短期投資
デイトレード
短
初心者が株を始めるなら、まず売ることを覚えなきゃいけないから、短期投資に限る。
短期投資
そして、ここが一番重要なことなんだけど、短期投資で買う株と、長期投資で買う株は、証券会社を別にするべきなんだ。
A証券
B証券
短期はこっち
長期はこっち
短期用
長期用
なぜ?
その2つは運用方針がまったく違う投資だからだよ
短期投資で買った株は、少しでも下がったらすぐに売って別の銘柄に乗り換えなきゃダメだ。
短期投資
わっ
5%下がった
売らなきゃ!!
初心者で資金が少ないなら、買った株が20%も30%も下がったら次の銘柄が買えないからね。
しまった
売りそこねた
株

だが、長期投資のつもりで買った株は、5%くらいの下落で売っていたら儲けは取れない。
長期投資
ガマン
ガマン
株
右肩上がりの局面であっても5～10%下落の*押し目はよくある。アベノミクス以降、その程度の下落で売却したヤツはみんな儲け損なってる
日経平均
長期保有なら2.5倍に!
ココとか
ココとか
ココとか
ココとか
ココとか
*押し目＝右肩上がりの株が一時的に下がること。
長期投資と決めたら、引っ張れるだけ引っ張るべきだ。どうせ誰も最高値で売れっこない。高値から30%下落するくらいまでは我慢しなきゃダメだ
我慢してたら売りどきを逃しちゃうってこともあるでしょ たとえばZOZOとか
確かにZOZOの株価は、18年夏の4875円から、今は2000円前後にまで落ちたけど、
ZOZO
18年7月 4875円
15年1月 799円
急落後でも2.6倍!
19年1月 2100円
もし仮に4年前に買ってたとしたら、19年1月に売っても、買ったときの2倍にはなっているんだ。長期投資とはそういうものだよ
とにかく、短期投資と長期投資は方針がこれだけ違うから、証券会社を2つに分けて、ポケットを別にすべきなんだ。
長期
短期
初心者は、どちらも同じポケットに入れて持っていると、長期で持つつもりで買った株をちょっと上がったらすぐ売っちゃうとか、
あっ
買った
長期
あるいは、短期のつもりで買った株をズルズル持ち続けちゃう、といった間違いを犯しがちだからね。
短期投資から始めるとして、どんな株をいくら買えばいいの?
たとえばキミが100万円持っているとしよう。その100万円の使い方だけど
ステップ❶、短期投資は攻めの投資だから銘柄をいろいろ買ってはいけない。守りなら分散投資でいいが、攻めは一点買いだ。
うおーっ
短期投資
●●株
ステップ❷、資金は二分して、同じ銘柄を二度に分けて買うべきだ。
時間経過
月
●●株ください
金
●●株ください

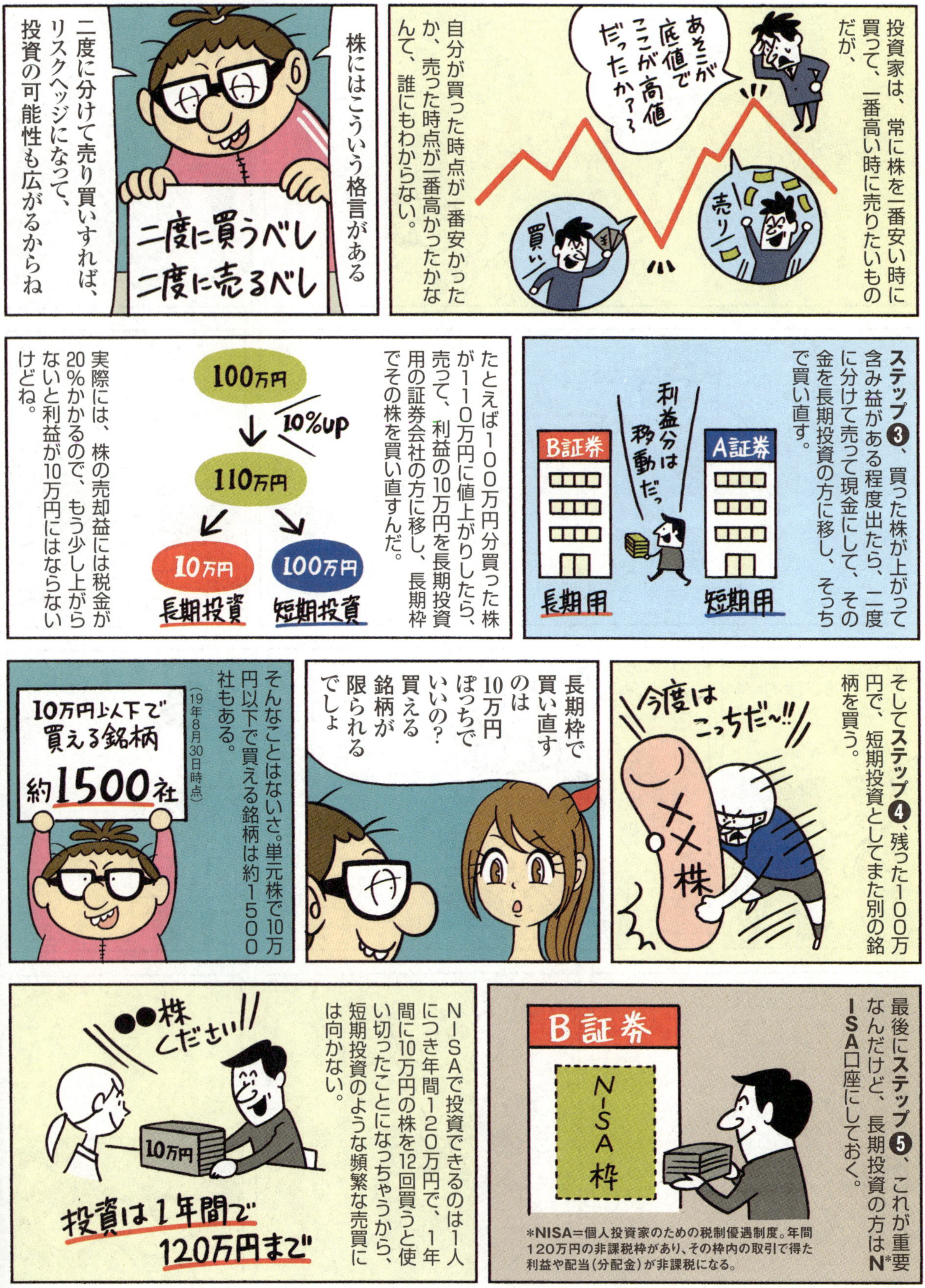

投資家は、常に株を一番安い時に買って、一番高い時に売りたいものだが、
あそこが底値でここが高値だったか〜〜
売り
買い
自分が買った時点が一番安かったか、売った時点が一番高かったかなんて、誰にもわからない。
株にはこういう格言がある
二度に買うべし
二度に売るべし
二度に分けて売り買いすれば、リスクヘッジになって、投資の可能性も広がるからね
ステップ❸、買った株が上がって含み益がある程度出たら、二度に分けて売って現金にして、その金を長期投資の方に移し、そっちで買い直す。
A証券
利益分は移動だっ
B証券
短期用
長期用
たとえば100万円分買った株が110万円に値上がりしたら、売って、利益の10万円を長期投資用の証券会社の方に移し、長期枠でその株を買い直すんだ。
100万円
10%UP
110万円
10万円
100万円
長期投資
短期投資
実際には、株の売却益には税金が20%かかるので、もう少し上がらないと利益が10万円にはならないけどね。
そしてステップ❹、残った100万円で、短期投資としてまた別の銘柄を買う。
今度はこっちだ〜!!
××株
長期枠で買い直すのは10万円ぽっちでいいの? 買える銘柄が限られるでしょ
そんなことはないさ。単元株で10万円以下で買える銘柄は約1500社もある。(19年8月30日時点)
10万円以下で買える銘柄
約1500社
最後にステップ❺、これが重要なんだけど、長期投資の方はNISA*口座にしておく。
B証券
NISA枠
*NISA=個人投資家のための税制優遇制度。年間120万円の非課税枠があり、その枠内の取引で得た利益や配当(分配金)が非課税になる。
NISAで投資できるのは1人につき年間120万円で、1年間に10万円の株を12回買うと使い切ったことになっちゃうから、短期投資のような頻繁な売買には向かない。
●●株ください
10万円
投資は1年間で120万円まで

成長企業を長く持っていると、10万円が100万円以上に化ける可能性もある。長期投資は非課税のNISA枠にしておいた方が断然オトクだ。
10万円が100万円になった場合
普通なら
10万円
利益 約72万円
税金 約18万円
10万円
NISAなら
10万円
利益 90万円
非課税
10万円
10万円が100万円か…無理っぽいなあ
09～19年の10年で株価が10倍以上に上がった会社は、約150社あるよ
そんなに？

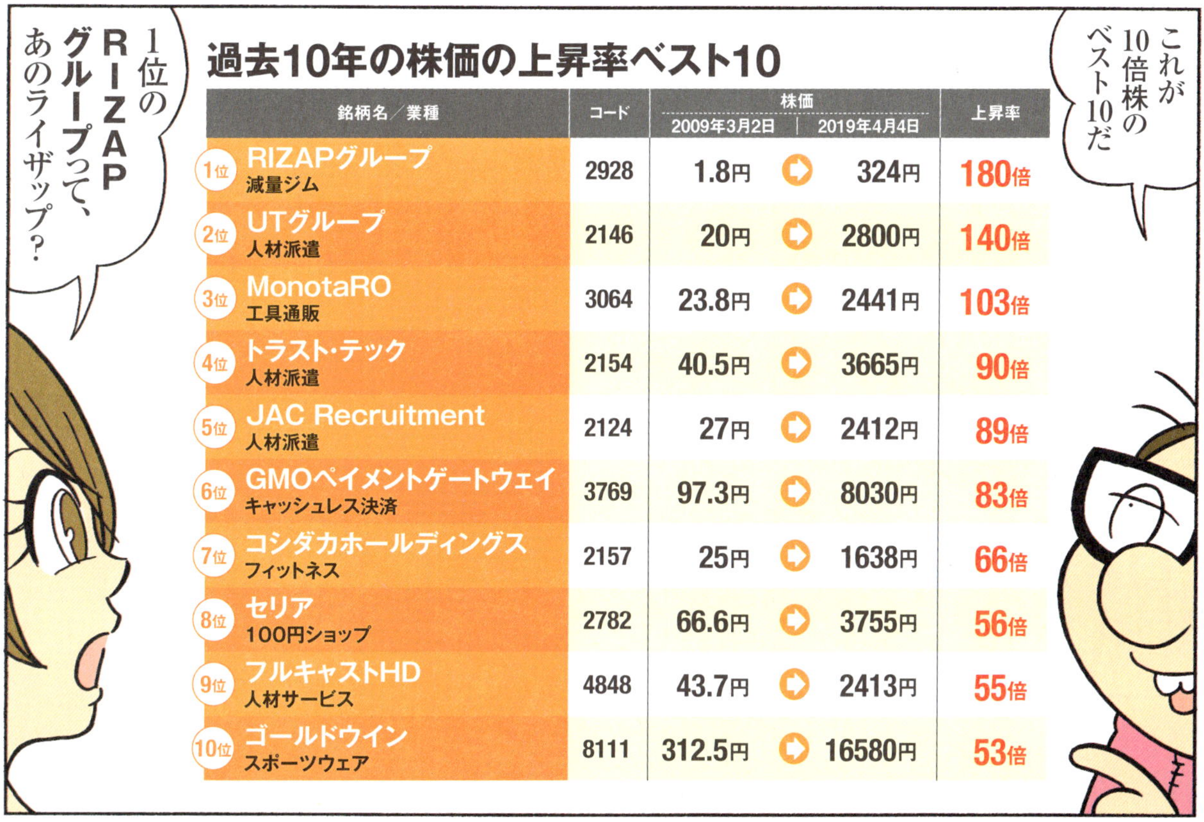
これが10倍株のベスト10だ
1位のRIZAPグループって、あのライザップ？

過去10年の株価の上昇率ベスト10

銘柄名／業種	コード	株価 2009年3月2日		株価 2019年4月4日	上昇率
1位 RIZAPグループ 減量ジム	2928	1.8円	➡	324円	180倍
2位 UTグループ 人材派遣	2146	20円	➡	2800円	140倍
3位 MonotaRO 工具通販	3064	23.8円	➡	2441円	103倍
4位 トラスト・テック 人材派遣	2154	40.5円	➡	3665円	90倍
5位 JAC Recruitment 人材派遣	2124	27円	➡	2412円	89倍
6位 GMOペイメントゲートウェイ キャッシュレス決済	3769	97.3円	➡	8030円	83倍
7位 コシダカホールディングス フィットネス	2157	25円	➡	1638円	66倍
8位 セリア 100円ショップ	2782	66.6円	➡	3755円	56倍
9位 フルキャストHD 人材サービス	4848	43.7円	➡	2413円	55倍
10位 ゴールドウイン スポーツウェア	8111	312.5円	➡	16580円	53倍

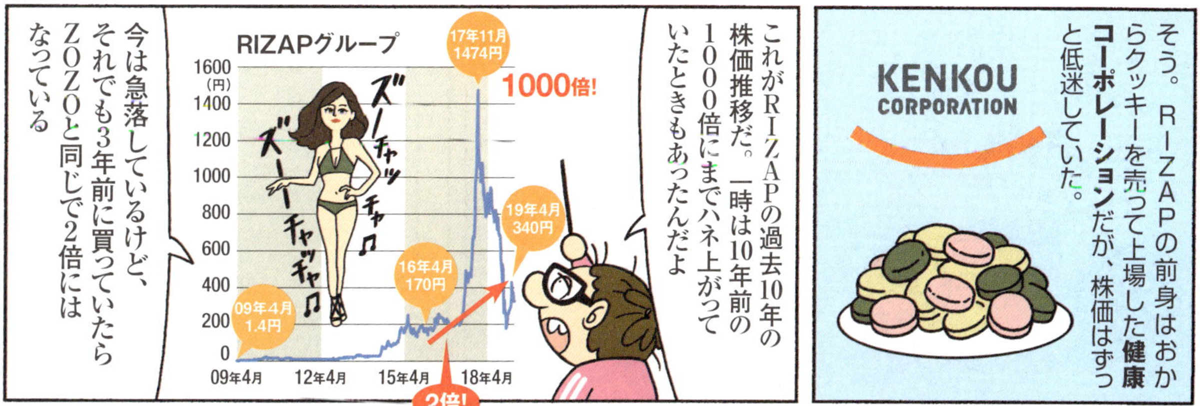
そう。RIZAPの前身はおからクッキーを売って上場した健康コーポレーションだが、株価はずっと低迷していた。
KENKOU CORPORATION
これがRIZAPの過去10年の株価推移だ。一時は10年前の1000倍にまでハネ上がっていたときもあったんだよ
RIZAPグループ
1600 (円)
1400
1200
1000
800
600
400
200
0
09年4月
12年4月
15年4月
18年4月
17年11月 1474円
1000倍!
19年4月 340円
16年4月 170円
09年4月 1.4円
2倍!
ズーチャッチャ
ズーチャッチャ♪
今は急落しているけど、それでも3年前に買っていたらZOZOと同じで2倍にはなっている

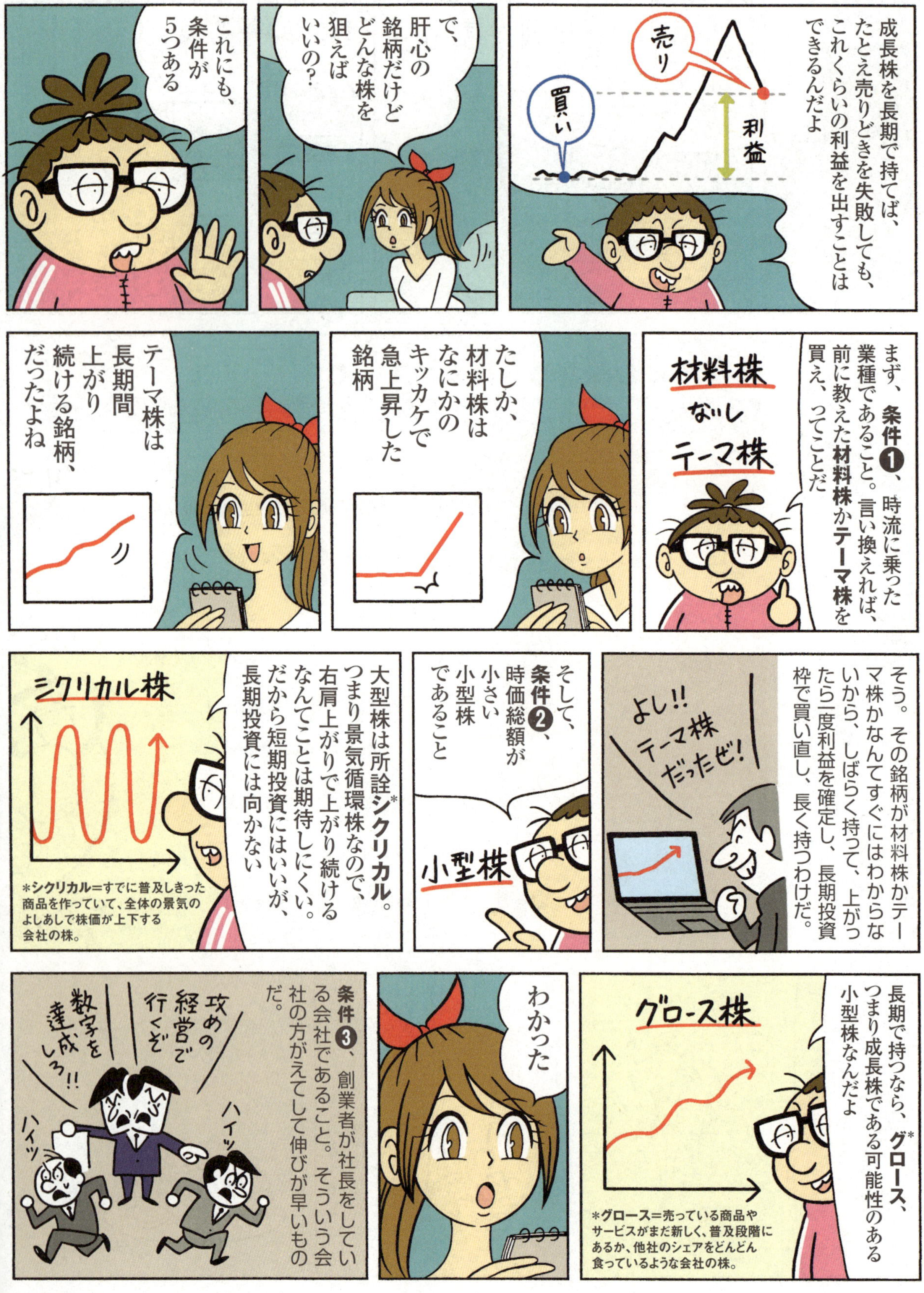

成長株を長期で持てば、たとえ売りどきを失敗しても、これくらいの利益を出すことはできるんだよ
売り
買い
利益
で、肝心の銘柄だけどどんな株を狙えばいいの？
これにも、条件が5つある
まず、条件❶、時流に乗った業種であること。言い換えれば、前に教えた材料株かテーマ株を買え、ってことだ
材料株
ないし
テーマ株
たしか、材料株はなにかのキッカケで急上昇した銘柄
テーマ株は長期間上がり続ける銘柄、だったよね
そう。その銘柄が材料株かテーマ株かなんてすぐにはわからないから、しばらく持って、上がったら一度利益を確定し、長期投資枠で買い直し、長く持つわけだ。
よし!! テーマ株だったぜ！
そして、条件❷、時価総額が小さい小型株であること
小型株
大型株は所詮シクリカル*株なので、つまり景気循環株なので、右肩上がりで上がり続けるなんてことは期待しにくい。だから短期投資にはいいが、長期投資には向かない
シクリカル株
*シクリカル＝すでに普及しきった商品を作っていて、全体の景気のよしあしで株価が上下する会社の株。
長期で持つなら、グロース*、つまり成長株である可能性のある小型株なんだよ
グロース株
*グロース＝売っている商品やサービスがまだ新しく、普及段階にあるか、他社のシェアをどんどん食っているような会社の株。
わかった
条件❸、創業者が社長をしている会社であること。そういう会社の方がえてして伸びが早いものだ。
攻めの経営で行くぞ
数字を達成しろ!!
ハイッ
ハイッ

条件❹、上場年数の若い会社であること。できたばかりの会社は発射台が低いので、上げ幅が期待できるからね。
ドーン
●▲株
最後に条件❺、シナリオが変わったら、すぐに手放すこと。
シナリオが変わった!! 売りっ
●▲株
台本
シナリオが変わるってどういうこと?
株を買うにはそれなりに理由があるだろ。その理由の大元が変わっちゃう、ってことさ。たとえば、創業社長の手腕に期待して買ったら、社長が代わっちゃったとか。
社長解任
●×新聞
オリンピック需要を見込んだ会社を、オリンピックが終わった後もダラダラ持ってはダメなんだ。
TOKYO 2020
なるほどねぇ
以上が、僕が窮めた投資の奥義中の奥義さ
つまり、短期投資で買った株がときめいたら、長期枠に移して残す。ときめかなかったら捨てるってことでしょ。
ときめく!!
長期に移動
長期
短期
ときめかない…
ポーイ
長期
短期
まるでコンマリの『人生がときめく片づけの魔法』だね
だから「人生がときめく投資の魔法」なんだよ
人生がときめく投資の魔
あの、話は変わるけど…
暗闇坂46の平石麻梨奈って逆張クンの妹だったんだって?
その通り。フォックス松田の娘だった
もしかして仕返しとか考えてやしない?
察しの通り。復讐しか考えていない
どうやって?
ククク それは秘密だ

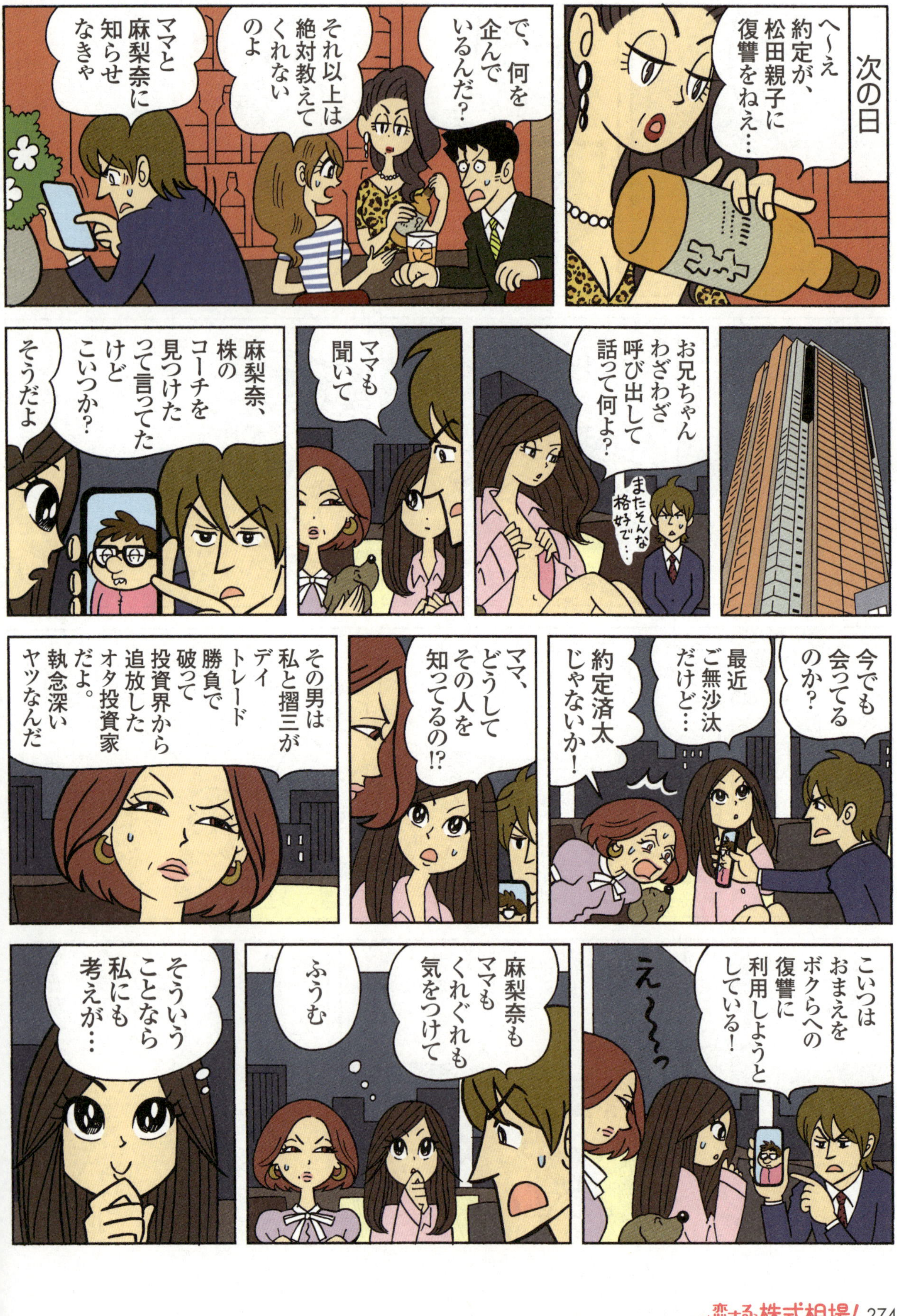
次の日
へ～え 約定が、松田親子に復讐をねえ…
で、何を企んでいるんだ？
それ以上は絶対教えてくれないのよ
ママと麻梨奈に知らせなきゃ
お兄ちゃんわざわざ呼び出して話って何よ？
またそんな格好で…
ママも聞いて
麻梨奈、株のコーチを見つけたって言ってたけどこいつか？
そうだよ
今でも会ってるのか？
最近ご無沙汰だけど…
約定済太じゃないか！
ママ、どうしてその人を知ってるの!?
その男は私と摺三がデイトレード勝負で破って投資界から追放したオタ投資家だよ。執念深いヤツなんだ
こいつはおまえをボクらへの復讐に利用しようとしている！
え～～っ
麻梨奈もママもくれぐれも気をつけて
ふうむ
そういうことなら私にも考えが…

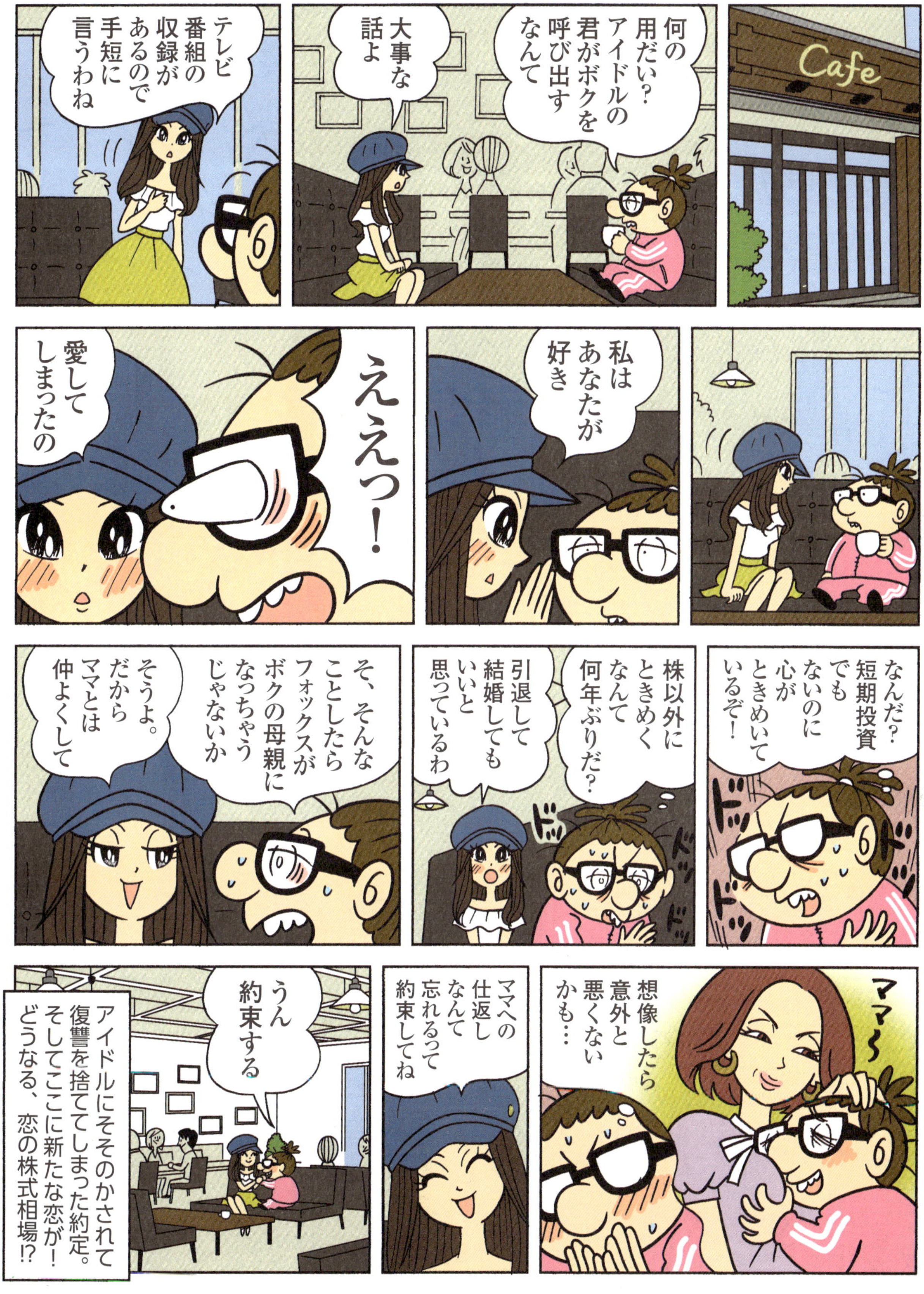
Cafe
何の用だい？アイドルの君がボクを呼び出すなんて
大事な話よ
テレビ番組の収録があるので手短に言うわね
私はあなたが好き
ええっ！
愛してしまったの
なんだ？短期投資でもないのに心がときめいているぞ！
ドッ
ドッ
株以外にときめくなんて何年ぶりだ？
引退して結婚してもいいと思っているわ
ドッ
ドッ
ドッ
そ、そんなことしたらフォックスがボクの母親になっちゃうじゃないか
そうよ。だからママとは仲よくして
想像したら意外と悪くないかも…
ママ〜
ママへの仕返しなんて忘れるって約束してね
うん約束する
アイドルにそそのかされて復讐を捨ててしまった約定。そしてここに新たな恋が！どうなる、恋の株式相場!?

見切！仕事中に会社のパソコンで株取引なんか、するな！
わわっ、すいません
株の補習授業
スマホで始める株取引
先輩、株取引、まだパソコンでやってるんですか？
そういえば最近おまえ、席のパソコンでチャートとか見てないよな
今は全部スマホです
今や個人の株取引の60%*がスマホで行われている時代ですよ
スマホ取引は場所も時間も選びません

＊楽天証券データ。

昼食の最中でも
牛丼特盛りつゆだく
吉野家株いいかも…
693円の特盛を注文した
吉野家株を22万円買った
トイレでも
紙がない～
クリネックスか日本製紙上がるかも
高校の授業中でも
よし、ZOZO買えた!
山田、授業中にZOZOで服買ったりするんじゃない!
そうじゃなくてZOZO株を買ったんです
通勤途中の電車の中でも…
早く売らなきゃ
※リスクの高い取引に制限があるが、未成年でも株取引は可能。
いや、電車の中はあまりお勧めできませんね。
ぐぉ～っ接続が切れた～
でも、スマホじゃ画面が小さくて見にくくないか?
そんなことないスよ
これ、ボクが入っている**岡三オンライン証券**のアプリのトップ画面ですが、まず色々な指数が見られるようになっています。見やすいでしょ
たしかに
そしてこれが同じ岡三オンラインのアプリの**株価ボード**
株価ボードって何だ?
どこのアプリも共通ですが気になる銘柄を登録しておくと値動きを表示してくれるんです

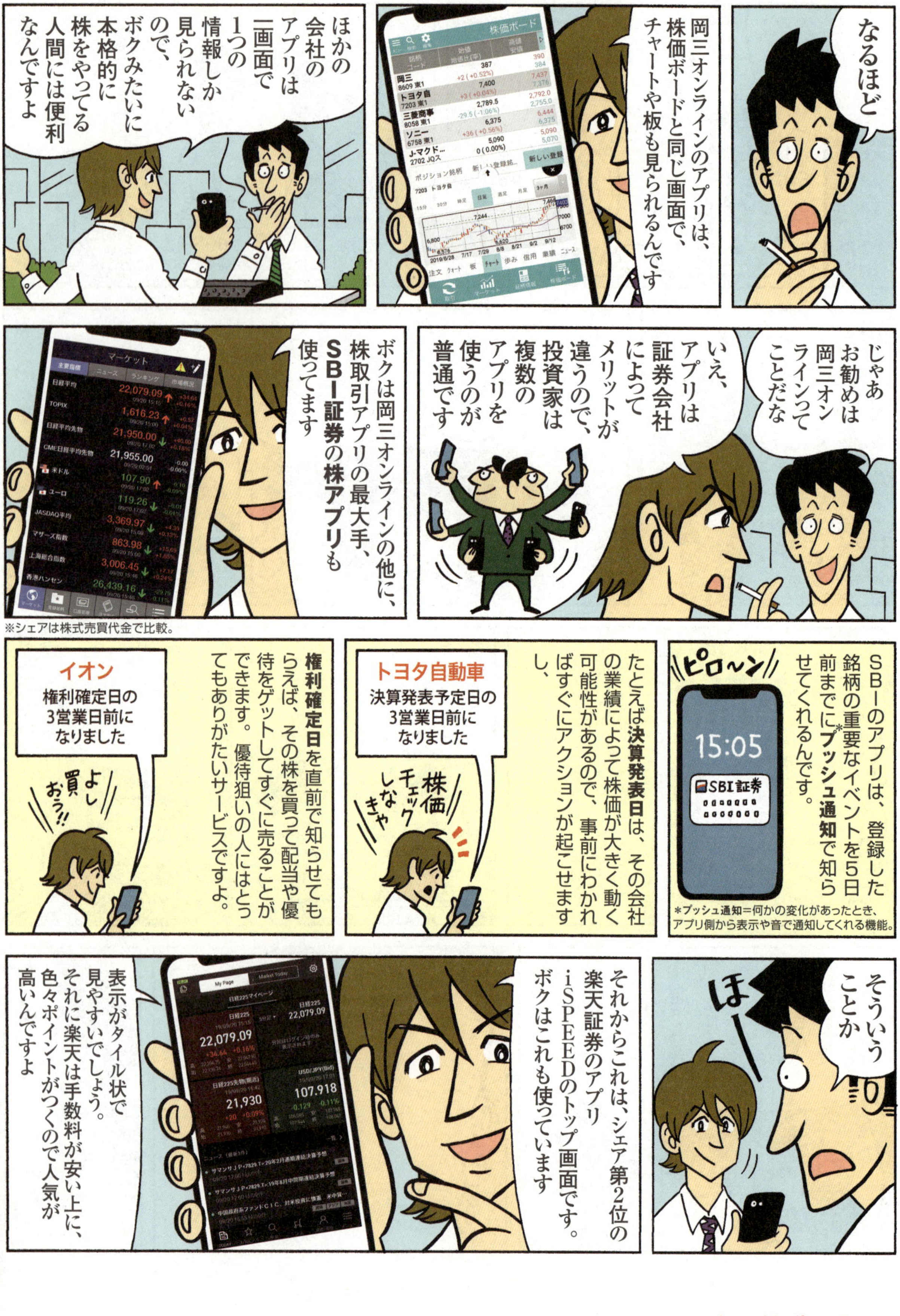
なるほど
岡三オンラインのアプリは、株価ボードと同じ画面で、チャートや板も見られるんです
ほかの会社のアプリは一画面で1つの情報しか見られないので、ボクみたいに本格的に株をやってる人間には便利なんですよ
じゃあお勧めは岡三オンラインってことだな
いえ、アプリは証券会社によってメリットが違うので、投資家は複数のアプリを使うのが普通です
ボクは岡三オンラインの他に、株取引アプリの最大手、SBI証券の株アプリも使ってます
※シェアは株式売買代金で比較。
SBIのアプリは、登録した銘柄の重要なイベントを5日前までにプッシュ通知*で知らせてくれるんです。
ピロ～ン
15:05
SBI証券
*プッシュ通知＝何かの変化があったとき、アプリ側から表示や音で通知してくれる機能。
たとえば決算発表日は、その会社の業績によって株価が大きく動く可能性があるので、事前にわかればすぐにアクションが起こせますし、
トヨタ自動車
決算発表予定日の3営業日前になりました
株価チェックしなきゃ
権利確定日を直前で知らせてもらえば、その株を買って配当や優待をゲットしてすぐに売ることができます。優待狙いの人にはとってもありがたいサービスですよ。
イオン
権利確定日の3営業日前になりました
よし買おう!!
そういうことか
ほー
それからこれは、シェア第2位の楽天証券のアプリiSPEEDのトップ画面です。ボクはこれも使っています
表示がタイル状で見やすいでしょう。それに楽天は手数料が安い上に、色々ポイントがつくので人気が高いんですよ

それに加えて、楽天は口座を開いただけで、スマホで日本経済新聞が読めるので、日経を取る必要がありません。
日経新聞
ほほう…
シェア第3位は**松井証券**ですが、ここは画面表示がシンプルで見やすいので年配者の利用が多いのが特徴ですし、

第4位の**カブドットコム証券**は、注文の方法が豊富で、**自動売買***もできるのが利点です。
おまえ今言ったアプリ全部使ってるの？
はい、まだありますよ
これは**GMOクリック証券**のトップ画面ですが、GMOでは大和証券が提供する「**投資チャンネル**」をネットで見ることができます。

＊自動売買＝事前にある条件を設定し、その条件が成立したときにアクションを実行する売買。

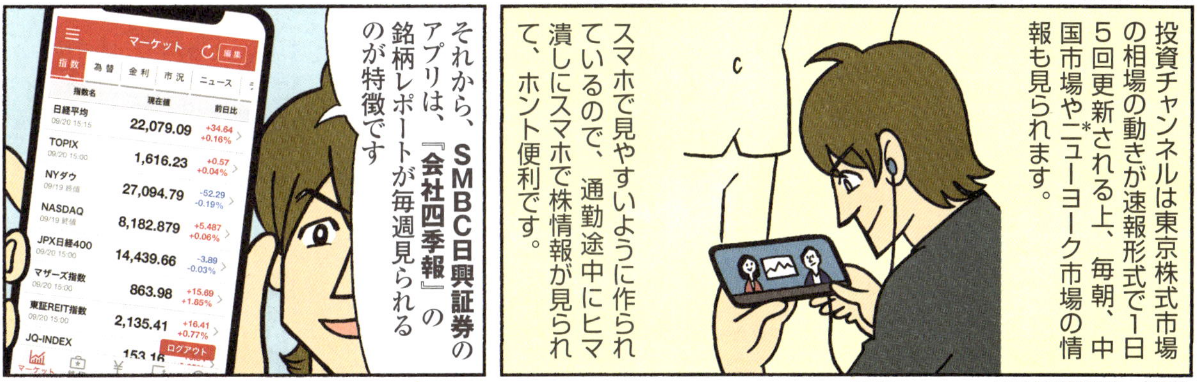

投資チャンネルは東京株式市場の相場の動きが速報形式で1日5回更新される上、毎朝、中国市場やニューヨーク*市場の情報も見られます。
スマホで見やすいように作られているので、通勤途中にヒマ潰しにスマホで株情報が見られて、ホント便利です。
それから、**SMBC日興証券**のアプリは、『**会社四季報**』の銘柄レポートが毎週見られるのが特徴です

＊NY市場情報は火〜金更新。

本になった四季報は3カ月に1回の発行ですが、ネットだと毎週情報が更新されており、通常より詳しいレポートを読むこともできます。
どんっ
会社四季報
『会社四季報』ってそんなに大事なの？
小型株は、四季報にしか詳しいデータが出ていない会社が多いし、四季報なら同業他社との比較、理論株価、**二期予想***等も見られて、そりゃ便利ですよ。

＊二期予想＝一つ先の期までの業績予想。

株取引アプリの比較表（2019年10月2日時点）

証券会社		SBI証券	楽天証券	松井証券	カブドットコム証券	岡三オンライン証券	GMOクリック証券	SMBC日興証券
アプリ名		SBI証券株アプリ	iSPEED	株touch	kabu.com	岡三ネットトレーダーWEB2	iClick株／株roid	SMBC日興証券アプリ
売買手数料（税込）	10万円買ったとき	99円	99円	0円	99円	108円	96円	137円
	100万円買ったとき	535円	535円	1100円	1089円	660円	479円	880円
株価ボードに登録できる銘柄数		10000	1000	400	180	2000	1000	100
見られる株のランキングの種類		22	24	16	14	92	8	15
企業情報	四季報	○	○	×	○	×	○	○
	四季報の銘柄レポート	×	×	×	×	×	×	○
	その他	—	アイフィス	—	—	ロイター	—	—
見られる指標数	国内（日経平均、TOPIXなど）	11	11	7	8	15	6	18
	国外（NYダウ、S&P500など）	9	22	13	1	5	6	39

※手数料は、松井証券のみ1日の約定代金の場合。他は1約定ごとの場合。

まとめるとこんな感じですね

う〜ん。それぞれウリが違うことはわかったけど…
どれに入ったらいいのかわかんないよ
だいたいみんな、売買は手数料の安いSBI証券か楽天証券でやって、通は情報収集を岡三オンライン証券やSMBC日興証券でやってる感じですね。
売買
SBI 楽天
情報収集
岡三オンライン SMBC日興
逆張りサンスマホで株やってるんですか？
はあ
私たちも前からやりたかったんです
でもスマホで口座を開くのって難しいんでしょ？
前に『ZAi』っていう雑誌でAKB48のメンバーが入るのに2〜3カ月かかってるの、見ましたよ

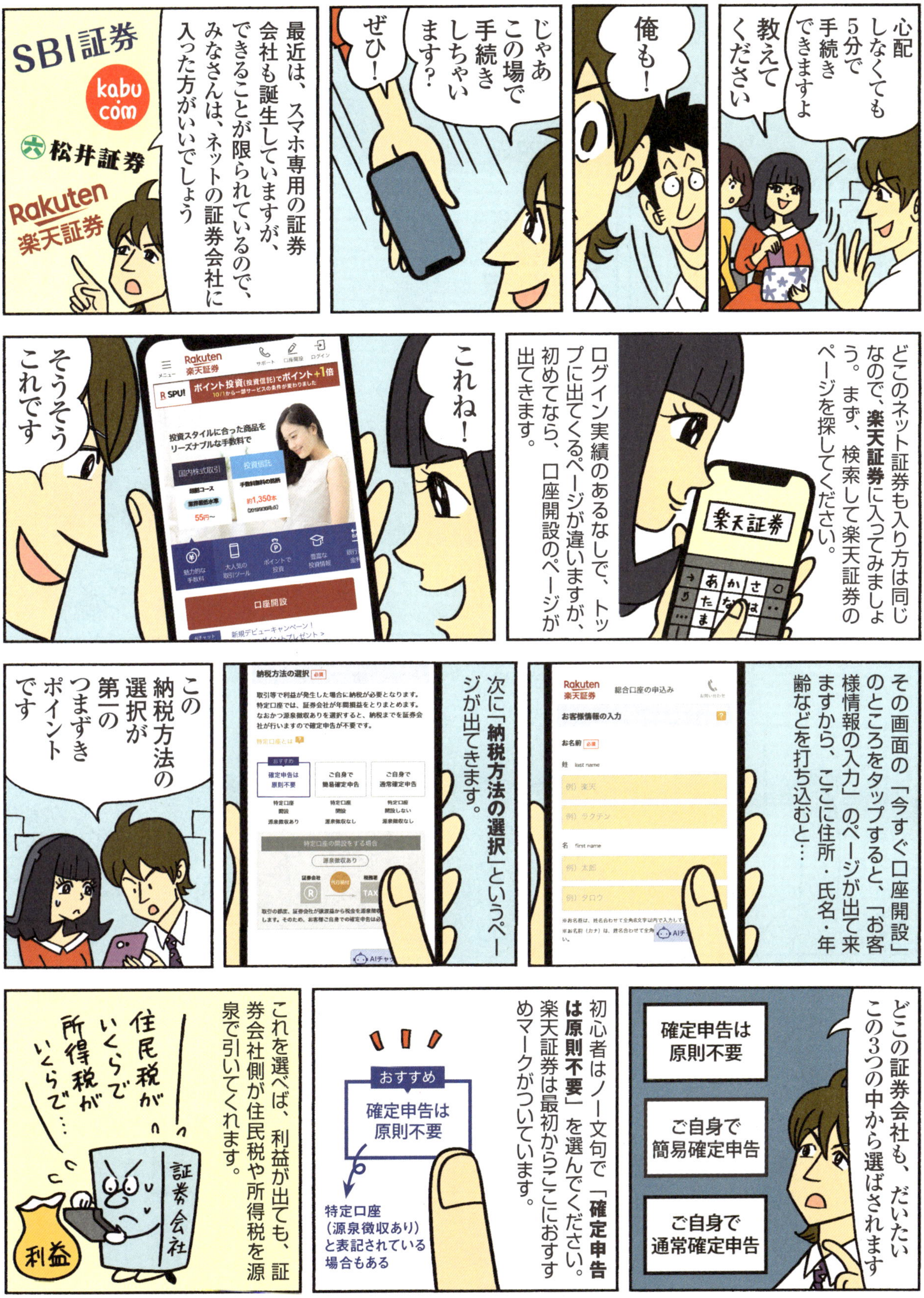

心配しなくても5分で手続きできますよ
教えてください
俺も！
じゃあこの場で手続きしちゃいます？
ぜひ！
最近は、スマホ専用の証券会社も誕生していますが、できることが限られているので、みなさんは、ネットの証券会社に入った方がいいでしょう
SBI証券
kabu.com
松井証券
Rakuten 楽天証券
どこのネット証券も入り方は同じなので、**楽天証券**に入ってみましょう。まず、検索して楽天証券のページを探してください。
ログイン実績のあるなしで、トップに出てくるページが違いますが、初めてなら、口座開設のページが出てきます。
楽天証券
これね！
そうそうこれです
Rakuten 楽天証券
ポイント投資(投資信託)でポイント+1倍
投資スタイルに合った商品をリーズナブルな手数料で
国内株式取引
投資信託
口座開設
その画面の「今すぐ口座開設」のところをタップすると、「お客様情報の入力」のページが出て来ますから、ここに住所・氏名・年齢などを打ち込むと…
Rakuten 楽天証券 総合口座の申込み
お客様情報の入力
お名前 必須
姓 例）楽天 例）ラクテン
名 例）太郎 例）タロウ
次に「**納税方法の選択**」というページが出てきます。
納税方法の選択 必須
取引等で利益が発生した場合に納税が必要となります。特定口座では、証券会社が年間損益をとりまとめます。なおかつ源泉徴収ありを選択すると、納税までを証券会社が行いますので確定申告が不要です。
おすすめ 確定申告は原則不要
ご自身で簡易確定申告
ご自身で通常確定申告
この納税方法の選択が第一のつまずきポイントです
どこの証券会社も、だいたいこの3つの中から選ばされます
確定申告は原則不要
ご自身で簡易確定申告
ご自身で通常確定申告
初心者はノー文句で「**確定申告は原則不要**」を選んでください。楽天証券は最初からここにおすすめマークがついています。
おすすめ
確定申告は原則不要
特定口座（源泉徴収あり）と表記されている場合もある
これを選べば、利益が出ても、証券会社側が住民税や所得税を源泉で引いてくれます。
住民税がいくらで所得税がいくらで…
証券会社
利益

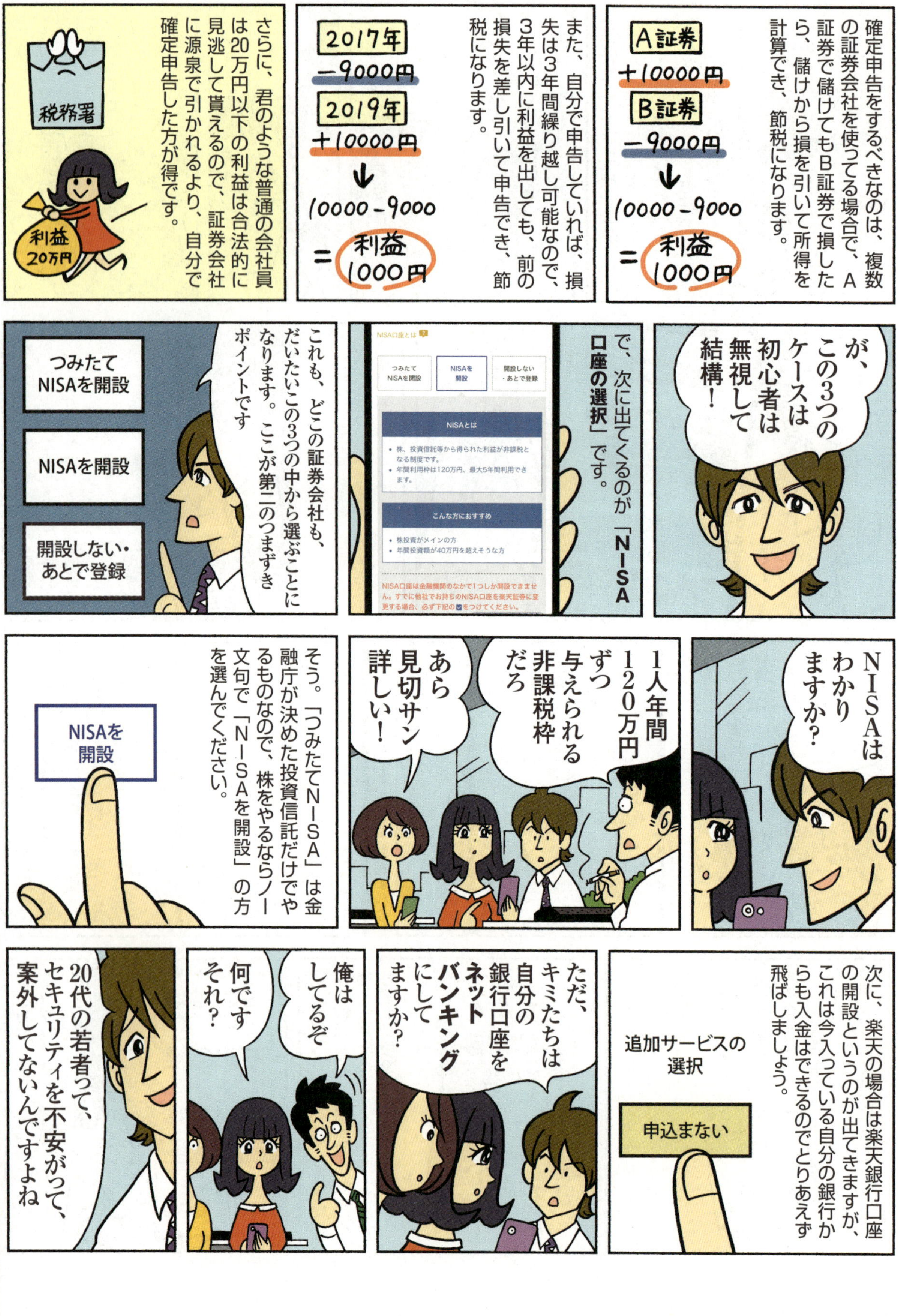
確定申告をするべきなのは、複数の証券会社を使ってる場合で、A証券で儲けてもB証券で損したら、儲けから損を引いて所得を計算でき、節税になります。
A証券
+10000円
B証券
−9000円
10000−9000
=利益1000円
また、自分で申告していれば、損失は3年間繰り越し可能なので、3年以内に利益を出しても、前の損失を差し引いて申告でき、節税になります。
2017年
−9000円
2019年
+10000円
10000−9000
=利益1000円
さらに、君のような普通の会社員は20万円以下の利益は合法的に見逃して貰えるので、証券会社に源泉で引かれるより、自分で確定申告した方が得です。
税務署
利益20万円
が、この3つのケースは初心者は無視して結構！
で、次に出てくるのが「NISA口座の選択」です。
NISA口座とは
つみたてNISAを開設
NISAを開設
開設しない・あとで登録
NISAとは
株、投資信託等から得られた利益が非課税となる制度です。
年間利用枠は120万円、最大5年間利用できます。
こんな方におすすめ
株投資がメインの方
年間投資額が40万円を超えそうな方
NISA口座は金融機関のなかで1つしか開設できません。すでに他社でお持ちのNISA口座を楽天証券に変更する場合、必ず下記の☑をつけてください。
これも、どこの証券会社も、だいたいこの3つの中から選ぶことになります。ここが第二のつまずきポイントです
つみたてNISAを開設
NISAを開設
開設しない・あとで登録
NISAはわかりますか？
1人年間120万円ずつ与えられる非課税枠だろ
あら見切サン詳しい！
そう。「つみたてNISA」は金融庁が決めた投資信託だけでやるものなので、株をやるならノー文句で「NISAを開設」の方を選んでください。
NISAを開設
次に、楽天の場合は楽天銀行口座の開設というのが出てきますが、これは今入っている自分の銀行からも入金はできるのでとりあえず飛ばしましょう。
追加サービスの選択
申込まない
ただ、キミたちは自分の銀行口座をネットバンキングにしてますか？
俺はしてるぞ
何ですそれ？
20代の若者って、セキュリティを不安がって、案外してないんですよね

ネットバンキングにすると、自分のスマホが通帳になって、自分の口座をスマホで自由に操作できるようになり、手数料も安くなるので、便利ですよ。
BANK
自分の銀行のホームページに行って、今やっているのとよく似た手続きを踏むとできるので、やっておくといいですよ
は〜い
で、NISA口座を選択したら、次に「信用取引口座」や「iDeCo（個人型確定拠出年金）」の申込みが出てきますが、これは全部申し込まなくて結構。
申込まない
この後、長い規約文を読まされますが、マジメに読む人はほとんどいないので、スルーして「同意して次へ」をタップしましょう。
同意!!
次が本人確認書類の提出です
免許証持ってますか?
はい
これは、自分のスマホで免許証の写真を撮って、所定のところにアップロードすればOK。パスポートでも構いません。
パシャ
この本人確認は、パソコンで口座開設を申し込むより、スマホで申し込んだ方が、写真のアップロードだけで済むので、ずっと簡単です。
アップロードっと
すると、記入した住所に住所確認のために簡易書留が送られて来ますので、これを受け取ってください
楽天証券
私1人暮らしで留守がちだけど大丈夫かな
郵便局で受け取るという手もありますよ
あとは送られてきた書留に書かれたIDとパスワードでログインし、マイナンバーの写真をアップロードするなど、所定の初期設定をすればOKです。
開設したら、何をすればいいかを丁寧に教えてくれるステップメールが送られてくるので、それに従ってください。
ID PASS
楽天
ログイン
メールきた
なるほど簡単ね
俺もやってみよう!

※証券会社によって本人確認書類は異なる。

※証券会社によって受け取り方法が異なることも。

※このマンガはフィクションであり、ダイヤモンド社及びザイが仕手株に乗ることや
Twitterによる煽り行為を肯定、推奨するものではありません。

本書は『ダイヤモンド・ザイ』で連載中の
「恋する株式相場！」の2016年9月号から
2019年6月号までの33話を大幅に加筆修正したものです。
株価や指標ランキング等のデータは基本的に
2018～2019年時点のデータに修正しています。

『マンガ　恋する株式相場！』は
金融業界の第一線で活躍されている多数の方に
取材させていただき、完成の運びとなりました。
この場を借りて、厚く御礼申し上げます。

本書が個人投資家の皆様のお役に立てば幸いです。

ホイチョイ・プロダクションズ

書籍

『見栄講座』(1983年)
『OTV』(1985年)
『極楽スキー』(1987年)
『東京いい店やれる店』(1994年)
『気まぐれコンセプト クロニクル』(2007年)
『女子高生株塾』(2009年)
『新・女子高生株塾』(2011年)
『新東京いい店やれる店』(2012年)
『年金ロックンローラー内沢裕吉』(2013年)

映画

『私をスキーに連れてって』(1987年)
『彼女が水着にきがえたら』(1989年)
『波の数だけ抱きしめて』(1991年)
『メッセンジャー』(1999年)
『バブルへGO!! タイムマシンはドラム式』(2007年)

一番売れてる月刊マネー誌

ダイヤモンド・ザイ
Diamond ZAi

2000年3月に創刊した月刊マネー誌。株やＦＸ、投資信託、不動産投資など最新の投資情報を紹介する。イラストや写真、わかりやすい図表を用いて、ていねいに作られた誌面が特長。毎月21日発売。

2019年11月13日　第1刷発行

著者 ●ホイチョイ・プロダクションズ
Story by Yasuo Baba
Cartoon by Mayumi Takada
装丁 ●河南祐介（FANTAGRAPH）
漫画デザイン ●ムシカゴグラフィックス（小久江厚）
制作進行 ●ダイヤモンド・グラフィック社
印刷 ●新藤慶昌堂
製本 ●ブックアート
校正 ●服部妙子
チャート協力 ●日本株はKEN&BRAINS株式会社
米国株はマネックス証券株式会社
編集長 ●辻葉子
副編集長 ●熊谷久美子
編集担当 ●朝日希新
発行所 ●（株）ダイヤモンド社
〒150-8409　東京都渋谷区神宮前6-12-17
https://www.diamond.co.jp/
電話 03-5778-7248（編集）　03-5778-7240（販売）

ISBN978-4-478-10931-1

本書は投資の参考となる情報の提供を目的としております。投資にあたっての意思決定、最終判断はご自身の責任でお願い致します。本書の内容は2019年10月16日時点のものであり、予告なく変更されることもあります。また、本書の内容については正確を期すように努力を払いましたが、万一誤り・脱落等がありましても責任は負いかねますのでご了承ください。